はじめての ebay 輸出 スタートガイド

第3版

鈴木絢市郎［著］

秀和システム

本書の使い方

- 本書では、初めてeBayを始める方や、これまでeBayを利用してきた方を対象に、eBayの基本的な操作方法から、副業などに役立つ本格的な操作方法、そして、eBayで稼ぐためのノウハウを理解しやすいように図解しています。
- eBayで、重要な機能はもれなく解説し、本書さえあればeBayが使いこなせるようになります。さらに、副業から本格的な輸出ビジネスまで、世界のユーザーを相手にした様々な手法や注意事項などももれなく解説していて、どの解説書より詳しくかつわかりやすい図解書です。

紙面の構成

タイトルと概要説明

このセクションで図解している内容をタイトルにして、ひと目で操作のイメージが理解できます。また、解説の概要もわかりやすくコンパクトにして掲載しています。

大きい図版で見やすい

操作を進めていく上で迷わないように、できる限り大きな図版を掲載しています。細かな部分については、見やすいように図版を拡大しています。

SECTION

4-4 Title（タイトル）

eBayで出品した商品、できるだけ沢山の見込みのバイヤーさんに見て頂きたいですよね。きちんと検索にヒットし、かつ検索上位に表示されるよう、効果的なタイトルの作成をしましょう。

TITLE

See title options

Provide a title for your item. Use words people would search for when looking for your item.

Item title

04 eBayに出品してみよう

①タイトル入力可能文字数「80」に検索されそうな「キーワード」を目一杯入れる。

タイトルのキーワードで候補になるのは、商品名、メーカー名、シリーズ名、品番、国、年、新品、中古等の状態、付属品、サイズ、素材、色等があげられます。

映画や音楽の場合は、監督や俳優の名前、ミュージシャンの名前なども候補になります。

タイトルの文字数は多いほど、検索、販売されやすくなります。

②重要と思われるキーワードから順に並べる。

①で選択したキーワードを、「重要と思われる順番」で羅列していきます。

例えば、人気漫画「鬼滅の刃」の主人公、炭治郎のフィギュアをネットで探す時、「鬼滅の刃　炭治郎 フィギュア」と検索しますよね。いきなり色や素材、メーカー名で検索することはないでしょう。タイトルでのキーワードの順番は、あなたが商品を検索する際に入力する順をイメージして下さい。

③Yahoo!オークションやメルカリでいう「激レア」などのPR言葉は不要

繰り返しになりますが、見込みのバイヤーさんは、探している商品の「キーワード」でeBay内を検索します。「Look!」「Wow!」「Amazing!」などのPR言葉は、一見、目立つように見えますが、eBayの検索エンジンでは検索されませんので不要です。

④NGワード

商品と関係のないキーワードの事を、「ジャンクワード」「スパムワード」と呼びます。

142

本書で学ぶための3ステップ

ステップ1 ▶ eBayの基礎知識がしっかりわかる

本書は、最新のeBayについて、基礎から理解できるようになっています

ステップ2 ▶ eBayを活用するための実務に沿って解説している

本書は、実際にeBayを活用するための実務の流れに沿って丁寧に図解しています

ステップ3 ▶ 副業で稼ぐための様々なスキルが身に付く

本書は、eBayで稼ぐために必要な基本的ノウハウから、収入増を目指すためのテクニック　などをまるごと解説し、また、豊富なコラムが、レベルアップに大いに役立ちます

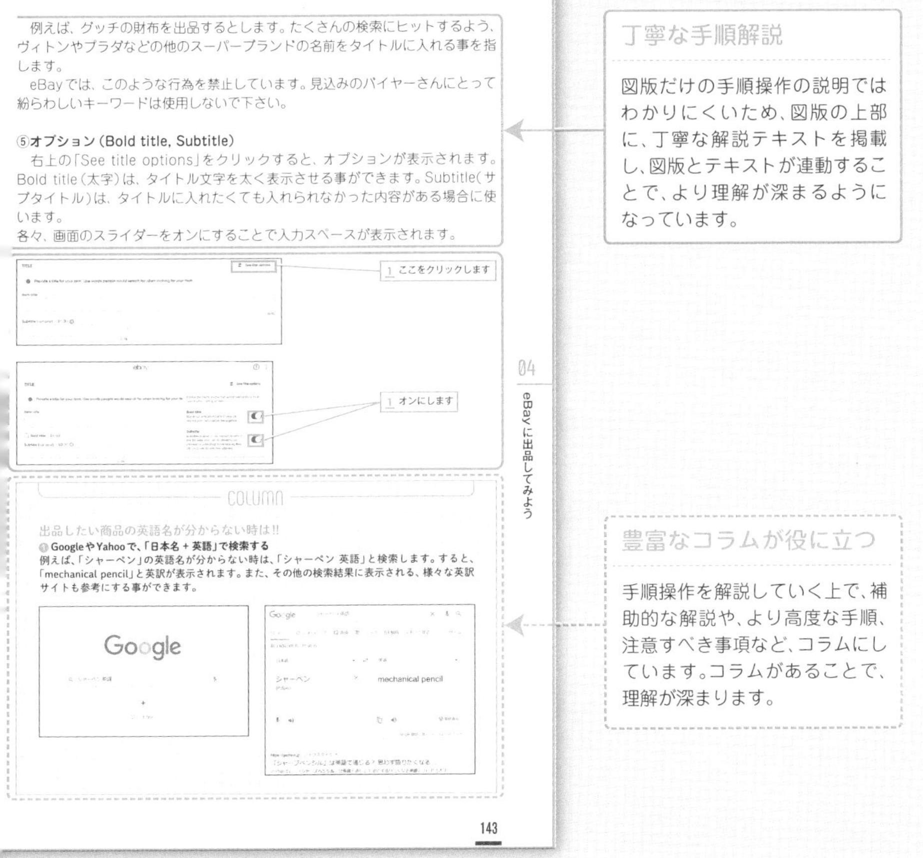
例えば、グッチの財布を出品するとします。たくさんの検索にヒットするよう、ヴィトンやプラダなどの他のスーパーブランドの名前をタイトルに入れる事を指します。

eBayでは、このような行為を禁止しています。見込みのバイヤーさんにとって紛らわしいキーワードは使用しないで下さい。

⑤オプション（Bold title, Subtitle）

右上の「See title options」をクリックすると、オプションが表示されます。Bold title（太字）は、タイトル文字を太く表示させる事ができます。Subtitle（サブタイトル）は、タイトルに入れたくても入れられなかった内容がある場合に使います。
各々、画面のスライダーをオンにすることで入力スペースが表示されます。

1 ここをクリックします
1 オンにします
04
eBayに出品してみよう

COLUMN

出品したい商品の英語名が分からない時は!!

① GoogleやYahooで、「日本名＋英語」で検索する

例えば、「シャーペン」の英語名が分からない時は、「シャーペン 英語」と検索します。すると、「mechanical pencil」と英訳が表示されます。また、その他の検索結果に表示される、様々な英訳サイトも参考にする事ができます。

Google
シャーペン
mechanical pencil

143

丁寧な手順解説
図版だけの手順操作の説明ではわかりにくいため、図版の上部に、丁寧な解説テキストを掲載し、図版とテキストが連動することで、より理解が深まるようになっています。
豊富なコラムが役に立つ
手順操作を解説していく上で、補助的な解説や、より高度な手順、注意すべき事項など、コラムにしています。コラムがあることで、理解が深まります。

はじめに

本書を手にとって下さり本当に有難うございます。

eBayは、アメリカで生まれたインターネットオークションサイトです。いわば、Yahoo!オークションの世界版です。

日本のYahoo!オークションやメルカリができる方は、eBayもできます。なぜなら「モノの売り買い」の基本は全く同じだからです。

しかしながら、多くの方が、「稼ぐ以前に」、eBayへのチャレンジをあきらめてしまっています。それは、eBayがちょっとクセのあるサイトだからです。

そんなeBayを正しく操作できるようになる事を目的とした「はじめてのeBay輸出スタートガイド」が2020年3月に出版され、約3年半が経過しました。

この間、eBayそのものの仕組みや、コロナ禍や世界情勢によるeBay輸出を取り巻く環境に、かなり大きな変化がありました。

本書（第3版）では、ほとんどの情報を更新し、その変化に対応しております。

読者の皆さまが、eBay輸出デビューを果たし、「世界進出」できたら、心から嬉しく思います。

2023年10月
鈴木絢市郎

CONTENTS

CHAPTER 00

eBayを知ろう

SECTION

0-1 eBayとは

eBayをはじめる前に、eBayについて簡単に学んでおきましょう。その歴史や規模、世の中に与えた功績を知ることで、eBayビジネスへの理解や愛着がより深まります。

eBayは、世界初、そして、世界最大級のインターネットオークションサイトです。1億8,300万人の利用者、2,500万人のセラー（販売者）によって、日々活発な取引が地球規模で行われています。

eBayの前身となった「オークションウェブ（AuctionWeb）」は、1995年9月、アメリカ　カリフォルニア州のコンピュータープログラマー、ピエール・オミダイアによって、開設されました。

出典：https://www.ebayinc.com/

初めて取引された商品は、壊れたレーザーポインターで、14.83ドルで落札されました。

出典：https://www.ebayinc.com/

「個人の買い手と売り手を結びつける」という、斬新な試みは、予想以上に反響を呼び、誕生から1年後には、取引総額720万ドルに達します。

1997年9月、AuctionWebは、eBayと改名されました。

翌1998年9月には、早くも株式を公開し、NASDAQに上場しました。18ドル程度での取引と予想されるも、たった1日で53.50ドルに達しました。2003年第3四半期のFortune誌での成長企業ランキングで8位にランクインすることで、世界的な評価を得ています。

1999年7月には、ドイツ、オーストラリア、イギリスにもサイトを開設し、グローバル展開を開始しました。現在では、180ヶ国で展開がなされています。

積極的な技術革新のため、1998年に始まった企業買収は、現在まで60以上に登ります。主な企業として、2000年にはHalf.com(2017年サービス終了)、2002年にはPayPal(2015年分社化)、2005年にはSkype(2009年売却)、2007年1月にはStubHub(2022年売却)、2017年にはテラピークが挙げられます。

また、チャリティーにも積極的です。1998年12月に設立された財団eBay Foundationは、世界中の非営利団体に3000万ドル以上を寄付しています。また、2003年に発足したeBay Giving Works(現eBay for Charity)は慈善団体のために12億5千ドル以上を集めています。

Yahoo!オークションやメルカリでもおなじみの「評価」は、1997年にeBayが作った仕組みです。取引相手同士がお互いにその取引に対しての満足度を示す「Feedback(評価)」は、オープンかつ安心できるマーケットプレイスの基礎となりました。

eBayは元々オークション専門サイトでしたが、2000年に、「Buy It Now」、即決機能を導入しました。これによって、一般のオンラインショッピングの機能も有することで、更に発展を遂げています。

2009年 7月には、CS(顧客満足)度の高いセラーを「Top Rated Seller」に認定するプログラムをスタートさせました。単に売上の高いセラーではなく、「バイヤーを満足させる事ができるセラー」が優遇されます。バイヤーは、Top Rated Sellerに認定された優秀なセラーをひと目で判断することができるので、安心なショッピング体験をする事が出来ます。

2012年には、「Global Shipping Program」(現eBay International Shipping)のサービスを開始します。アメリカのセラーがアメリカ国外のバイヤーに販売した際、その商品を、アメリカ国内にあるeBayの配送センターへ送るだけで、そこから先の国際輸送を代行してくれる、というサービスです。ビジネスをより成長させる事を支援しています。
2017年には、アメリカ国内における配達日保証サービス「Guaranteed Delivery」、最適な価格を保証する「Price Match Guarantee」、ブランドバッグや時計などを業界の専門家を率いて鑑定するサービス「eBay Authenticate Program」が導入されています。

2018年には、ショッピング決済の簡素化を目指し、オランダのAdyenと提携し、eBay自身の決済システム「eBay Managed Payments」を発表しました。２０２１年中に、セラーの売上金管理は、それまでのPayPalからeBay内で行われるようになりました。そして、バイヤーの決済手段は、それまでのPayPalに加えて、各種クレジットカード、Google payなどが導入されました。

買収効果もあり、eBayの技術革新は、常に先端を走っています。
2006年当時、子会社だったPayPalは、モバイルにいち早く対応しました。外出先での送金を可能にし、2008年には、iPhone用の最初のアプリの1つとなりました。
2009年、eBayもアプリに対応しました。2010年、iPad用のアプリは、iPadを発表したAppleの基調講演で最初に取り上げられたものの1つです。

2008年には、「アメリカ国家技術賞」を受賞しています。この賞は、アメリカでの技術分野における最高の栄誉であり、過去、スティーヴ・ジョブズやビル・ゲイツも受賞しています。「オンライン商取引を促進・支持するテクノロジーをいち早く開発し、インターネットの世界的成長と商用化を可能にしたこと」が評価され、インターネットの企業としては、初の受賞となります。

2014年には、ロシア、ラテンアメリカでの商取引促進のための機械翻訳ツール、2017年には、モバイルでのショッピングをより快適にするため、AIを駆使した画像検索、2018年には、最適な梱包資材を選択できるARを活用した機能が導入されています。

差別のない職場への取り組みも、いち早く行われてきました。2009年、eBayは、アメリカ最大のLGBTQ擁護団体、ヒューマン・ライツ・キャンペーン（Human Rights Campaign）から、100%の評価を獲得し、現在も引き継がれています。
また、同年、Women' s Initiative Network（WIN）プログラムを立ち上げ、女性が会社でのキャリアの構築、成長し、成長する機会の提供が開始されています。

こうした活動の結果、企業倫理の研究と推進を行う米国の専門機関である「Ethisphere Institute（エシスフィア・インスティテュート）」より、World's Most Ethical Companies（世界で最も倫理的な企業）」に、2011年から4年連続で選定されています。2016年には、性別による賃金格差を縮めることを誓約する

「ホワイトハウス平等賃金誓約」に署名しています。

eBayは「地球上で最大のリサイクル業者」として、環境への取り組みにも積極的です。
2013年より、よりクリーンなエネルギー源への取り組みを推進するため、データセンターで「Bloom Energy Servers」を主要なオンサイト電源として使用し、CO2削減とコスト低減の両立を備えた取り組みを行っています。

またeBayは、国際的な環境イニシアティブのひとつである「RE100」に加盟しました。2025年までにデータセンターとオフィスで電力供給に100%再生可能エネルギーを使用することをコミットしています。現在、本社のカリフォルニア州サンノゼ、ユタ州、オレゴン州のポートランド、ドイツのベルリンのドライリンデン、アイルランドのダブリンの5箇所のオフィスは、100%再生可能エネルギーによって、運営されています。

eBayにて高額で落札された事例

・2001年　最も古いとされるリーバイスのジーンズ　46,000ドル以上
・2001年　ガルフストリームのジェット機　490万ドル
・2006年　フランクムルダーが設計した大型ヨット1億6800万ドル
・2014年　スーパーマンが初登場した1938年の「Action Comics #1」320万ドル
・2022年　世界的な投資家 ウォーレン・バフェットとのパワーランチ1,900万ドル(チャリティオークション)

COLUMN

Weird Al Yankovic(アル・ヤンコビック)“eBay”

マイケル・ジャクソンやマドンナのパロディソングで知られるアル・ヤンコビックが、Backstreet Boys "I Want It That Way" の替え歌「eBay」を2003年に発表しています。「どうでもいいものをeBayで衝動買いしてしまうのは何故?」という内容です。

SECTION

0-2 日本におけるフリーマーケット、オークションの歴史

現在では、個人売買が気軽に行えるようになりました。日本におけるフリーマーケット、オークションの歴史について解説します。

インターネット以前、特に昭和の時代は、個人が商品をお金に替えるには、雑誌の片隅にあった「売ります、買います」のコーナーを活用するしか方法はなかったのではないでしょうか。しかも、これを積極的に活用されていた方は少数派だと思います。

よって、当時は、古本屋、切手古銭ショップ、リサイクルショップ、中古レコード店などの業者さんに買い取ってもらうことが当たり前でした。当然ながら、その買取価格は、ある意味、業者さんの言い値です。買い取ってもらった時、「え！こんな値段にしかならないの？」と、がっかりされた経験を、誰もがお持ちではないでしょうか。

1975年頃、海外における個人売買の文化として、「蚤の市、フリーマーケット」が、日本に紹介されました。1990年代以降、リサイクル思考の高まりや、バブル崩壊や景気後退に比例して、参加者が増大し、「誰もが売買に参加できる」機運が高まっていきました。

1995年、リクルート社より、個人間商取引専門誌「じゃマール」が創刊されました。商品掲載から取引完了まで、時間は要するものの、たまごっちブームなどを背景に、個人売買が更に活発化していきました。

そして、1999年、Yahoo!（現LINEヤフー）によるYahoo!オークション（2013年よりヤフオク!、2023年11月より、再びYahoo!オークション）のサービスがスタートし、本格的なネットオークション、個人間取引の時代が到来しました。

実は、eBayは2000年に日本上陸を果たしています。しかしながら、既にネットオークションの国内市場は、Yahoo!オークションの独占状態にありました。よって、eBayは全く相手にならず、たった2年後の2002年に撤退しています。

その後、2004年にモバオク、2005年に楽天オークション（2016年サービス終了）がサービスを開始し、ネットオークション市場は更に拡大していきます。

日本のアマゾン（Amazon.co.jp）は、2002年に個人が出品ができる「アマゾンマーケットプレイス」、2008年に「フルフィルメント by Amazon（FBA）」のサービスをスタートしています。

FBAとは、在庫商品をアマゾンの倉庫に納品しておくことで、注文が入った際、梱包、発送作業をアマゾンが代行してくれるサービスのことです。

2013年には、フリマアプリ「メルカリ」のサービスがスタートしました。当時、Yahoo!オークションのサービス開始から10数年が経過し、個人間取引のマーケットは成熟しました。その反面、プロやセミプロの出品者が増えたことで、逆に初心者の参入ハードルが高くなってしまいました。また、「個人情報の提供への抵抗」「オークションは時間がかかる」といった事から、「Yahoo!オークションは面倒くさい」といったイメージを持つ人も少なくありませんでした。

その点、「メルカリ」は、誰でも簡単にスマホで商品が出品できる事、匿名での取引ができる事、オークションではないので、すぐに購入できる事、などの手軽さが受け、Yahoo!オークションの地位を揺るがすほどの成長を遂げました。2023年1-3月期、メルカリの国内GMV（流通額）は2,546億円となり、同期間におけるYahoo!オークションのGMVを遂に超えました。Yahoo!オークションも、「匿名取引」への対応をしていなかったわけではないですが、当時は浸透しませんでした。今では、Yahoo!オークションの方が、メルカリにならうように、より使いやすいサイトへの改善が行われています。

更に、Yahoo!は、「Yahoo!オークション」とは別に、「PayPayフリマ（現Yahoo!フリマ）」を立ち上げ、フリマアプリ市場でも、売上拡大を目指しています。

SECTION

0-3 Amazon輸出とeBay輸出の違い

eBay輸出とよく比較されるのがAmazon輸出です。どちらも、同じ輸出ですが、両者の決定的な違いについて、解説します。

日本において、個人輸出に利用されるサイトは、主に、AmazonとeBayの2つです。

これから、個人輸出を始めるにあたって、「どっちがいいんだろう？」と思われる方がいらっしゃると思います。これは、「個人の適性」によります。

結論から申し上げますと、システマティックに自動販売機的に販売を行いたい方は、Amazonが向いています。

海外のバイヤーさんと繋がり、喜びを一緒に分かち合いたい方は、eBayが向いています。

Amazon

Amazonは、小売業で、元々は本屋からスタートしています。Amazon自らの販売に加え、「地球上で最も豊富な品揃え」というコンセプトの下、Amazonマーケットプレイスにて、「出品者を一般から募っている感覚」であるといえます。Amazonの売上の約40%は、出品者によるものと言われています。

よって出品者は、「Amazonという店のやり方に合わせる事」が優先されます。故に、出品者の個性を出すことは難しいです。

また、多くのお客様は、「出品者から購入している」というより「Amazonから購入している」という感覚を持たれています。筆者が、日本のAmazonでFBA販売を行っていた際、頂ける評価は「梱包が良かった」「発送が早かった」などと、出品者が係わっていない事柄に対するコメントが大半でした。

Amazonは「出来る限り低価格で商品提供をする」という方針を持っています。よって、価格競争が激しい事が特徴です。

基本、Amazon上の商品カタログにあるものであれば、出品することが出来ます。商品カタログにないものを新規で登録するには、月額費用が発生する大口契約が必要となります。

eBay

eBay自身は、販売をしていません。「個人の買い手と売り手を結びつける」というコンセプトの下、「国際取引の場の提供」に徹しています。

よって、eBayというプラットフォームではあるものの、ネットショップに近いオリジナル性を出すことが出来ます。その品揃えや顧客対応によっては、リピーターがつきやすいことも、eBayの大きな特徴です。バイヤー（買い手）さんに満足を頂けたらなら、そのバイヤーさんは、また同じセラーから商品を買いたい、と感じて頂けます。海を超える取引なので、価格よりも、信頼や安心が優先されるのです。リピーターさんから、「今度はあれを探して欲しい!!」と、リクエストを頂くことはよくあることです。バイヤーさんが欲しがっている商品を探しあて、無事にバイヤーさんの手元へ提供できた際、「バイヤーさんのお役に立てた!!」と嬉しく感じることが出来る人は、eBay向けだと思います。自分のバイヤーさんに対する行動が、そのまま鏡のようにリアクションとして帰ってくる、と考えると良いでしょう。

また、eBayには「オークション」式の販売をすることができます。押し入れから出てきたガラクタが、とんでもない価格で売れることもあります。また、出品禁止商品でなければ、何でも自由に出品することができます。例えば、eBayには、昭和の超合金が沢山出品されていますが、Amazonには出品されていません。

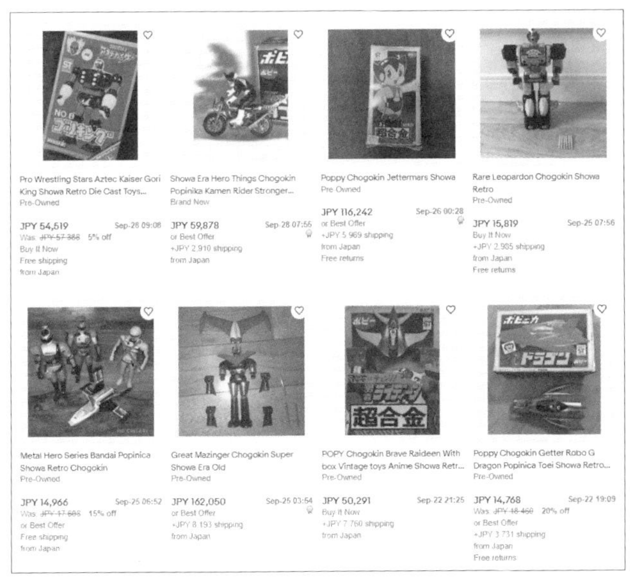

ビジネスなので、もちろん利益は大事ですが、「どちらが自分に合っているか」「どちらが楽しんで取り組めるか」「どちらがやりがいがあるか」が選択の決め手になります。適性がずれていると、せっかく始めても、継続することが難しくなります。ここは「好きこそものの上手なれ」の考え方で良いと思います。

筆者は、「バイヤーさんが海の向こうで大喜びしてくれること」が大好きなので、eBay輸出を選びました。

SECTION

0-4 日本におけるeBayとは

eBayは2000年に日本に進出し、2002年に一度撤退、2009年に再上陸をしています。その理由や現在のポジションについて、解説します。

前述の通り、eBayは、日本法人であるイーベイジャパン株式会社と、日本電気株式会社（NEC）の協業により、2000年春より、日本におけるネットオークションサービスをスタートしました。

当時、NECの一部門であったインターネットサービス「BIGLOBE」の会員285万人に対し、イーベイジャパンへの入会促進キャンペーンなどを積極的に展開したのもの、利用者は伸び悩みました。

2001年、Yahoo!オークションが、サービス有料化に踏み切った際、イーベイジャパンは、日本における落札手数料の無料化、出品オプション料金の値下げを実施し、伸び悩む出品点数に対するテコ入れ、国内ユーザーの拡大を狙いました。

しかしながら、Yahoo!オークションの牙城を崩すことは出来ず、ついに、2002年春、イーベイジャパンのサービスは終了し、日本からの撤退を発表しました。

そのイーベイジャパンが日本に再上陸したのは、2009年です。
2023年現在では、eBayグループとして、「イーベイ・ジャパン株式会社」「eBay Japan合同会社」の2社による日本展開がなされています。

イーベイ・ジャパン株式会社は、日本のeBayセラーをサポートするための支援サイトを運営しています。
https://www.ebay.co.jp
eBayの出品方法から、各種キャンペーン情報を日本語で紹介しています。よって、eBayでの販売や購入できる機能は有しておりません。

2018年には、アメリカのeBayが、「キューテン（Qoo10）」を運営するジオシスの日本事業を買収し、「eBay Japan合同会社」を設立しました。
eBayにとって、「Qoo10」は、2002年以来16年ぶりの日本における「販売のプラットフォーム」として注目を集めました。「Qoo10」の取扱商品は、ファッションやビューティー、生活日用品、食品・飲料、エンタメなどと多岐に渡り、特に10代〜30代の女性から支持を得ています。会員数は2022年12月時点で2300万人に到達し、巨大な総合ショッピングECモールと成長を遂げています。

2020年に入り、イーベイジャパンによるセラーへのサポート内容が大幅に拡充されました。2009年から2019年頃までは、サポートを受けられるセラーが限られていましたが、日本語でeBay販売を支援する無料サポートサイト「セラーポータル」や
https://eportal.ebay.co.jp/portals
全ての日本セラーを対象としたサポートプログラム「eBay販売サポート」がスタートしました。

セラーポータルには、eBayや越境ECに関する最新ニュース、マーケットの動向、商品リサーチに便利な「人気検索ワード Top 100」など、セラー活動に役立つ情報が盛り沢山です。

業務の効率化や売上向上のための各種ツールも目的別に紹介されており、すぐに導入することができます。

eBay販売サポートは、日本セラーであれば、法人、個人事業主、個人問わず、誰でも申し込むことができます。

eBayへの問い合わせは、今まではアメリカのeBayへ英語で質問する必要がありましたが、現在は、セラーポータル内の「問い合わせ」から、日本語で行うことができます。また、オンラインによる無料セミナーやキャンペーンなどが定期的に開催されています。

また、株式会社サードステップが提供するeBayセラー向けのオンラインコミュニティ「eBayサポートチャンネル」では、成功事例やトラブル事例の解決方法など、セラー同士の有意義な情報シェアが行われています。

SECTION

0-5 eBay輸出と国内販売の違いとは？

インターネットを介した商取引の事をEC（Eコマース/電子商取引）と呼びます。ここでは、eBayを含めた、国を跨いだ越境ECと国内ECとの違いについて解説します。

①市場規模が大きい

日本最大のオークションサイトである「Yahoo!オークション」の登録者数は2,000万人です（2022年度）。

eBayの場合は、世界190ヶ国、登録者数1億8300万人と、Yahoo!オークションの実に約10倍規模の巨大なマーケットです。

2022年の世界全体のECマーケットの規模は、5,311兆USドルとなり、前年比で+6.5％増加しました。一見、成長率は低いように思えるかもしれませんが、前年の2021年は、新型コロナウイルスの拡大に伴う巣ごもり需要の増加により、前年比で+17％と急増しました。この点を考慮すると、2022年の伸びもかなりのものと捉えることができます。更に、2023年以降も毎年7～9％の成長が見込まれています。（グラフ1）

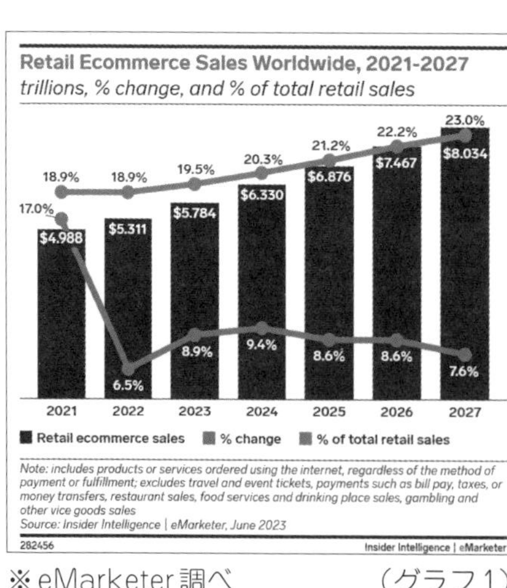

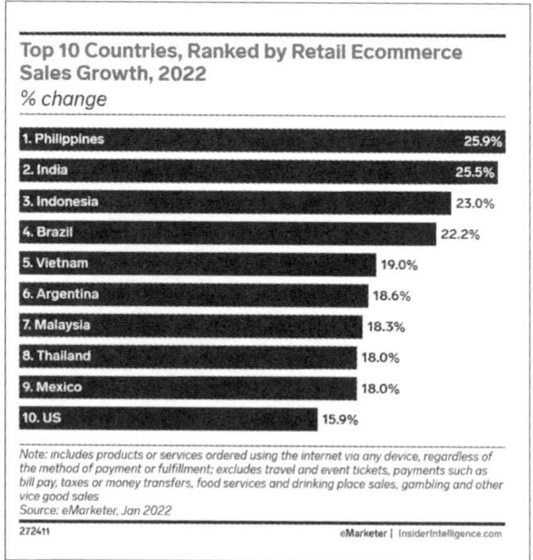

※eMarketer調べ　（グラフ1）　（グラフ2）

次に2022年における国別のECマーケットの伸び率を見てみましょう。2022年の上位10ヶ国のうち、6ヶ国はアジア、3ヶ国は中南米です（グラフ2）。

フィリピン、インド、インドネシアが20%以上の成長率で、ベトナム、マレーシア、タイと続きます。中南米では、ブラジルが22.2%、アルゼンチンが18.6%、メキシコが18.0%の成長です。

Top 10 Countries, Ranked by Retail Ecommerce Sales, 2022

billions and % change

	2022	% change
1. China	$2,784.74	11.9%
2. US	$1,065.19	15.9%
3. UK	$245.83	4.8%
4. Japan	$168.70	2.7%
5. South Korea	$142.92	13.0%
6. Germany	$117.85	7.5%
7. France	$94.43	8.5%
8. India	$83.75	25.5%
9. Canada	$79.80	10.4%
10. Indonesia	$58.00	23.0%

Note: includes products or services ordered using the internet via any device, regardless of the method of payment or fulfillment; excludes travel and event tickets, payments such as bill pay, taxes or money transfers, food services and drinking place sales, gambling and other vice good sales
Source: eMarketer, Jan 2022

272440　eMarketer | InsiderIntelligence.com

※eMarketer調べ　（表1）

既にEC が成熟したアメリカですら、15.9%の成長であるにも係わらず、日本の伸び率はたったの2.7%です（表1）。世界の EC マーケットの伸び率と比較して、日本が非常にもったいない状態にあり、伸びしろが豊富にあることが分かります。

また、日本の人口は2010年をピークに減少傾向にあり、2070年には8 7 00万人と、国内マーケットは縮小へと進んでいます。

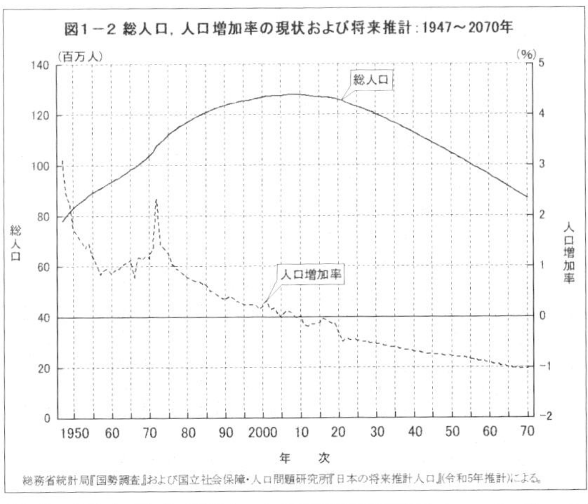

出典：国立社会保障・人口問題研究所ホームページ（https://www.ipss.go.jp/）

②ライバルが少ない

「英語が苦手だから、海外販売なんて絶対無理。」
「商品説明文を英語でなんて書けない。」
「トラブルがあったら、英語でやり取りなんてとてもできない。」

日本のグローバル化、と言われて久しいですが、島国である日本では、日常的に英語を使う機会が少なく、外国人、外国語をハードルに感じる人が非常に多くいらっしゃいます。

eBayへの大きな参入障壁のひとつとして、「英語なんて無理」と、最初から思っている方が非常に多いです。だからこそ、まだまだライバルが少ない、という事が言えます。

SECTION2-2で詳しく書きますが、eBayで使う英語は、あくまで「取引限定」の内容になります。よって、テンプレート化が非常にしやすいです。また、ネット検索をすれば、eBayに関する英文例集はいくらでも出てきますし、翻訳ソフトの技術もかなり進んでいます。友達になったり、リアルで会話をしたりするわけではありません。よって、実は英語は大きな参入障壁ではないのです。

筆者はeBay輸出に関するコンサルティングを行なっていますが、英語に関する質問は、ほとんど寄せられていないことが実態です。

③日本製品は優秀で人気がある

既にご存じの通り、海外における日本製品、いわゆるMade in Japan製品は、日本人が思っているよりも世界中で高く評価されています。性能が高いのはもちろん、故障も少ない事から、圧倒的な信頼があります。世界中から日本製品を求められているにも係らず、日本のECマーケットの伸び率が低いのは、多くのサイトが日本語のみの対応、発送は日本国内だけと、グローバルな対応がされていない事もひとつの大きな原因と言えるでしょう。

余談ですが、日本人は「商品を大切に扱う国」と評価されています。例えば、日本人セラーの扱うブランドバッグは中古でも状態が非常に良いそうです。説明が極め細やかで、梱包も丁寧でしっかりして、安心できるとの事です。何となく日本人らしさが出ていますよね。確かに輸入をしていて思うのですが、日本人と比較すると、商品説明が適当だったり、梱包がひどく雑だったりする事が多いです。

こういった背景から、世界は、まだまだ日本人セラーを待っている状態と言えます。

CHAPTER 01

eBay輸出を始める前の準備

SECTION

1-1 eBayアカウントの作成

eBayにて、購入や販売など、取引をするために、eBayアカウントを作成します。アメリカのサービスですので、登録等は全て英語です。難しそうと思いがちですが、時間も手間もかかりませんので、ご安心下さい。

注意事項

・eBayの画面の仕様は、「アカウントによって異なる場合」、また、「予告なく変更になる場合」がございますので、予めご了承ください。画面の仕様が異なっていても、入力する内容は、基本同じですので、焦らずお進め下さい。

・ブラウザの言語は、必ず原文の「英語」としてください。Google chromeなどの「自動翻訳機能」が働き、日本語表記になっている場合は、必ず、自動翻訳の解除を行います。

※eBayトップページの広告は、日本語で表示されている場合があります。これは日本のユーザー向けの「仕様」です。自動翻訳されているわけではございませんのでご安心下さい。

1

まず、アメリカのeBayのサイトにアクセスします。
https://www.ebay.com/

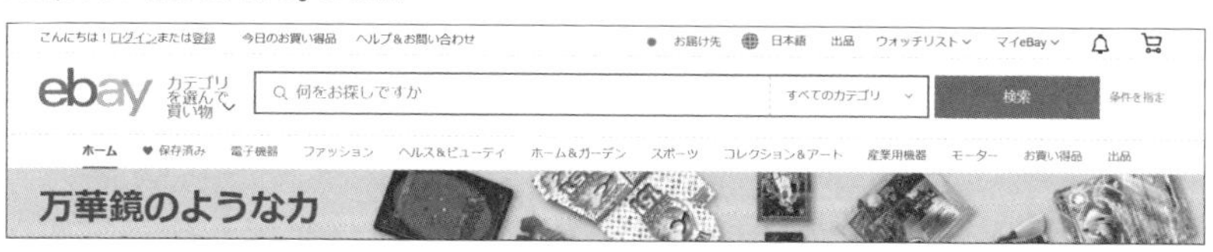

2

画面右上の「日本語」と表示されている箇所をクリックし、「English」に変更します。
※eBayは英語のサイトであるため、登録や入力作業はすべて英語で行う必要があります。「日本語」のままですと、正常に登録できなかったり、誤入力の原因となります。

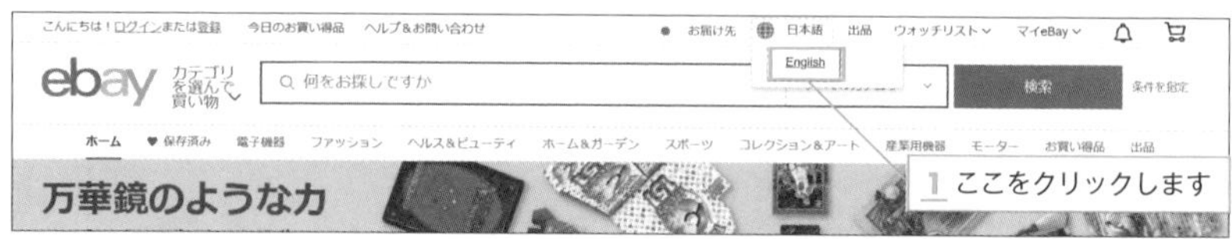

3

左上に表示されている「register」(登録)をクリックします。

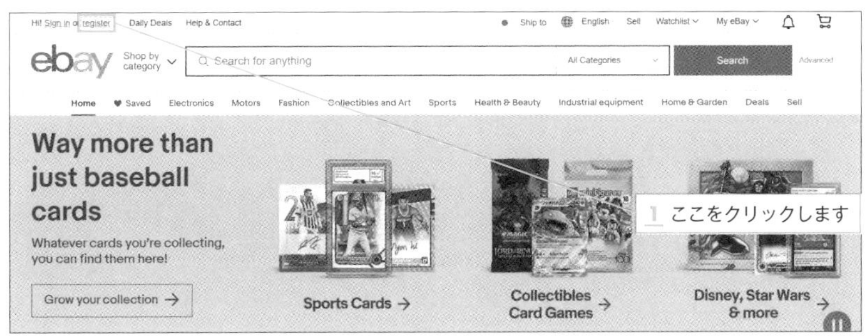

4

登録画面が表示されますので、以下の必要事項を入力します。

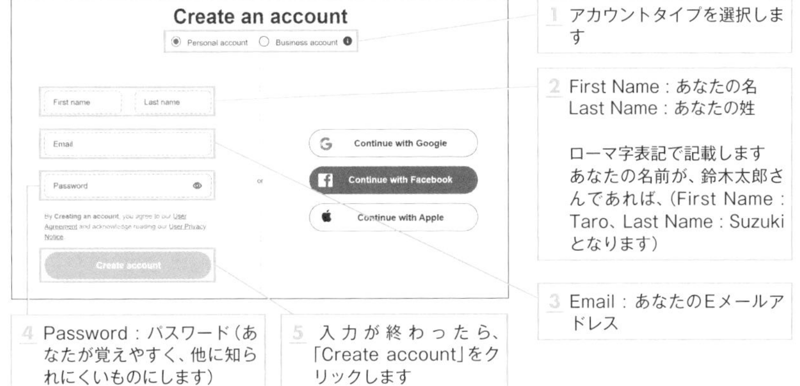

アカウントタイプを選択します。個人登録なら「Personal account」、個人事業主、法人で登録するなら「Business account」です。ここでは、個人登録とし、「Personal account」で登録を行います。

(注意)

eBayのアカウントタイプとSECTION1-2で作成するペイオニアのアカウントタイプは一致させる必要があります。

1. 個人はeBayではPersonal、ペイオニアは個人、Personal
2. 個人事業主・法人はeBayではBusiness、ペイオニアは企業、Business

※個人事業主で開業届のない人は上記1、開業届のある人は上記2の扱いになります。

※Facebook、Google、Appleのアカウントをお持ちでしたら、そちらからもアカウント作成が出来ます。

5

以下の画面が表示されます。画面左上eBayのロゴの上に「Hi, あなたの(下の)名前」が表示されていることが確認できます。

6

登録したメールアドレスには、eBayから「Welcome to eBay」というメールが届いています。アカウントは無事に作成ができました。次は、ご自身の住所や電話番号の登録へ進みます。

7

画面左上eBayのロゴの上「Hi, あなたの(下の)名前」の箇所にカーソルを当てます。すると、「あなたのフルネーム(ローマ字)」「eBay ID」(0) が表示されます。eBay IDは、eBayから自動で発行された会員IDです。その横の(0)は、取引の評価数です。まだ、eBayで売り買いしていませんので、ここは「0」と表示されています。次に、「Account settings」をクリックします。

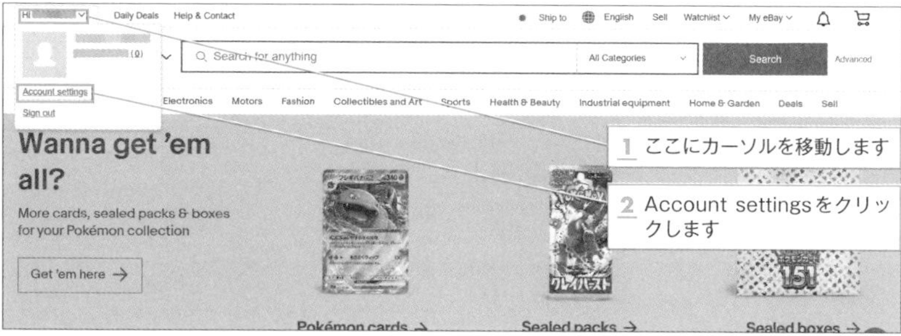

8

「Provide your contact info」という、住所等の登録画面が表示されます。

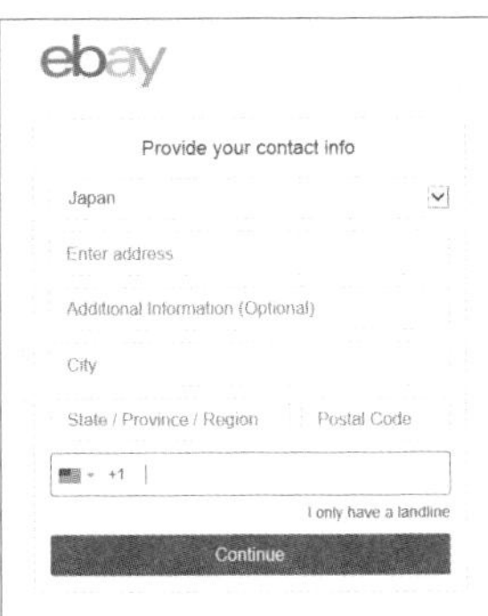

9

住所をローマ字で入力します。
例えば、日本の住所が
〒123-4567神奈川県横浜市中央区新町2-2-1 SJガーデン601号
だとした場合、英語表記に直すと、
Enter address(マンション名、番地、町、区と、日本とは逆)
→601 SJ Garden 2-2-1 Shinmachi Chuo-ku
Additional Information(Optional)
→Enter addressに収まらない場合、こちらの枠を使います。
Enter addressに収まった場合は、空欄で構いません。
City(市)
→Yokohama
※東京都23区内の場合は、区名となります。
State/Province/Region(都道府県)→Kanagawa
Postal Code(郵便番号)→123-4567
Phone number(電話番号)には、ご自身の「携帯電話」の番号を入力します。
国は「Japan+81」を選択します。例えば、番号が090-8888-9999の場合最初の0をとって、9088889999と入力します。
入力が完了したら、「Continue」をクリックします。

1 入力が完了したら、Continueをクリックします

10

My eBayの「Account」が表示されます。「Personal Info」内の「Personal information」をクリックします。

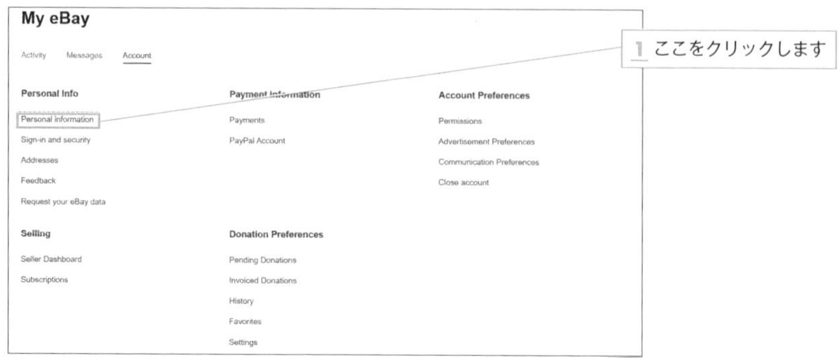

11

今まで入力をしてきた住所等の情報が表示されています。

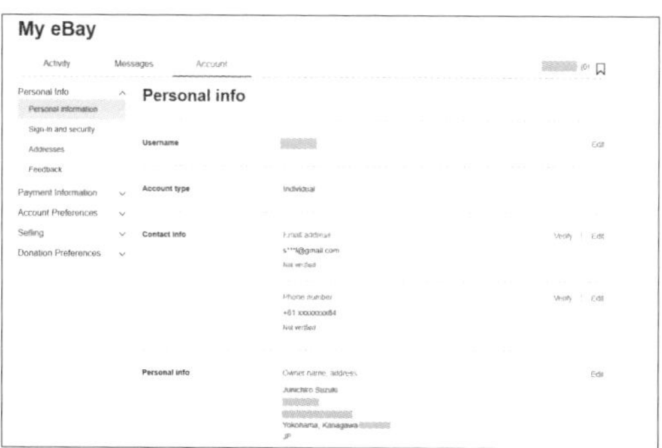

12

登録したEメールアドレスの認証を行います。現在、「Contact info」の「Email address」の箇所には「Not verified」（未認証）と表示されています。右側の「Verify」（認証）をクリックします。

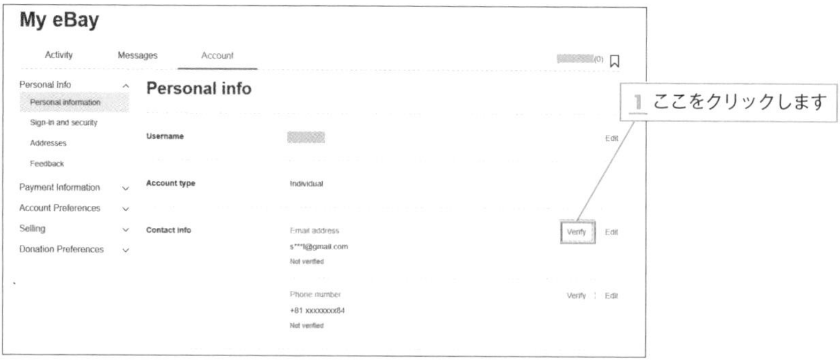

登録したメールアドレスにセキュリティコードが届きます。この場合は「330543」ですので、この数字を15分以内にeBayの画面に入力し、「Verify」をクリックします。

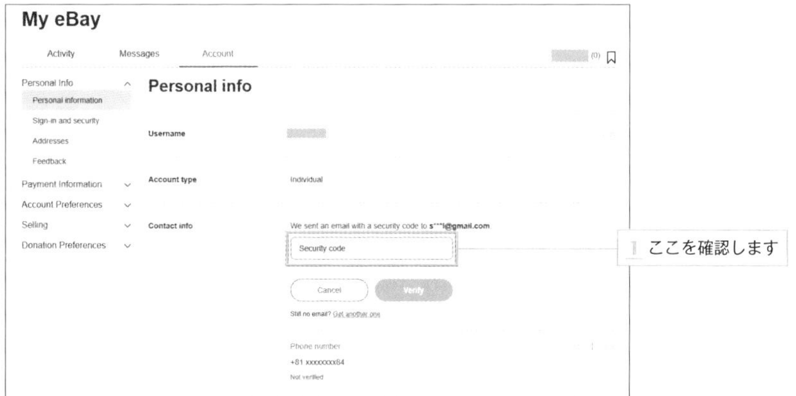

01 eBay輸出を始める前の準備

14

「Contact info」の「Email address」の箇所が「Verified」(認証済)となりました。登録のメールアドレスにもアカウントが更新された旨のメールが届きます。

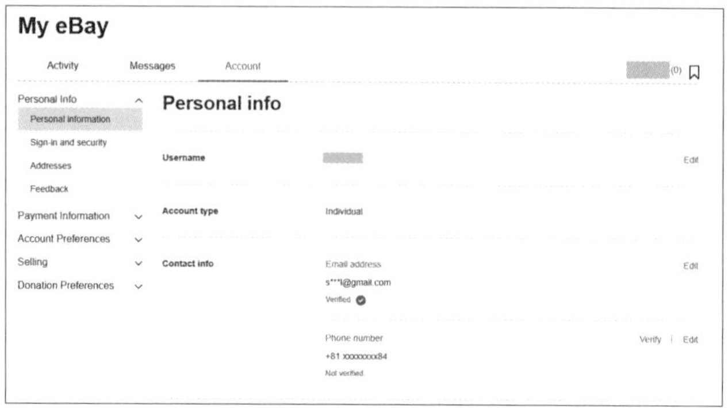

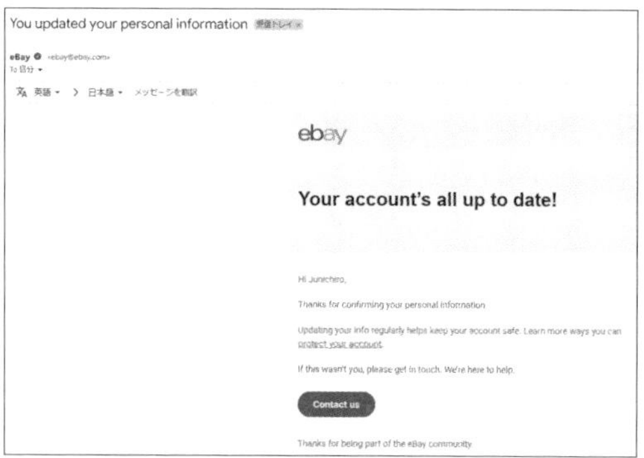

15

登録した携帯番号の認証を行います。現在、「Contact info」の「Phone number」の箇所には「Not verified」(未認証)と表示されています。右側の「Verify」(認証)をクリックします。

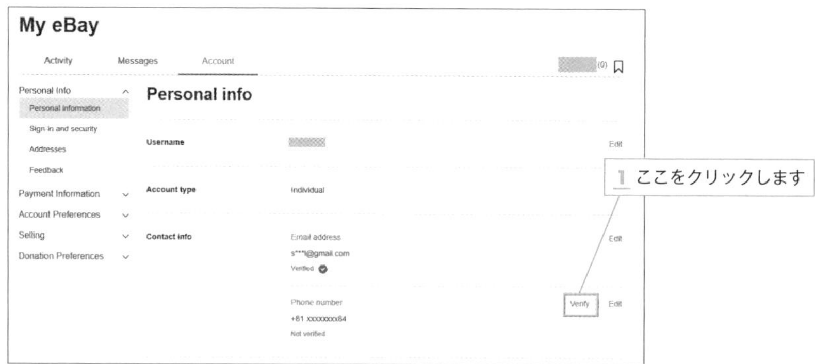

16

「Send code」をクリックします。

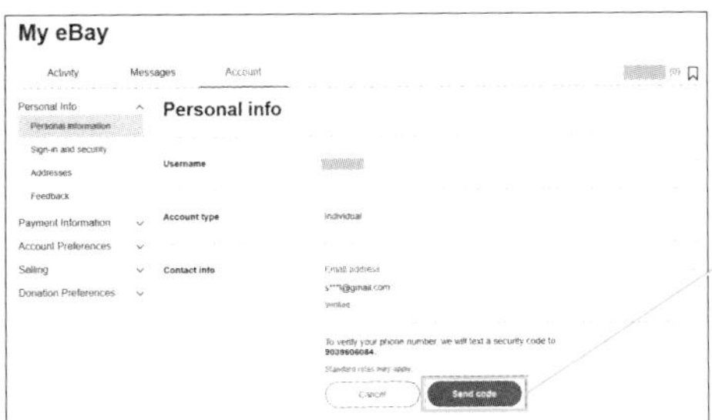

1 ここをクリックします

17

登録した携帯番号にセキュリティコードがショートメールで届きます。この場合は「315494」ですので、この数字をできるだけ早めにeBayの画面に入力し、「Verify」をクリックします。

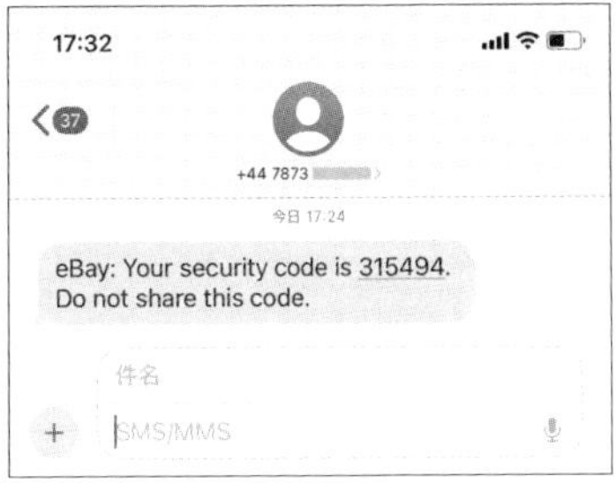

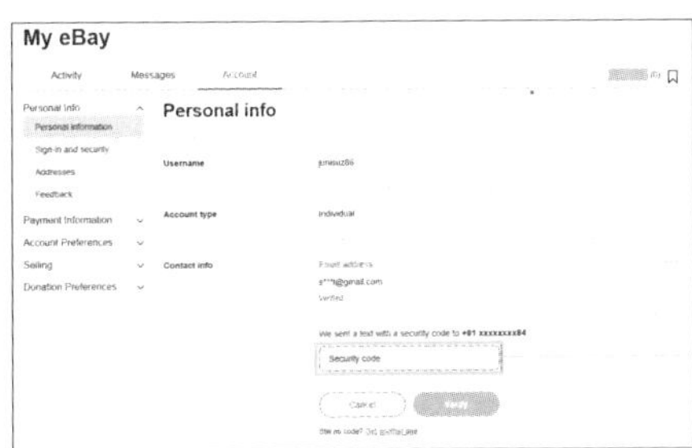

1 ここを確認します

1 ここに入力します

2 ここをクリックします

18

「Contact info」の「Phone number」の箇所が「Verified」(認証済)となりました。登録のメールアドレスにもアカウントが更新された旨のメールが届きます。これで住所登録の手続きは完了です。

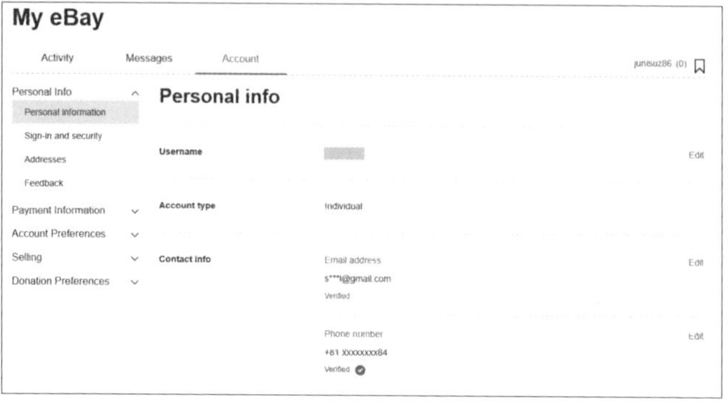

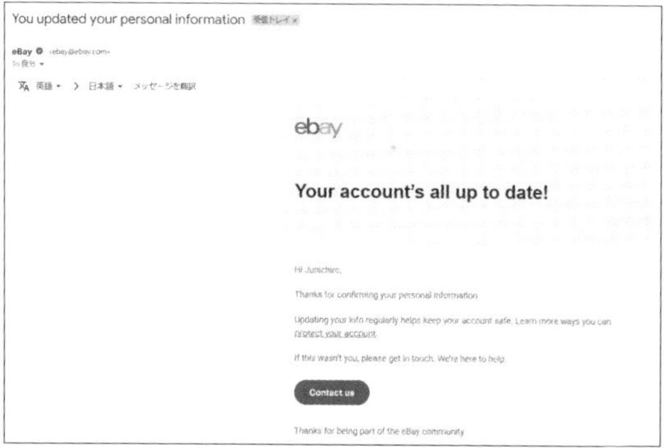

19 認証中にエラーが出た場合

「Sorry, something went wrong, Please try again later」などと、エラーが出た場合は、焦らず、メッセージの通り、少し時間を置くか、一旦ログアウト、ログインをして再度行って下さい。

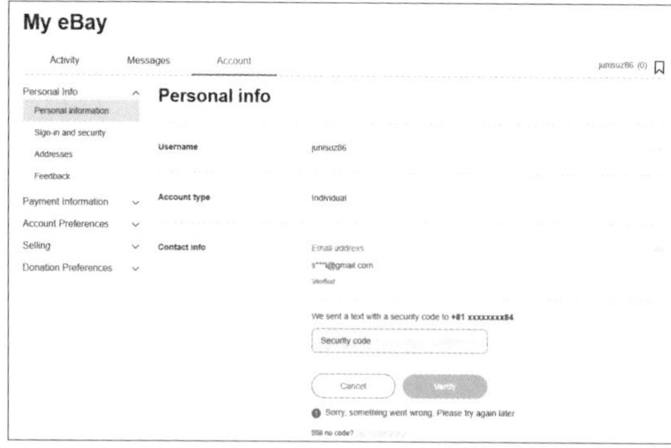

COLUMN

操作を進める中で、マニュアルの順と異なったり、別の画面が表示されたり場合があります。よくあるケースをお伝えしておきます。

<例1：Help us protect your accountという画面が表示された場合（ケース1）>

これは、eBayのアカウント保全のための操作です。

❶表示されている登録のメールアドレス、及び、電話番号を確認し、「Confirm」をクリックします。

❷登録のメールアドレスに、「メールアドレスが正しいかどうかを確認するためのメールを送った」との表示がなされます。

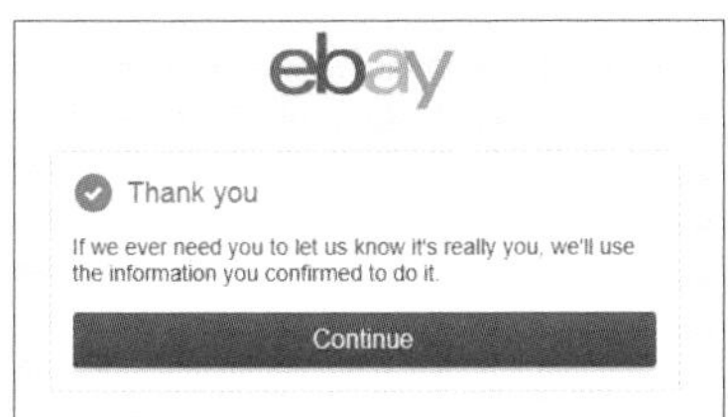

❸登録のメールアドレスに、以下のメールが届きますので、「Confirm email address」をクリックします。

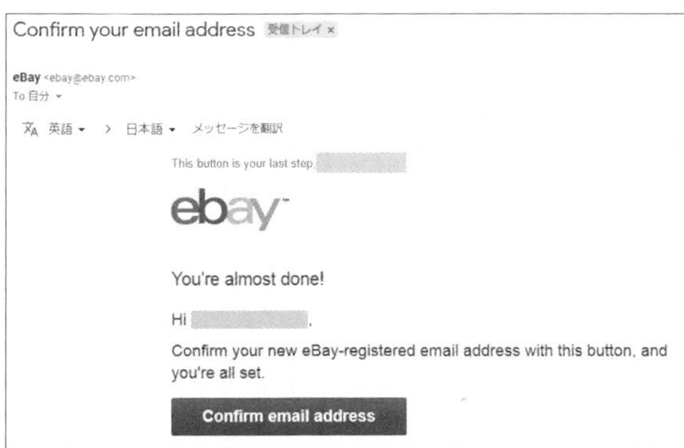

❹eBayの画面にて、「Thank you」と、メールアドレスの確認がなされた事が表示されました。これで完了です。

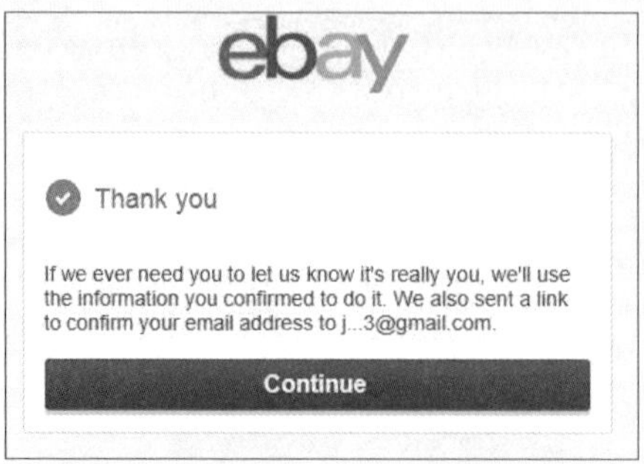

＜例2：Help us protect your accountという画面が表示された場合（ケース2）＞

これも、eBayのアカウント保全のための操作です。

❶表示されている電話番号を確認し、「Confirm」をクリックします。

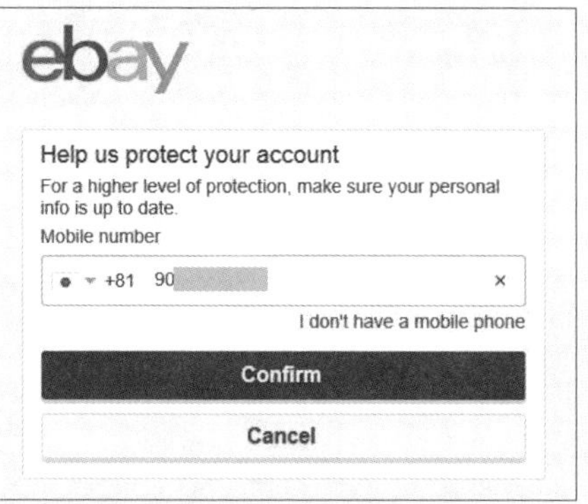

❷「Confirm your phone number」が表示されますので、「Get a text」をクリックします。eBayから登録の電話番号へ、PIN（認証番号）が、ショートメールで送られます。

❸携帯電話に送られたショートメールを確認します。この場合のPINの例は「2693」です。

❹届いた4桁のPINを、eBayの画面に入力し、「Continue」をクリックします。

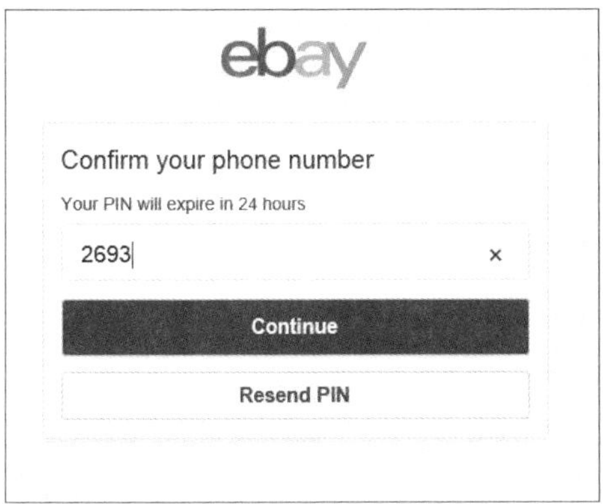

❺以下のように表示されれば、本人認証は無事になされています。

＜例3：Confirm your accountという画面が表示された場合＞

前述の「Help us protect your account」と同様に、アカウント登録者本人が、eBayを操作しているのかを確認をするためのものです。ここでは、ショートメールによるPIN（認証番号）の取得の他、電話の自動音声によるPINの取得の方法も選択できます。

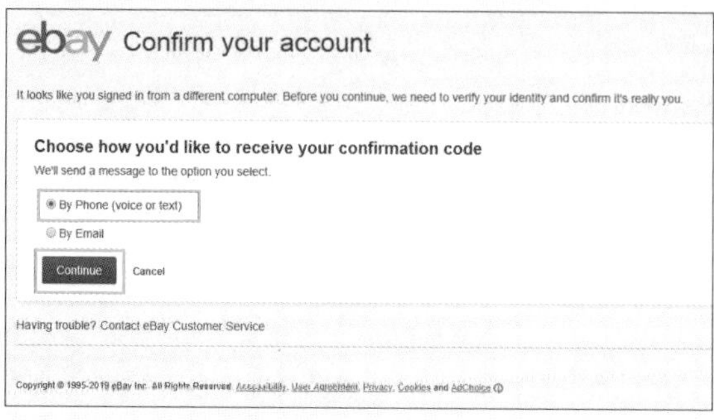

PIN（認証番号）が届かない場合の原因とは？

eBayから、PINを含んだショートメールが、携帯電話に届かない場合があります。
考えられる原因は、以下の2つです。

1. 入力した携帯電話の番号が間違えている。
2. 海外からのショートメールを迷惑メールとしてブロックしてしまっている

圧倒的に多い原因は、後者の2です。
自分で設定した覚えがなくても、携帯電話のキャリアによっては、デフォルトでブロックの設定になっていることが多いです。設定状況や解除方法については、ご契約の携帯電話会社へお尋ね下さい。

＜例4：Pick Your Secret Questionsという画面が表示された場合＞

こちらは、いわゆる「秘密の質問」です。アカウントのセキュリティを強化されたい場合は、設定をします。設定しない場合は、「Remind me later」をクリックします。

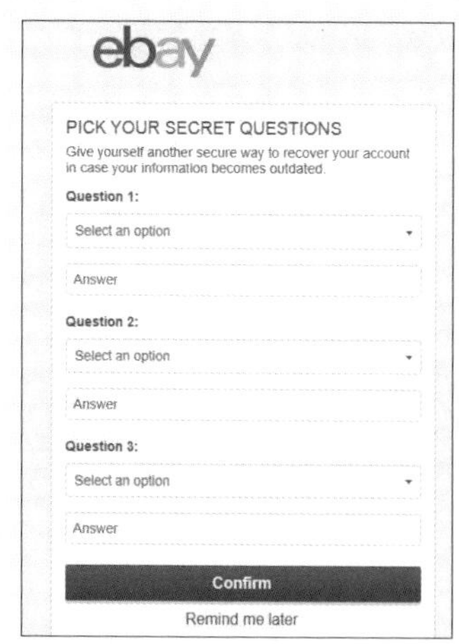

SECTION

1-2 Payoneer（ペイオニア）アカウントの作成

ペイオニアは、海外商取引の外貨の受取りが簡単にできるオンライン代金受取サービスを提供しています。eBayの売上管理（Managed Payments）においては、売上金の受取り先としてペイオニアを連携する必要があります。

ペイオニアとは

ペイオニアは、2005年に設立され、現在はニューヨークに本社をおく国際決済企業です。世界200ヶ国以上で展開されており、150以上の通貨を扱っています。日本国内では、2015年3月にペイオニア・ジャパン株式会社として、日本法人が設立されました。

ペイオニアの業務内容

ペイオニアは、海外商取引の外貨の受取りが簡単にできるオンライン代金受取サービスを提供しています。eBay輸出では、eBayでの売上金を外貨で受取り、日本円に換算して、日本の銀行口座へ出金することができます。為替手数料は2%以下であり、累計取引額などによって変動します。

eBay Managed Paymentsの仕組み

eBay Managed Payments（マネージドペイメンツ）は、それまでのPayPalに変わり、eBay自身が売上管理を行う仕組みとして、2021年に導入されました。これにより、eBayの売上金の流れは、以下のように変更されました。

（過去）
・PayPalに入金（同時にPayPal手数料が相殺）→ 日本の銀行へ出金

・eBay手数料は、月度の請求書に基づき、毎月支払い

（現在）
・eBayに入金（同時にeBay手数料が相殺） → ペイオニアに送金 → 日本の銀行へ出金

よって、現在、PayPalは、eBayの売上管理には全く関わりはありません。

PayPalとペイオニアの違い

前述の通り、過去のPayPalの役目をペイオニアが担っている訳ではありません。

PayPalは「決済・送金サービス」ですので、PayPalで買い物や支払いができたり、PayPal間で送金ができたりします。

ペイオニアは「外貨受取サービス」であり、「決済・送金」の機能はありません。ペイオニアの口座内の資金で買い物はできませんし、ペイオニア間での送金もできません。

ペイオニアアカウントの開設方法

SECTION 1-1でも触れましたが、eBayのアカウントタイプとペイオニアのアカウントタイプは一致させる必要があります。

1．個人はeBayではPersonal、ペイオニアは個人、Personal
2．個人事業主・法人はeBayではBusiness、ペイオニアは企業、Business
※個人事業主で開業届のない人は上記1、開業届のある人は上記2の扱いになります。

この例では、「個人」アカウントの作成を行います。

（重要）
アカウントの作成は、必ずご自宅のPC環境から行います。自宅と異なるIPアドレスだったり、公衆Wi-Fiからアクセスをしたりすると、アカウント乗っ取りと判断され、サスペンドになる可能性があります。

まず、本人確認のための「写真付き公的身分証明書」として、以下のいずれかを準備します。

・パスポート
・運転免許証
・在留カード（写真付き）
・特別永住者証明書（写真付き）
※マイナンバーカードは本人確認の受付対象外ですので、ご注意ください。

ペイオニアのサイトにアクセスします。
https://www.payoneer.com/ja/

3 右上の「アカウント開設」をクリックします。

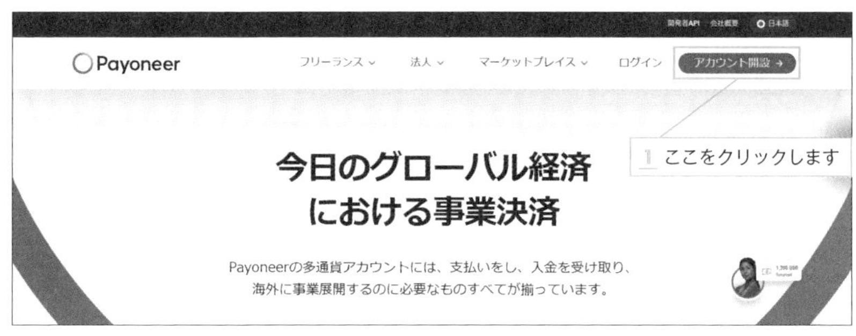

4 事業の種類は「Eコマースセラー」を選択します。

5 月間売上額を選択します。これからeBayをはじめる場合は。「現在取引なし」を選択します。

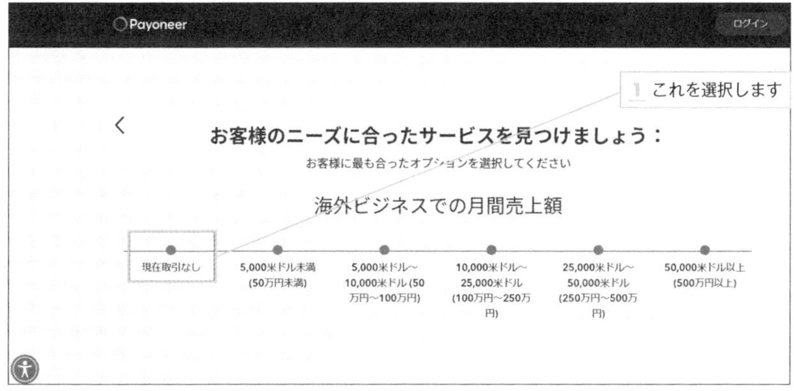

6 「アカウント開設」をクリックします。

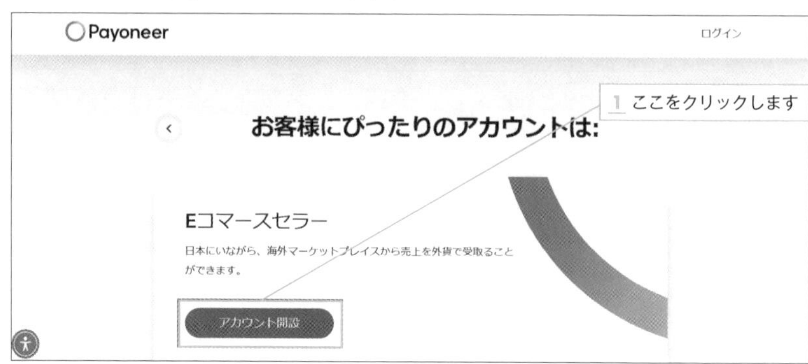

7 「いいえ、事業登録は行っていません」を選択、「名」「姓」(ローマ字入力)「Eメールアドレス」「生年月日」を入力し、「次へ」をクリックします。

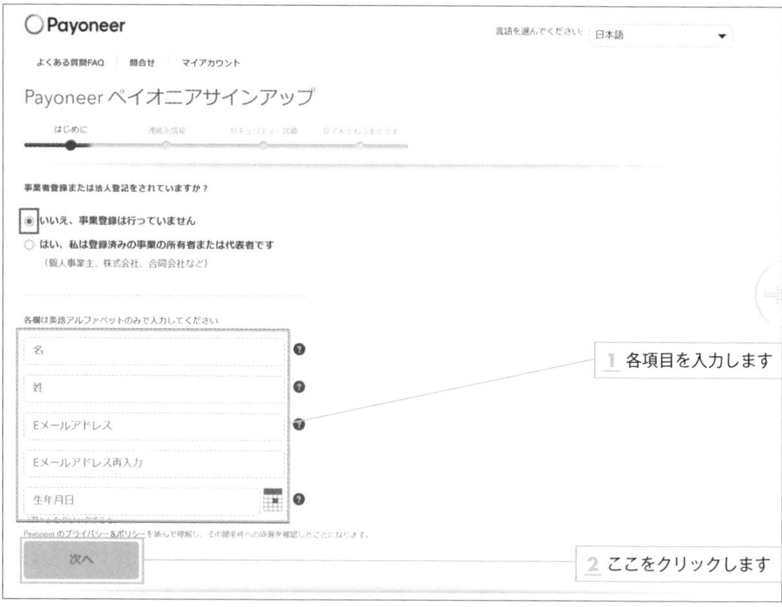

8

「連絡先情報」を入力します。ここも住所はローマ字で入力します。携帯電話の電話番号は、最初の0を取って入力します。入力が完了したら、「次へ」をクリックします。

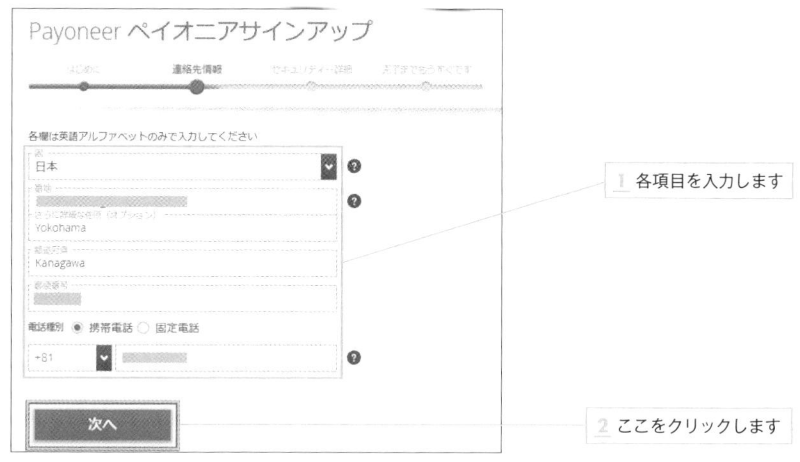

9

セキュリティ情報を入力します。入力したら「次へ」をクリックします。

10

出金用の銀行口座を入力します。利用規約等に同意のチェックを入れ、送信をします。サインアップ手続きが完了となります。

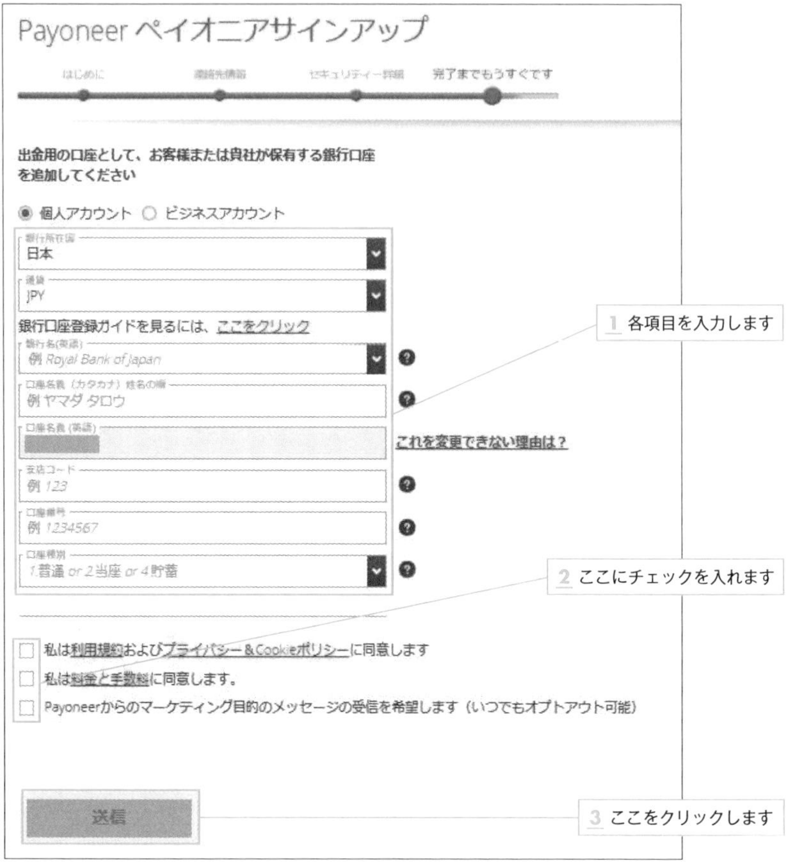

Payoneer ペイオニアサインアップ

はじめに　連絡先情報　セキュリティー詳細　完了までもうすぐです

出金用の口座として、お客様または貴社が保有する銀行口座を追加してください

個人アカウント　ビジネスアカウント

銀行所在国　日本

通貨　JPY

銀行口座登録ガイドを見るには、ここをクリック

銀行名(英語)　例 Royal Bank of Japan

口座名義（カタカナ）姓名の順　例 ヤマダ タロウ

口座名義(英語)

これを変更できない理由は？

支店コード　例 123

口座番号　例 1234567

口座種別　1.普通 or 2.当座 or 4.貯蓄

私は利用規約およびプライバシー＆Cookieポリシーに同意します

私は料金と手数料に同意します。

Payoneerからのマーケティング目的のメッセージの受信を希望します（いつでもオプトアウト可能）

送信

1 各項目を入力します

2 ここにチェックを入れます

3 ここをクリックします

11

申込み後数日以内に、ペイオニアから、本人確認等のメールが届きます。または、ペイオニアにログインし、「設定」メニューの「確認センター」から申込みの進捗状況を確認することもできます。なかなか進捗状況が変わらない場合は、SECTION 4-14の出品時に行っても構いません。

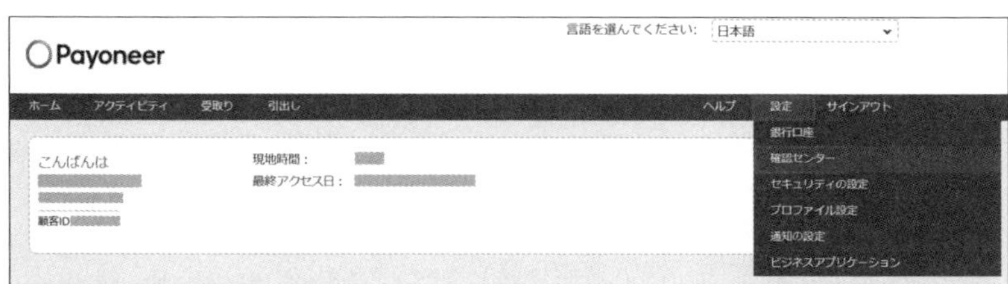

12

「設定」メニューの「確認センター」内の「必須」に表示されている項目に回答を行います。「ビジネスの詳細情報をご提供下さい」をクリックします。

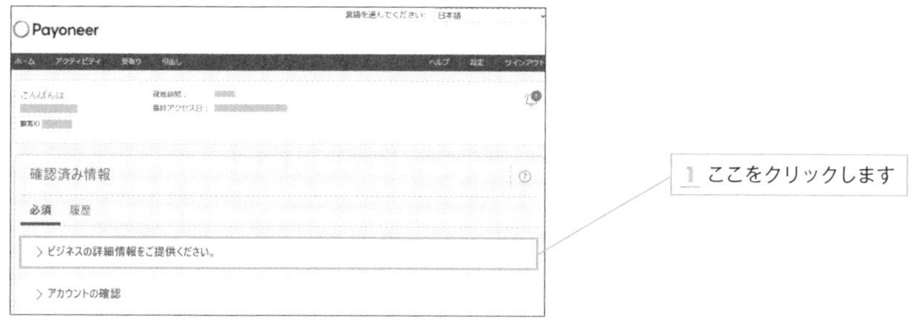

13

「グローバル支払いサービスに関する質問」に回答をします。

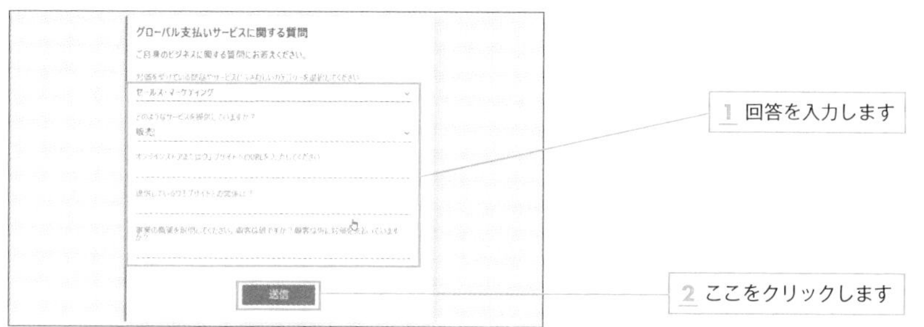

対価を受けている商品やサービスにふさわしいカテゴリーを選択します。

・どのようなサービスを提供していますか？

　例では「セールス・マーケティング」「販売」を選択していますが、選択肢の内容が変更されている場合もありますので、「eBay輸出」に合致するもの、近いものを選択します。

・オンラインストアまたはウエブサイトのURLを入力してください

　こちらには、アメリカのeBayのURLか、eBay IDをクリックして表示されるプロフィールページのURLいずれかを入力します。
https://www.ebay.com　または、https://www.ebay.com/usr/ユーザーID　です。

・提供しているウエブサイトとの関係は？（英語で入力）

　eBayから見ると、あなたは「eBayセラー」です。よって、こちらには「Seller」と入力します。

・事業の概要を説明してください。顧客は誰ですか？顧客は何に対して対価を払っていますか？（英語で入力）

　あなたの顧客は、eBayのバイヤーさんです。eBayのバイヤーさんはあなたがeBayに出品をした商品に対して対価を支払っています。よって、こちらには「eBay buyer, Items listed on eBay」と記入します。
最後に「送信」をクリックします。

14

「アカウント情報」をクリックします。ここでは、「写真つき公的身分証明書」の提出が求められています。

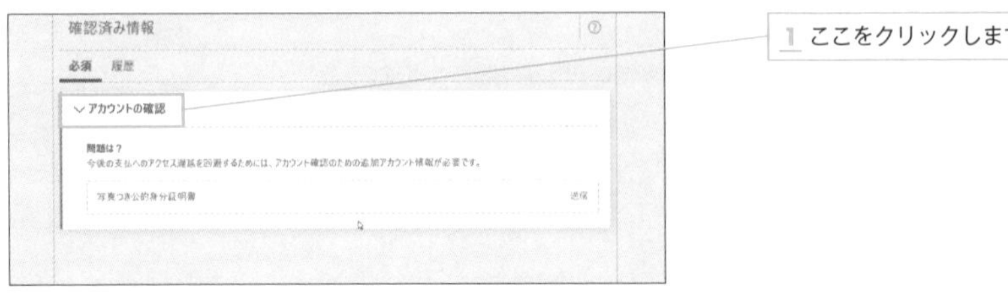

15

提出する書類を選択し、画像をアップロードし、送信します。

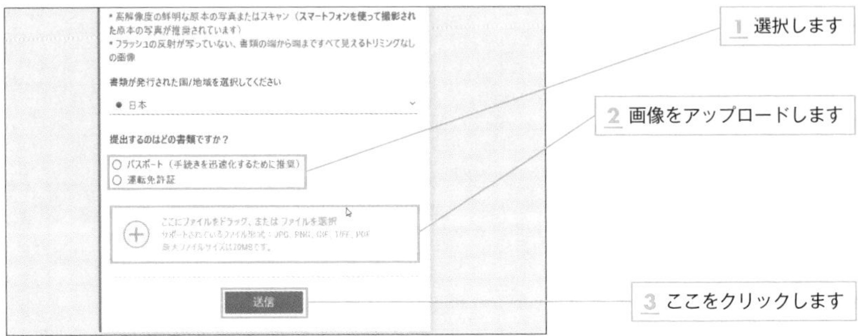

運転免許証：裏表両面
パスポート：写真記載ページ
在留カード：裏表両面
特別永住者証明書：裏表両面

ファイルは2 MB以上の高解像度でアップロードします。不鮮明な書類は、正しい情報でも再提出となる場合がありますので、注意が必要です。

16

「居住確認の書類」の提出を行います。
居住証明として受け付けられるのは、以下となります。

・住民票（3ヵ月以内に発行されたもの）
・公共料金請求書（3ヵ月以内に発行されたもので、氏名・住所が記載されているもの）
・銀行口座取引明細書（氏名・住所が記載されている銀行口座の取引明細書をスキャンしたもので、3ヵ月以内のもの）
・賃貸契約書（氏名・正確な住所が記載された完全な賃貸契約書のスキャンした写しと、家主の名前で3ヵ月以内に発行された公共料金の請求書。）

最も簡単に準備ができるのは「住民票」です。公共料金請求書には、個人情報の関係で住所等が掲載されていない事がほとんどであり、引き落としやカード支払いの場合は紙そのものの存在しない場合があるからです。

SECTION

1-3 PayPalアカウントは必要か？

長年、eBayにおける決済システムとして、PayPalが使われてきました。しかしながら、前述の通り、2021年にeBay Managed Paymentsへと移行されました。では、PayPalが不要かというと、そうではありません。

PayPalとは

PayPal（ペイパル）は、インターネットにおける「支払い」と「受取り」を安全に行うことができる決済サービスです。アメリカを中心に、世界中に広く普及しています。世界4億2900万人以上、200以上の国と地域で利用されており、100以上の通貨に対応しています（2023年10月現在）。

ECサイトなどでの金銭授受をPayPalが仲介するため、取引先にクレジットカード番号や口座番号を知らせる必要がなく、安全なサービスとされています。PayPalが進出している国の成人（日本では18歳以上）の方が利用いただけます。

PayPalアカウントが引き続き必要な理由

1. eBayでの購入にて、引き続き決済手段として、利用することができます。

2. eBayのバイヤーへの追加請求や送金が必要な場合に使います。
詳しくは、CHAPTER06にて解説しますが、eBayでの取引において、
・追加送料が発生するなどの際のバイヤーへの請求
・返品になった商品の返送料をバイヤーへ送金
などに使うからです。
※2023年10月現在、eBayは、取引における追加請求や送金の機能は有していません。

PayPalでの請求や送金については、バイヤーのPayPalアドレス（PayPalに登録しているメールアドレス）を教えてもらう必要があります。

「取引前」に、eBayのメッセージ上でPayPalアドレスを聞いたりすることは、eBayを介さない直接取引への誘導とみなされ、ポリシー違反となります。しかしながら、既に取引が進んでおり、その問題解決のために直接請求が必要な場合は、認められています。

eBayでの販売スタートまでに、PayPalアカウント（ビジネスアカウント）を作成されておくことをおすすめします。

PayPalのカスタマーサービス

eBayは、英語のサイトですので、初心者にとっては一定の慣れが必要になります。PayPalは日本語に対応していますので、安心してお使い頂けます。PayPalで不明な点がある場合は、PayPalへメール、または電話にてお問い合わせください。
https://www.paypal.com/jp/webapps/mpp/corporate/contact

参考〜日本でPayPalが使えるショップ

日本では、正直まだまだ普及率が低く、後発の日本の「PayPay(ペイペイ)」の方が有名になってしまっています。Microsoft、Google Play、Hulu、Nintendoなどのデジタルコンテンツ、YouTube、FacebookなどのSNS、小売では、Qoo10、アニメイト、HMV&BOOKS online、ヤマダ電機などの決済手段として使われています。

PayPalアカウントの作成

1 まず、日本のPayPalのサイトにアクセスします。
https://www.paypal.com/jp/webapps/mpp/personal

2 「新規登録（無料）はこちら」をクリックします。

3 「ビジネスアカウント」の新規登録をクリックします。

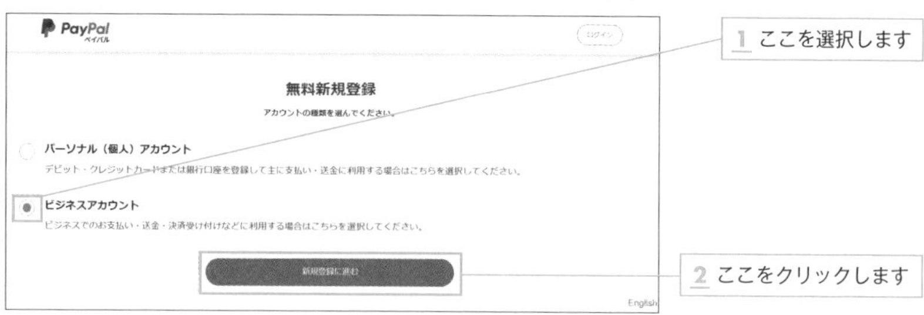

その後は、フォームに従って、アカウント作成をすすめます。

CHAPTER 02

eBay輸出を始める前に知っておきたいこと

SECTION

2-1 Yahoo!オークションで物販に慣れよう

商品の取引方法は、国内でも海外でも基本的に変わりません。よって、最初は、国内の仕組みを使って、取引そのものに慣れていきましょう。

物販を全く行ったことがない場合は、まず、日本の「Yahoo!オークション」で物販に慣れておくと良いです。「取引の流れが分からない」「英語も不安」と初めてづくしになってしまうからです。

この場合、メルカリよりYahoo!オークションをおすすめします。なぜなら、Yahoo!オークションはeBayをモデルにしているので、出品ページの作成等、eBayに近い体験ができるからです。

また、今後、eBay輸出において、重要な仕入れ先にもなりますので、一通りの流れに慣れておきましょう。

Yahoo!オークションとは？

Yahoo!オークションは、日本国内で一番使われているオークションサイトです。雑誌の付録から車まで、ありとあらゆるもの、常時7,283万品（2022年12月実績：ヤフオク!／Yahoo!オークション調べ）の商品が出品されています。

支払い方法は「Yahoo!かんたん決済」です。Yahoo!オークションのお財布とお考え下さい。落札者は、PayPay（ペイペイ）、クレジットカードなどから代金を支払うことができます。出品者は、PayPay（ペイペイ）や銀行口座で代金を受け取ることができます。

Yahoo!かんたん決済：https://payment.yahoo.co.jp/

まず、Yahoo! JAPAN IDを取得しましょう。
※参考：Yahoo!オークションご利用ガイド
https://auctions.yahoo.co.jp/guide/guide/

①買ってみる（落札）

落札/購入については、手数料は発生しません。 興味のある商品が決まっていたら「検索」をします。ウィンドーショッピング的に観たい場合は、「カテゴリ」から入り、気になる商品があったら、ウォッチリスト（お気に入り）に追加をしていきます。過去180日分の落札履歴を閲覧できますので、価格相場も確認することができます。

②**売ってみる(出品)**

出品についての出品手数料は発生しません。

落札手数料は、Yahoo!プレミアム会員か否かで変わります。

プレミアム会員　　　落札価格の8.8%(税込)
プレミアム会員以外　落札価格の10.0%(税込)
※Yahoo!プレミアム会員費は、月額508円(税込)のサービスです。

出品する商品は、自宅にある不用品で構いません。不用品であれば、仕入れコストは0円です。

本やCD、洋服やバッグ、押し入れに眠らせておいた頂き物など、新品、中古を問わず、何でも出品できます。出品するものが決まったら、まずは同じもの、または近いものを検索して、「どのように出品しているのか」や落札相場などを参考にしてみて下さい。

但し、出品者の禁止行為や出品禁止物については必ずご確認下さい。
https://guide-ec.yahoo.co.jp/notice/rules/auc/detailed_regulations.html

1. 商品の画像
10枚まで掲載が可能です。商品撮影は、スマートフォンのカメラで十分です。傷などがある場合は、隠さず、逆にクローズアップして、正確に状態を伝えられるようにしましょう。

2. タイトル
オークションのタイトルはキーワード検索の対象となります。文字数は全角で65字、半角で130字までです。よって、メーカー名やブランド名、商品名、型番など、検索されやすいキーワードを入力しましょう。また、「新品」「未開封」「非売品」「限定品」などの特徴は興味を惹きます。送料無料なら、それをアピールする事も有効です。

3. カテゴリ選択
「コンピュータ」「家電、AV、カメラ」「音楽」「おもちゃ、ゲーム」など、出品する商品のカテゴリを選択します。

4. 商品の状態
「未使用」「未使用に近い」「目立った傷や汚れなし」「やや傷や汚れあり」「傷や汚れあり」「全体的に状態が悪い」から選択します。

5. 説明
正確に商品状態を伝えていきましょう。
できるだけ言い切る表現とし、あいまいな表現や感情や推測は入れない方がよいです。
写真と連動しているとより伝わると思います。
また、類似品の出品での商品説明を参考にすることもおすすめです。

（例：CDの場合）
・盤質： 2cm程度の薄い傷がありますが、音質は良好です。
・ブックレット：表側の右上角に軽い折れがあります。

（例：家電）
・動作確認済です。
・付属品：写真掲載のものが全てです。
（完全に揃っているかどうか不明の場合に有効です）

6. 個数
個数を選択します。（1〜9個まで）

7. 商品の発送
商品の発送元の県、送料負担、配送方法、支払いから発送までの日数を選択します。
配送方法には、匿名配送を含む、様々な種類があります。その商品にあった配送方法を提案してください。選択肢があると、なおよいかと思います。

箱代、梱包手数料といった類のものを別に徴収する事はガイドライン違反となりますので、商品価格に含むようにしてください。
https://guide-ec.yahoo.co.jp/notice/rules/auc/detailed_regulations.html
8. 販売形式・価格
価格を競い合うオークション出品と、すぐ購入できるフリマ出品（定額）があります。
オークション出品の場合の開始価格は、出来るだけ低めからのスタートをおすすめ致します。多くの方に興味を持って頂け、入札が入札を呼ぶからです。但し、マニアックな商品など、入札数が見込めないようなものは、低価格のまま終了してしまう事がありますので、注意が必要です。

9. 終了日時
オークションを終了させたい日、時間帯を選択します。一般的に週末の20時から24時がゴールデンタイム、一番入札が集まる時間帯といわれています。商品の特性にもよりますので、色々試してみるとよいと思います。

③ **落札されたら**

まず、Yahoo!オークションから「落札されました」というメールが届きます。該当ページから「取引ナビ」を使って取引を進めていきます。落札者、出品者は、お互いに言葉を交わさなくとも、取引が成立するようなシンプルな仕組みになっています。発送先の確認から商品到着まで、画面の指示通りに進めるだけです。

何か問題があった際やお礼などには、メッセージ欄を使います。商品を発送したら、落札者を評価します。中には、評価不要を希望される場合がありますので、その際は希望に沿えばよいです。

オークションの基本的な仕組みは万国共通です。「出品」「落札」「入金」「梱包/発送」「商品受領」「評価」といった、大きな取引の流れは、Yahoo!オークションもeBayも全く同じです。

まずは、Yahoo!オークションで、買い物5回（できれば別々の出品者から）、出品5回を試してみて下さい。Yahoo!オークションでオンライン販売に慣れ、eBayでの取引の準備をしておきましょう。

SECTION

2-2 英語力ではなく英語検索力

「英語が苦手」=「eBayができない」ではありません。ベテランのeBayプレイヤーですら、必ずしも英語が得意なわけではありません。その理由について、解説します。

eBayで使う英語は、基本「取引に関すること」だけ

eBayを通じて、海外の方と会話をしたり、お友達になったりする事が目的ではありません。eBayで、商品の取引ができるレベルの英語力で十分です。

しかしながら、日本人は、「こんな英語では人に笑われる」と、人の目を気にしてしまいます。正しい言葉づかいや文法などを真っ先に気にして、フリーズしてしまうことが多いのです。これでは、伝わるものも伝わりません。

eBayには、ドイツ、フランス、南米、アジアなど、英語を母国語としない方々が沢山参加しています。こういった非英語圏の人たちとも英語でコミュニケーションを取ります。お互い、片言の英語の場合もあるかもしれません。よって、明確な意思の疎通を図るためには、シンプルかつストレートな英文を使うことが重要です。

eBayでの英語克服3つのポイント

①Google翻訳 / 辞書機能を活用する

まず、英文は、Google翻訳にかけてみて下さい。多少不完全であっても、ざっくりと何を言っているのかは大体分かります。

https://translate.google.co.jp/

単語は、Googleの辞書機能を活用します。例えば「発送」という単語を英語にしたい場合、「発送 英語」と検索をします。すると、関連用語を含めて、検索結果として表示されます。

②英会話ではない

取引相手から何か問い合わせがあった場合、「英会話」ではないので、瞬時に返答する必要はありません。問い合わせ内容をGoogle翻訳にかけると、何かを要望しているのか、喜んでいるのか、怒っているのかは、大体理解できます。

③例文の検索とテンプレート化

「商品が届かない」とバイヤーさんから連絡があったとします。これに対して、どのように返信したら良いかが分からない場合があります。GoogleやYahooで「eBay 商品が届かない 例文」と検索することで、eBay輸出に関するブログが沢山ヒットします。そこで、例文を見つけることが出来ます。その例文を自分の事例に置き換えて使うことが出来ます。その例文は、また次回の取引の際に使いますので、テキストとして保存をします。そうすることでテンプレートがドンドン増えていきます。

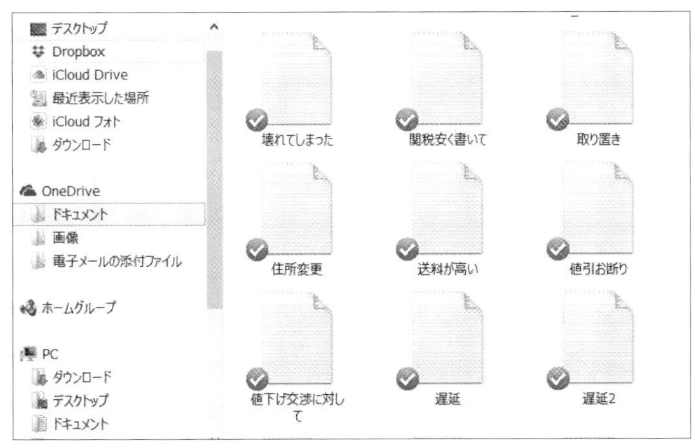

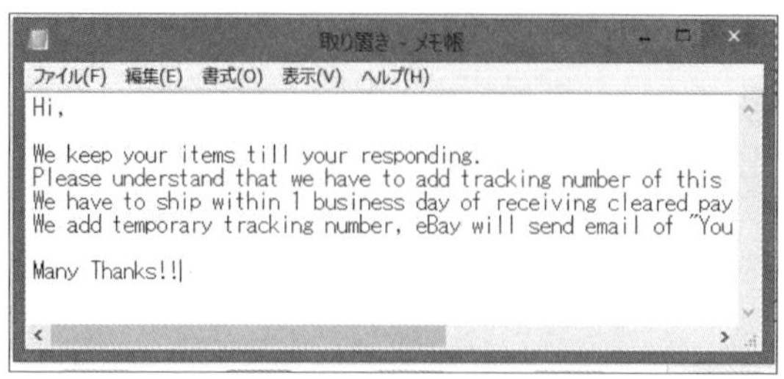

筆者も決して英語が流暢な訳ではありません。しかしながら、毎日のeBayでの取引において、上記3つのポイントを繰り返し行うことで、すっかり英語に慣れ、取引相手との意志の疎通は十分にできています。

「海外で生活していると、自然と英語が身につく」という考え方と同様に、毎日、eBayで英語に触れていれば、必ず慣れてしまいます。

02 Google翻訳の使い方

Google 翻訳(Google Translate)は、Googleが提供する翻訳サイトです。テキストの一部分や、ウェブページ全体を別の言語に翻訳するサービスです。英語、フランス語、ドイツ語、というように、文章を入れるだけで、どの言語なのかを判別して、リアルタイムで多言語に翻訳することができる大変便利な機能です。

1 一番ベーシックな使い方は、まず、翻訳したい文章をドラッグし、右クリックでコピーをします。

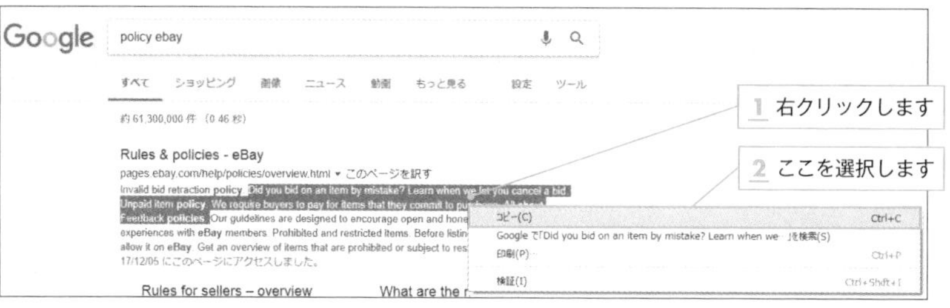

2 それを、Google翻訳のページ左側にペーストすることで、別の言語に翻訳することが出来ます。

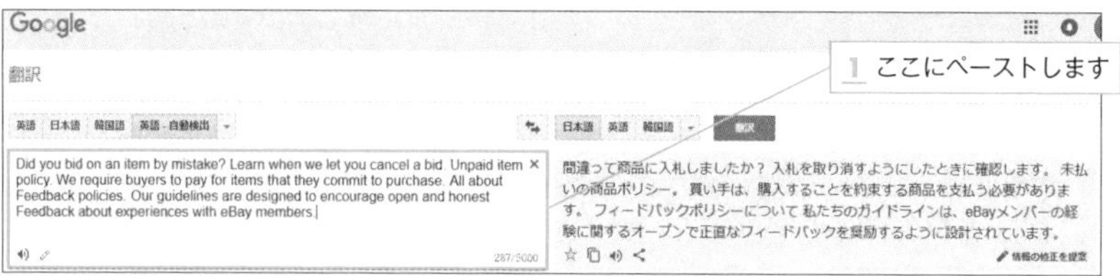

3

最近のGoogle翻訳は、AIの進化により、かなり翻訳精度がアップしています。それでも、意味がよく分からない場合は、長文を思われる箇所を短めにすることで、更に精度をあげることができます。

4

日本語から英語に翻訳する際、長い日本語は正しく翻訳されづらいです。よって、準備する日本語は、箇条書きのような、短く簡潔な文を準備します。また、「お世話になります」のような、日本的な表現は避けます。

この英訳でも通じますが、少々違和感があります。
「お世話になります」は日本的な表現なので、英語で直訳できません。「また早々にご入金頂き」の部分の「また」が、again、再び、という訳になってしまっています。
よって、主語、述語をはっきりさせたり、文章を細かくしたりして、翻訳をすると、

長文をそのまま翻訳した時よりも、分かりやすい英文になります。

Google翻訳の拡張機能をインストールする

Google Chromeに、Google翻訳の拡張機能をインストールすることで、翻訳作業をもっとスピードアップさせることが出来ます。

1

「Google翻訳 拡張機能」と検索をし、「Google 翻訳 - Google Chrome」をクリックします。

2

Chromeウェブストアで、「Chromeに追加」をクリックし、「Google翻訳」をインストールします。

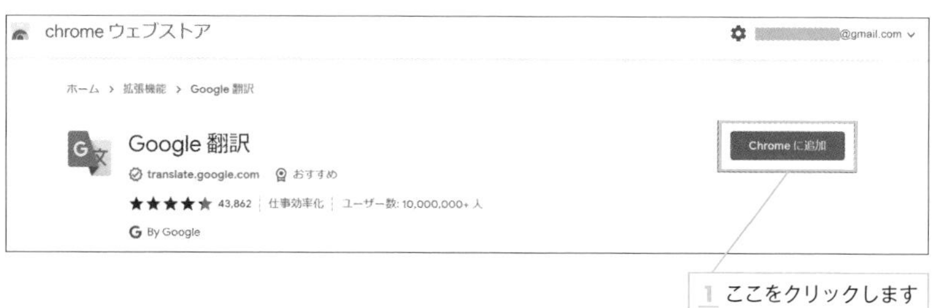

3

インストール完了後、日本語以外のウェブサイトを閲覧すると、ページ右上に、Google翻訳のアイコンが表示されます。

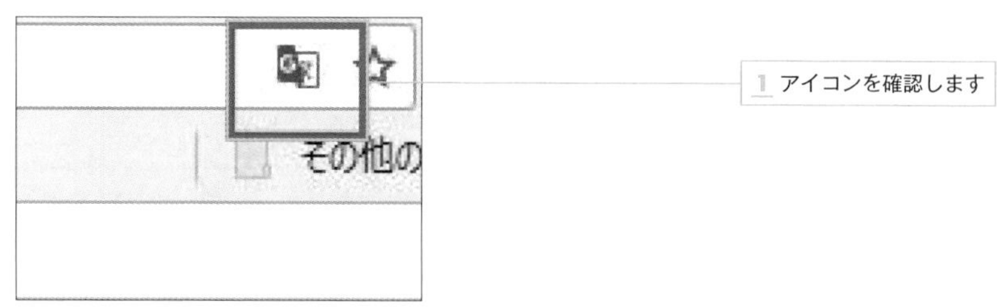

4

翻訳したい文章をドラッグし、右クリックすると、Google翻訳のメニューが表示されるようになりますので、これをクリックします。

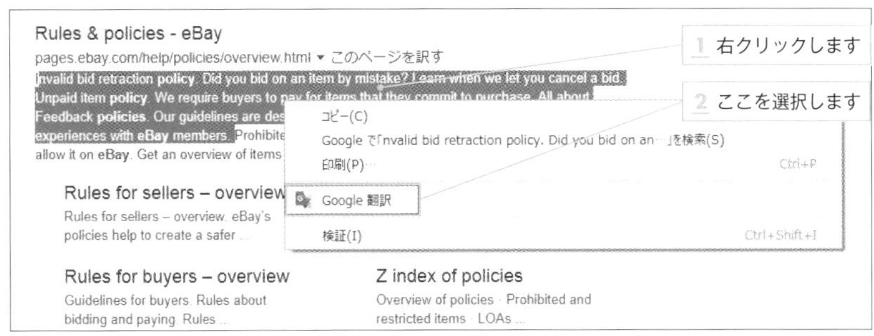

5

すると、いちいちGoogle翻訳のページを別に立ち上げて、貼り付けをしなくても、Google翻訳のページが自動で立ち上がり、翻訳が表示されます。

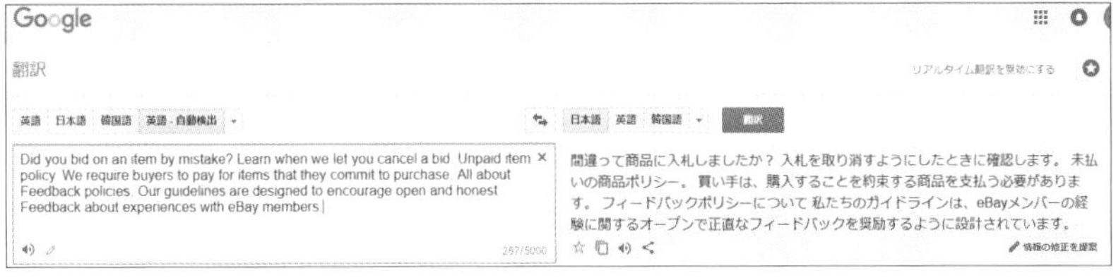

ページをまるごと翻訳

Google翻訳のページを開かなくても、ウェブページ全体を日本語に翻訳することができます。

1

ページの任意の箇所で、右クリックのメニュー内「日本語に翻訳」をクリックします。

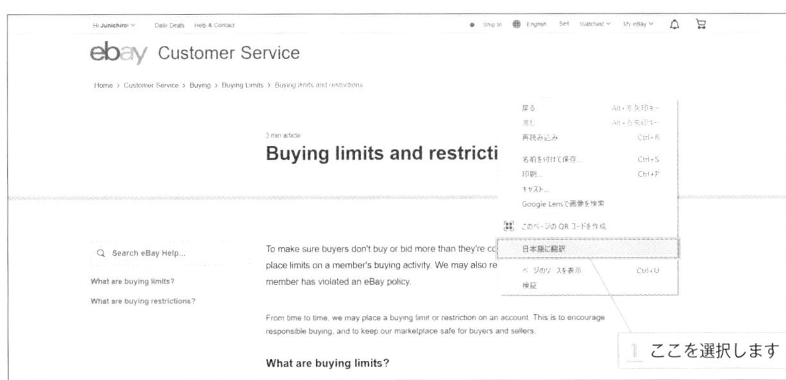

2

すると、ページまるごと日本語へと翻訳されます。

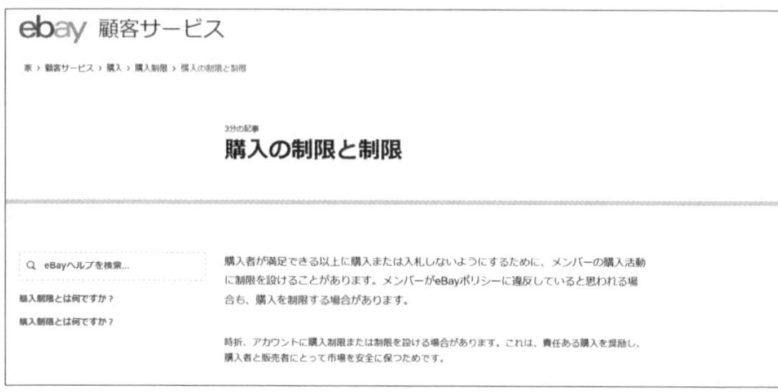

3

元に戻す際は、右上の「Google翻訳マーク」をクリックし、「原文のページを表示」をクリックします。

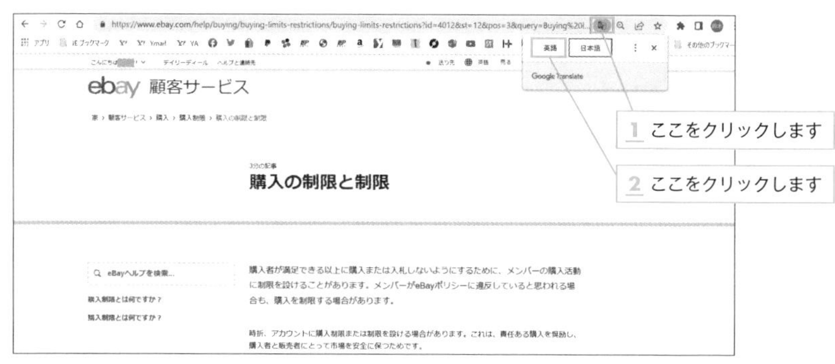

4

英語のサイトを開いた際、自動的に日本語に翻訳されてしまう場合は、右上の「Google翻訳マーク」をクリックし、「⋮マーク」をクリック、「英語を翻訳しない」をクリックします。

ページ翻訳の注意点

ページをまるごと翻訳する機能は、文章の全体像を掴むには大変便利な機能です。しかしながら、この機能は、最小限に使用されることをおすすめします。

①ページ翻訳のままの操作は、誤動作やパニックの原因となる。

単なる閲覧時にページ翻訳を使うことは大変便利ですが、登録や購入、出品などの操作を行う場合は、必ず英語で行います。

例えば、ログインが上手く行かない、購入ができない、といった、誤操作の原因となります。

また、登録情報が正しく登録されていても、おかしな翻訳で表示されてしまいます。

筆者の名前は、「Junichiro」です。しかしながら、ページ翻訳を通すと、「十二郎」と、訳の分からない翻訳が表示されてしまいます。

初心者の方がこのような状況に遭遇すると、「eBayに自分の名前がキチンと登録できていない！！」と、パニックになるわけです。

②いつまで経っても英語に慣れない

日本語に翻訳されたページを見ていても、当然ですが、いつまで経っても英語を克服することは出来ません。英語でメンタルブロックがかかってしまう方でも、英語を毎日みていれば、自然と慣れてきます。

長期間留学をしていても、全く英語が話せない人がいます。それは、留学をしているにも係わらず、現地で日本人の生徒同士で仲良くなってしまったからです。結局、いきた英語を使う機会がほとんどなかったそうです。いつまでも日本語の翻訳ページを見ているのは、正にこの状況と同じです。

毎日、eBayで英語と触れ合っていれば、必ず英語に慣れてきます。

SECTION

2-3 eBayが「難しい」と思われてしまう理由

eBayでハードルと考えられている「英語のブロックの外し方」については、前項でお伝えしました。この項では、英語以外に、eBayが「難しい」と思われてしまう原因、初心者が混乱してしまう原因について解説をします。

eBayの画面仕様がアカウントによって異なる場合がある

eBayに関するブログやYouTubeを見ながら、eBayの登録や出品を進めようとしても、なぜか、あなたの画面とマニュアルの画面が違う場合があります。

Yahoo!オークションやメルカリではあり得ないことですが、eBayではよくあることなのです。

また、予告なく、突然、画面の仕様が変わることもよくあります。

eBay初心者がまず翻弄してしまうのは、このせいです。

推測ですが、この違いは、主に、アカウントを作成した時期によります。eBayは歴史が長いサイトであることから、システムが複雑になってしまったようです。

直近で確認したところ、eBayには、セラー管理画面は少なくとも3種類あります。しかも、どれも現行で存在しているのが厄介なところです。

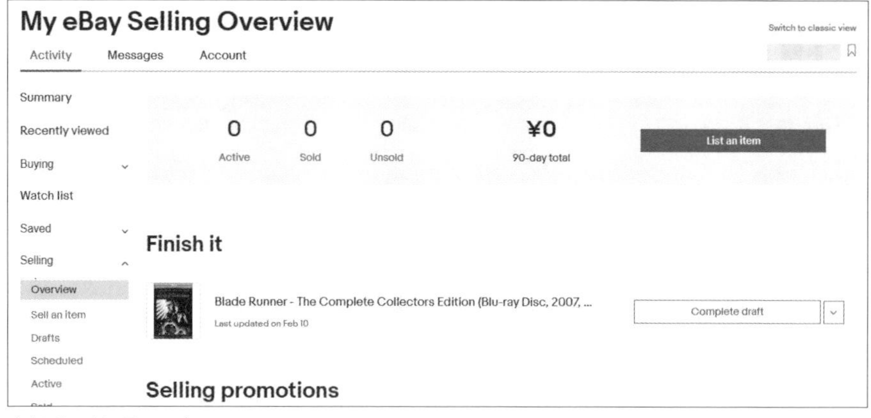

（直近の管理画面）

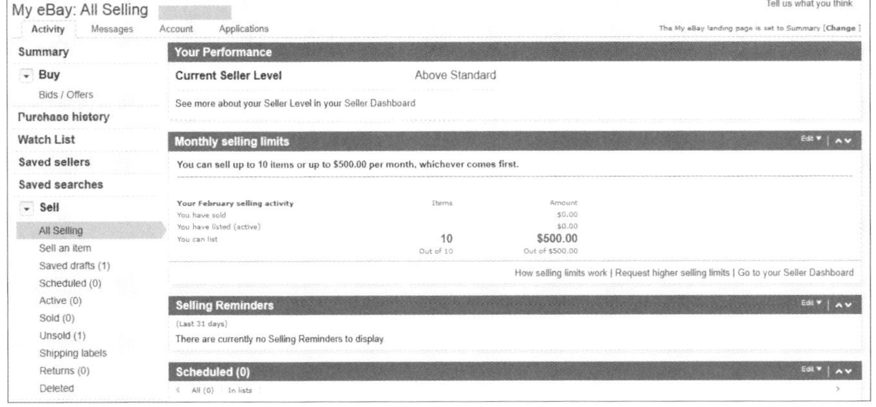

（少し昔の管理画面）

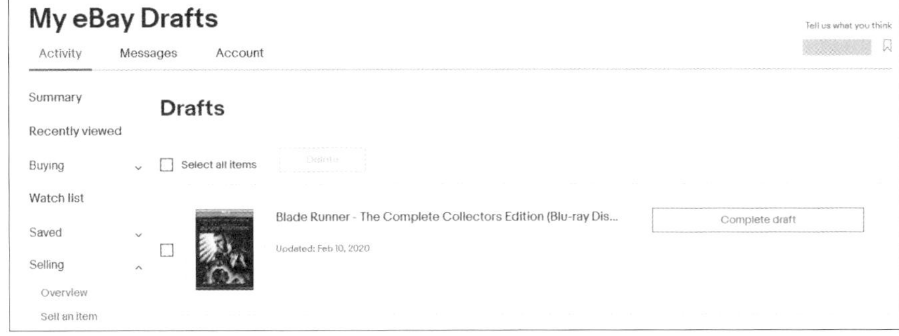

（直近のDraft～下書き画面）

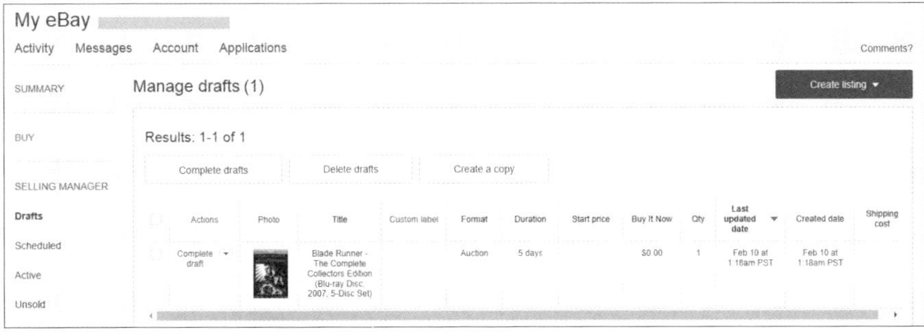

（少し昔のDraft～下書き画面）

本書では、この違いを最小限に抑えるべく、現在主流であるセラー管理画面「Seller Hub」を使って解説をしてまいります。この「Seller Hub」は、1つでも出品をしないと、設定できません。よって、CHAPTER 4にて、最初の出品が完了したら、「Seller Hub」管理画面に切り替えます。

画面の仕様が異なることで、とまどう事があるかと思います。しかしながら、入力する内容や、進める事柄は同じです・焦らず、進めてみて下さい。

eBayは多機能過ぎる

・自動的にバイヤーさんにFeedbackを残す
・複数商品購入の場合、自動的に送料を割り引く
・発送したくない地域を除外できる
・日時を指定して、期間限定のセールができる
・リピーターさんに割引クーポンの配布ができる
・ウォッチリストに入れているバイヤーさんへ割引情報を送信できる
・複数の出品情報を一括で編集することができる
・よくある質問内容を、商品情報から自動的に回答する

これらは、eBayの便利な機能のほんの一部に過ぎません。
Yahoo!オークションとは比較にならないくらい、eBayは本当に多機能です。
これらは、使いこなせば使いこなすほど、本当に便利なのです。
残念ながら、本書にもその全てを紹介することはできません。
「盛り沢山」ということは、裏返すと、それだけ、初心者には負担が大きいということなのです。「覚えることが多すぎる!!」と、考えてしまうようです。
これらは、一度に覚える必要はなく、徐々に覚えていく内容ですので、ご安心下さい。

セラーアップデートなどにより、ポリシーが頻繁に変わる

eBayでは、健全なeBayマーケットを保つために、「セラーアップデート」というものが定期的に実施されています。その名の通り、eBayセラーに向けたポリシーが更新されます。通常、春と秋の年2回が実施のタイミングですが、これより多く実施される年もあります。eBayセラーアップデートは、eBayのページを通じて発表されます。アメリカのみならず、オーストラリア、イギリス、ドイツ、フランスなど、各国のeBay毎に異なる場合があります。その内容は、セラーに対して、手数料の引き上げなど、厳しくなるものから、逆に、緩和されるものまで様々です。eBayビジネスを健全に続けていくためにも、新しいポリシー、ルールをしっかりと受け入れ、対応していく必要があります。
このようにeBayのルールは頻繁に変わるため、ネット上に掲載されているeBayに関するブログやYouTubeを参考にする場合、「いつ発信・更新された情報なのか」を必ず確認するようにしましょう。

▼アップデートの一例

Seller Updates at a glance

Plan ahead for selling success on eBay by tracking when updates go live.

Learn more

Recent Seller Updates

2023 Fall Seller Update

This fall, we're introducing new features and updates to help you reach more buyers, enhance your listings, and have a seamless selling experience.

2023 Summer Seller Update

This summer, we've made improvements to processes to help manage your business and make selling more seamless.

2023 Winter Seller Update

This winter, we're continuing our ongoing work to make running and growing your business easier.

Past Seller Updates

2021 Fall Seller Update

New opportunities to boost your visibility and drive your business forward on eBay.

2021 Spring Seller Update

New opportunities to help you grow and enhance your eBay business.

2020 Fall Seller Update

Learn about new opportunities to grow and streamline your business during the peak selling season on eBay.

2020 Spring Seller Update

Track when updates go live

March 2022

- Prorated final value fee credits for partial refunds
- Per-order fee credit for canceled transactions
- Below Standard additional final value fee increase
- Subtitle listing upgrade fee increase
- Final value fee increase in most categories

April 2022

- Updated traffic data for your listings
- eBay app messaging experience beta available to try
- More flexibility and control over your money

May 2022

January 2023

- Continuing our efforts to eliminate unpaid items

February 2023

- Per-order fee credit for voluntary full refunds
- Free and reduced-cost listing upgrades
- Final value fee adjustments in some categories
- eBay International Shipping, with no international selling fee

June 2023

- More seller resources for resolving issues with unpaid items
- Improved payment dispute experience
- Added report button for inappropriate messages from members

SECTION

2-4 Feedback（評価）について

eBayは、Feedback（評価）をとても重視しています。それは、創業者であるピエール・オミダイヤの「国際取引の良質なコミュニティの形成」という理念に基づく仕組みだからです。

eBayでは、取引相手に対して、その取引が満足のいくものだったかどうかを、Feedback（評価）として残します。そのFeedbackのコメントは、相手方に喜びや今後のやる気を向上させる重要な役割を果たしています。

更に、そのコメント内容は、誰でも閲覧することが出来るので、これから取引をしたいと考えている見込みのバイヤーさんに対する安心感にも繋がります。

Feedbackは、以下のように残すことができる

バイヤーはセラーに対し
「Positive（良い）」
「Neutral（どちらでもない）」
「Negative(悪い）」
のいずれかの総合評価に加えて、

DSR　(Detailed seller rating)
Accurate description（商品は説明通りだったか）
Reasonable shipping cost（配送費用は適切だったか）
Shipping speed(配送期間は適切だったか）
Communication（コミュニケーションは円滑だったか）
の４項目についての評価を残すことができます。

セラーはバイヤーに対し
「Positive」のみを残すことができます。
「Neutral（どちらでもない）」や「Negative(悪い）」を残すことはできません。

1 自身のFeedbackを確認するには？

eBayの画面左上の「Hi,名前」の箇所にカーソルを当てます。eBay IDの右側の数字が評価数です。

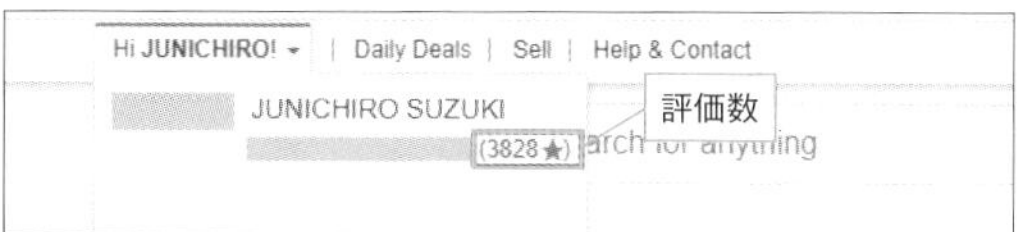

2

1.の評価数をクリックすると、以下のような詳細が表示されます。

3

更に、その下には、直近の取引におけるFeedback、取引相手からのコメントが表示されています。

1 他のメンバーのFeedbackを確認するには？

商品ページ右側に表示されている「Seller information」内、eBay ID右側の評価数をクリックします。

2

そのメンバーのFeedbackと直近のコメントを確認することができます。更に詳細を確認した場合は、「See all feedback」をクリックします。

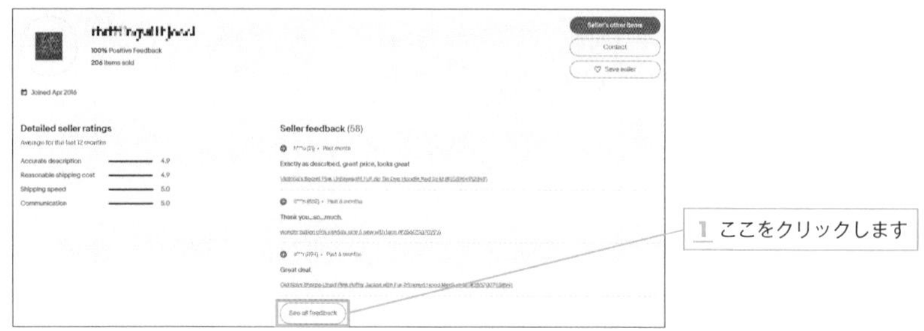

3

そのメンバーのFeedbackの更なる詳細を確認することができます。

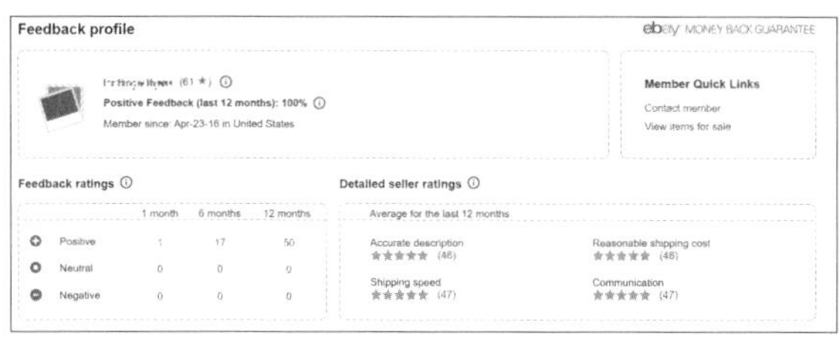

同じ取引相手からのFeedbackはどのようにカウントされるか？

日本のYahoo!オークションの場合は、過去に取引した人と再度取引をすると、総合評価に反映されるのは最新の評価となります。よって、前回「良い」評価を受け、今回も「良い」評価を受けた場合など同じ評価を受けた場合は、総合評価のポイントも変わりません。

eBayの場合は、同じ取引相手でも、同じ週でなければ、Feedbackに加減算で新たなFeedbackが反映されます。この場合の「同じ週」は、太平洋時間(PST)の月曜日から日曜日までとなります。

例えば、同じ取引相手から1週間内にPositive評価を複数回受けた場合でも、Feedbackは、1ポイントだけ上がります。これはYahoo!オークションと同じです。

週をまたいだ場合、例えば、先週1回、今週1回のPositive Feedback（良い評価）を受けた場合は、2ポイント上がります。

リピーター（顧客）がついているセラー、よく買うストアがあるバイヤーにとっては、繰り返しFeedback（評価）を積み上げることができる非常に大きなメリットとなります。

SECTION

2-5 eBayでの出品禁止商品とは

eBayにて取引が禁止されている商品、規制のある商品について、解説をします。

eBayでの取引は、基本、輸入・輸出となります。よって、日本の法律以外に、相手国の法律、もしくは国際的な条約も関係があります。気負わなくて良いですが、初めて取り扱う商品やジャンルの場合は、十分にリサーチをしておく必要があります。eBayのポリシー違反に抵触すると、アカウントに制限を受けたり、最悪の場合は停止してしまったりすることがありますので、注意が必要です。

eBayで禁止や規制がある商品

(出典:イーベイジャパン)

アダルト (Adult)

アルコール (Alcohol)

動物と野生生物商品ー生きている動物、剥製の標本および象牙などを含みます。(Animals and wildlife products)

芸術品 (Selling art)

芸術品ー工芸品、墓に関連した商品およびアメリカ先住民の手芸品 (Artifacts, grave-related items, and Native American arts and crafts)

触媒コンバーターとテストパイプ (Catalytic converter and test pipes)

携帯電話(ワイヤレス)のサービス契約 (Cell phone (wireless) service contracts)

募金をつのるような出品 (Charity and fundraising)

古着 (Used clothing)

契約を伴う出品 (Contracts)

使用済みの化粧品 (Used cosmetics)

偽装通貨・切手 (Stamps, currency, and coins)

クレジットカード (Credit and debit cards)

通貨の販売 (Stamps, currency, and coins)

薬品または薬のような物質と記述してあるもの (Describing drugs and drug-like substances)

麻薬と麻薬道具 (Drugs and drug paraphernalia)

電子機器ーケーブルテレビのディスクランブラー、レーダースキャナ、および交

通信号コントロール装置などを含みます。(Electronic and surveillance devices)
電子監視装置－盗聴装置や電話盗聴器など。(Electronic and surveillance devices)
禁輸品と禁止国－キューバからの商品などを含みます。(Embargoed goods and prohibited countries)
イベントチケット (Event ticket resale)
銃器、武器、およびナイフ－唐辛子スプレー、レプリカ、およびスタンガンを含みます。(ミリタリー商品を参照してください)(Firearms, weapons, and knives)
食品やヘルスケア商品 (Food and healthcare)
ギフトカード (Gift cards)
政府文書、IDおよびライセンス (Government documents, IDs, and licenses)
政府、輸送、および出荷関連の商品。飛行機のマニュアル、地下鉄従業員の制服、米国郵政公社(USPS)の郵便袋を含みます。(Government, transit, and shipping-related items)
危険な商品－バッテリー、花火、および冷媒など含みます。(Hazardous materials)
遺体と人体の一部 (Human remains and body parts)
米国への商品の輸入－特定の国だけでの配布する目的のCDなどを含みます。(International trading)
国際取引 (International trading)
不法行為を誘発する商品－メタンフェタミンの製造方法を説明した電子商材などを含みます。(Encouraging illegal activity)
錠前破りの装置 (Lockpicking devices)
宝くじ (Lottery tickets and game pieces)
郵便先名簿と個人情報 (Mailing lists and personal information)
メーカー(販売店)のクーポン (Manufacturer's coupons)
医療機器－コンタクトレンズ、ペースメーカー、および手術器具などを含みます。(Medical drugs and devices)
ミリタリー商品 (Military items)
マルチ商法、ピラミッド商法、マトリクスプログラム (Multi-level marketing, pyramid, and matrix programs)
攻撃的な商品－民族や人種差別的な商品とナチスの記念品などを含みます。(Offensive material)
農薬(殺虫剤)(Pesticides)
植物や種子 (Plants and seeds)
警察関連の商品 (Police-related items)
政治的な記念品(復元品)(Reproduction political memorabilia)
郵便料金別納証印刷機 (Postage meters)
処方薬 (Personal relationships and services)
禁止されたサービス (Personal relationships and services)
不動産 (Real Estate)

リコールされた商品 (Recalled items)
スロットマシン (Slot machines)
切手 (Stamps, currency, and coins)
株とその他の有価証券 (Stocks and other securities)
盗難物品とシリアル番号がない物品 (Stolen property and property with removed serial numbers)
監視装置 (Electronic and surveillance devices)
煙草 (Tobacco)
旅行 (Travel)
雑草 (植物や種(Plants and seeds)を参照してください)

上記のリスト全てが「出品禁止」ではありません。各々にポリシーが存在します。例えば、「Art～芸術品」がリストに入っています。Artのポリシーには、「自分のアート作品は販売できる」と記載がありますが、「自分がゴッホ風に作成したアート作品を"ゴッホ風"として販売してはいけない」などといった詳細が記載されています。

VeRO(知的財産権を侵害する商品)

eBayでは、知的財産権保護やeBayでの安全な取引が行われるよう、「知的財産保護プログラム(VeRO : Verified Rights Owner Program)」というものを設けています。

例えば、人気の時計ブランド「G-Shock」の知的財産権所有者はCasioになります。

海外の正規代理店はCasioに対して、高い契約料を支払い、自国のマーケットで商品を販売しています。ところが、eBayにて、その商品群が、代理店でないセラーによって販売、いわゆるバイヤーさんに並行輸入されてしまっては、たまったものではないわけです。

よって、その代理店は、eBayに対して、「知的財産権を侵害する内容が含まれる出品商品の削除」をVeROに基づいて、申請することができます。

知的財産権には商標(trademark)や著作権(copyright)なども含まれます。メーカーのカタログ写真を無断で使用した事が抵触し、出品を削除されることもあります。

そもそものVeROの目的は、は、いわゆるコピー品や禁止商品の取引をさせないよう、ユーザーを保護することが目的とされています。
https://www.ebay.com/sellercenter/ebay-for-business/verified-rights-owner-program

そもそも法律や条約で禁止・規制が行われているもの

eBayに限ることではなく、そもそも法律や条約で禁止・規制がなされているものもあります。例えば、「アルコール」。「日本酒や日本のウイスキーは海外で人気があるから売れるに違いない！」と思われる方が非常に多いです。しかしながら、一部のeBayから許可されたワイン業者以外は、eBayにアルコール類を出品することはできません。また、輸出以前に、酒類の販売をしようとする場合には、酒税法に基づき、所轄税務署長から酒類の販売業免許を受ける必要があります。

また、ワシントン条約では、ギターやスピーカーなどに使われるローズウッド（木材）、バッグやベルト、腕時計のベルトなどに使われるワニ革、トカゲ革などは、事前に国の許可を得る必要があります。また、象牙は原則、輸出入は禁止されています。

更に、日本における関税法でも、輸出入が禁止されている商品があります。場合によっては、処罰の対象となりますので、注意が必要です。

国や州によって輸入禁止や規制が行われているもの

これらを全て把握することは、情報量が多すぎて、事実上、不可能です。よって、ご自身で販売したいものが、販売したい国で輸入可能なのかどうかを、出品前に調べておきます。これは、日本郵便のホームページ内に国別に記載されている禁制品情報が便利です。

https://www.post.japanpost.jp/cgi-kokusai/index_ja.php

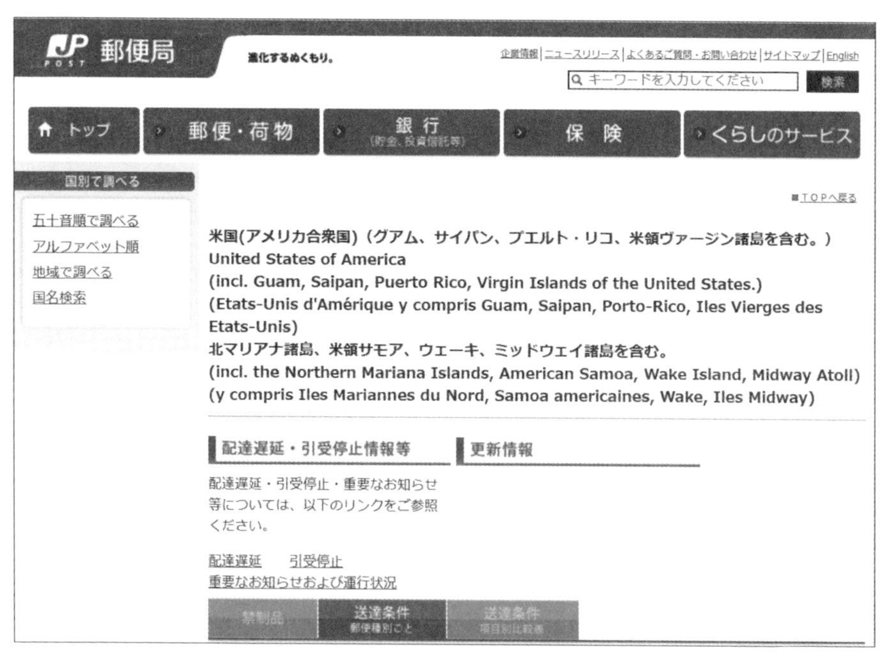

国際郵便・クーリエ（国際宅配便）で送れないもの

日本から、海外へ商品を輸出する場合、船便以外は、全て航空便となります。日本郵便では、以下のような航空危険物に該当するものは、飛行機に乗せる事はできません。

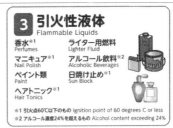

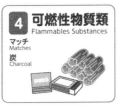

1 火薬類
Explosives
花火
Fireworks
クラッカー
Firecrackers
弾薬
Ammunition
花火
2 高圧ガス
Compressed Gases
ライター用補充ガス
Butane Lighter Fuel
スプレー缶
Sprays
ダイビング用ボンベ
Diving Tanks
消火器
Fire Extinguishers
キャンプ用ガス
Camping Gas
カセットコンロ用ガス
Butane Gas
3 引火性液体
Flammable Liquids
香水※1
Perfumes
ライター用燃料
Lighter Fluid
マニキュア※1
Nail Polish
アルコール飲料※2
Alcoholic Beverages
ペイント類
Paint
日焼け止め※1
Sun Block
ヘアトニック※1
Hair Tonics
PAINT
※1 引火点60℃以下のもの Ignition point of 60 degrees C or less
※2 アルコール濃度24%を超えるもの Alcohol content exceeding 24%
4 可燃性物質類
Flammables Substances
マッチ
Matches
炭
Charcoal
match
5 酸化性物質類
Oxidizing Substances
小型酸素発生器
Oxygen Generating Chemicals
過酸化物／漂白剤
Peroxide/Bleaching Powder
漂白剤

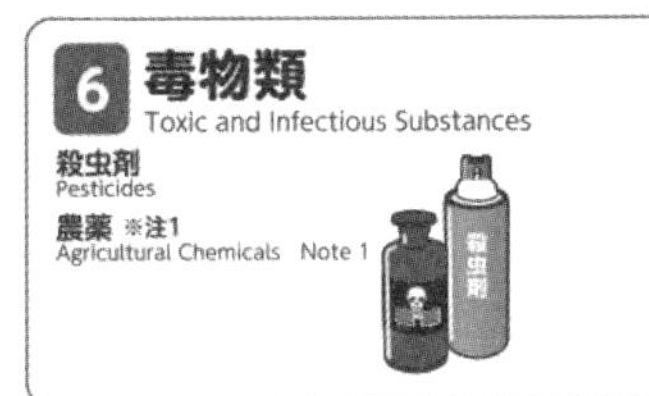

6 毒物類
Toxic and Infectious Substances
殺虫剤
Pesticides
農薬 ※注1
Agricultural Chemicals Note 1
殺虫剤

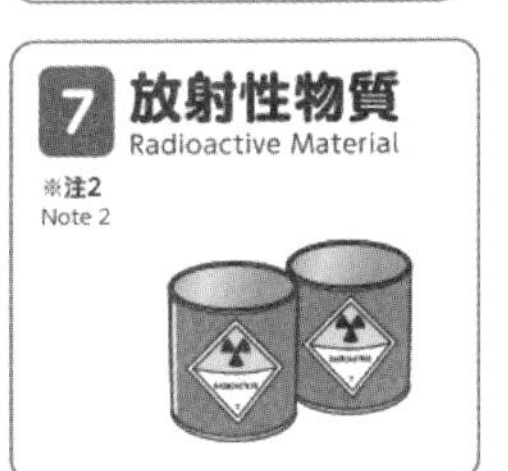

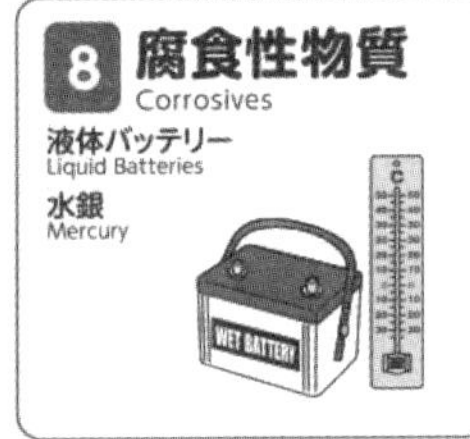

8 腐食性物質
Corrosives
液体バッテリー
Liquid Batteries
水銀
Mercury
WET BATTERY

9 その他の有害物件
Miscellaneous Dangerous Goods
電子タバコ
Electronic Cigarettes
モバイルバッテリー
Power Banks/
Portable Battery Charger
リチウム電池 ※注3
Lithium Batteries Note 3
エンジン
Engines
他に、ドライアイス、アスベスト、人に不快感を与えるような麻酔性、有毒性をもった物質
Other materials, such as dry ice, asbestos, and substances that have anesthetizing or toxic effects on the human body and that may irritate or annoy.

出典：日本郵便「国際郵便の申告書」より

よくある質問は、「リチウム電池」「化粧品類」です。リチウム電池の場合、出荷国や数量にもよりますが、リチウム電池単体ではなく、機器に取付た状態、もしくは、機器に内蔵されているものは、発送できます。

化粧品や整髪剤の場合、気をつけるのは、アルコール度数です。「アルコール24%以上」を含んでいるものを、引火性液体といい、航空危険物にあたります。

また、DHLやFedEx、UPSなどのクーリエでは、各々の事業者で危険物に関するルールが異なります。安全データシート（Safety Data Sheet/SDS）などの書類の提出が求められたり、追加料金が発生したりする場合があります。事前の手続きに不備がある場合は、発送した荷物が返却されたり、場合によっては破棄されたりする場合もあります。取扱予定の商品が、危険物に該当する、あるいは該当すると思われる場合は、事前に問い合わせをされることをおすすめします。

SECTION

2-6 関税について

関税（Import duty）とは、輸入または輸出等などの国境、または州などを通過する物品に対して課される税金の事です。ここでは、eBayにおける関税について、解説をします。

関税とは？

関税は、一般的に、輸入品に対して課せられる税金とされています。「輸入品への課税」ですので、関税の支払い義務はバイヤーさん側にあります。関税の仕組みは、国や商品によって異なります。また、常に変化するものでもあります。よって、これらを事前にセラー側で把握することは困難です。たまに、見込みのバイヤーさんから「あなたから商品を購入する前に、関税がどれくらいかかるのか知りたい」と質問を受ける場合があります。この質問には、基本、セラー側は答えることは出来ません。これは、バイヤーさん自身で、バイヤーさんの国の税関で調べて頂く必要があります。

関税の徴収のされ方

関税は、通常、配送事業者である郵便局・クーリエが、税関に代わり、荷物を届ける際に、受取人から徴収を行います。

また、国によっては、関税が発生する荷物の授受を税関で行う場合もあります。

配送業者が、バイヤーさんから関税を徴収する際、バイヤーさんが「追加の送料を取られた」と勘違いされる場合がありますが、これは関税である事を理解しておきましょう。国際郵便・クーリエの仕組み上、追加の送料が発生する事はありません。

関税は何を基準に判断されるのか？

国際郵便の送り状は、税関申告書を兼ねております。関税は、送り状に記載された「種別」「内容品」「申告額」によって、決定されています。国際郵便の種別は以下のとおりです。

贈物（gift）　商品見本（commercial sample）　販売品（sale of goods）　返送品（returned goods）書類（documents）　その他（other）

eBayでの取引商品は、当然「販売したもの」になりますので、ここは「販売品」を選択します。

商品の価格は、即決方式で販売したものは、その販売額を、オークション方式で落札されたものは、落札金額を記載します。送料は含まれません。

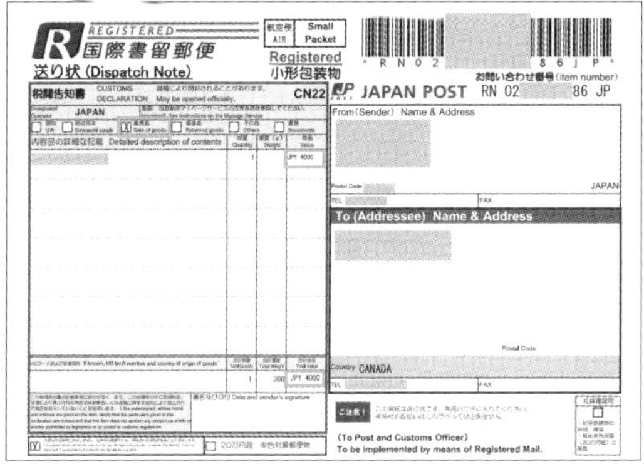
REGISTERED 国際書留郵便
送り状 (Dispatch Note)
航空便 AIR | Small Packet
Registered 小形包装物
RN02　　86JP
お問い合わせ番号 (item number)
JAPAN POST RN 02　　86 JP
税関告知書 CUSTOMS DECLARATION May be opened officially. CN22
JAPAN
内容品の詳細な記載 Detailed description of contents
1 | JPY 4000
1 | 300 | JPY 4000
From (Sender) Name & Address
Postal Code
JAPAN
TEL
FAX
To (Addressee) Name & Address
Postal Code
Country CANADA
TEL
FAX
ご注意!
(To Post and Customs Officer)
To be implemented by means of Registered Mail.
20万円超 申告対象郵便物

eBayでの出品ページにおける関税に関する説明の書き方

eBayに参加するメンバー全てが、関税の事を理解しているわけではありません。よって、eBayにおける出品の際、商品説明においては「関税」について明記をします。

(文面)
International Buyers -Please Note:
Import duties, taxes and charges are not included in the item price or shipping charges. These charges are the buyer' s responsibility.
Please check with your country' s customs office to determine what these additional costs will be prior to bidding/buying.
These charges are normally collected by the delivering freight (shipping) company or when you pick the item up
do not confuse them for additional shipping charges.
We do not mark merchandise values below value or mark items as "gifts"
US and International government regulations prohibit such behavior.
(訳)
国際バイヤーの皆様へ ― ご注意ください
輸入関税、税金、諸費用は商品の価格や配送料に含まれていません。これらの費用はバイヤーの責任です。
これらの追加料金が、いくら発生するのか、入札や購入前に、あなたの国の税関事務所に確認してください。
これらの料金は、通常、商品の配達時、または引取時に、配送業者に徴収されます。
追加送料と混同しないでください。
私たちは、商品価格以下での申告、または「ギフト」としての申告はしません。アメリカ及び国際政府の規制は、そのような行為を禁止しています。

ギフトとして送ってほしい、金額を安く書いて欲しい

上記の通り、関税に関する説明を、eBayの出品ページに記載をしていても、購入/落札して頂いたバイヤーさんから、「贈物/Gift/ギフトとして送って欲しい」「申告金額を安く書いて欲しい」と言われることがあります。

これは、バイヤーさんが、商品を輸入する際に発生する関税を安くしたい、もしくは支払いたくない、というのが理由です。

これは、eBayのポリシー違反でもありますが、バイヤーさんの脱税を助ける行為ですので、違法に当たります。

見込みのバイヤーさんから「関税対策で金額を安く書いてほしい」という要望が来てしまった場合には、以下の通り、丁寧にお断りするようにしましょう。

We will not ship your item as a gift as our item description.
Because against U.S. and International laws.
We would appreciate your understanding and your acceptance of the shipment at the right value.
If you should have any questions, please let us know.

（訳）
出品説明に記載しています通り、ギフトとして発送することはいたしません。
アメリカ合衆国の法律および国際規約に違反することになるためです。
正しい価格での発送についてご理解、お許し頂ければ幸いです。
ご質問がありましたら、ご連絡頂けますようお願い致します。

それでも、繰り返し要望が続いた場合は、「贈物や金額が極端に安く書かれている、または記載がない場合、かえって税関の検査を受けやすく、中身を開封される場合も少なくない」などと説明したり、eBayに相談したりするのもひとつの手です。

関税以外に発生する税金や手数料

バイヤーさんは商品や金額によって、関税以外に消費税など国ごとの税金を支払う必要があります。税金が発生した場合は、前述の通り、配送事業者である郵便局・クーリエなどの配送業者が、税関に代わり、荷物を届ける際に、受取人から徴収を行います。

なお、配送事業者がクーリエの場合は、クーリエがその税金を立替えて、税関へ納めるため、「立替納税手数料」が税金とともに、バイヤーさんへ請求されます。

アメリカのインターネット税、EUのVAT（付加価値税）、オーストラリアのGST（商品サービス税）などの税金は、バイヤーさんが商品代金をeBayで決済する際、eBayが自動徴収し、eBayがその国の税務署へ納めます。

SECTION

2-7 アカウントのサスペンド(停止)について

サスペンド(Suspend)とは、アカウントが停止し、eBayで販売ができなくなる事を指します。その原因について、解説をします。

サスペンドの原因について

サスペンドの原因は様々ですが、主に、eBayから「このセラーは怪しい」「このセラーは適切な販売活動を行っていない」の2種類に大別されます。

①eBayから「このセラーは怪しい」と判断される場合

・新規のeBayユーザーが、複数のアカウントを作成した

CHAPTER 4で解説しますが、eBayには、「Monthly selling limits(月間出品制限/出品リミット)があり、新規セラーは、月間「3商品、もしくは200ドル」までしか出品ができません。

「もっと出品したい」と安易に考え、アカウントを複数作ってしまう事が原因のひとつとなります。

・新規のeBayユーザーのアカウントが、異なるIPアドレスからログインされている

新規作成したばかりのeBayアカウントに限っては、異なるIPアドレスからのログインは避けたほうが良いです。なぜならeBay側は、「アカウント乗っ取り」と判断するようです。特に、公衆Wi-Fiからのアクセスは避けておきましょう。

・登録住所がアメリカになっている

かつて、アメリカ・カナダ在住者には、「eBay bucks」というポイント制度がありました。(2021年4月1日終了)この特典を受けるため、日本在住にも係わらず、eBayの登録住所を、アメリカの転送会社としている方がいました。これは、ポリシー違反となります。このような方が、日本からの輸出を始めると、eBayは「Item locationが日本なのに、登録がアメリカになっている」と、怪しまれ、サスペンドになってしまいます。

・Feedback(評価)ゼロまたは1桁台の状態での出品

eBayで「購入経験がないと出品できない、Feedbackがゼロの状態で出品ができない」というポリシーはありません。しかしながら、評価ゼロの状態で出品をし

たところ、アカウントがサスペンドになってしまった、という事例があります。
　また、経験値が低い状態でいわゆるスーパーブランド商品、高額品の出品をすると、怪しまれますので、避けたほうが良いです。

②eBayのポリシー違反やセラーレベルの悪化の場合

・もし、誤って、出品禁止商品を出品してしまった場合、まず、eBayは注意を促します。サスペンドの危険性が高くなるのは、注意を受けたことを再度繰り返してしまう場合です。

　特に、SECTION2-5で解説した「VeRO」の場合は、より一層の注意が必要となります。
　また、「在庫切れによる取引のキャンセル」「セラーが解決できなかったケース」が一定値を超え、セラーレベルが悪化し、改善の見込みがないと判断されれば、サスペンドになる可能性は高いです。

サスペンドの解除方法

①eBayアカウントがサスペンドになった場合、「Your eBay account has been suspended」というようなタイトルのメールが届きます。サスペンドになった理由を確認します。この場合、理由がはっきりと分からない場合もあります。

②まず、eBayにメールで、サスペンドを解除してもらえるよう依頼をします。eBayからの返信で多いのは、本人確認です。運転免許証やパスポート、公共料金領収書などによる住所の確認などが行われます。これでサスペンドが解除される場合はあります。

③②でサスペンドが解除できない場合は、eBayのサスペンド解除の専門家に相談してみましょう。交渉事となるため、正確な英語のやり取りが必要となるからです。「eBay サスペンド 代行」などで、Googleなどで検索すると見つけることができます。なお、以前はeBayへ電話をし、サスペンド解除交渉をする方法がありました。しかしながら、コロナ以降、電話サポートは休止となっており、2023年10月現在も再開予定はないようです。

CHAPTER 03

eBayでお買い物体験をしよう

SECTION

3-1 まず買い物からスタートする理由

eBayにセラー(売り手)として、商品を出品する前には、バイヤー(買い手)さんの立場を知ることが非常に重要です。まずは、eBayで商品を購入してみましょう。

お買い物体験をする理由

eBayでの出品前に、お買い物体験をする理由は大きく2つあります。

①eBayでの取引に慣れる

「eBayでどのように買い物をするのか」
「商品はどのように検索をするのか」
「どうやって、入札や落札ができるのか」「決済はどのように行うのか」
「商品はどのように届くのか」「梱包はどのようにされているのか」など
買い物を通じて、一通りの取引の流れを理解することが出来ます。

また、「eBayで、どのような商品を欲しいと思うのか」「商品ページを見て、どのような写真や商品説明だと買いたくなるのか」を意識しておくと、自身がセラーになり、出品をする際の大きなヒントとなります。

また、一連の取引の流れを知ることで、何かトラブルが起きた時もスムーズな対応をすることが出来ます。

まずは、自分が興味のあるもの、趣味のものを是非eBayの中で探してみて下さい。

eBayにおける出品点数は常時14億点以上あるので、欲しいものがない、という事はまずないと思います。

②Feedback(評価)を集める

SECTION2-4で解説しましたとおり、eBayで購入したり、販売したりすると、その取引に対しての満足度をFeedback(評価)として残すことが出来ます。

一般的に、「評価の数が多ければ多いほど、eBayの取引に慣れている」として、取引の相手方には、安心感を与えることが出来ます。

以下のように、評価が沢山あるセラー、なおかつ100% Positiveであれば、バイヤーさんは非常に安心して買い物をすることが出来るはずです。

Seller information
(824 ★)
100% Positive feedback

Save this Seller
Contact seller
See other items

では、評価0の新規セラーの場合は、いかがでしょうか？

「購入してもちゃんと送ってくれるのだろうか」
「きちんとした商品なのだろうか」
など、信頼されづらく、心理的に安心して買い物が出来るとは思われません。

前述の通り、eBayは商品を購入することでも評価を集めることが出来ます。
更に、セラーはバイヤーに対して、Positive（良い）の評価しか付与出来ない仕組みになっています。よって、買い物で良い評価だけを集める事が可能です。
相手から見たら、売った評価も買った評価も同じ評価として認識されます。

よって、eBay出品をスタートする前には、お買い物をして、最低10個の評価は集めておきましょう。2桁以上の評価であれば、相手方の安心感に繋がります。

SECTION

3-2 eBayでの買い物の仕方

前項で解説しましたとおり、「eBayがどのようなマーケットプレイスなのか」を体験するために、実際に買い物をしてみましょう。この項では、eBayでの買い物の仕方について、具体的に解説をします。

1 商品の探し方

eBayの画面右上「Ship to」にて、マークが日本の国旗になっていることを確認します。「発送先は日本」とすることで、日本までの送料が正しく表示されます。もし、別の国になっていましたら、国旗のマークをクリックし、変更することができます。

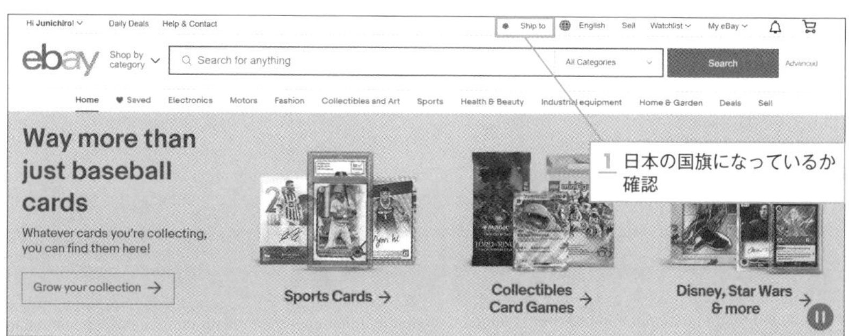

2

ここでは、例として、スターウォーズ関連の商品を探します。検索窓に探したい商品のキーワード「Star Wars」と英語で入力し、「Search」ボタンをクリックします。

3

検索結果が表示されます。日本から購入できる「Star Wars」のキーワードが入った商品が、約350万件あることが分かります。

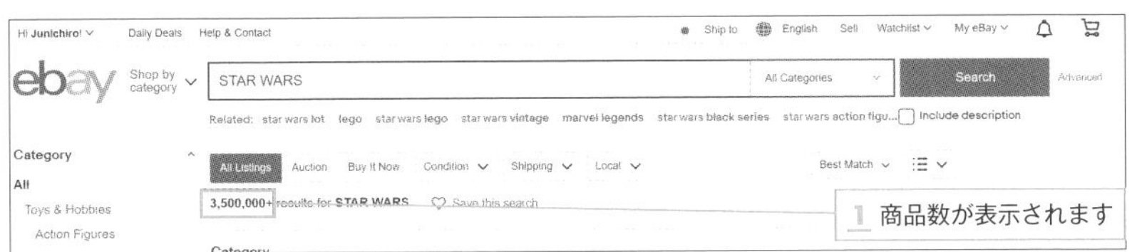

4

左側にCategory（カテゴリー）があります。もし、スターウォーズのフィギュアを探したいなら、「Action Figures」や「Star Wars Collectible Action Figures」を、マンガを探したいなら「Comics, Graphic Novels & TPBs」というように、カテゴリーを選択し、検索条件を絞り込みます。

5

「New」や「Used」などの商品状態や、「Price（価格）」、「Auction（オークション）」「Buy It Now（即決）」のフォーマットなど、様々な方法で、検索結果を絞り込むことができます。

6

検索キーワードを追加して、検索条件を絞り込むこともできます。もし、スターウォーズの昔のものを探したいなら、「Star Wars Vintage」として検索します。

画面表示の変更の仕方

1

右側の「Best Match」にカーソルを当てると、表示させたい順番が表示されます。

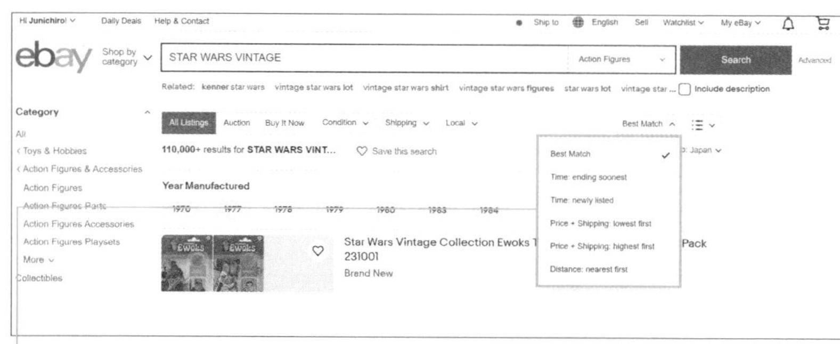

「Best Match」 → eBayのおすすめ順
「Time: ending soonest」→ 残り時間の短い順
「Time: newly listed」→ 残り時間の長い順
「Price + shipping: lowest first」→ 商品価格＋送料の安い順
「Price + shipping: highest first」→ 商品価格＋送料の高い順
「Distance: nearest first」→ 出品地域が近い順

2

「Best Match」の右側のマークにカーソルを当てると、以下のようなメニューが表示されます。

3 「Gallery View」をクリックすると、リスト表示から、ギャラリー表示に変更されます。

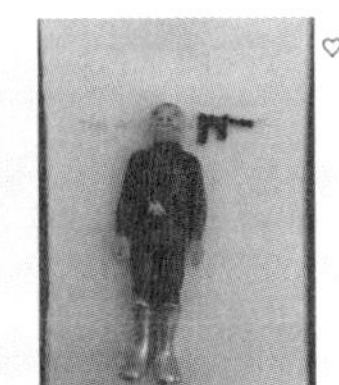

Star Wars Vintage Collection Ewoks TV Series Wicket Kneesaa 2-Pack 231001
Brand New
JPY 11,145
Buy It Now
+JPY 1,491 shipping
from Taiwan
Sponsored

Star Wars Vintage Collection 3.75" Wave 16 6pc Complete Set 231017
Brand New
JPY 26,231
Buy It Now
Free International Shipping
from Taiwan
Sponsored

1983 Vintage Kenner Star Wars ROTJ Imperial TIE Fighter Pilot
Pre-Owned
JPY 14,906
or Best Offer
+JPY 4,278 shipping
from United States
Sponsored

MINT! Reproduction BLUE SNAGGLE TOOTH STAR WARS 1978 LAST 17 KENNER...
Pre-Owned
JPY 7,305
Buy It Now
+JPY 3,210 shipping
from United States
Save up to 20% when you buy more
Sponsored

Vintage Star Wars 1977-1984 Kenner Figure Case FULL of Figures YOU CHOOSE FROM
Pre-Owned
JPY 893
Buy It Now
+JPY 2,955 shipping
from United States

Star Wars Vintage Collection Bib Fortuna Tatooine VC276 3.75 Hasbro
Brand New
JPY 7,752
10 bids · 4d 11h
+JPY 4,718 shipping
from United States

VINTAGE STAR WARS WEAPONS 100% ORIGINAL AUTHENTIC NO REPRO...
Pre-Owned
JPY 718 to JPY 63,020
Buy It Now
+JPY 3,736 shipping estimate
from United Kingdom

Star Wars Vintage Collection Return of the Jedi WICKET Ewok VC27 2010 figure
Pre-Owned
JPY 1,346
Buy It Now
Free International Shipping
from China

4

「Customize」をクリックすると、情報を表示/非表示が選択できます。

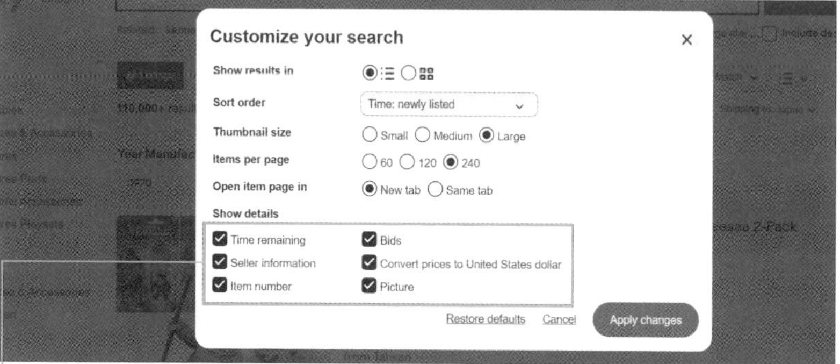

「Time remains」→出品の残り時間を表示させます。
「Seller Information」→セラーのID、評価数を表示させます。ベテランセラーか否かを容易に発見することが出来ます。
「Item number」→ eBayのアイテムナンバーを表示させます。
「Bids」→ オークションにおける入札数を表示させます。
「Convert price to JPY」→　日本円か、ドルか、の表示を選択できます。デフォルトでは、日本円表示となっています。eBayではドルでの取引になります。ドルに慣れるためにも、チェックを外し、ドル表示に変更しておきます。
「Picture」→ 商品のサムネイル写真を表示させます。

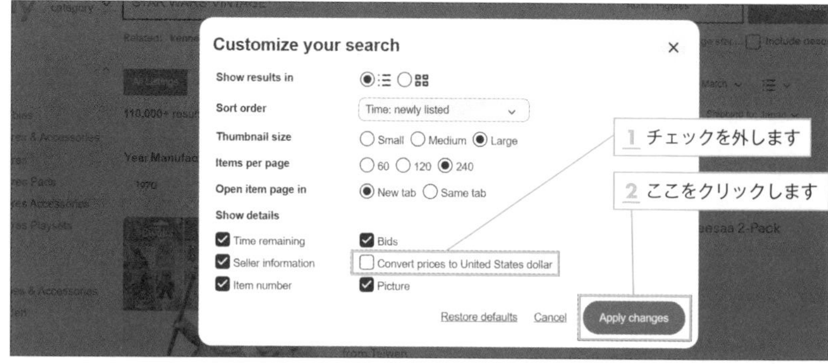

eBayでの買い方

eBayには、「Buy It Now（即決方式）」と「Auction（オークション方式）」の2種類の出品スタイルがあります。

①即決方式

即決方式は、その名の通り、「Buy It Now（すぐ購入）」をクリックすれば、表示の価格ですぐに購入できます。

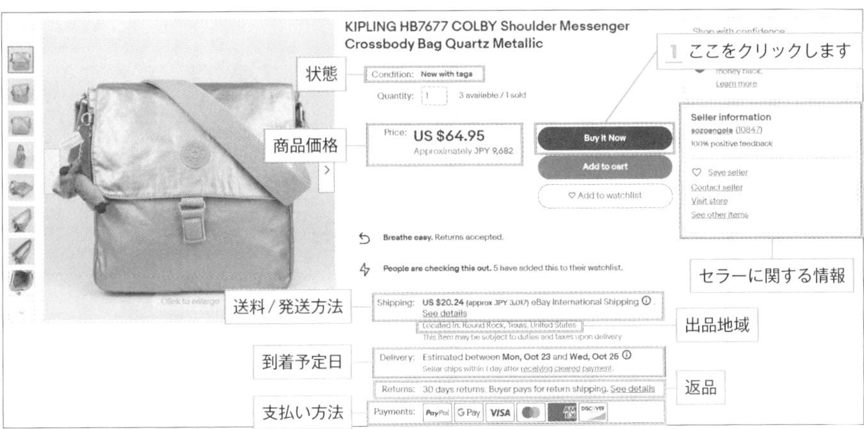

この商品の情報を読み取っていきましょう。商品は、「Kipling」のショルダーバッグです。商品の状態は「New with tags」とありますので、タグ付きの新品商品です。価格は「$64.95」です。

日本に発送してくれる商品であれば、Shippingという箇所に、日本までの送料が表示されます。この場合は「$20.24」です。日本人に分かりやすいよう、商品の価格、送料共に、各々の右側に「おおよそ」の日本円が記載されています。よって、総額は、9,682円＋送料3,017円＝12,699円となります。あくまで「概算」ですので、為替レートにより価格には変動があります。実際の決済時に、価格の確認は行うようにします。

発送方法は、「eBay International Shipping」とあります。これは、いわゆる「エコノミー配送」とお考えください。

Located inは、商品の出品地域です。この場合は、「United States」アメリカです。

Deliveryには、到着日の目安が記載されています。この場合は、「Mon, Oct 23 and Wed, Oct 25」と記載されているので、大体10月23日から10月25日の間に到着する、という事です。出品地域や発送方法によっては、到着予定日が2～3週間と長く表示されている場合がありますが、これは国際配送には遅延がつきものである、という理由からです。

Returnsには、「30 day returns. Buyer pays for return shipping」とあります。これは、「商品到着後、30日以内であれば、返品可能。但し、返送料はバイヤー負担」という意味です。但し、バイヤーが返送料を負担するのは、気に入らない、などの「バイヤー都合」による返品の場合です。商品に不良があった場合、返送料の負担は不要ですので、ご安心ください。

Paymentsには、決済方法が表示されています。PayPalの他、Google Payやカード会社のロゴが表示されています。

右側の「Seller information」には、セラーに関する情報が表示されています。Positive Feedbackが97%以上、Feedbackの数100以上あるセラーからの購入をお薦めします。

下には、商品のサイズや重さなどの詳細や取引に関する事が表示されています。Google翻訳を使って、確認しておくとよいでしょう。

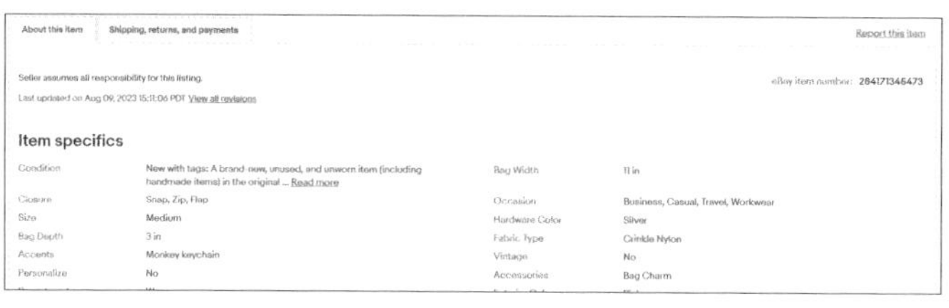

About this item　Shipping, returns, and payments　Report this item

Seller assumes all responsibility for this listing.　eBay item number: 284171346473

Last updated on Aug 09, 2023 15:11:06 PDT View all revisions

Item specifics

Condition	New with tags: A brand-new, unused, and unworn item (including handmade items) in the original ... Read more	Bag Width	11 in
Closure	Snap, Zip, Flap	Occasion	Business, Casual, Travel, Workwear
Size	Medium	Hardware Color	Silver
Bag Depth	3 in	Fabric Type	Crinkle Nylon
Accents	Monkey keychain	Vintage	No
Personalize	No	Accessories	Bag Charm

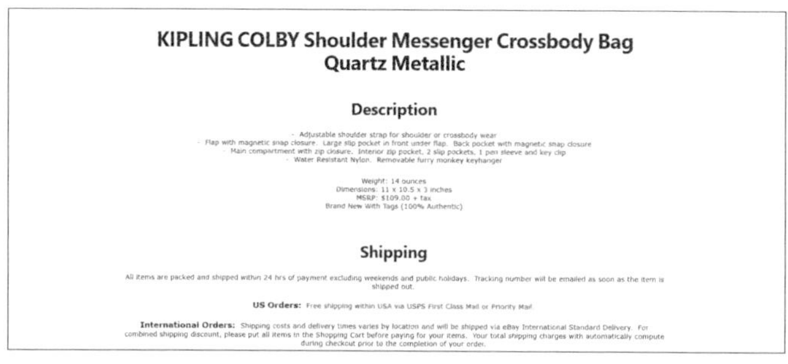

KIPLING COLBY Shoulder Messenger Crossbody Bag
Quartz Metallic

Description

- Adjustable shoulder strap for shoulder or crossbody wear
- Flap with magnetic snap closure. Large slip pocket in front under flap. Back pocket with magnetic snap closure
- Main compartment with zip closure. Interior zip pocket, 2 slip pockets, 1 pen sleeve and key clip
- Water Resistant Nylon. Removable furry monkey keyhanger

Weight: 14 ounces
Dimensions: 11 x 10.5 x 3 inches
MSRP: $109.00 + tax
Brand New With Tags (100% Authentic)

Shipping

All items are packed and shipped within 24 hrs of payment excluding weekends and public holidays. Tracking number will be emailed as soon as the item is shipped out.

US Orders: Free shipping within USA via USPS First Class Mail or Priority Mail

International Orders: Shipping costs and delivery times varies by location and will be shipped via eBay International Standard Delivery. For combined shipping discount, please put all items in the Shopping Cart before paying for your items. Your total shipping charges with automatically compute during checkout prior to the completion of your order.

②オークション方式

オークション方式の場合は、「Place Bid（入札する）」のボタンが表示されています。

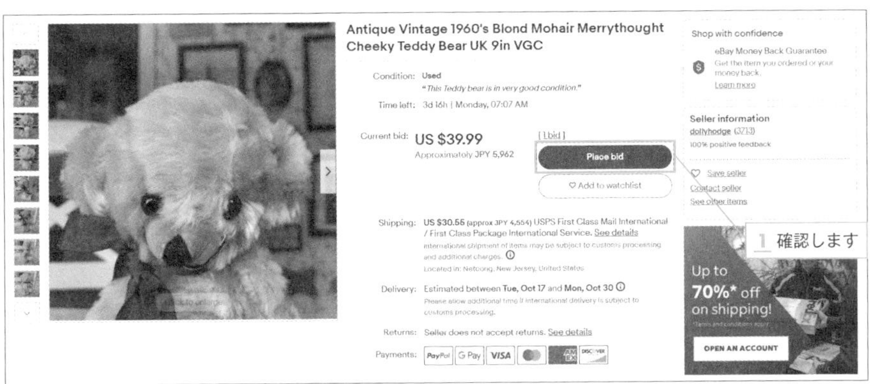

自身の購入したい金額を入札し、オークションに競り勝つことが出来たら、商品を購入することが出来ます。日本のYahoo!オークションと全く同じ仕組みです。但し、eBayには、「自動延長」がありません。Yahoo!オークションの自動延長とは、オークション終了5分前から終了までに「現在の価格」が上がった場合、終了時間が5分間延長されます。その後も、終了前5分間に価格が上がれば、何度も繰り返し延長されます。

eBayの場合は、オークション終了時間にスパッと終了します。よって、落札したい商品がある場合は、終了間際に少し高めの価格で入札されることをお薦めします。

eBayのセラーへの質問方法

商品説明を読んだ上で、疑問に思う点は、セラーさんへ質問することが出来ます。出品ページ右側のセラー情報の下、「Contact seller」をクリックし、セラーへ連絡をします。もちろん、英語を使っての質問となります。よって英語に自信がない方は、質問したい内容を、Google翻訳を使って、英文を準備します。

eBayでの具体的なお買い物方法

eBayには、常時14億の商品が出品されています。是非、ご自身のお好きなものを購入してみて下さい。もし、パッと思いつかない場合は、文具などの安価な日用品がおすすめです。驚きの安さでeBayに沢山出品されています。例として、ここでは、ボールペンを購入してみます。

① eBayの検索窓に「Pen」と入力し、検索をします。

② 中国などのアジア圏からは、なんと、送料込み100円前後から、ボールペンが多数出品されています。ここでは、1番目の商品を購入してみます。

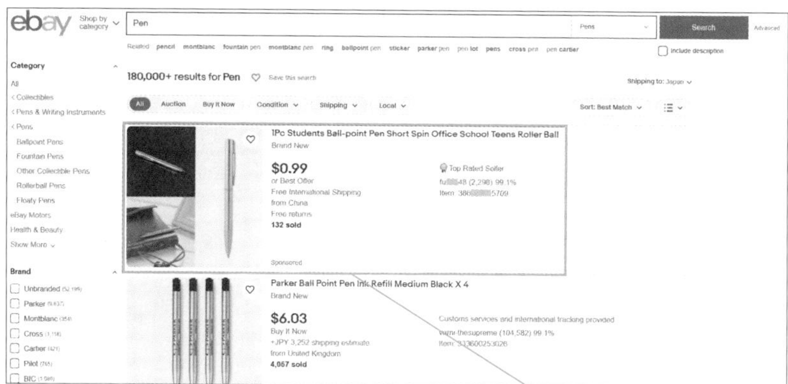

3

このボールペンの詳細を確認します。

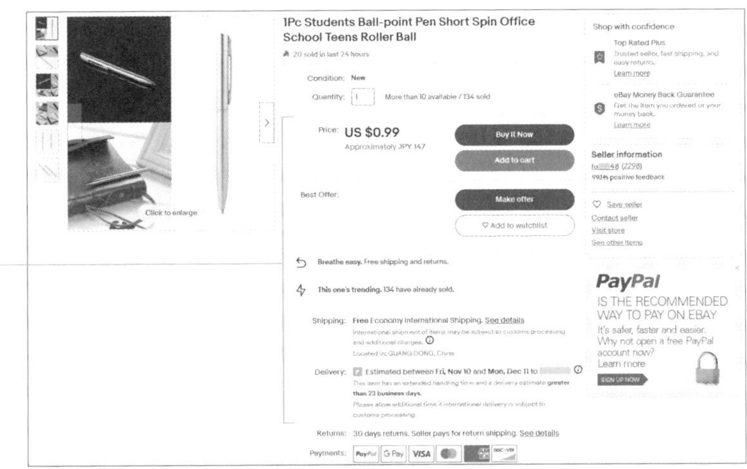

Price（価格）：US $0.99（0.99 USドル、日本円で約147円）
Shipping（送料）：Free（送料無料）
Located in（出品国）：GUANG DONG, China（中国・広東省）
Delivery（到着予定日）：Estimated between Fri, Nov 10 and Mon, Dec 11（11/10～12/11の間）
Seller information：Feedback（評価数）2298件、Positive 99.1％
※このセラーは、eBayアメリカに出品しているため、通貨はUSドルになっています。eBayオーストラリアに出品している場合は豪ドル、eBayイギリスに出品している場合は英ポンドで通貨が表示されます。

4

「Buy It Now（今すぐ購入）」をクリックします。

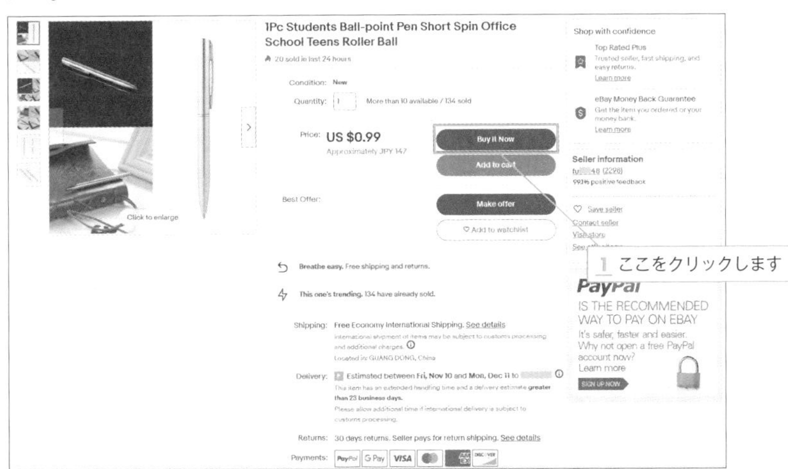

5

「Checkout」(チェックアウト)の画面が表示されます。支払い方法は、クレジットカード、PayPalなどが選択できます。ここでは「PayPal」を選択します。

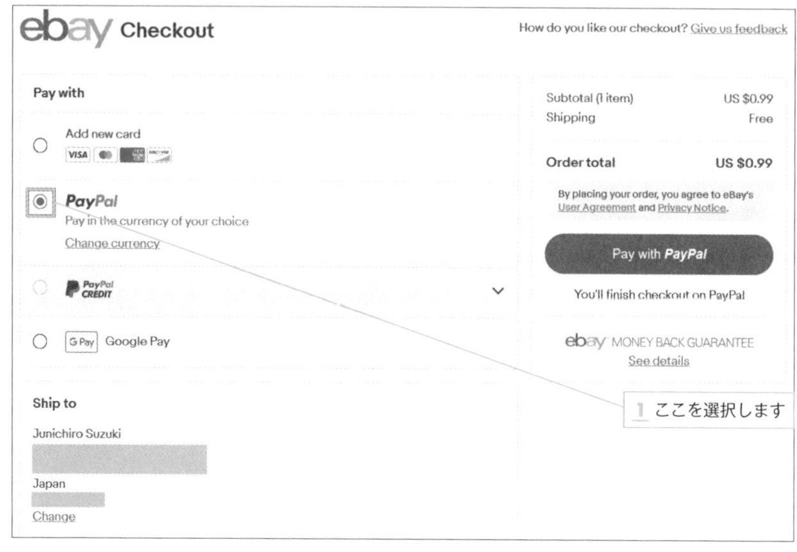

6

支払う通貨の選択をします。ここでは日本円の「153円」を選択し、「Continue to JPY」をクリックします。

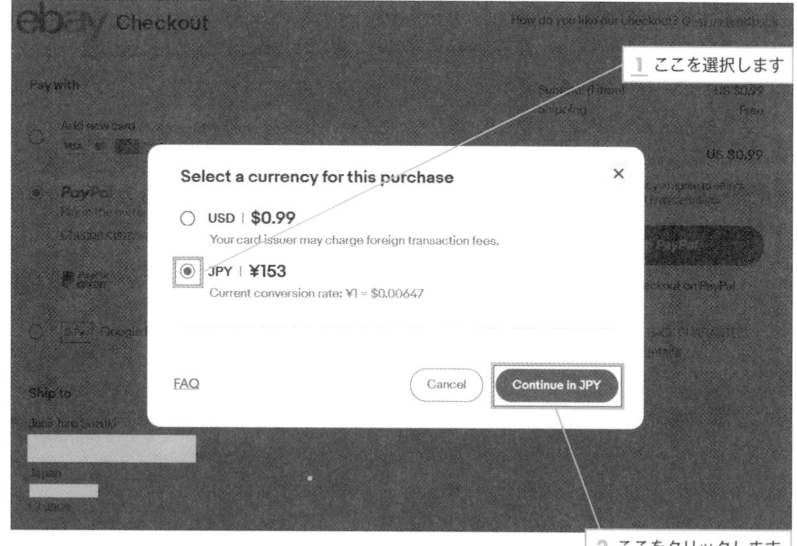

※日本円で支払えば、支払い額はすぐ確定となります。USドルなど、外貨で支払うと、決済会社のタイミングによる為替レートで、支払う日本円が若干異なります。今より円安が進んでいれば、153円より安くなり、今より円高になっていれば、153円より高くなります。
「Order total in JPY ¥153」と、注文合計 日本円153円と表示されました。「Pay with PayPal」をクリックし、決済手続きへ進みます。

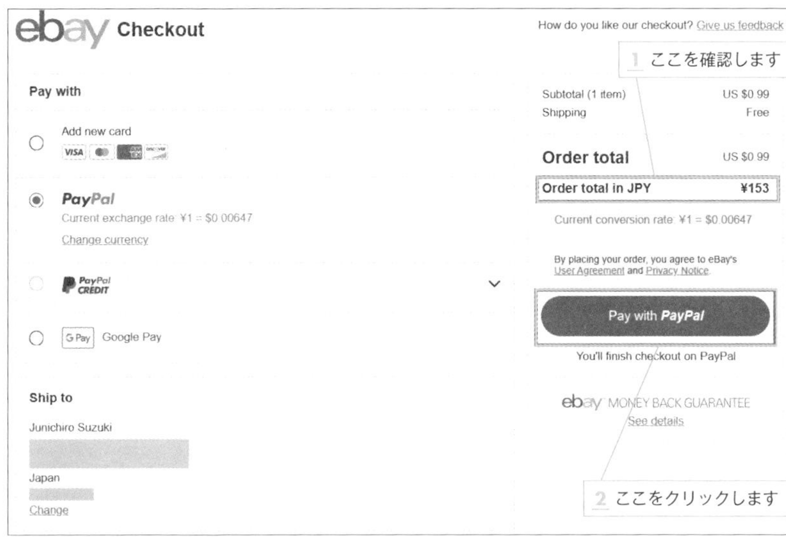

7

PayPalのログインページが立ち上がりますので、ログインをします。

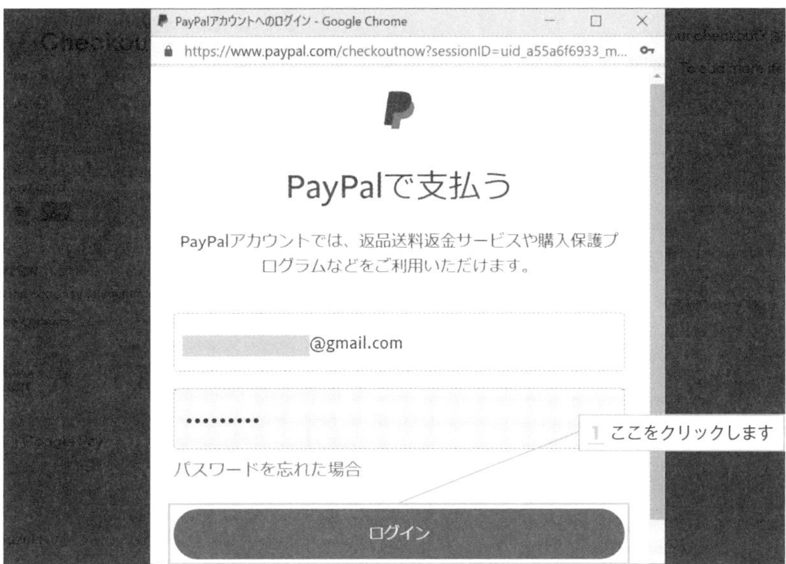

8

PayPal内で登録のクレジットカードなどの資金源を選択し、「今すぐ支払う」をクリックします。

9

「購入完了」の画面が表示されます。

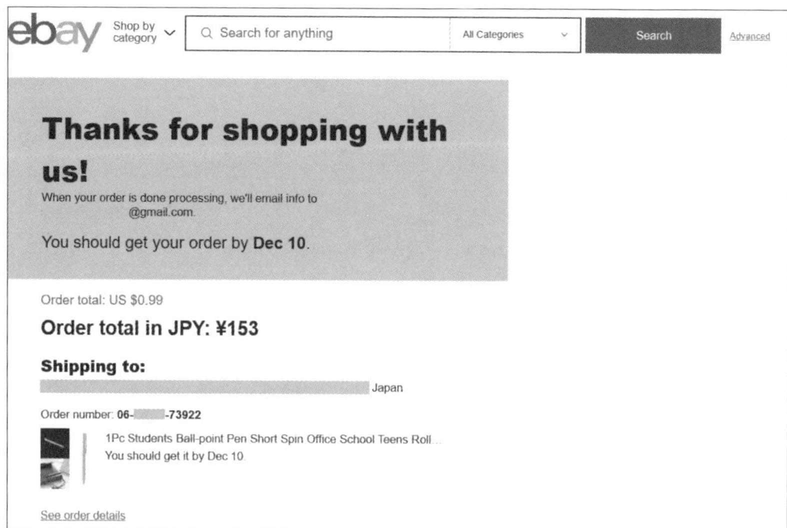

03 eBayでお買い物体験をしよう

eBay、PayPalから、購入したことを知らせるメールが各々送られます。

Thanks for your first purchase, Junichiro! Your order is confirmed.

Browse deals

Your order will ship to:
Junichiro Suzuki
Kanagawa
Japan

Estimated delivery:
Fri, Nov 10 - Mon, Dec 11

eBay Commerce Inc. (https://eBay.com/help)への¥153 JPYの支払いを承認しました

取引を表示または管理

このご購入は、eBay Commerce Inc.がお客さまの注文を処理するまで未決済の取引として表示されます。すべての取引の詳細をご覧いただくには、PayPalアカウントにログインしてください。なお、この取引が表示されるまでしばらく時間がかかる場合がありますので、予めご了承ください。今後ともPayPalをよろしくお願い申し上げます。

取引ID
9HN343

取引日
2023年月日 17:18:34 JST

マーチャント
eBay Commerce Inc.
https://eBay.com/help

マーチャントへの指示
指示が入力されていません。

11

My eBayメニュー内「Purchase history」(購入履歴)より、購入した商品の内容を確認することができます。

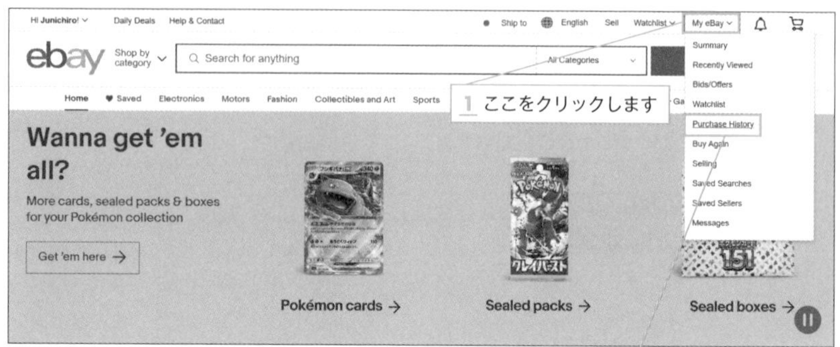

My eBay
Tell us what you think
Activity Messages Account
Summary
Recently viewed
Bids & offers
Purchases
Watchlist
Saved searches
Saved sellers
My Garage
Selling
Collection beta
The eBay vault
Purchases
Search your orders
Search
All Purchases Processing Unpaid items Returns & Canceled Show hidden Ready for feedback Shipped
Orders
See orders Last 60 Days
Awaiting shipment
Order date: Oct 05, 2023 • Order total: US $0.99 • Order number: 06-■■■-73922
View order details
Est. delivery Thu, Nov 9 - Sun, Dec 10
Returns accepted through Jan 9
1Pc Students Ball-point Pen Short Spin Office School Teens Roller Ball
US $0.99
Sold by fu■■■48
Leave feedback
View seller's other items
More actions

COLUMN

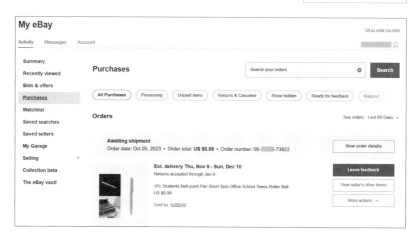

・安価な商品を購入する場合は、1日2〜3個程度にとどめます。一度に大量に購入すると、eBayから「単なる評価集め」と見なされて、注意を受ける場合があります。
eBayは、新規アカウントに対しては非常に厳しい目を持っていますので、注意が必要です。

・同じセラーから、同時に購入しても、Feedback(評価)のカウントは1つです。評価を集めるのであれば、様々なセラーから購入をします。同じセラーから購入したい場合は、異なる週であればFeedback(評価)はカウントされます。
※eBayの1週間の定義は、太平洋時間(Pacific Time)の月〜日曜日です。

・eBayにて、日本セラーから購入しても良いですが、安価な商品を複数購入した場合、前述の「評価集め」とみなされ、注意を受ける場合があります。せっかくの海外マーケットプレイスですから、「ワールドワイドなeBay体験」をして頂きたいと考えています。是非、海外から購入され、海外からの荷物を受け取って頂くことをおすすめします。

SECTION

3-3 eBay Money Back Guarantee（返金保証）とは？

「購入した商品が届かない」「説明と違う商品が届いた」など、eBayから商品を購入する際に不安を感じられることがあります。eBayのバイヤーは常に守られていますので、安心してお買い物を進めてください。

eBay Money Back Guaranteeとは？

eBayマネーバックギャランティは、以下のような場合に利用することが出来ます。

・バイヤーが商品代金を支払ったにも関わらず、セラーが商品を発送していない
・セラーが商品を発送したにもかかわらず、バイヤーが商品を受け取っていない
・届いた商品は、商品説明と異なる状態であった
（間違った商品であった、破損していた、欠陥品であった、など）

eBay Money Back Guaranteeの進め方

eBayでの取引において、何らかの問題が起こった場合、まずは、バイヤーとセラー間で解決できるようコミュニケーションをとります。

その上で、解決がなされない場合、バイヤーはeBayに対しクレームをあげることが出来ます。このクレームのことを「Case」または「Request」といいます。

CaseまたはRequestにて、問題が解決に至らない場合、バイヤー側はそのクレームをエスカレート（Ask eBay to step in）させることが出来ます。エスカレートとは、「当事者間で解決できないため、eBayにジャッジを委ねる」という意味です。

この場合、eBayがバイヤーとセラーの間に入り、問題を「ほぼ強制的に」解決を行います。そのeBayが「バイヤー側に問題や責任がない」と判断した場合、バイヤーへ商品代金、送料を含めた全額の返金が行われます。なお、この資金源はセラー側となります。

具体的な手順は以下の通りです。

①バイヤーがクレーム（CaseまたはRequest）を上げます。
②セラー側は3営業日以内に何らかの対処を行う必要があります。行わない場合、バイヤーはクレームをエスカレートすることができます。
③eBayはエスカレートされたCaseまたはRequestに対し、48時間以内に

ジャッジを行います。この場合、起こったクレームに対し、その証拠となる写真や書類などの提出を求められる場合があります。

Money Back Guaranteeの適用が多いセラーは？

取引上のトラブルが多いセラーに対しては、eBayより、アカウント利用制限、または停止、セラーレベルをダウンさせるなどの措置が取られる場合があります。

Payment Disputeとは？

バイヤーは、eBayでの取引に問題があり、セラー間と解決できない場合、eBay Money Back Guaranteeの他に、Payment Dispute（ペイメントディスピュート）という方法で、解決への手続きをすることも可能です。Payment Disputeとは、バイヤーが決済機関にチャージバックもしくは異議申し立てを起こすことです。決済機関とは、eBayで決済をしたクレジットカード会社やPayPalなどを指します。バイヤーに返金するかどうかの最終決断は決済機関が行います。

SECTION

3-4 Feedback（評価）をセラーさんへ依頼する方法

eBayで商品を購入しても、セラーさんがFeedback（評価）をしてくれない場合があります。このような場合は、セラーさんへ連絡し、Feedback（評価）をつけてもらえるよう依頼しましょう。

Feedback（評価）は催促して良い？

バイヤーの立場であれば、セラーさんに対して、eBayのFeedback（評価）をどんどん催促して構いません。

「評価を催促すると、セラーさんが気を悪くして、悪い評価がついてしまわないか？」

と思ってしまいがちですが、心配は無用です。

前述の通り、eBayでは、セラーからバイヤーに対しては、Positive（良い評価）しか残せない仕組みになっています。

バイヤーは支払いが完了すれば、eBayでの取引において、全ての責任を果たしたことになるのです。よって、Positive Feedback（良い評価）を受ける権利はある、という事です。

では、Feedbackを残さないセラーさんには、悪気があるのでしょうか？
いいえ、そんな事はまずないです。大半が忘れているだけですので心配は無用です（笑）。

1 Feedback（評価）を残してくれたかどうかの確認方法

My eBay内メニュー「Purchase history」をクリックします。

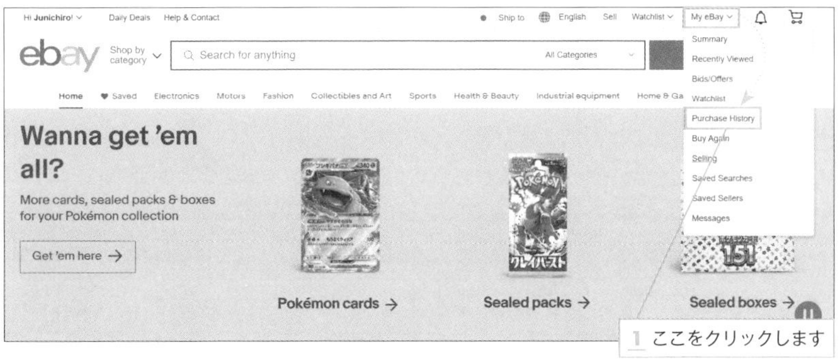

03 eBayでお買い物体験をしよう

2

購入した商品のタイトル、セラー名を確認した上で、右上のご自身のeBay IDの右、カッコ内の数字をクリックします。

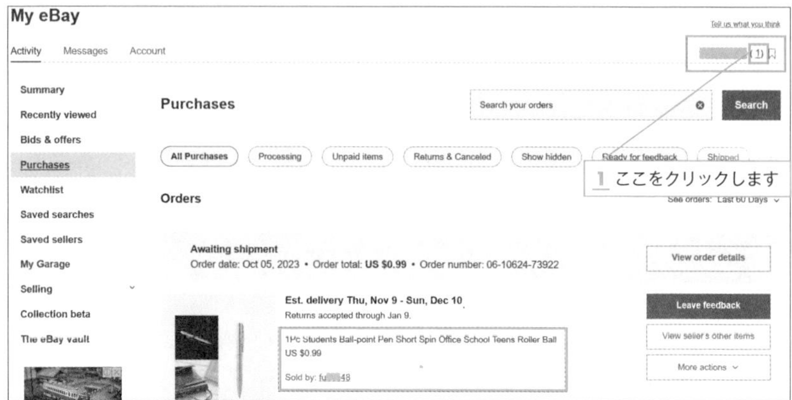

バイヤー（あなた）から、セラーに対してのFeedback（評価）が終わっていない取引が表示されています。Feedback（評価）を行うのは、無事に商品が届き。取引内容に満足してからです。SECTION3-5で詳しく解説します

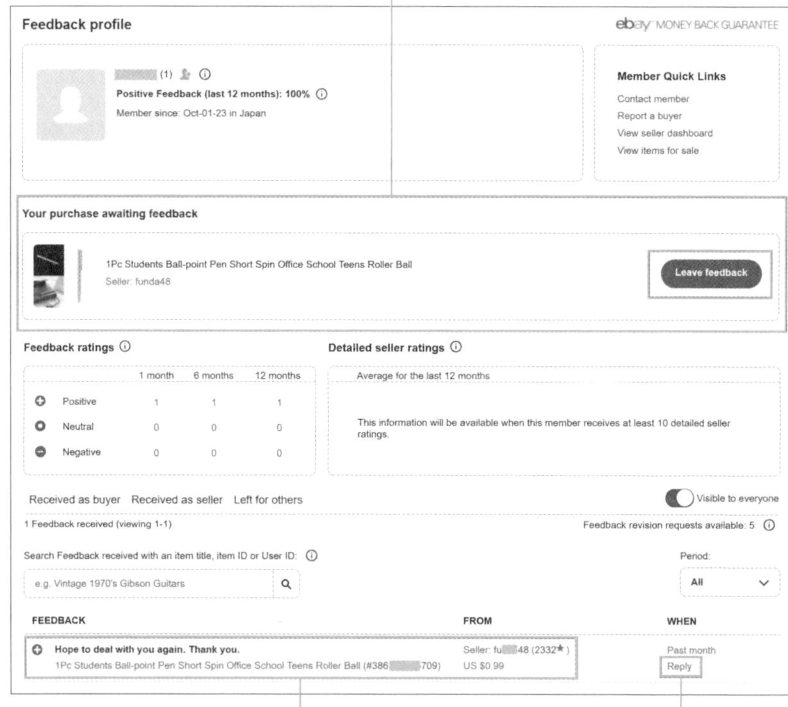

2で確認した購入した商品のタイトル、セラー名でFeedback（評価）が入っていることが確認できます

もし、セラーからの評価に対して、返信をしたい場合は、「Reply」から行うことができます

① セラーへFeedback（評価）を依頼する方法

該当取引の「More actions▼」メニューの「Contact seller」をクリックします。

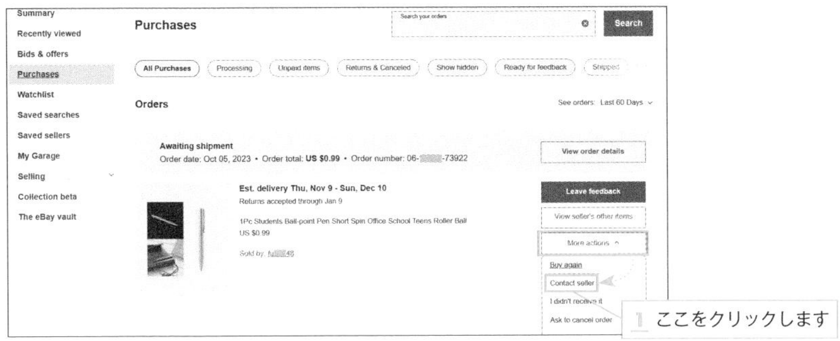

②

「Buyer often ask about..」の画面の一番下の「Contact seller」をクリックします。

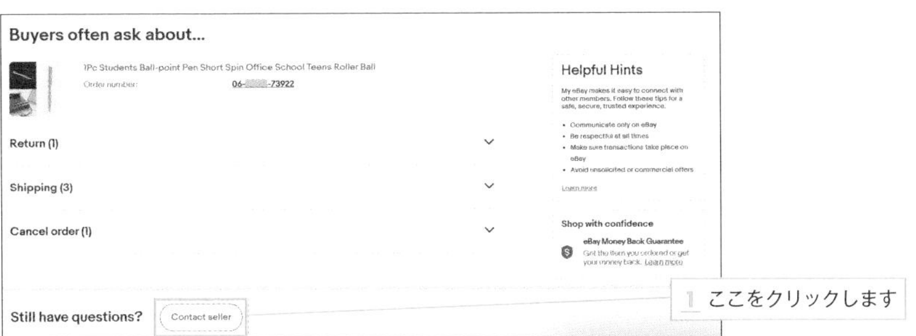

③

メッセージフォームに、メッセージを記入して、「Send message」をクリックすれば、送信は完了です。

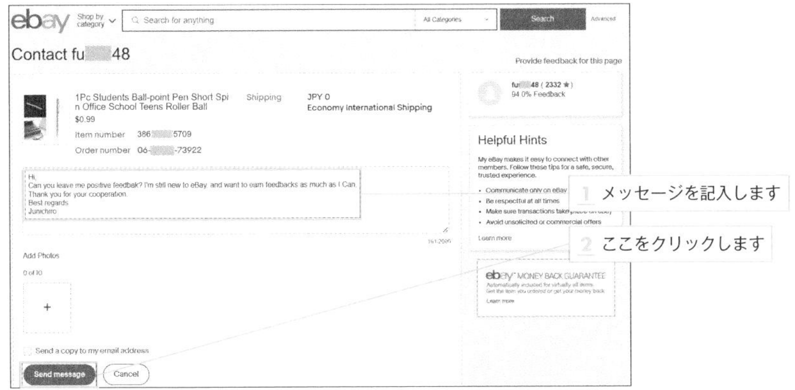

（例文）
Hi,

Can you leave me positive feedback?

I am still new to eBay
and want to earn feedbacks as much as I can.

Thank you for your cooperation.

Best regards

名前

（訳）
こんにちは。
私に良い評価を残して頂けますでしょうか？

eBayビギナーなので、
出来るだけ評価を集めたいのです。

ご協力に感謝致します。

名前

4

セラーさんに、「Feedback（評価）」をつけて頂くよう依頼しましたら、後は待つだけです。セラーさんによっては、バイヤー側がPositive feedback（良い評価）をつけた後に、折返し評価をしてくる場合もあります。Feedback（評価）は強制ではないため、必ずしも全てのセラーがつけてくれるわけではありません。もし、つけてくれないようであれば、次のお買い物を進めてみましょう。

SECTION

3-5 セラーさんへFeedback（評価）を入れる

購入した商品が無事に届いたら、まず、商品が出品時の説明通りかどうかを確認します。商品に問題がなく、取引に満足したら、セラーさんへ、Feedback（評価）を入れます。

1 セラーさんへのFeedback（評価）を入力する

My eBay内メニュー「Purchase history」をクリックします。

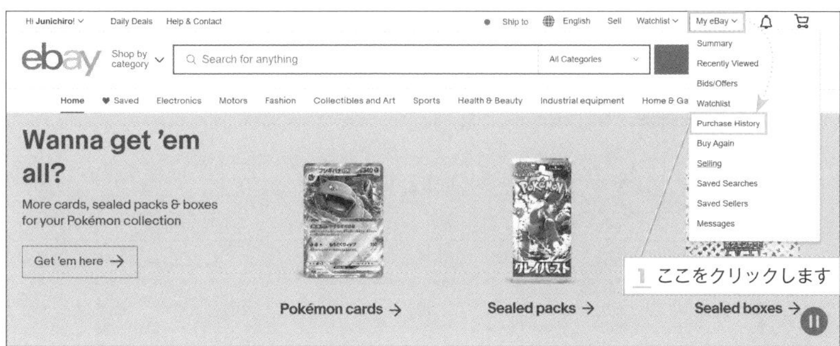

2 該当取引の右側「Leave feedback」をクリックします。表示されていない場合は、More actionsの▼内メニュー内にあります。

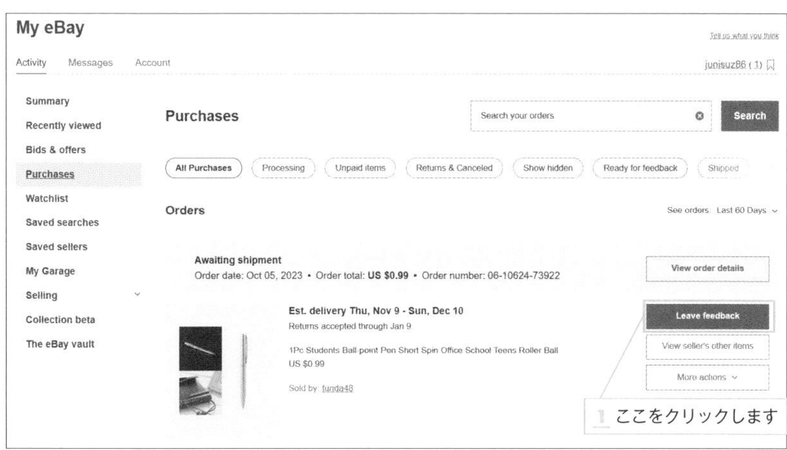

3

「Leave feedback」の画面が表示されます。バイヤー側がセラーさんに対して残すFeedback(評価)は、4つの項目で構成されています。

- How did it go? (取引全体の評価)
- Tell us what you loved about your experience (この取引に対するコメント)
- Did this item arrive on time? (商品は到着予定日までに到着したか?)
- Rate the details (詳細の評価)

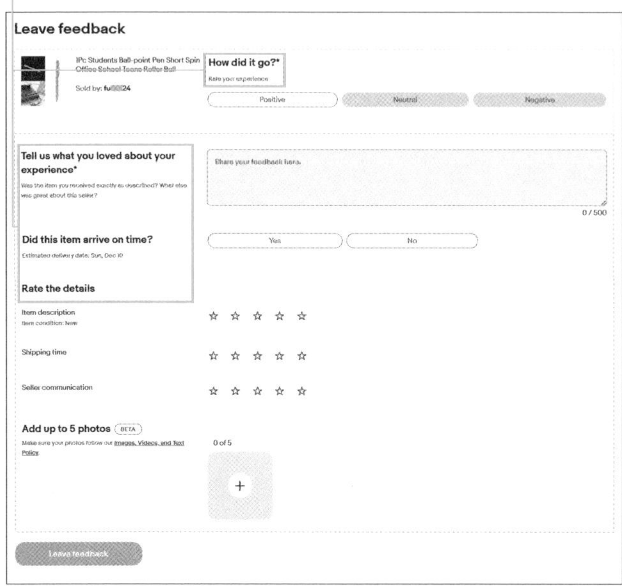

4

a〜dの各項目について選択、あるいは記入をします。

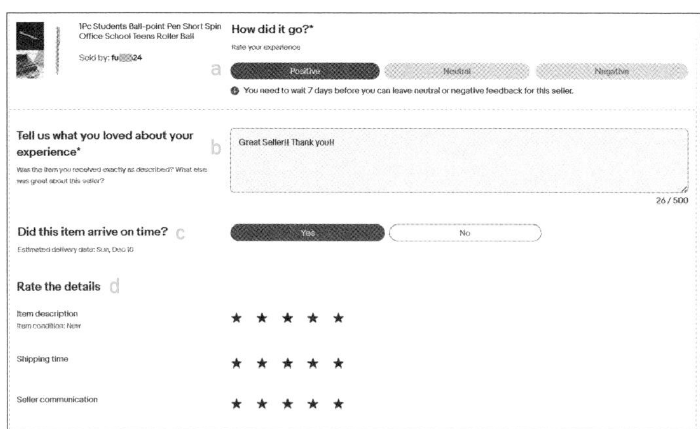

a How did it go?（あなたの体験はいかがでしたか＝取引全体の評価）
eBayの評価は「Positive/良い」「Neutral/普通」「Negative/悪い」の3段階です。購入した商品に問題がなければ「Positive/良い」を選択します。万が一、商品に問題があるようであっても、いきなり「Neutral/普通」や「Negative/悪い」を残すのではなく、まず、セラーさんに連絡をします。多くの場合セラーさんがその問題をキチンと解決してくれるはずです。

b Tell us what you loved about your experience（この取引に対するコメント）
コメント欄には、必ず一言コメントを残す必要があります。空欄のままですとエラーで進めません。コメント内容は、難しく考える必要はないです。例えば「Great item!! Thank you!!」（素晴らしい商品でした！有難う！）といった、シンプルなお礼文で十分です。500文字まで入力できます。

c Did this item arrive on time?（商品は到着日までに到着しましたか？）
こちらは、YesかNoを選択します。

d Rate the detail（詳細の評価）
以下の4つの具体的な項目について各々5段階の星にて評価をしていきます。
・Item description（商品の詳細が的確だったか）
・Shipping costs（送料は適正だったか）
・Shipping time（発送日数は適切だったか）
・Seller communication（コミュニケーションには満足しているか）

※取引の内容によっては、4つの項目が全て表示されない場合があります。今回の取引では3項目しか表示されておらず、「Shipping costs」が表示されていません。その理由は、この取引では「Free shipping（送料無料）」だからです。送料無料であるのに対し、「送料が適正だったか」という質問はそぐわないからです。

5

最後に、「Leave feedback」をクリックして、完了です。完了すると、以下の画面が表示されます。

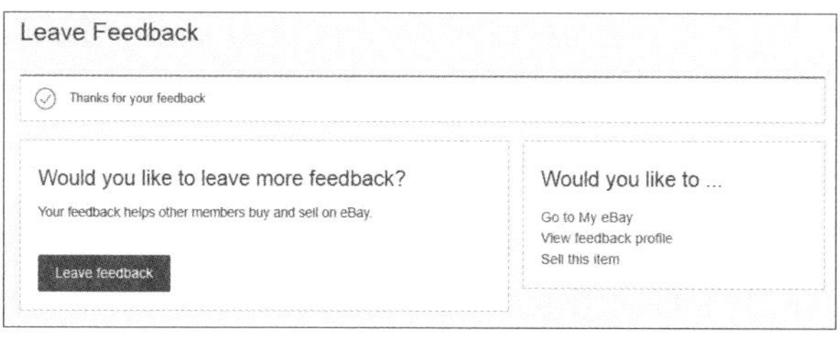

eBayのFeedback（評価）は、細かく内容が設けられています。よって、セラーもいい意味で「緊張感を持って、取引に臨む」必要があります。セラーがいい加減な事が出来ない仕組みは、eBayというマーケットプレイスの安全が保たれ、バイヤー側にとっては大きな安心感に繋がります。

SECTION

3-6 購入した商品が届かない場合

eBayで購入した商品が届かない場合は、まず、セラーさんへ連絡をします。セラー側より適切な返答がない場合は、前述の通り、基本、eBayがバイヤーを保護してくれます。

① セラーさんへ連絡する

My eBay内メニュー「Purchase history」をクリックします。

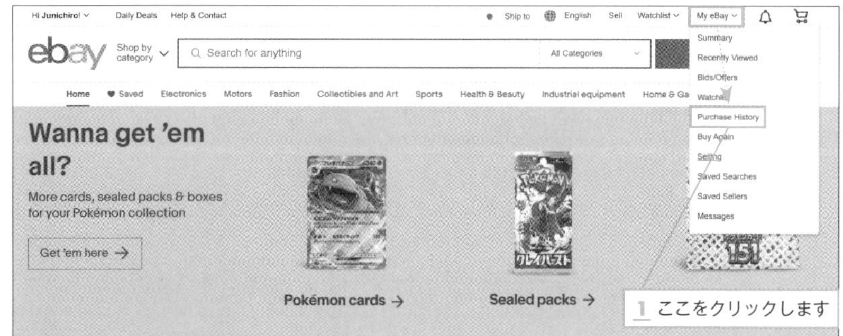

②

該当取引の「More actions▼」メニューの「Contact seller」をクリックします。

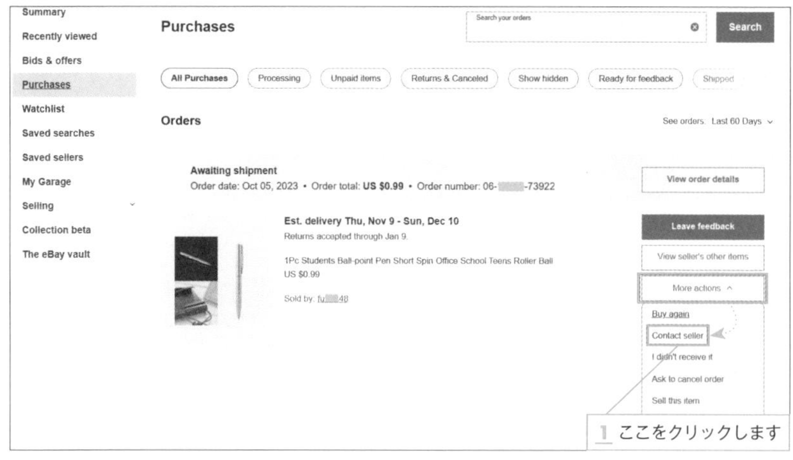

3

「Buyer often ask about..」の画面の一番下の「Contact seller」をクリックします。

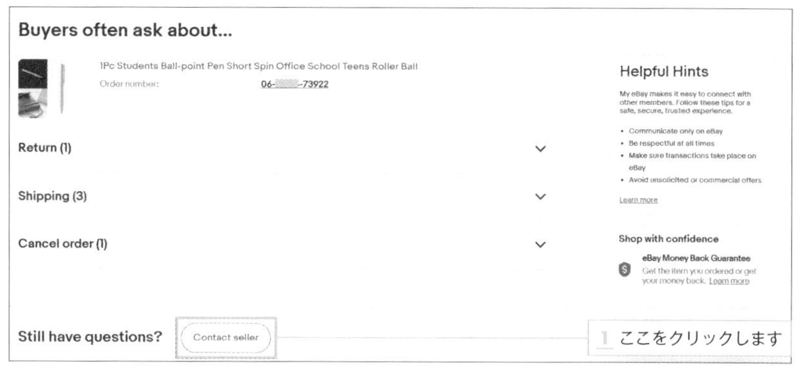

4

セラーさんに対し、「商品が届いていない」というメッセージを送信します。※3-6の②にて「I don' t receive my item（商品が届いていない）」を選択する方法もあります。ここでは「まずは、セラーさんへ相談する」として、メッセージを送る選択をしています。

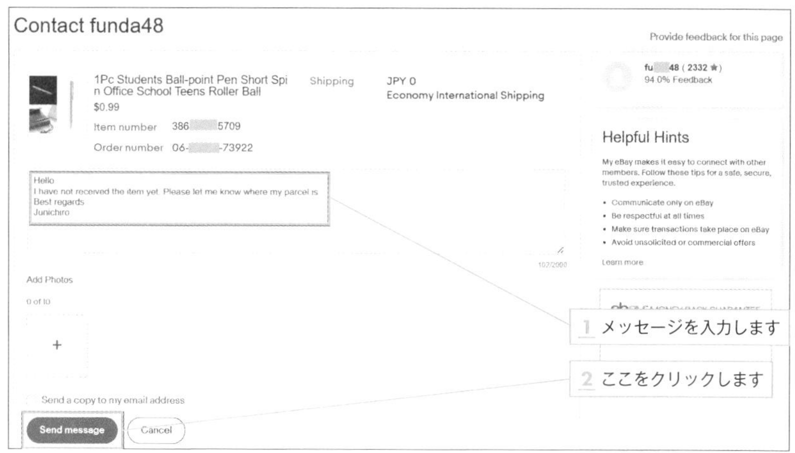

03 eBayでお買い物体験をしよう

5

セラー側から、「郵便局で商品の行方を調べている」「一旦、全額返金する。商品を受け取ったら、知らせて欲しい。再度、請求を送ります」などといった返信が来るはずです。もし、セラー側から連絡が来ないなど、対処がなされない場合は、eBayに公式にクレームをあげます。これを「Item not received case」(商品未着のケース)といいます。

6

該当取引の「More actions」内のメニュー「I didn' t receive my item」をクリックします。

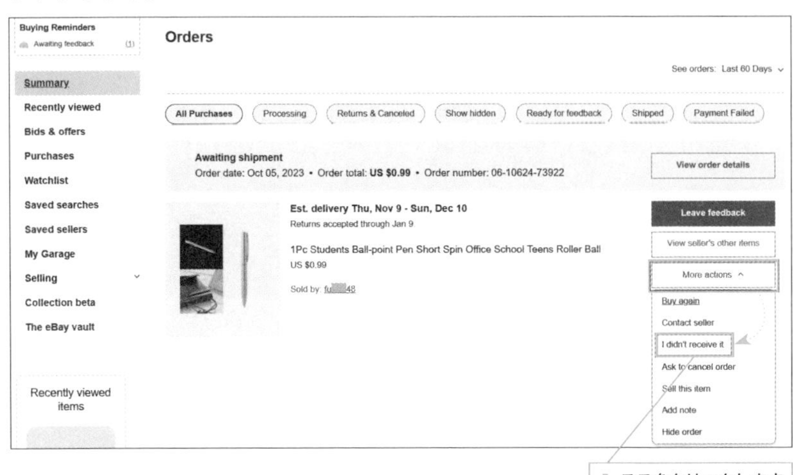

7

取引をどうしたいのかの選択肢が表示されます。ここでは、「I want refund(返金してほしい)」を選択します。更にメッセージを入れ、「Send」をクリックします。

(例)
Hello,
I have not received the item yet.
Please refund.

Best regards

(訳)
こんにちは。
まだ商品を受け取っていません。
返金をしてください。

8

「Item not received case」(商品未着のケース)に対しては、セラー側はeBayが定める期限内に適切な対処を行う必要があります。もし、対処がなされない場合は、eBayによって、強制的に返金処理が行われます。

SECTION

3-7 購入した商品に不具合がある場合

eBayで購入した商品に不具合があった場合は、まず、セラーさんへ連絡をします。セラー側より適切な返答がない場合は、前述の通り、基本、eBayがバイヤーを保護してくれます。

ここでは、以下を例とし、解説をします。

- eBayで「Like new（新品に近い）」と説明されていたCDを購入
- しかしながら、実際に受け取った商品のブックレットに水濡れによる不具合（Water damage）があった
- 「商品説明と異なる」という理由で、セラーさんに連絡をし、適切な対処を依頼する

1 セラーさんへ連絡する

My eBay内メニュー「Purchase history」をクリックします。

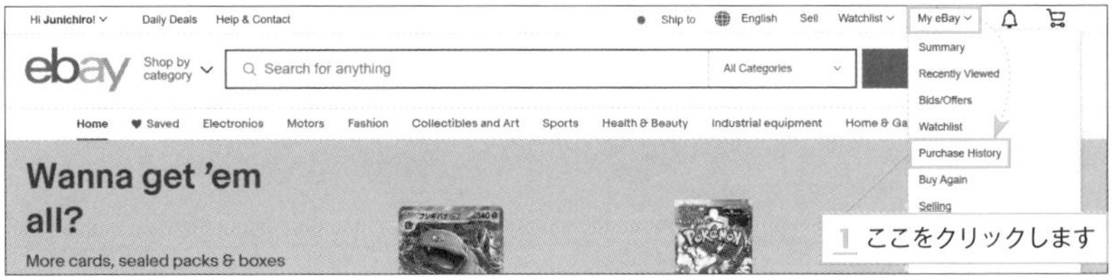

2

該当取引の「More actions▼」メニューの「Contact seller」をクリックします。

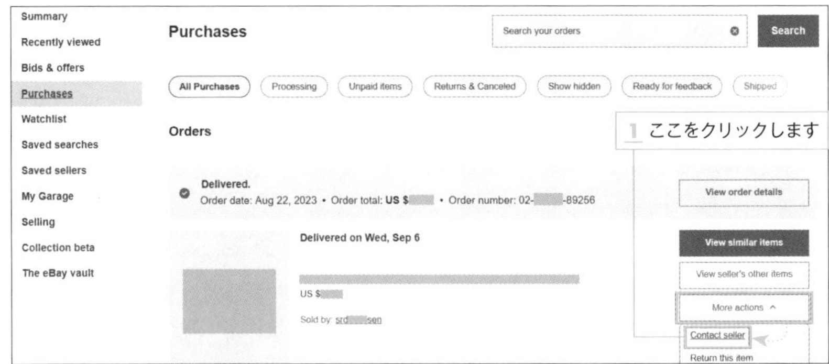

3

「Buyer often ask about..」の画面の一番下の「Contact seller」をクリックします。

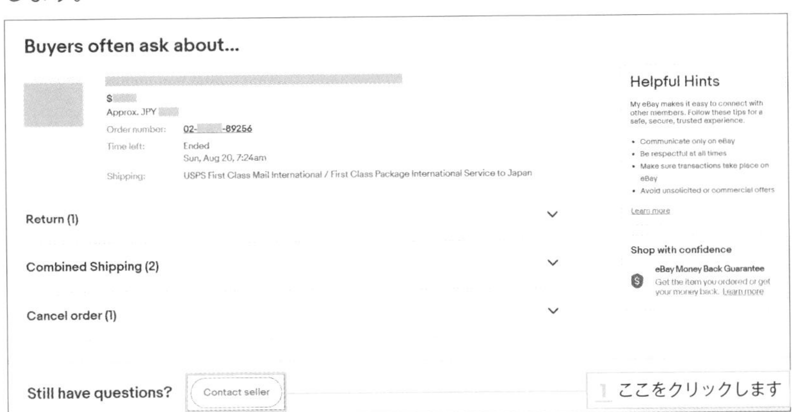

4

セラーさんに対し、「購入した商品に不具合がある」というメッセージを送信します。
※3-7の②にて「Return item（商品を返品する）」を選択する方法もあります。ここでは「まずは、セラーさんへ相談する」として、メッセージを送る選択をしています。

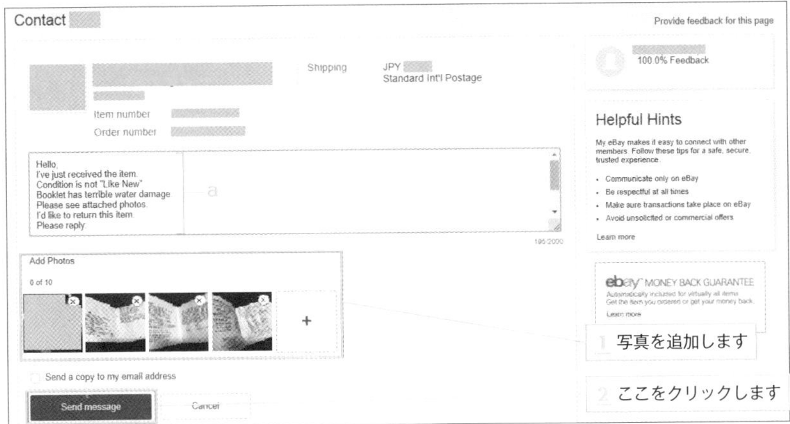

Hello,
I've just received the item.
Condition is not "Like New"
Booklet has terrible water damage.
Please see attached photos.
I'd like to return this item.
Please reply.

a　Best regards

名前

（訳）
こんにちは。
商品を受け取りましたが、商品状態は「Like new」ではありません。
ブックレットにひどい水濡れによるダメージがありました。
この商品を返品したいです。
返信をお願い致します。

5　その後、セラーさんから、謝罪と値引きの提案がありましたが、納得のいく内容ではありませんでした。結果、返品の必要なく、送料を含めた全額を返金する、との回答を得ました。

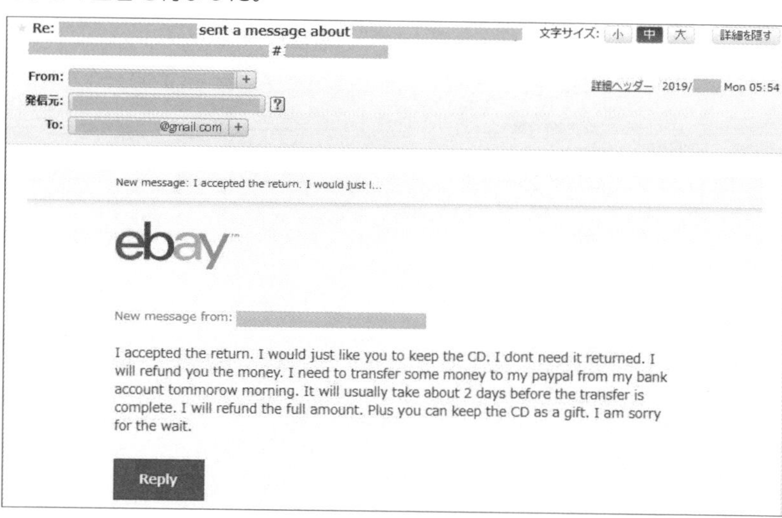

6

「Return this item」をクリックします。これを「Return request」といいます。

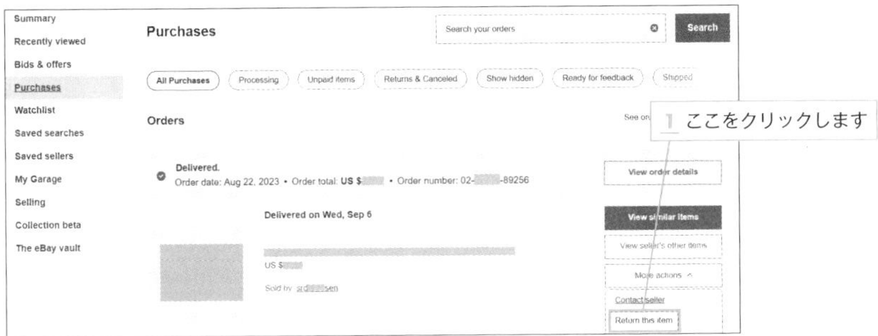

7

返品理由の選択肢が表示されます。「Show more」をクリックすると、全ての選択肢が表示されます。

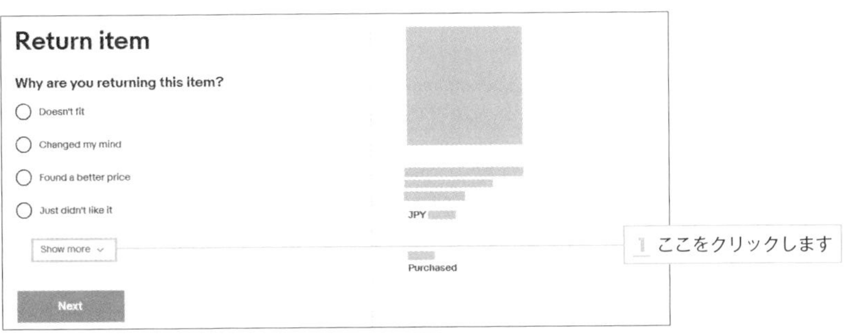

8

「Doesn' t match description or photos」(商品説明や写真と一致しない)を選択し、「Next」をクリックします。

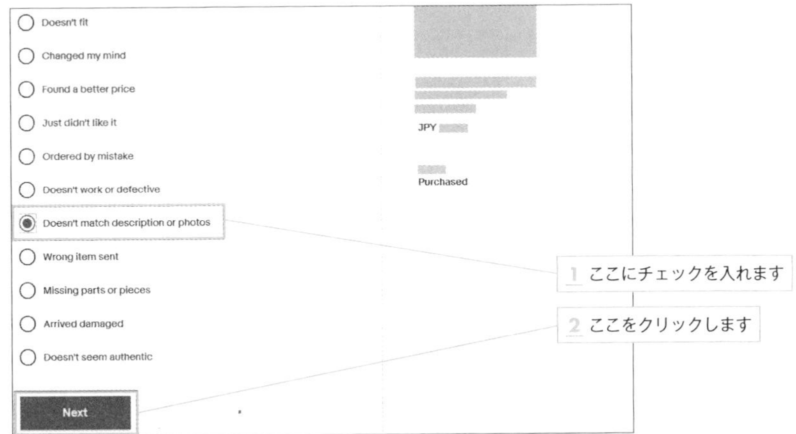

9

「Add comments」にコメントを入力します。
(例)
Condition is not "Like New" Booklet has terrible water damage.
(商品状態は「Like new」ではありません。
ブックレットにひどい水濡れによるダメージがありました。)
「Add photos」に写真をアップロードします。写真は10枚までアップロードが可能です。
完了したら、「Confirm return」をクリックします。

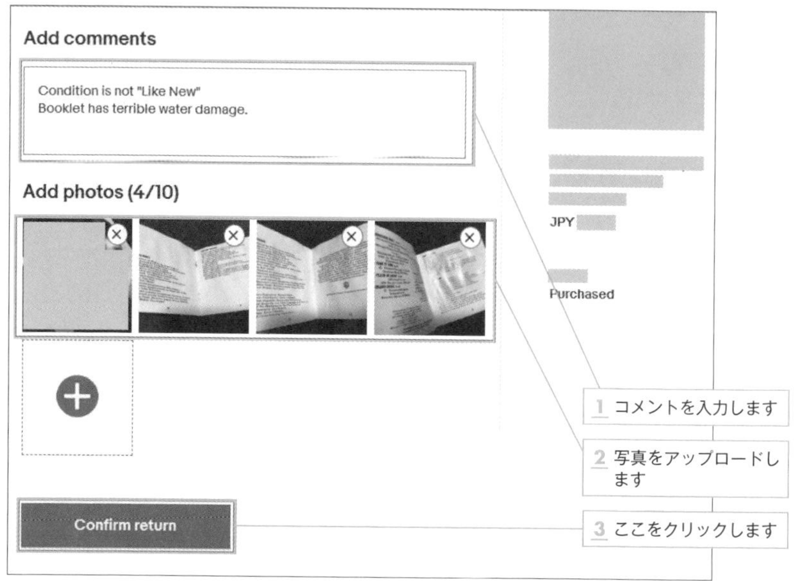

10

「Return request」がセラーに送られた事が表示されています。

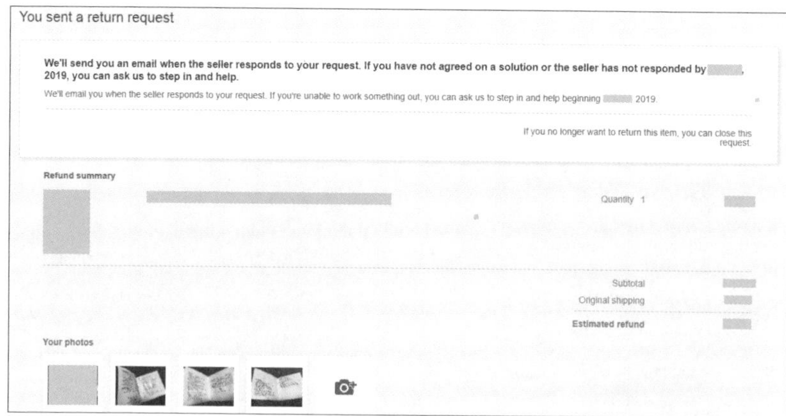

11 eBayから、「Return requestがなされた」旨のメールが届きます。

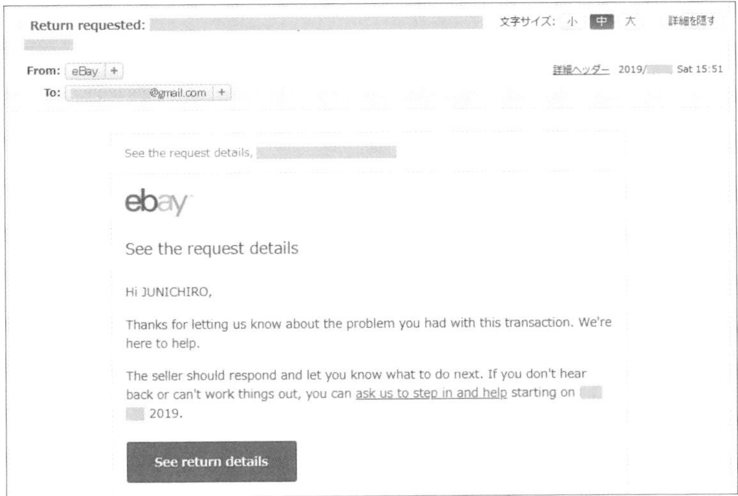
Return requested:
文字サイズ: 小 中 大 詳細を隠す
From: eBay
To: @gmail.com
詳細ヘッダー 2019/ Sat 15:51
See the request details,
ebay
See the request details
Hi JUNICHIRO,
Thanks for letting us know about the problem you had with this transaction. We're here to help.
The seller should respond and let you know what to do next. If you don't hear back or can't work things out, you can ask us to step in and help starting on 2019.
See return details

12 セラーさんが「Return request」を受け入れると、eBayより以下のようなメールが届きます。

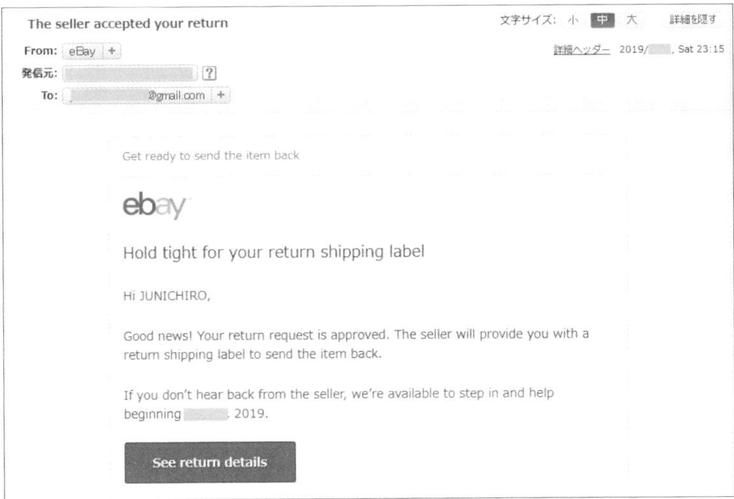
The seller accepted your return
文字サイズ: 小 中 大 詳細を隠す
From: eBay
発信元:
To: @gmail.com
詳細ヘッダー 2019/ , Sat 23:15
Get ready to send the item back
ebay
Hold tight for your return shipping label
Hi JUNICHIRO,
Good news! Your return request is approved. The seller will provide you with a return shipping label to send the item back.
If you don't hear back from the seller, we're available to step in and help beginning 2019.
See return details

「Return shipping label（返品用の配送ラベル）」という記載がありますが、これは無視して頂いて問題ございません。アメリカ国内での取引の場合は、セラー側がeBay上で「返品ラベル」を購入し、バイヤーさんへ送信することが出来ます。セラー側で、日本からの「返品ラベル」は作成できませんので、送信されることもありません。

13

セラーさんより返金手続きが行われると、eBayより以下のようなメールが届きます。

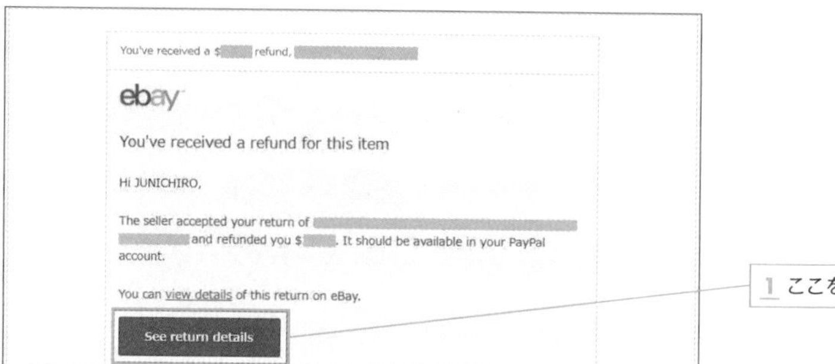

14

eBayからのメール内「See return details」をクリックすると、詳細が確認できます。「The return is now completed」(返品手続きは完了しました)」と表示されます。

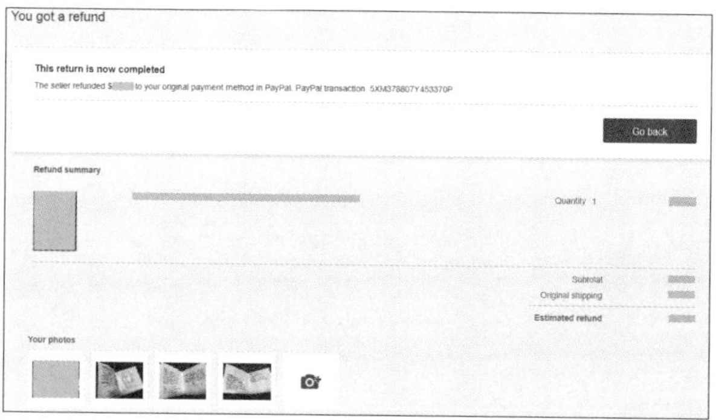

15

返金は、支払いに使用した資金源に返金されます。例えば、クレジットカードで支払った場合、または、PayPalに登録したクレジットカードで支払った場合は、そのカードに返金されます。返金のタイミングは、カード発行会社によって異なりますので、詳しくは、カード発行会社にお問い合わせください。万が一、eBayが示す期限までに、セラー側から適切な対処が得られない場合は、「Return requestをエスカレートさせる」事が出来ます。エスカレートした場合は、eBayから強制返金などが行われます。

CHAPTER 04

eBayに出品してみよう

SECTION

4-1 不用品をリストアップしよう

eBay への出品は、不用品からスタートします。この項では、不用品を出品することのメリットについて、解説をします。

不用品を探してみる

eBayでのお買い物を通じて、eBayアカウントのFeedback（評価）も集まり、仕組みにも慣れたかと思います。いよいよ、eBayの出品にチャレンジしていきます。

ひょっとして、「すぐにでも、eBayで売れそうな商品を仕入れてみたい！」と思われているかもしれませんね。ここで焦ってはいけません。

まずは、eBayで販売する商品の本格的な仕入れを起こす前に、出品や梱包、出荷など、eBay販売の仕組みを学んでいきましょう。

そこで、役に立つのは、ご自身の不用品です。
「うちには不用品はない」と言ってしまう方が少なくないですが、そんな事はないと思います。2021年、メルカリの調査によると、家庭内での不用品総額は、推計約43兆7,269億円、1世帯あたり約73.5万円という結果が出たそうです。

こんなものはお家に眠っていませんか？
・洋服、くつ、バッグ、アクセサリー、腕時計
・CD、DVD、ビデオテープ、レーザーディスク、レコード、カセットテープ、ミニディスク（MD）
・ゲームソフト
・本、雑誌（日本語のもので大丈夫です）
・台所用品
・はぎれ
・空き缶、空き瓶
・季節物（お正月用品、鯉のぼり、ひな人形など）
・伝統工芸品（こけし、鉄器、焼き物、かんざし、根付など）
・おまけ（コンビニ、ファーストフード、菓子などの）
・景品（UFOキャッチャーのぬいぐるみなど）

・未使用の戴き物（タオルや食器類）
・おもちゃ

注意

・最初は、梱包しやすいもの、小さくて軽くて壊れにくいものがおすすめです。
・腕時計やゲーム機など、リチウム電池が内蔵されているものは、運送会社によって、送付する際の条件がありますので、事前に確認が必要です。
・スーパーブランドなど、高価なものは、出品を避けて下さい。経験値が少ないセラーが販売をすると、eBayが「怪しい」と判断し、アカウントが停止してしまう場合があります。

「どうせ、誰も欲しがらない」と思ってしまうのは、非常にもったいないです。日本ではリサイクルショップに持っていっても、Yahoo!オークションやメルカリに出品しても、値段がつかないかもしれません。でもひょっとして、その不用品は、海外の人にとっては、お宝かもしれません。

eBayの出品を不用品からスタートする4つのメリットをお伝えします。

①仕入れがゼロ円

元々処分してもよい、と思っていたものですから、eBayに出品して、ものすごく安い金額で落札されても、全くストレスにはなりません。ちょっとくらいプラスになったらラッキーくらいの気持ちで、eBayの出品に臨むことが出来ます。

②一通りの取引手順の練習になる

eBayの出品は、商品の撮影、商品説明、商品価格や送料の設定などの出品ページの作成などの手順があります。また、eBayで商品が落札されたら、梱包や発送などの作業があります。これらの手順は、10回程度をこなせれば、十分慣れてしまいます。

もし、仕入れの元手がかかっていると、「売らなくては!!」というストレスがかかり、なかなか出品作業そのものに集中出来ないものです。不用品であれば、元手がゼロ円ですので、楽な気持ちで出品作業に慣れる、という目的のみに臨むことができます。

③取扱うジャンルの開拓になる

「eBayでこんなジャンルのものを売っていきたい」

実際にeBayでの出品の前に、多くの人がこのようなことを考えているのではないでしょうか。

実は、不用品を出品することで、「こんなものが売れるのか！」と「自分が売りたいジャンル」ではなく、「eBayで売れるジャンル」を広く知ることが出来ます。

逆に「何を扱ったら分からない」と思われている方にとっては、売れた不用品が、その後のeBayでの取扱いジャンルに対する大きなヒントに繋がります。

最初は、全くイメージしていなかったジャンルでも、実際に売れると、興味が沸きますし、「もっと調べてみよう！という気持ちになります。

④仕入れ資金になる

日本ではありふれたものでも、海外の人にとっては大変貴重で、血眼になって探している人もいるかもしれません。

特に、古いもの、インターネット以前のものは、なかなか海外では流通していません。よってびっくりするくらいの価格で落札されるかもしれません。自分の不用品は、他の人にとってはお宝かもしれないのです。

そこで得た利益は、後の仕入れ資金になります。売れなかったら、処分すればいいだけの話です。まずは、「ゼロ円」からチャレンジしていきましょう。

最初の出品枠は、3商品200ドルから

eBayは、バイヤーに安全なマーケットを提供するために、セラーに対しては、様々な制限を設けています。

セラーとして、初めてeBayに出品する際には、個人でも法人でも、月間「3商品、200ドル」からのスタートとなります。

これを「Monthly limits（月間出品制限）」といい、通称、「出品リミット」などと呼ばれています。

Monthly limits

3 more items

Nothing listed and sold yet / 3 limit on quantity of items

$200.00 more

$0.00 listed and sold / $200.00 limit

Learn more | Request to list more

まず、eBayの新規セラーは、eBayで愚直に販売実績を積んでいき、eBayからセラーとしての信頼を得る必要があります。その上で、eBayへ「リミットアップ交渉」をし、出品枠を徐々に広げていきます。
これは、Yahoo!オークションやメルカリ、アマゾンなど、他のプラットフォームにはない、大きな特徴といえます。
では、なぜeBayはこのようなリミットを設けているのでしょうか？

eBayには、前述のとおり、世界規模の人たちが数多く参加をしています。誰でも参加できる反面、残念ながら、全ての人たちが善良とは限りません。中には、詐欺など、良からぬことを考えている人も少なからず存在します。

よって、eBayは「出品リミット」というルールの下、「あなたはきちんとしたセラーですか？」という試用期間を設けているとお考え下さい。

このようなルールがあることで、eBayには優良なセラーが育ち、安全なマーケットプレイスを保つことが出来ているのです。

商品ページをしっかりと作成する理由

eBayでは、出品商品の表示順の決定に、「Best Match（ベストマッチ）」という検索エンジンを使用しています。eBayのSEOであるベストマッチの特性をよく理解することで、出品ページは上位表示されるようになります。結果、バイヤーさんのアクセスが増加し、売上向上に繋がる可能性が高まる、というものです。
また、せっかく良い商品を出品しても、バイヤーさんの検索にヒットしなければ、売れなかったり、安く落札されてしまったりする、という事です。

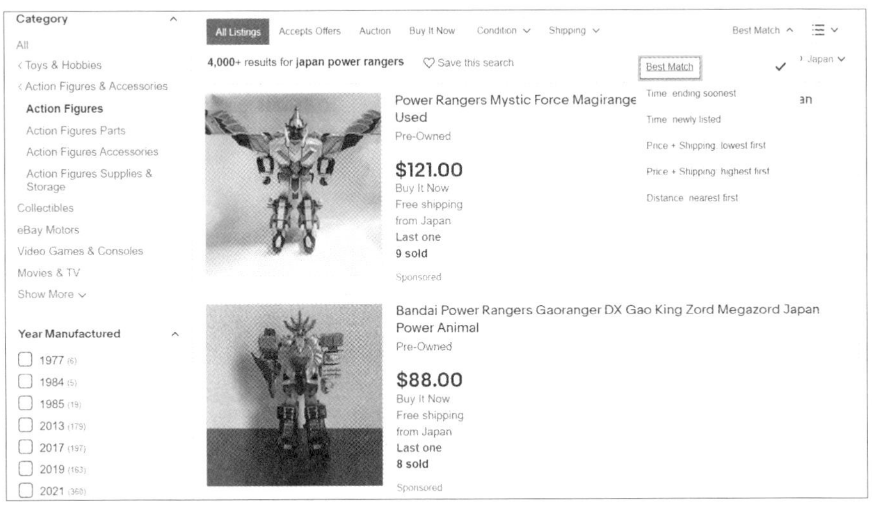

eBay Best Matchの本当の意味とは？

eBayにとっての大きな収入の柱は、セラーからの手数料です。よって、「沢山売ってくれる」＝「手数料を沢山落としてくれる」セラーを、検索上位に表示をさせるアルゴリズムとなっているのです。

出品ページの完成度は、eBay Best Match（ベストマッチ）に直結する

出品ページを構成する要素は、大きくは次のとおりです。

・Title（タイトル）
・Condition（商品の状態）
・Photos（写真）
・Item Specifics（商品仕様）
・Item Description（商品説明）

これらの要素に対して、正しい商品情報をしっかりと提供する事で、バイヤーさんに検索されやすい出品ページを作成することが出来ます。詳細は、後のページで項目ごとに説明致します。

出品ページ以外のBest Match（ベストマッチ）の要素とは？

ベストマッチでは、前述の出品ページ以外の要素として、セラーレベルやFeedback（評価）、販売履歴などから読み取れる「セラーに対する信頼性」、出品における適正なHandling time（入金から出荷までの期間）やReturn policy（返品ポリシー）の設定が挙げられます。例えば、同じ状態で同じ価格の同じ商品である場合は、評価の高いセラーや、バイヤーさんに優しいセラーが優遇されます。

また、人気のあるカテゴリーだったり、商品だったりする場合は、当然ながら、検索結果は上位に表示されます。

こういった様々な要素を加味し、eBayの各々の出品には独自のスコアがつけられ、その合計スコアで、表示順が決定されます。ベストマッチの要素に関するアップデートは、定期的に行われますが、ベーシックな要素は何も変わりがないようです。eBayが掲げるベストマッチを最大限に活用していきましょう。

SECTION

4-2 出品画面を表示させよう

eBayの出品ページの表示のさせ方、出品に必要な情報の概要について、解説をします。

1 出品された商品画面を見るには

eBayのトップページ(https://www.ebay.com/)の左上、「Sell」をクリックします。

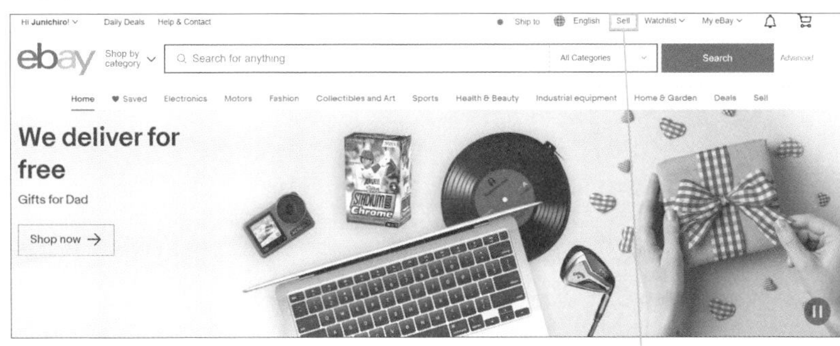

2

「List an item」をクリックします。

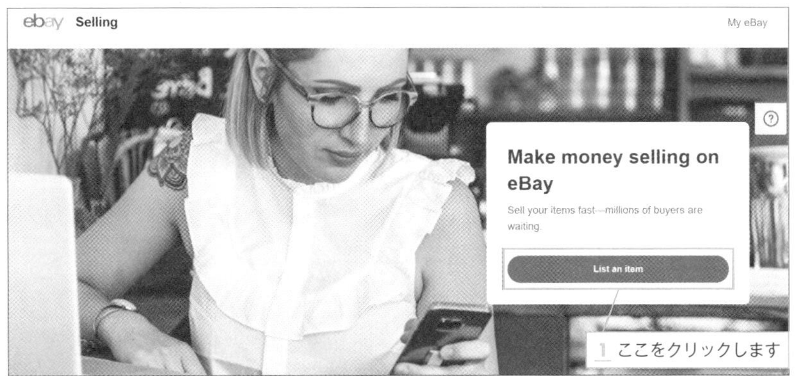

04 eBayに出品してみよう

3

「Start your listing」が表示されます。

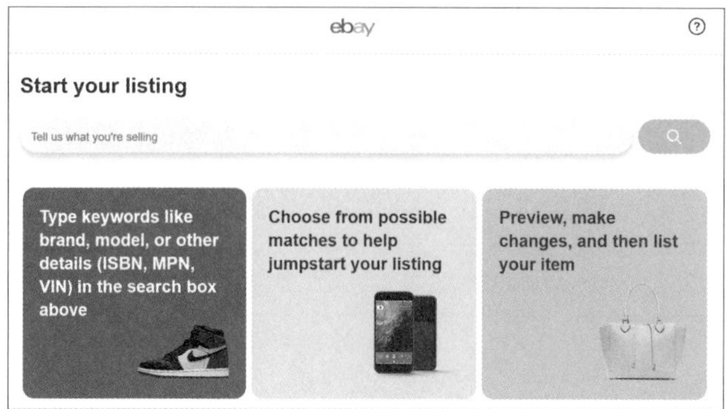

4

ここでは、例として「CD」を出品しますので、検索窓に「CD」と入力します。下にキーワードの候補が表示されますが、右の検索ボタンをクリックします。

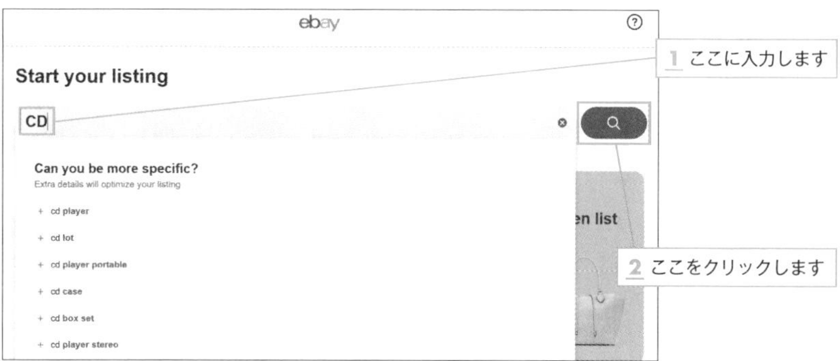

5

Find a matchに「Music>CD」のカテゴリーが表示されました。具体的な商品の候補が表示されますが、一番下の「Continue without match」をクリックします。

6

商品の状態を選択します。この選択肢は商品のカテゴリーによって異なります。詳しくは後述の「コンディション」にて説明をします。ここでは「Very Good」を選択し、下の「Continue to listing」をクリックします。

Brand New → 新品
Like New → 新品に近い
Very Good → やや傷や汚れあり
Good → 傷や汚れあり
Acceptable → 全体的に状態が悪い

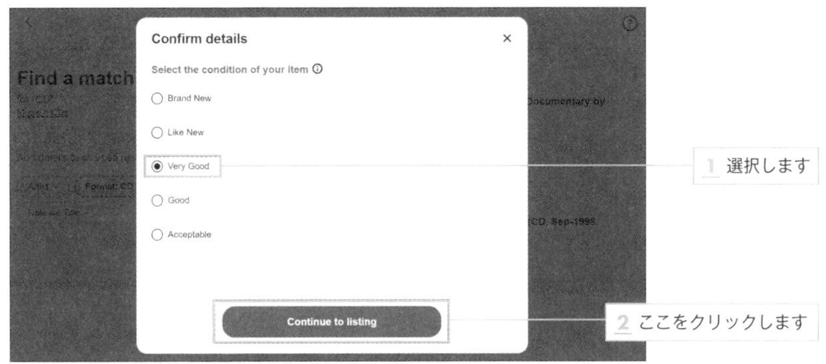

7

出品ページが表示されます。

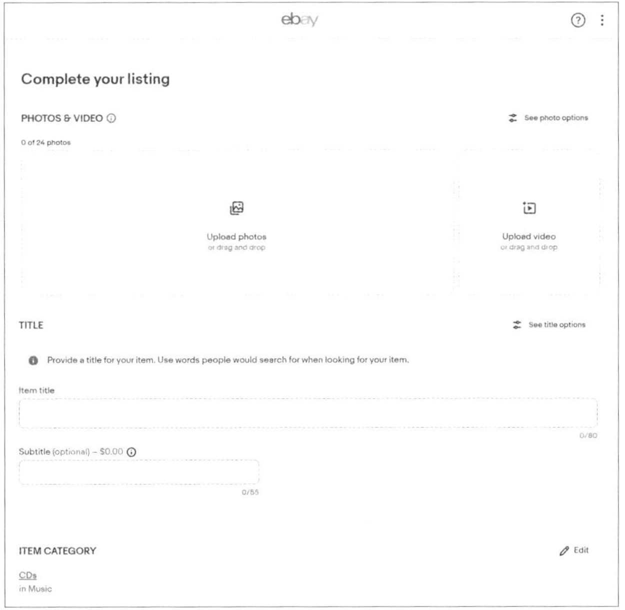

ITEM SPECIFICS

Required
Buyers need these details to find your item.

Artist

Format
Frequently selected: CD

Release Title
Frequently selected: AM, Stone, 100 Years of Peter Pan

UPC
Enter number

Additional (optional)
Buyers also search for these details.

Genre ~589.8K searches

Edition ~365.9K searches

Record Label ~359.5K searches
Frequently selected: CD Baby, Columbia, Universe

Style ~288.7K searches

Type ~213.5K searches
Frequently selected: Album

Features ~111.4K searches

Show more

VARIATIONS
Edit

Save time and money by listing multiple variations of your item in one multi-quantity, fixed price listing.

CONDITION

Item condition
Very Good

Condition description
(0/1000)

DESCRIPTION

B Custom template
Show all options

PRICING
See pricing options

Format
Buy It Now

Price
$

Quantity
1

Allow offers
Buyers interested in your item can make you offers -- you can accept, counter or decline.

Add volume pricing
Offer a discount when buyers purchase more than one item at a time.

Buyers are more likely to purchase more of the same item if you add a Volume Pricing discount.

Schedule your listing
Your listing goes live immediately, unless you select a time and date you want it to start.

Use the sales tax table to manage the tax rate for jurisdictions where you may have an obligation to collect sales tax from buyers.

SHIPPING

See shipping options

Shipping method

Standard shipping: Small to medium items

Package weight (optional) lbs. oz.

Package dimensions (optional) in. x in. x in.

Domestic Shipping

Cost type

Calculated: Cost varies based on buyer location

Domestic services

+

Add services

Preferences

Your settings

3 business days handling

Item location 2260027 (United States)

No returns accepted
Unless item is not as described

PROMOTED LISTINGS
Promote your listings to increase the likelihood of a sale by helping your items be seen by millions of active buyers.

Promoted Listings Standard
Reach more buyers
Only pay when your item sells through a click on your ad.

25% more clicks
When using Promoted Listings Standard, on average (data from Sept 2022 - Feb 2023).

Listing ad rate
8.8%
Suggested: 8.8%
New campaign: Campaign 10/09/2023...

PROMOTED LISTINGS
Using eBay Ads to promote your listings can help increase the likelihood of a sale by helping your items be seen by millions of active buyers.

Promoted Listings Standard
Reach more buyers
Only pay when your item sells through a click on your ad.

25% more clicks
When using Promoted Listings Standard, on average (data from Sept 2022 - Feb 2023).

Listing ad rate
5.8%

Promoted Listings Advanced BETA
Sell even more
Only pay for clicks on your ad and get preferred access to premium placements.

50% more sales
When using Promoted Listings Advanced, on average (data from Sept 2022 - Feb 2023).

Campaign daily budget
$1.00

PREFERENCES

Edit

Payment

Payment Payments managed by eBay

Require immediate payment when buyer uses Buy It Now

CHARITY

Edit

List it for free.

A final value fee applies when your item sells.

By selecting List it, you agree to pay the above fees, accept the eBay User Agreement, Payments Terms of Use and Marketing Program Terms; acknowledge reading the User Privacy Notice and assume full responsibility for the item offered and the content of your listing.

List it

Save for later

Preview

SECTION

4-3 写真

出品する商品の写真をアップロードします。バイヤーさんは、商品を実際に手に取ったり、チェックをしたりすることができません。よって、商品説明がなくても、バイヤーさんに状態が伝わる写真を準備しましょう。

写真は、1出品につき、24枚までアップロードが可能です。SEO的には、6枚以上のアップロードがおすすめです。特に、中古品の場合は、様々な角度、或いはパーツ毎に、できるだけ多くの写真を掲載します。商品説明がなくても、見込のバイヤーさんに、商品状態が伝わるように工夫します。

1 アップロードの手順

Upload photosをクリックします。

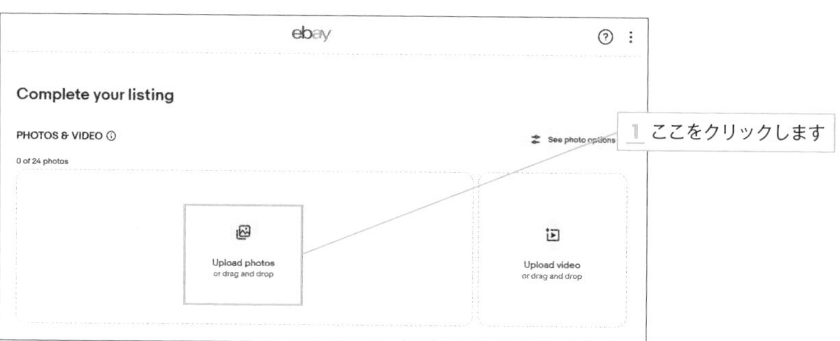

2

「アップロードするファイルの選択」の画面が立ち上がります。予め商品写真を収めたフォルダを選択します。アップロードする写真をクリックします。

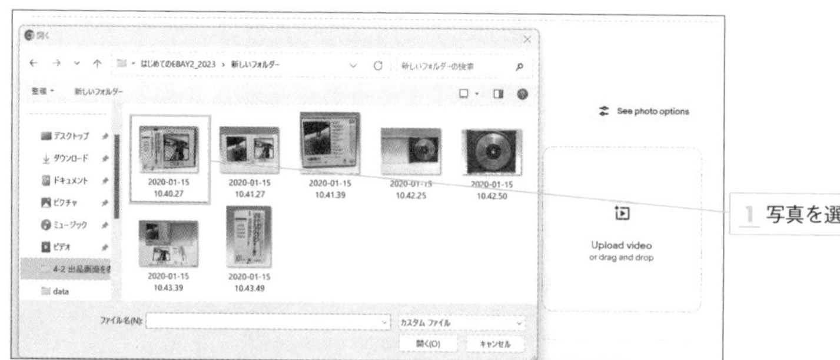

3

1枚目の写真がアップロードされました。

4

複数のファイルを選択すると、複数の写真が一度にアップロード出来ます。

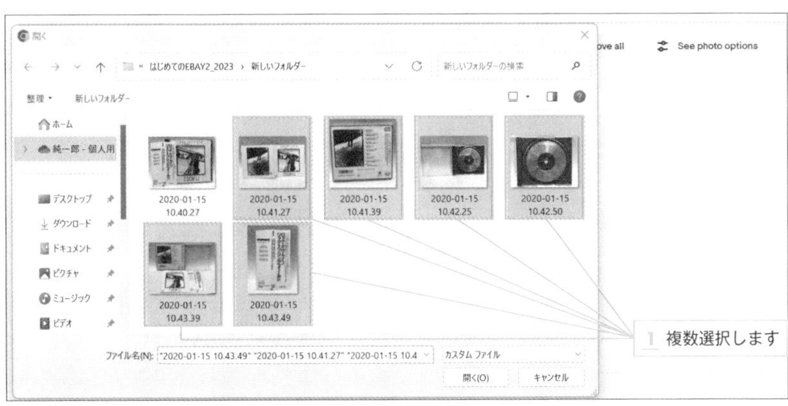

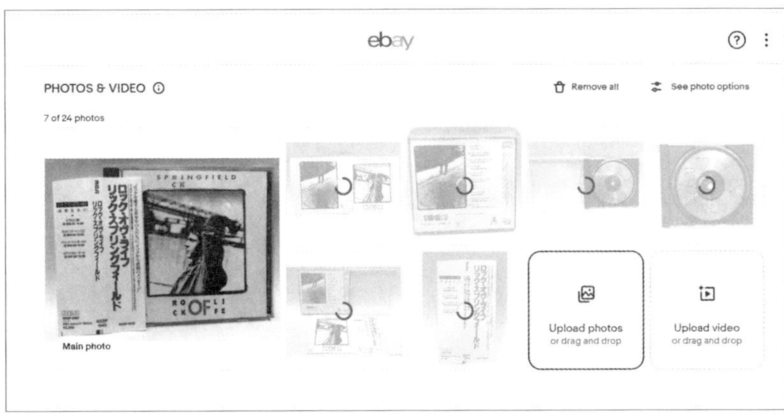

04

eBayに出品してみよう

5

写真のアップロードが完了しました。

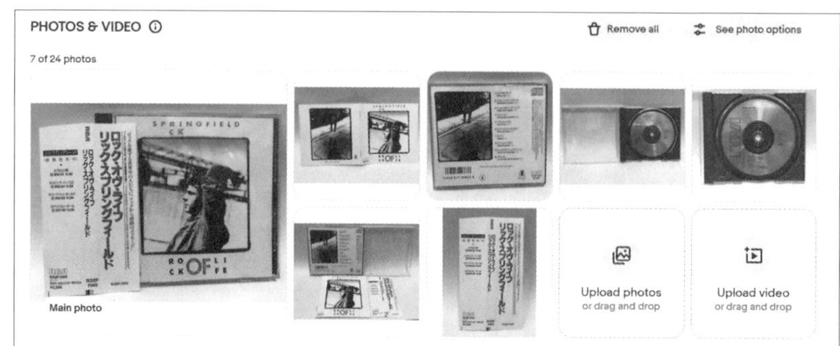

6 写真の順番を変える

移動させたい写真をドラッグして、写真の位置を入れ替える事ができます。

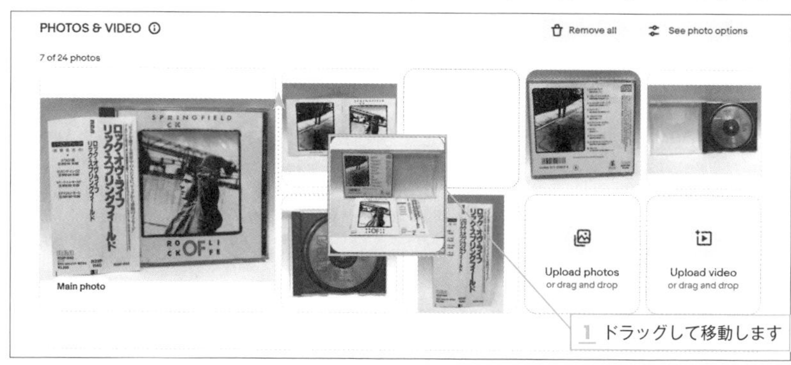

7 写真を消去する

消したい写真にカーソルを当て、右上に表示される「ゴミ箱」のマークをクリックすると、写真が消去されます。

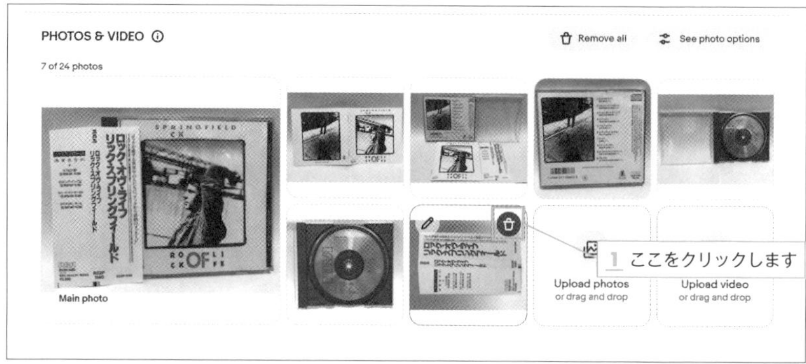

(かんたんな編集)

編集したい写真にカーソルを当て、左上に表示される「ペン」のマークをクリックすると、編集画面が表示されます。

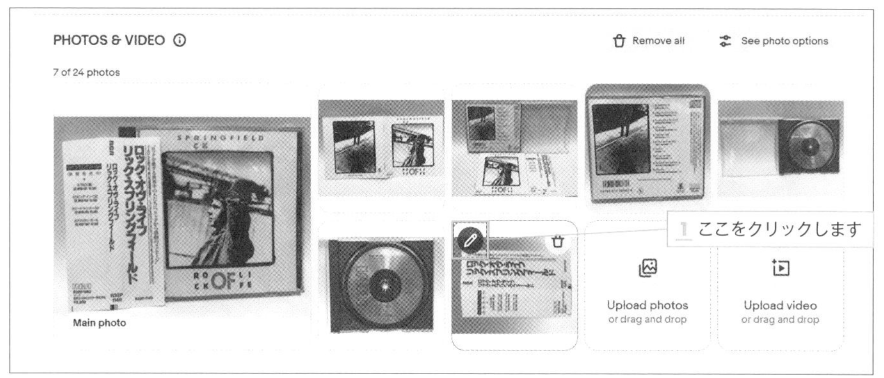

① 画像の回転

写真下、左側のマークをクリックすると、画像が回転します。表示したい状態にて、Saveをクリックします。

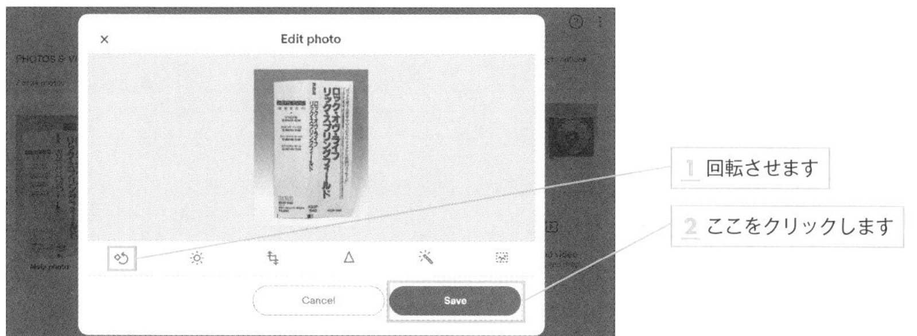

② 画像の明るさ、コントラスト調整

写真下、左から2番目のマークをクリックすると表示されるスライダーで、明るさ、コントラストを調整することができます。

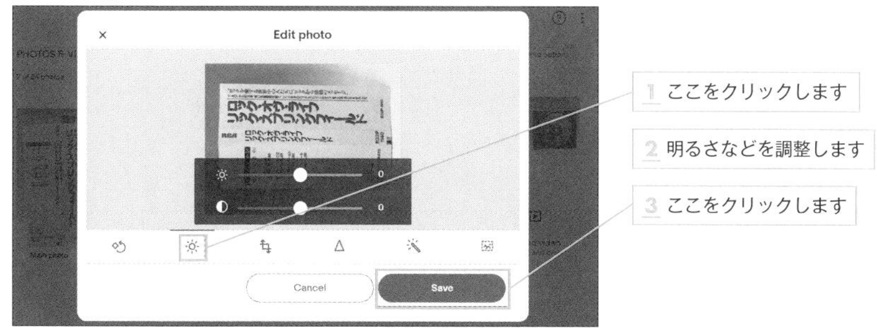

③ トリミング

写真下、左側から3番目のマークをクリックし、トリミングの範囲を指定し、Saveをクリックします。

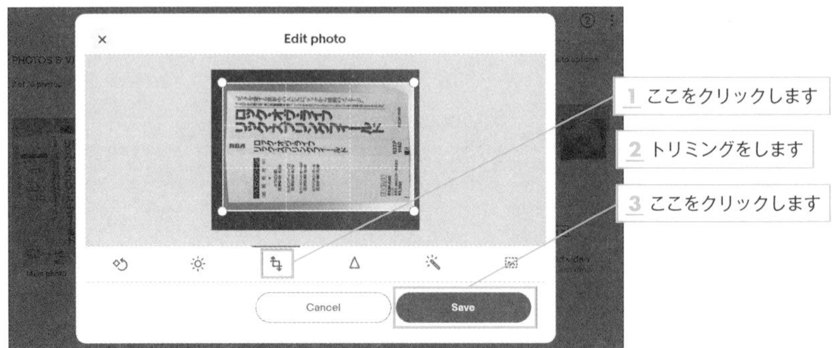

④ シャープネス

写真下、左から4番目のマークをクリックすると表示されるスライダーで、鮮明さを調整することができます。

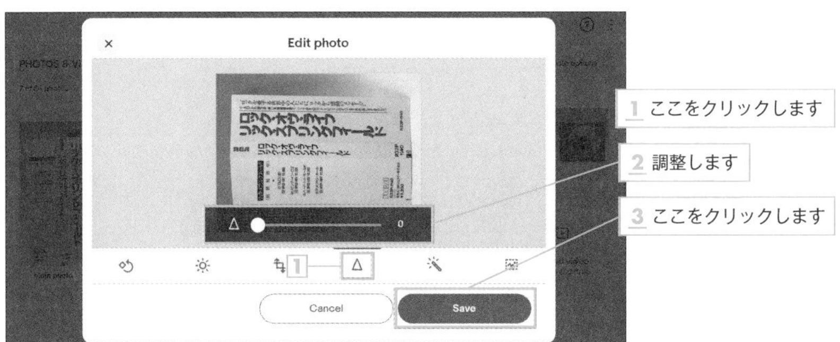

⑤ 自動調整

写真下、右から2番目のマークをクリックすると、写真の明るさ、コントラスト、シャープネスなどを自動的に調整してくれます。

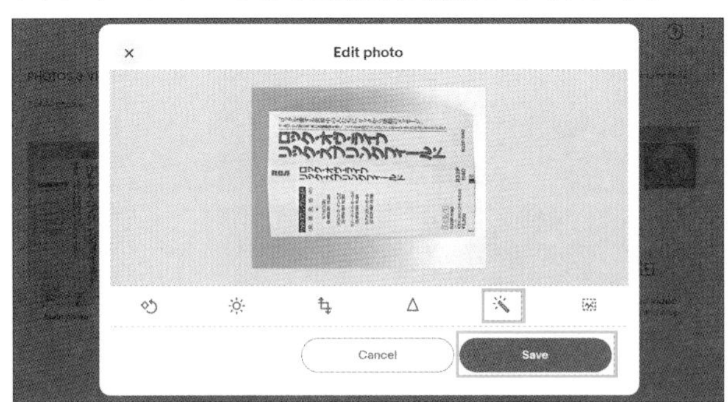

6 背景を削除

写真下、一番右のマークをクリックし、範囲を設定すると、写真の背景が自動で削除され、白の背景に変更することができます。削除の範囲は手動で調整することができます。

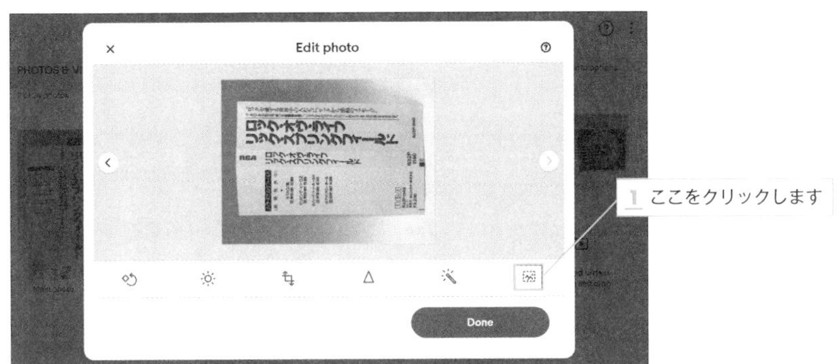

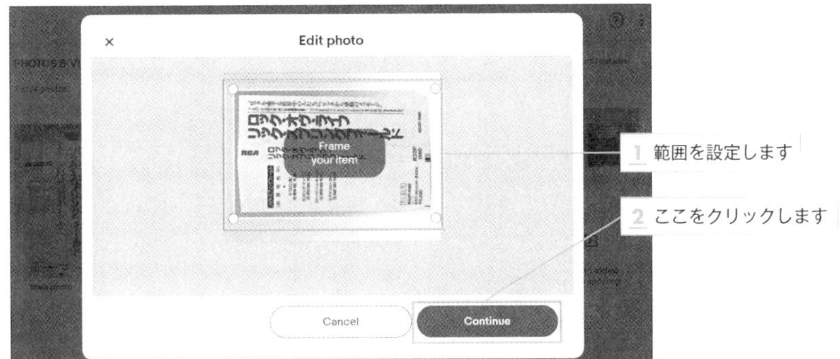

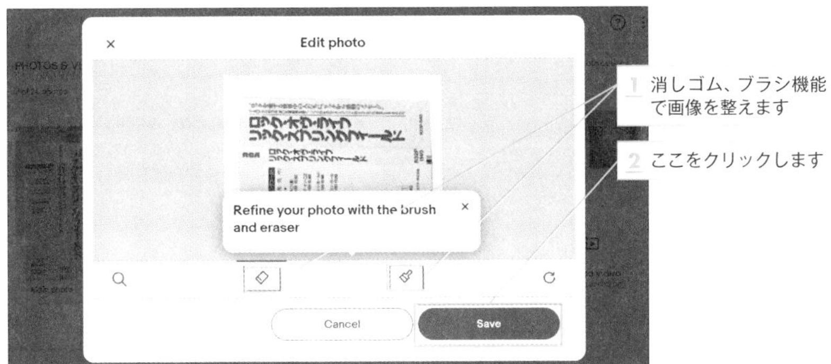

・写真の長辺は少なくとも500ピクセルでなければなりません。
・ダメージがある部分は、バイヤーさんがはっきりと認識できるような写真を用意します。
・画像内に枠線を入れたり、文字、アートワーク、ウォーターマーク(透かし)を入れたりすることは禁止されています。

動画

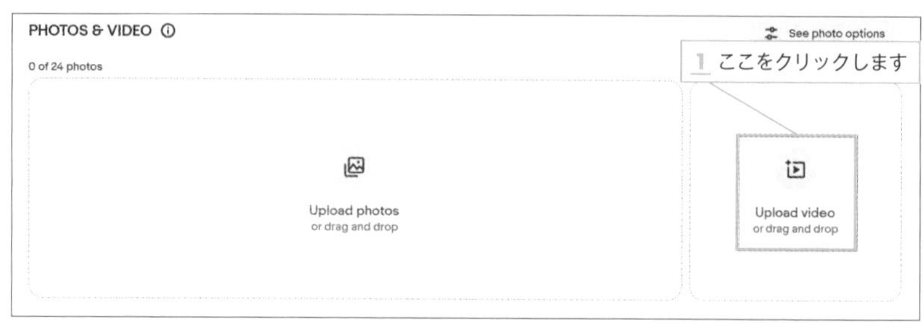

写真24枚に加えて、動画1本をアップロードすることができます。動画は、スマートフォンなどで撮影します。写真だけでは伝えきれない細かい傷やダメージの状態や、全方位からの状態などをバイヤーさんに見て頂くことができます。また、商品の使い方や、動くおもちゃの動作確認などにも有効です。ビデオのアップロードは150MBまたは約1分の長さに制限されています。動画の内容に問題がなければ、48時間以内に公開されます。ビデオは、写真の並びの2番目に表示され、位置の変更はできません。

写真の撮影

商品を「キチンと」見込みのバイヤーさんに伝えるのは、販売の基本といえます。

よって、商品の写真の質は、販売に大きな影響を与えます。更には、あなたの出品商品全体、要はあなたの店の印象にも影響します。

とはいっても、高い機材や難しい技術は必要ありません。ほんのちょっとしたことで、見込のバイヤーさんに「伝わる」写真を撮影する事が出来ます。

撮影はスマートフォンで十分

今のスマートフォンのカメラ機能は画素数も高く、非常に優秀ですので、わざわざ高いカメラを購入する必要はありません。キレイに撮影する事が出来るHDRモードなどの高画質モードでの使用をお薦めします。

背景

白い布が望ましいです。商品を明るく、きれいに見せてくれる効果があります。生地屋さんの他、100円ショップでも手に入ります。また、わざわざ買わなくても、ポスターやカレンダーの裏側、コピー用紙で代用しても構いません。

商品以外のものは写さない

商品だけを撮影します。ディスプレイ用品など、他のものと一緒に撮影すると、商品の一部と間違えられる可能性があります。また、雑多な環境で、余計なものが入ると、生活感が出てしまい、商品の良さが伝わりづらくなります。

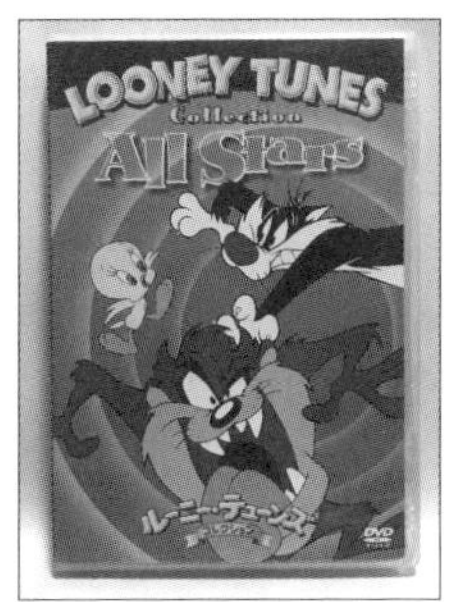

蛍光灯で十分

フラッシュは不自然な色味になってしまったり、反射してしまったりします。蛍光灯の光で十分です。

反射するものは映り込みを防ぐ

光沢のあるものは、撮影者や部屋の物などが反射で写り込んでしまう場合があります。このような場合は、大き目の白い紙や布、ダンボールの真ん中に、スマートフォンのレンズサイズの穴を開けたものを準備します。この穴を経由して、撮影をすると、映り込みを防ぐ事が出来ます。

ピンボケ写真は使わない

不鮮明な写真は「正確に商品を伝える」事ができず、販売に繋がりにくいため、使用しません。

その他、禁止されている画像

・プレースホルダー画像
→ 「画像は後ほどアップします」などといったメッセージを入れた画像
・ボーダーが追加された写真
→ 写真を目立たせようと、写真の縁を赤色などで囲む事
・テキスト、アートワーク、マーケティング資料が追加された写真
・ウォーターマークが追加された画像
→ 著作権表示などのために、画像に透かしのように写し込まれるロゴや文字

サイズが小さい写真は大きくする

eBayでは一番長い辺が500ピクセル以上の画像が必要となります。
500ピクセル以下のサイズが小さい写真は、掲載する事が出来ません。
サイズの小さい写真は、ペイントなどの画像加工ソフトで画像の拡大を行います。

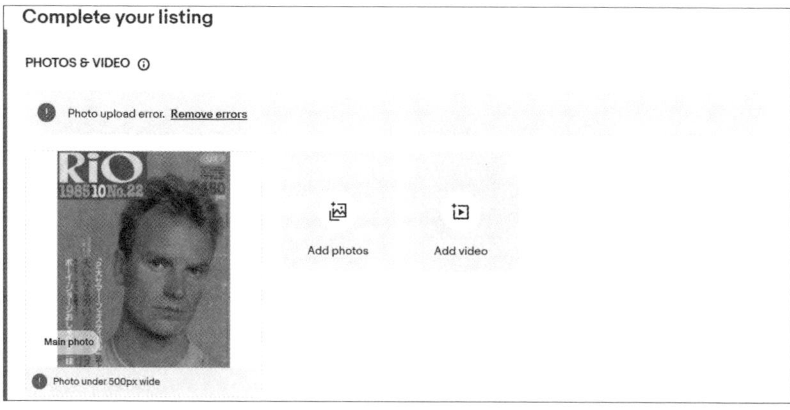

24枚の写真枠をフルに活用する

1枚目の写真は、商品がどんな商品かが一目で分かるもの、本だったら表紙、レコードであればジャケットなど、全体像が一目で分かるものを選択します。

また、リサーチ結果など、タイトルと一緒にサムネイル表示されますので、小さくてもしっかりと伝わる写真が望ましいです。

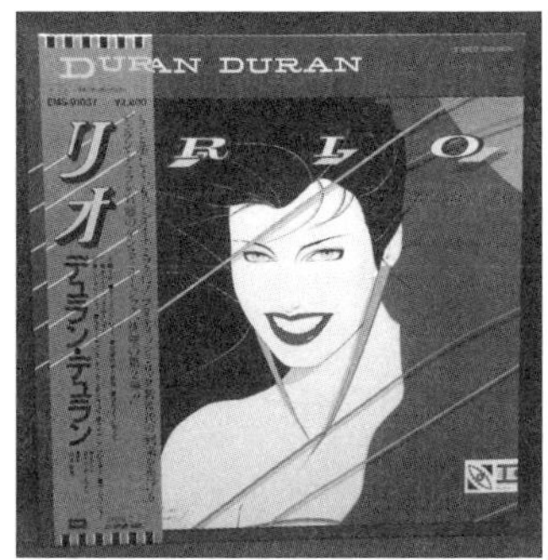

2枚目には、その商品のセット内容を掲載します。

レコードの場合は、盤、ジャケット、歌詞カード、帯などとなります。

注意したいのは、アンケートはがきやチラシなどの封入物も全て含める、という事です。

いわゆる「コンプリート」にこだわるお客様も多数いらっしゃいますので意識しておいて下さい。仮にセット内容が完全かどうか不明な場合でも、「写真に掲載しているものが全てです～All is shown in the picture」と記載をすれば、トラブルを未然に防ぐことができます。

3枚目以降は、パーツ毎の写真となります。本や雑誌であれば、その本のハイライト的なページを抜粋するとよいです。この際、傷や汚れなどのダメージがある箇所は、クローズアップしたり、光に当てたりするなど、状態がより良く伝わるようにします。

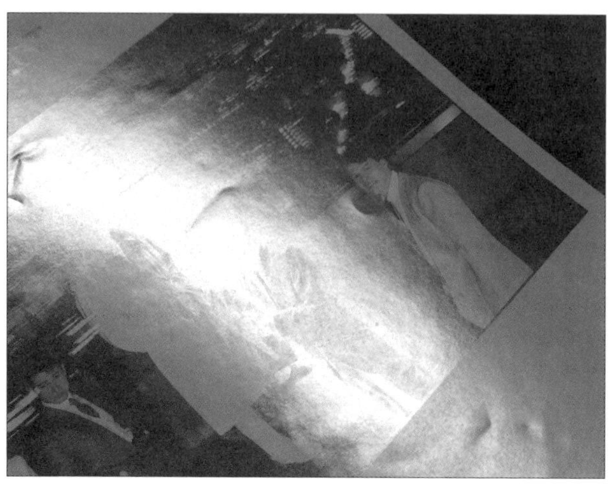

※こちらは、レコードの歌詞カードにしわがあります、を表現した写真です。
しわが目立つよう、光を当てて撮影しています。

新品の場合

シュリンク包装等、あらかじめパッケージがなされた新品商品は、わざわざ開封して撮影する必要はありません。開封する事で「新品」ではなくなってしまうからです。

このような場合は、パッケージされたそのままの状態で撮影をします。もし、パッケージにダメージがあれば、その部分は、前述の方法と同様に、そのダメージが目立つように撮影をします。

本来、パッケージとは、名前の通り、本体を守るためのものですが、商品によっては「パッケージも商品の一部」として、状態を問われるものもありますので、注意が必要です。

スクエアモードを活用する

スマートフォンのカメラには、「スクエアモード」という機能があります。長方形ではなく、正方形に撮影できます。正方形に近い商品の場合は、後でトリミングの処理をしなくて良いため、非常に便利な機能です。

Dropbox

Dropbox（ドロップボックス）とは、オンラインストレージサービスのひとつです。スマートフォンとパソコンに、各々アプリをインストールし、同期させる事で、スマートフォンの写真を簡単にパソコンへアップロードすることが出来ます。最初は、無料プランで十分です。
https://www.dropbox.com/

その他

このように、効果的な写真を撮影するために、高い機材は必要ありません。スマートフォンや100円ショップで手に入るものを工夫して使えば十分です。きれいな写真より、「商品情報を正確に伝える」写真を撮影しましょう。

eBayを進めていく中で、商品特性や環境などに応じて、必要であれば、「撮影ボックス」「レフ板」「照明」「画像加工ソフト」などを準備されることをお勧めします。

SECTION

4-4 Title(タイトル)

eBayで出品した商品、できるだけ沢山の見込みのバイヤーさんに見て頂きたいですよね。きちんと検索にヒットし、かつ検索上位に表示されるよう、効果的なタイトルの作成をしましょう。

TITLE　　See title options

Provide a title for your item. Use words people would search for when looking for your item.

Item title

0/80

①タイトル入力可能文字数「80」に検索されそうな「キーワード」を目一杯入れる。

タイトルのキーワードで候補になるのは、商品名、メーカー名、シリーズ名、品番、国、年、新品、中古等の状態、付属品、サイズ、素材、色等があげられます。

映画や音楽の場合は、監督や俳優の名前、ミュージシャンの名前なども候補になります。

タイトルの文字数は多いほど、検索、販売されやすくなります。

②重要と思われるキーワードから順に並べる。

①で選択したキーワードを、「重要と思われる順番」で羅列していきます。

例えば、人気漫画「鬼滅の刃」の主人公、炭治郎のフィギュアをネットで探す時、「鬼滅の刃　炭治郎 フィギュア」と検索しますよね。いきなり色や素材、メーカー名で検索することはないでしょう。タイトルでのキーワードの順番は、あなたが商品を検索する際に入力する順をイメージして下さい。

③Yahoo!オークションやメルカリでいう「激レア」などのPR言葉は不要

繰り返しになりますが、見込みのバイヤーさんは、探している商品の「キーワード」でeBay内を検索します。「Look!」「Wow!」「Amazing!」などのPR言葉は、一見、目立つように見えますが、eBayの検索エンジンでは検索されませんので不要です。

④NGワード

商品と関係のないキーワードの事を、「ジャンクワード」「スパムワード」と呼びます。

例えば、グッチの財布を出品するとします。たくさんの検索にヒットするよう、ヴィトンやプラダなどの他のスーパーブランドの名前をタイトルに入れる事を指します。

eBayでは、このような行為を禁止しています。見込みのバイヤーさんにとって紛らわしいキーワードは使用しないで下さい。

⑤オプション（Bold title, Subtitle）

右上の「See title options」をクリックすると、オプションが表示されます。Bold title（太字）は、タイトル文字を太く表示させる事ができます。Subtitle(サブタイトル)は、タイトルに入れたくても入れられなかった内容がある場合に使います。

各々、画面のスライダーをオンにすることで入力スペースが表示されます。

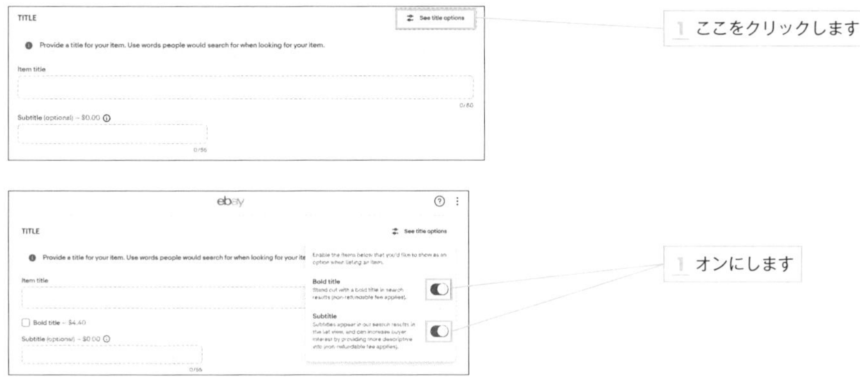

COLUMN

出品したい商品の英語名が分からない時は!!

❶ GoogleやYahooで、「日本名 + 英語」で検索する

例えば、「シャーペン」の英語名が分からない時は、「シャーペン 英語」と検索します。すると、「mechanical pencil」と英訳が表示されます。また、その他の検索結果に表示される、様々な英訳サイトも参考にする事ができます。

❷ウィキペディア
ウィキペディア（https://ja.wikipedia.org/wiki/）は、インターネット上の百科事典です。世界中で、他言語展開されているので、海外での呼び名の検索に非常に役立ちます。
例えば、日本のアニメ、ゲームのタイトルやキャラクターが、海外でどのように呼ばれているかが、すぐに検索できます。

例えば、ウィキペディアで、人気漫画「鬼滅の刃」を検索すると、以下のような画面が出ます。左下の「他言語版」内の「English」をクリックすると、英語版へ飛ぶことが出来ます。

「鬼滅の刃」は、英語では「Demon Slayer: Kimetsu no Yaiba」と呼ばれている事が分かります。

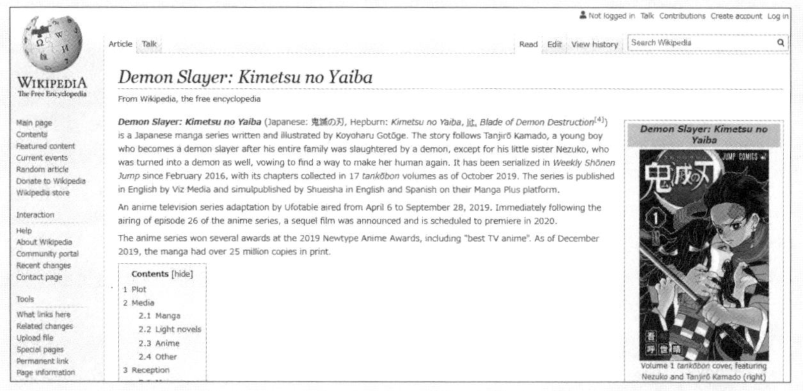

タイトルに、海外での呼び名が、キーワードとして入っている事で、より検索されやすくなります。

SECTION

4-5 Item Category（カテゴリー）

eBayの出品では、適切なカテゴリーを選択することが重要です。商品を探しているバイヤーさんの検索で見つけてもらいやすくなり、より購買に繋がるからです。

Item Category（カテゴリー）は、出品ページを表示させる際に、選択したカテゴリーが既に表示されています。

1 カテゴリーを変更したい場合

最初に選択したカテゴリーを変更したい場合は、現在のカテゴリー名（この場合は「CD」）をクリックします。すると、カテゴリー一覧が再度表示されますので、変更したいカテゴリーを選択します。

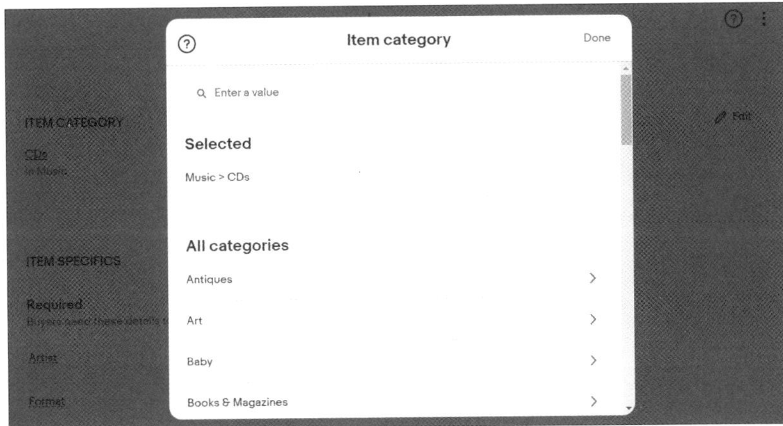

② Second category

カテゴリーの選択で、迷うことがあります。
例えば、ガンダムのフィギュア。eBayのカテゴリーを確認すると、次の4つのカテゴリーに該当します。

・Toys & Hobbies > Action Figures & Accessories > Action Figures
・Toys & Hobbies > Models & Kits >Figures
・Collectibles > Animation Art & Merchandise > Animation Merchandise > Figures & Statues
・Collectibles > Collectible Figures & Supplies > Collectible Figures & Bobbleheads

このような場合、1つではなく、2つ目のカテゴリーも選択してしまう「Second category」という方法があります。しかしながら、昨今、eBayでは、「Google検索に優位でない」という理由で、推奨していません。この場合、Sold itemsを検索し、どのカテゴリーで沢山売れているかを調べ、そのカテゴリーを選択すると良いでしょう。「Second category」を追加したい場合は、右上の「Edit」をクリックすると、入力画面が表示されます。

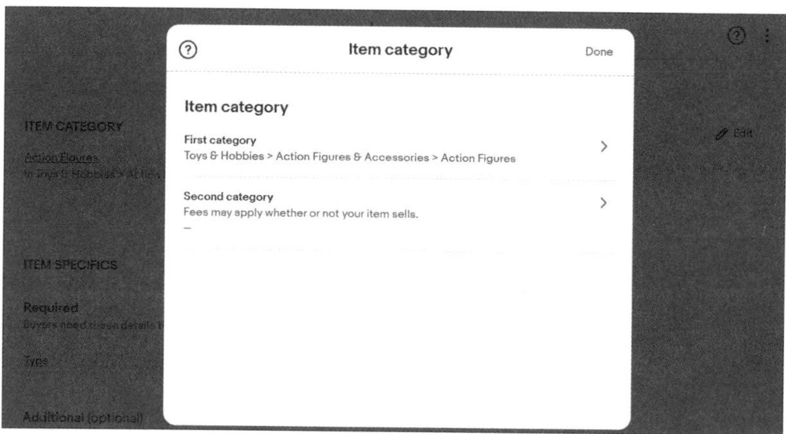

04
eBayに出品してみよう

SECTION

4-6 Item specifics（商品詳細）

Item specificsは、商品の詳細情報の事です。例えば、ファッションなら、ブランド、サイズ、色、CDなら、音楽のジャンル、アーティスト名、DVDならリージョンコード、など、商品カテゴリー毎に入力する内容が異なります。

eBayの出品ページにおけるItem specificsの項目は、できるだけ埋めるようにします。「Required」と表示されている項目は入力が必須です。

タイトルを入力していれば、eBayのAIが自動で項目を予測し、入力を補助してくれます。修正する場合は、その箇所をクリックし、入力しなおします。

ITEM SPECIFICS

Required
Buyers need these details to find your item.

Artist	Rick Springfield
Format	CD
Release Title	Rock Of Life
UPC	Enter number

その下の「Additional (optional)」の項目は、必須ではありませんが、できるだけ埋めていきます。埋める項目が多いほど、商品が検索されやすくなります。

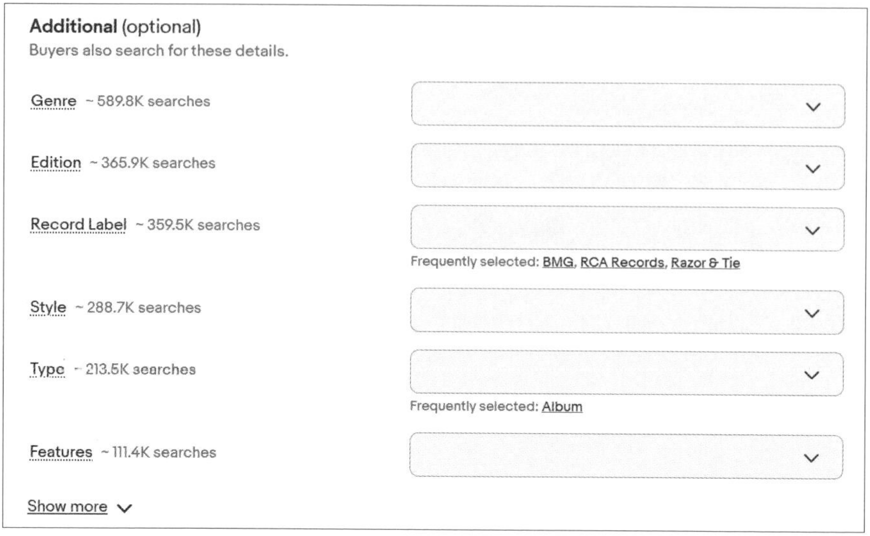

Additional (optional)
Buyers also search for these details.

Genre ~589.8K searches

Edition ~365.9K searches

Record Label ~359.5K searches
Frequently selected: BMG, RCA Records, Razor & Tie

Style ~288.7K searches

Type ~213.5K searches
Frequently selected: Album

Features ~111.4K searches

Show more

①SEO的に有利である

バイヤーさんが、購入したい商品が既に決まっているのであれば、ピンポイントで検索を行います。しかしながら、「Tシャツで黒」など、多少曖昧な内容で検索する場合もあります。よって、出品ページ内に、沢山の情報がある方が、バイヤーさんの検索結果にリーチしやすく、検索上位になる可能性が高いです。

②検索の絞込に対応できる

例えば、ファッションで「T SHIRT」と検索した場合、検索結果の左側に、サイズ、色、袖の種類、ブランド別に検索を絞込む機能があります。これらは、Item specificsに入力された情報が元になっています。商品説明に記入しても、この絞込機能には反映されません。例えば、出品した商品が「アディダスのLサイズの半袖Tシャツ(黒)」だとします。Item specificsに、「Addidas」「L size」「Black」という情報を入れておかないと、検索対象からあっさり漏れてしまう、という事になります。

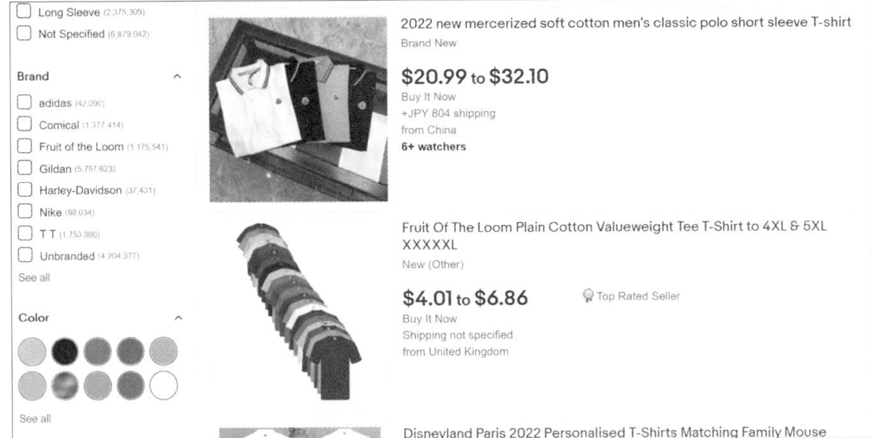

③Item specificsは、もはや「商品説明」である

2010年代前半までは、Item description（商品説明）をできるだけ沢山記載することが推奨されてきました。しかしながら、昨今は、スマートフォンに対応するため、Item Description（商品説明）は、文字数を制限するなど、出来るだけシンプルにする事が推奨されています。また、バイヤーさんは、商品説明をなかなか読んでくれない傾向にあります。この理由は、後述のItem description（商品説明）の項にて説明致します。バイヤーさんは、商品タイトル、写真、価格、コンディション、そして、Item Specificsの情報で、購入の意思決定をしているとお考え下さい。

SECTION

4-7 UPC

UPCには、商品に印刷されているバーコードの番号を入力します。日本では、JANコードと呼ばれています。

ITEM SPECIFICS

Required
Buyers need these details to find your item.

Artist

Format　Record

Release Title

UPC　Enter number

UPCコードは「Universal Product Code」の略称です。アメリカやカナダで使用されている商品コードのことで、商品の流通管理のために商品の包装などに印刷されています。

ヨーロッパでは、EANコードと呼ばれています。

バーコードの番号を入力します。

ITEM SPECIFICS

Required
Buyers need these details to find your item.

Artist

Format　Record

Release Title

UPC　0602445663392

1 入力します

バーコードがない場合は、「Does not apply」と入力します。但し、商品によっては、UPCコードが必須の場合もあります。

※バーコードを入力した際、eBay内に登録されている商品情報（eBayカタログ）が表示される場合があります。商品情報が正しければ、これを利用することで、Item Specificsを入力する手間が省けます。

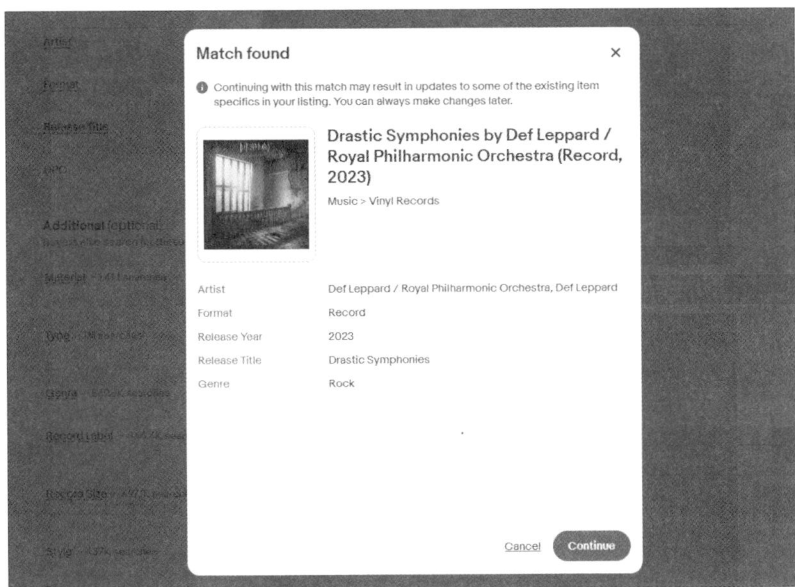

書籍には、2つのバーコードが印刷されていますが、どちらかのバーコードの番号をUPCに入力します。

書籍の場合は、ISBNという国際標準図書番号（International Standard Book Number）で商品が識別されています。上部がISBN、下部は「書籍JANコード」と呼ばれるもので、分類や定価が示されています。

SECTION

4-8 Variations（バリエーション）

「Variations」は、「洋服のサイズ違い」「色違い」など、同一商品でもバリエーションがある商品に設定できる機能です。

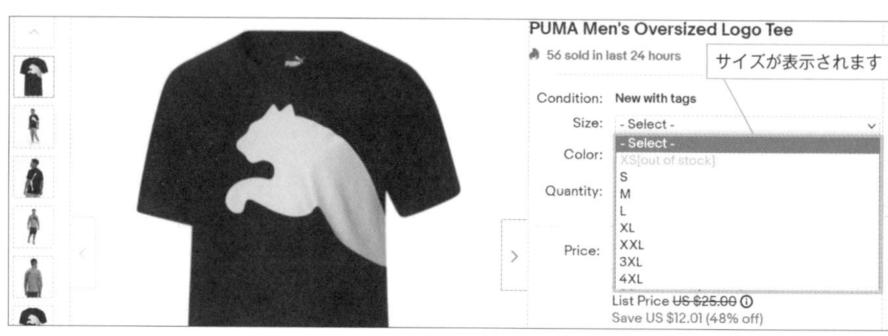

VARIATIONS

Save time and money by listing multiple variations of your item in one multi-quantity, fixed price listing.

Edit

1 ここをクリックします

即決出品で、使うことが出来ます。

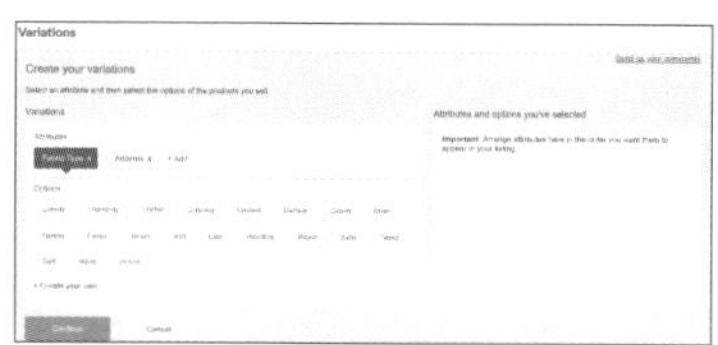

ここでは「中古CD」を出品するため、この機能は使いません。

SECTION

4-9 Condition（状態）

商品の状態を正確に示します。商品に傷や汚れがある場合は、状態説明に詳細を記載します。写真と併せて確認できるようにしておくと、なお良いです。

1 Condition（状態）は、出品ページを表示させる際に、選択した商品の状態が既に表示されていますが、変更したい場合は、現在表示されている状態、この場合は「Very Good」をクリックします。

CONDITION
Item condition
Very Good
Condition description
(0/1000)
1 ここをクリックします

2 商品の状態を、メニューより選択します。

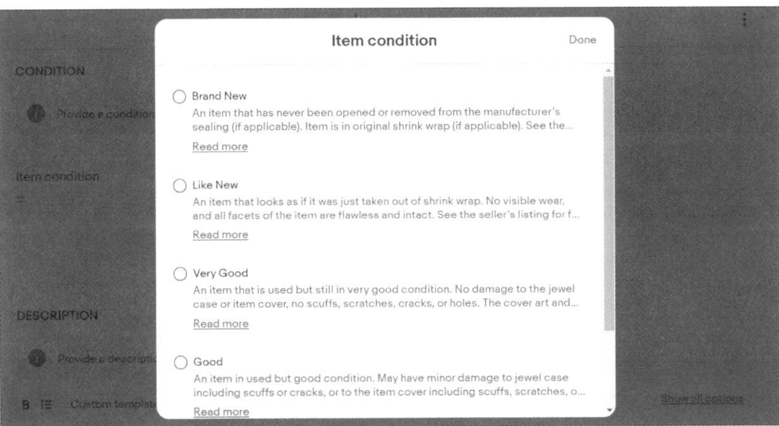

Brand New → 新品
Like New → 新品に近い
Very Good → やや傷や汚れあり
Good → 傷や汚れあり
Acceptable → 全体的に状態が悪い

3

新品（Brand New）以外を選択した場合、Conditionの下に、「Condition description（状態説明）」というブランクが出てきます。このブランクでは、欠陥、欠落部品、傷、スレ、破れ等の商品状態を明確にしておきます。

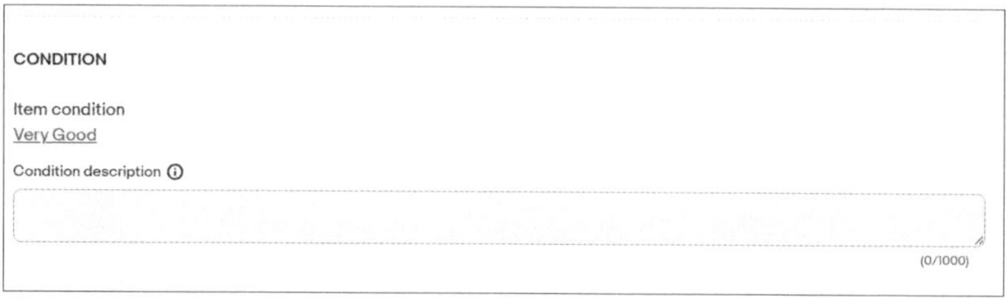

CONDITION

Item condition
Very Good

Condition description ⓘ

(0/1000)

COLUMN

Condition表記は、カテゴリーによって、表現が異なります

詳しくは、eBayのカテゴリー別の状態表記をご確認下さい。
Item Condition Look-Up Table
https://pages.ebay.com/sellerinformation/sellingresources/itemconditionlookup.html

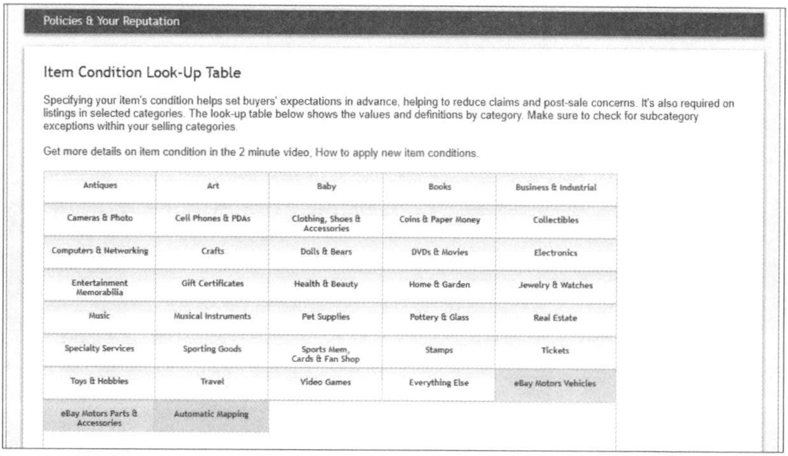

Policies & Your Reputation

Item Condition Look-Up Table

Specifying your item's condition helps set buyers' expectations in advance, helping to reduce claims and post-sale concerns. It's also required on listings in selected categories. The look-up table below shows the values and definitions by category. Make sure to check for subcategory exceptions within your selling categories.

Get more details on item condition in the 2 minute video, How to apply new item conditions.

Antiques	Art	Baby	Books	Business & Industrial
Cameras & Photo	Cell Phones & PDAs	Clothing, Shoes & Accessories	Coins & Paper Money	Collectibles
Computers & Networking	Crafts	Dolls & Bears	DVDs & Movies	Electronics
Entertainment Memorabilia	Gift Certificates	Health & Beauty	Home & Garden	Jewelry & Watches
Music	Musical Instruments	Pet Supplies	Pottery & Glass	Real Estate
Specialty Services	Sporting Goods	Sports Mem, Cards & Fan Shop	Stamps	Tickets
Toys & Hobbies	Travel	Video Games	Everything Else	eBay Motors Vehicles
eBay Motors Parts & Accessories	Automatic Mapping			

状態表示の仕方は、一般的に日本人は厳しく、海外は甘いです

よって、Yahoo!オークションやメルカリでの表現方法で十分世界に通用します。
海外では、傷だらけの商品を、平気で「Like New」などと表現している場合もあります。

Conditionの設定に迷ったら

中古品の状態は、どうしても人によって基準が異なります。もし、Conditionの設定に迷った時は、自分が思った状態の下のグレードを選択します。バイヤーさんから「思っていたより状態が悪かった」と感じさせてしまうより、「思っていたより状態が良かった」と感じて頂ける方が好印象です。

SECTION

4-10 Item description（商品説明）

Item description（商品説明）は、できるだけシンプルに記載します。商品写真、Condition（状態）、Item specifics（商品詳細）、各種ポリシーの設定で、「足りない内容」をItem description（商品説明）にて補完していく、と考えると良いです。

商品説明の記載方法

2010年代前半までのeBayは、PCでの閲覧を前提にした商品ページづくりをしていました。Item description（商品説明）では、派手なテンプレートや装飾文字を使ったり、アクティブコンテンツ（JavaScript、Flash、plug-in、アニメーション、フォームアニメ）を駆使したりして、独自性をアピールする時代でした。

ところが、2010年代後半からは、スマホ、タブレットなどのモバイルからの閲覧が大半を占めるようになりました。現在では、60%のユーザーがモバイルからのアクセスと言われています。その対応策として、eBayでは、2017年にアクティブコンテンツの利用を禁止にしました。モバイルを利用した際に正常に表示されなかったり、ロード時間が長くなってしまったりと、バイヤーさんにとって購入の妨げとなるだけでなく、セキュリティ上の脆弱性も伴うため、マイナスの影響が大きい、という理由からです。加えて、余りにも過多な情報は、本当に伝えたい情報が埋もれてしまい、かえってバイヤーさんに伝わりません。

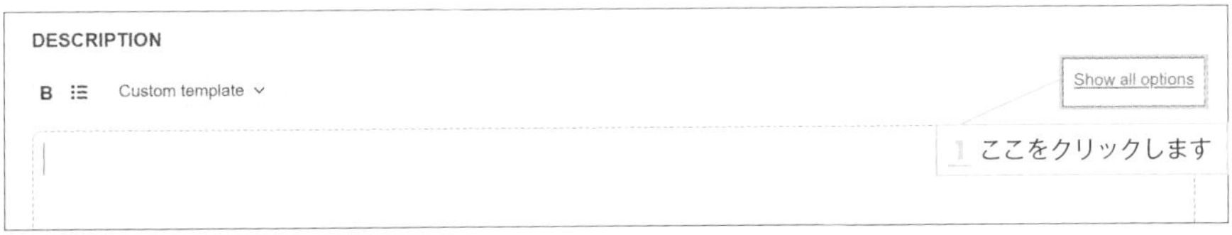

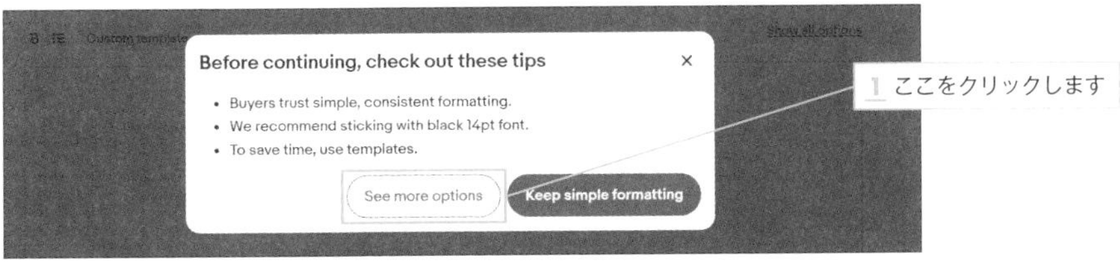

DESCRIPTION

B Custom template

Show all options

1 ここをクリックします

Before continuing, check out these tips

- Buyers trust simple, consistent formatting.
- We recommend sticking with black 14pt font.
- To save time, use templates.

See more options　Keep simple formatting

1 ここをクリックします

右上の「Show all options」をクリックし、ポップアップで表示される「See more options」をクリックすると、字体や、文字の級数、HTML等が設定できる画面が表示されます。

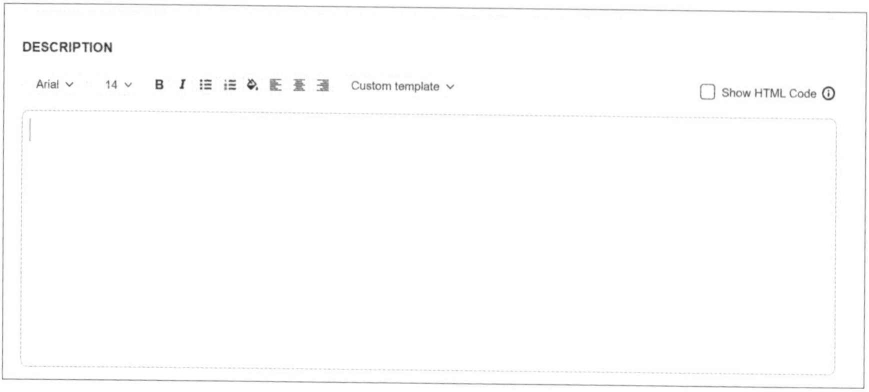

DESCRIPTION

Arial 14 B I Custom template

Show HTML Code

①商品の状態

新品商品の場合は、Item conditionにて、「Brand new（新品）」と設定しています。よって、これ以上の説明は必要ないです。中古商品の場合は、Item conditionの下のCondition descriptionにて表現しきれなかった内容を記載するとよいでしょう。特に重要な点については、テキストに色や太字を使ったり、「Please see 4th photo」など、写真と連動したコメントを入れたりしておくと効果的です。

②タイトルに入れ込めなかった検索キーワードを入れる

例えば、雑誌を出品した際、タイトルには、雑誌名、何年の何月号、表紙が誰なのか、程度の情報は入力できますが、雑誌の中身の詳細までは80文字では入力しきれません。商品説明は、関連サーチ結果として、検索結果に表示されることは多々あります。よって、商品説明欄には、その雑誌に誰が載っているのか、音楽雑誌であればミュージシャン、映画雑誌であれば俳優、ファッション誌であればモデル、車雑誌であれば、車の名前などを列記することは、検索結果に有効に作用します。

③関税関連の注意事項を入れる

eBayのバイヤーさん全員が、関税の事を熟知しているわけではありません。関税に関する注意事項は必ず入れます。「販売抑制になるのでは」という意見もありますが、購入して頂いた後に、バイヤーさんが不快な思いをしないようにするには、最初から正しく説明しておくべき内容です。

International Buyers -Please Note:
Import duties, taxes and charges are not included in the item price or shipping charges.
These charges are the buyer's responsibility.
Please check with your country's customs office to determine what these

additional costs will be prior to bidding/buying.
These charges are normally collected by the delivering freight (shipping) company or when you pick the item up
-do not confuse them for additional shipping charges.
We do not mark merchandise values below value or mark items as "gifts"

-US and International government regulations prohibit such behavior.

（訳）
国際バイヤーの皆様へ — ご注意ください
輸入関税、税金、諸費用は商品の価格や配送料に含まれていません。これらの費用はバイヤーの責任です。
これらの追加料金が、いくら発生するのか、入札や購入前に、あなたの国の税関事務所に確認してください。
これらの料金は、通常、商品の配達時、または引取時に、配送業者に徴収されます。追加送料と混同しないでください。
私たちは、商品価格以下での申告、または「ギフト」としての申告はしません。アメリカ及び国際政府の規制は、そのような行為を禁止しています。

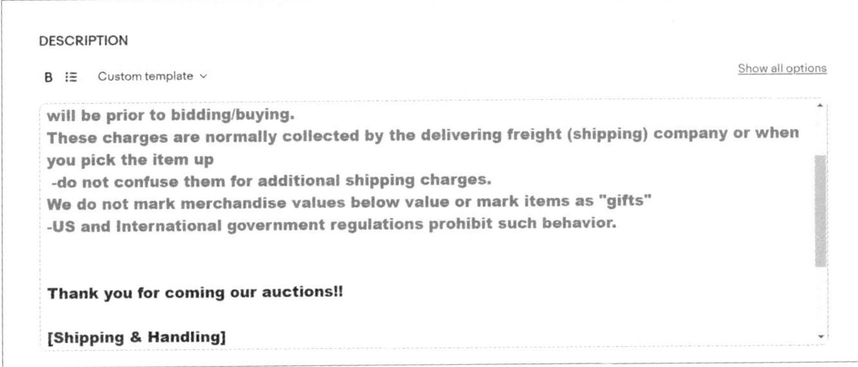

非英語圏のバイヤーさんを意識する

eBayには、日本を含め、ドイツ、フランス、南米、アジア、アメリカなど、非英語圏の方が沢山参加しています。よって、文法を気にしたり、無理やり長い英文にしたりする必要はありません。非英語圏のバイヤーさんにも伝わるよう、シンプルかつストレートな英文を使うことが重要です。

商品説明に記載してはいけないこと

①バイヤーさんを勘違いさせるような商品説明
例えば、出品ページのタイトルが「iPod 16G music player Black 2000」となっ

ているにも係わらず、8Gや32Gなど、タイトルと競合する情報を入力することは許可されていません。いわゆる、8Gは何曲保存できます、16Gは何曲保存できます、といった商品スペック比較表的なものをよく見かけますが、厳密にはポリシー違反ということになります。

②バイヤーさんがeBayで購入することを妨げるコメントや、eBayセラー及びeBayの信頼を損なう可能性のあるコメントを記載すること。
例えば、「Feedbackゼロ（新規）のバイヤーは取引をお断りします。」というようなバイヤーさんを差別するような文言だったり、「Feedbackを残す際は、Positiveのみ、DSRは星5つの場合のみ残してください。」というような、Feedback（評価）を強制するような事を指します。

③eBayのTop Rated Seller、Top Rated Plusのアイコンや類似のロゴ、表現を商品説明に表示すること。

これらの資格がある場合は、eBayが自動的にプロフィールや出品ページ、ストアフロントに表示がなされます。万が一、資格がなくなった場合は、自動的に表示を取り下げられます。しかしながら、セラー自身が商品ページに表示した内容は消去されないため、嘘の表現となってしまうからです。

④出品ページに「在庫切れ」となる可能性があることを記載すること。
例：「商品は他のサイトでも販売しているので、在庫切れの可能性があります。」
「商品は他のサイトでも販売しているため、入札を取り消す場合があります。」

⑤不適切または不快な意見、他のeBayメンバーに関するコメントを記載すること

⑥政治的見解、公的なサービスのアナウンス、など、商品の販売に関係しないコメントを記載すること

⑦リンクを貼ること。
eBay以外のサイトのリンクを貼ることは禁止されています。他サイトへ誘導し、販売を促すような行為とみなされる場合があるためです。なお、「他のeBayページ」「製品に関するビデオ」「輸送サービスに関するもの」「法的に必要な情報」「サードパーティプロバイダーのクレジットタイトル」に限っては認められています。

参考：Item description（商品説明）のPCとスマホでの見え方の違い

PCの場合、Item description（商品説明）は、画面を下にスクロールするだけで、容易に閲覧することが出来ます。

スマートフォンの場合、まず、Item descriptionは、中途半端に省略表示されます。「See full description」をタップすると、全文が表示されます。

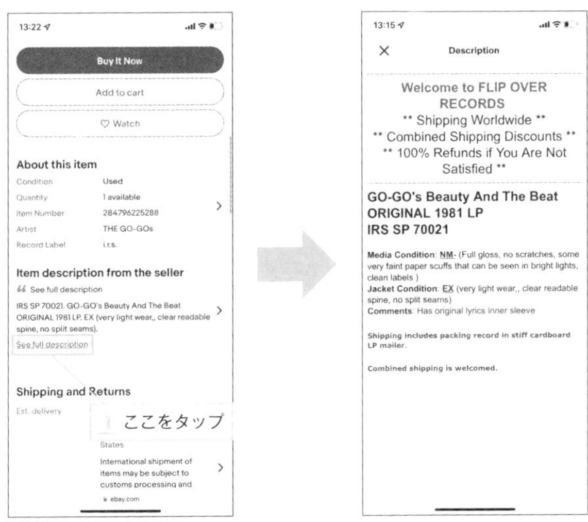

つまり、スマートフォンでは、画面をワンタップする必要があるため、バイヤーさんは、あまりItem Description（商品説明）を見てくれない、という事です。

よって、バイヤーさんは、商品タイトル、写真、価格、コンディション、そして、Item Specificsの情報で、購入の意思決定をしているとお考え下さい。

SECTION

4-11 Pricing（出品形式、金額、期間）

出品形式は、オークション形式か、即決形式を選択します。Price（金額）では、オークションの場合は開始価格を、即決の場合は、販売価格を入力します。オークションでは、出品期間を選択します。

Formatにて、オークション（Auction）形式か、即決（Buy It Now）形式を選択することができます。

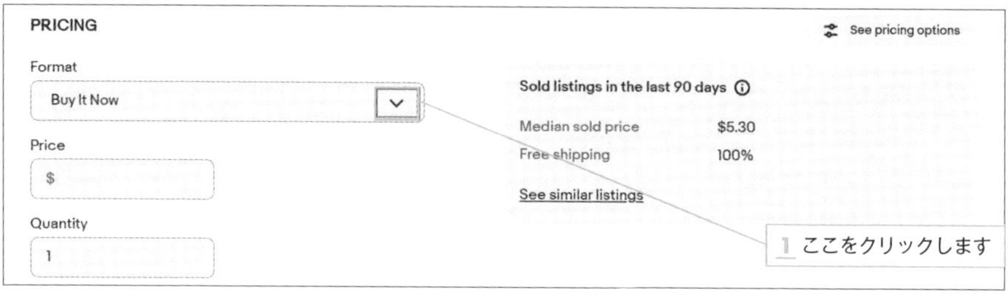

PRICING
See pricing options
Format
Buy It Now
Price
$
Quantity
1
Sold listings in the last 90 days
Median sold price $5.30
Free shipping 100%
See similar listings
1 ここをクリックします

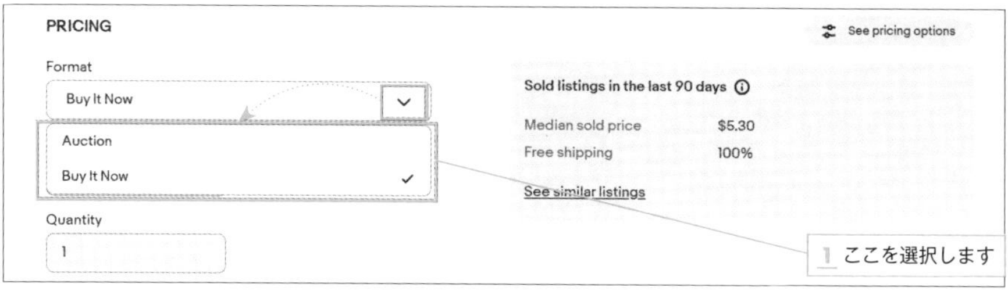

PRICING
See pricing options
Format
Buy It Now
Auction
Buy It Now
Quantity
1
Sold listings in the last 90 days
Median sold price $5.30
Free shipping 100%
See similar listings
1 ここを選択します

① オークション形式

Formatにて、「Auction」を選択します。

PRICING
See pricing options
Format
Buy It Now
Auction
Buy It Now
Quantity
1
Sold listings in the last 90 days
Median sold price $5.30
Free shipping 100%
See similar listings
1 ここをクリックします
2 ここを選択します

②

Auction durationにて、出品期間を選択します。
1日、3日、5日、7日、10日のいずれかを選ぶことができます。eBayでは多くのバイヤーさんに出品を見てもらうべく、5日以上の出品期間を推奨しています。3日以下を選択すると、オプション手数料（$1.1）が発生しますので、注意が必要です。

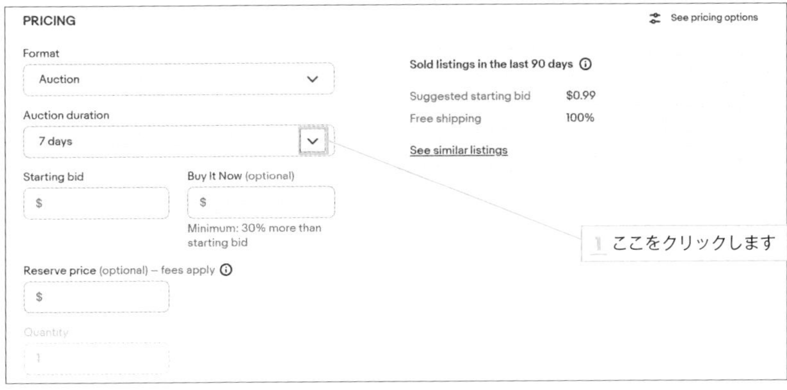

ここでは、5日を選択します。

PRICING
See pricing options
Format
Auction
Auction duration
5 days
1 day
3 days
5 days
7 days
10 days
Quantity
1
Sold listings in the last 90 days
Suggested starting bid $0.99
Free shipping 100%
See similar listings
2 ここを選択します

3

オークションの開始価格を入力します。ここでは、$10に設定します。

PRICING
See pricing options
Format
Auction
Auction duration
5 days
Starting bid
$ 10.00
Buy It Now (optional)
$
Minimum: $13.00
Reserve price (optional) – fees apply
$
Quantity
1
Sold listings in the last 90 days
Suggested starting bid $0.99
Free shipping 100%
See similar listings
1 ここに入力します

4

「Buy it now」は、「すぐに欲しい」と思われる見込みのバイヤーさん向けに、オークションの開始価格に加えて、即決価格を設定できるオプションです。但し、注意しなければならないのは、「入札されると即決価格が消えてしまう」点です。Yahoo！オークションの場合、即決価格は、オークションの入札が即決価格に達するまで、残ります。eBayの場合は、開始価格$10、即決価格$100と設定した出品に対して、$10の入札がなされると、設定した$100が消えてしまい、通常のオークションとなってしまいます。よって、元々設定していた$100より高く落札される場合もありますし、逆の場合もありますので、注意が必要です。この例では、このオプションは設定しません。

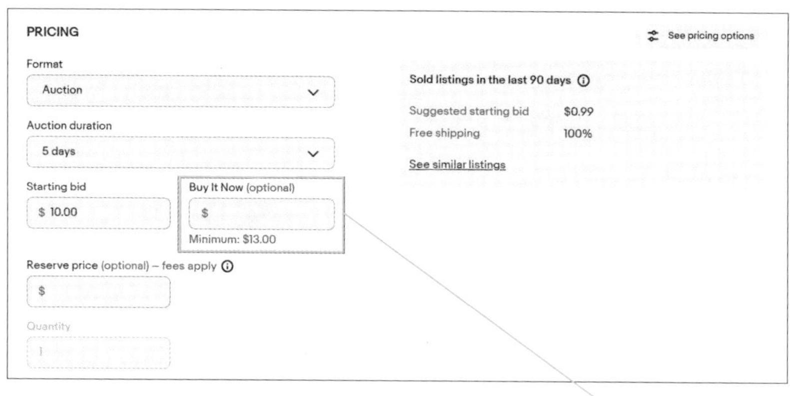

5

「Reserve price」は、最低落札価格を設定できるオプションです。オークションでは、開始価格を高く設定してしまうと、なかなか買い手がつかない場合があります。逆に開始価格を低く設定すると、入札数が伸びず、予定より安く落札されてしまう場合があります。「Reserve price」は、開始価格は低くしつつ、「最低限確保したい金額」を、見込みのバイヤーさんに公開することなく設定できます。万が一、入札額がReserve priceに満たなかった場合には、オークションは成立しません。この例では、このオプションは設定しません。

PRICING
See pricing options
Format
Auction
Auction duration
5 days
Starting bid
$ 10.00
Buy It Now (optional)
$
Minimum: $13.00
Reserve price (optional) – fees apply
$
Quantity
1
Sold listings in the last 90 days
Suggested starting bid $0.99
Free shipping 100%
See similar listings
1 ここを確認します

6

「Allow offers」とは 見込みのバイヤーさんが、セラーに対し、購入価格を交渉できるオプションです。オークションの場合でも、出品期間を待たずに早く販売できる可能性があります。設定する場合は「Allow offers」のスライドボタンをオンにします。

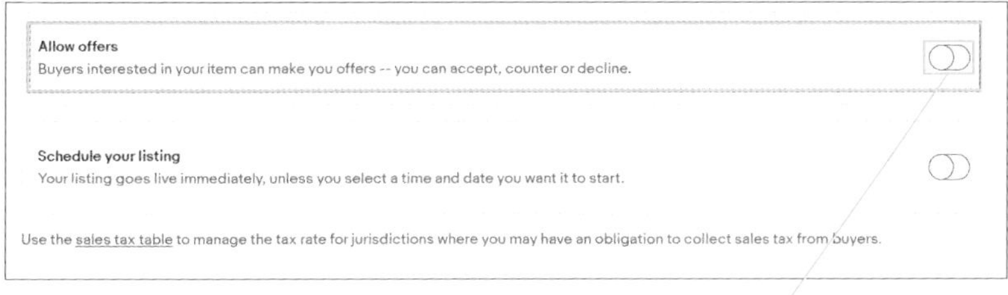
Allow offers
Buyers interested in your item can make you offers -- you can accept, counter or decline.
Schedule your listing
Your listing goes live immediately, unless you select a time and date you want it to start.
Use the sales tax table to manage the tax rate for jurisdictions where you may have an obligation to collect sales tax from buyers.

1 ここをオンにします

「Allow offers」をオンにすると、例えば、$10スタートのオークションに対して、バイヤーさんが「$30ドルですぐに購入したい」とオファーをしてくる場合もありますし、逆に「$5ですぐに購入したい」と、開始価格を下回るオファーを受ける場合もあります。オファーは、断ることも受けることもできます。また、代案を返すこともできます。なお、「この金額以下のオファーは自動却下」「この金額以上のオファーは自動承認」といったことも、任意で設定できます。この例ではこのオプションは設定しません。

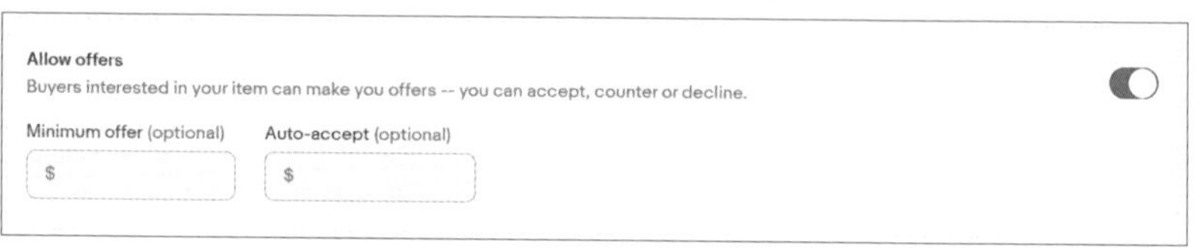

Allow offers
Buyers interested in your item can make you offers -- you can accept, counter or decline.
Minimum offer (optional)
Auto-accept (optional)
$
$

7

「Schedule your listing」とは、オークションの開始日時を設定できるオプションです。設定する場合は「Schedule your listing」のスライドボタンをオンにします。

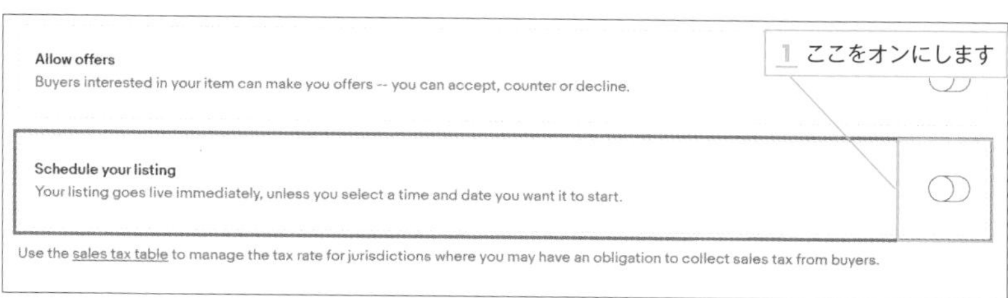

1 ここをオンにします
Allow offers
Buyers interested in your item can make you offers -- you can accept, counter or decline.
Schedule your listing
Your listing goes live immediately, unless you select a time and date you want it to start.
Use the sales tax table to manage the tax rate for jurisdictions where you may have an obligation to collect sales tax from buyers.

eBayのオークションは、開始時間から、設定した出品期間が経過した「同じ時間」に終了します。例えば、20時にオークションを終了させたければ、20時にオークションをスタートする、という事です。

eBayもYahoo!オークション同様、夜の時間帯に入札が多くなされる傾向にありますが、日本とアメリカでは、当然時差があります。eBayの基準時間は、アメリカ西部のPST（太平洋標準時）またPDT（太平洋夏時間）に準拠しています。アメリカ西部が、PST20時は、日本では翌日の13時となります。夏時間であれば、PDT20時が、日本では翌日の12時となります。よって、日本からeBayにオークション出品する場合は、昼の12時～13時が望ましいといえます。もし、オークションの開始日時を設定したい場合は「Schedule your listing」で出品予約を行います。この例ではこのオプションは設定しません。

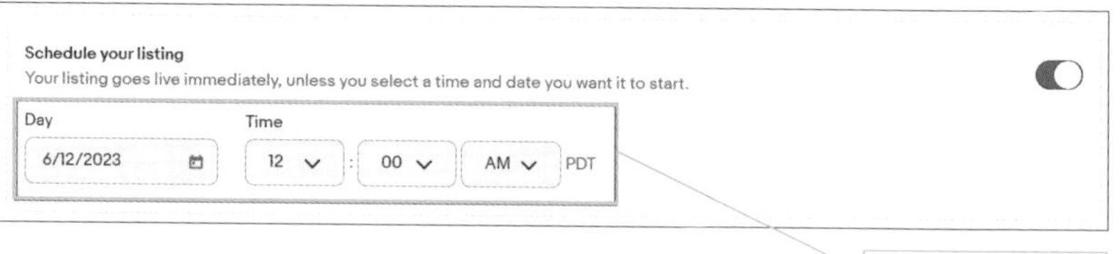

Schedule your listing
Your listing goes live immediately, unless you select a time and date you want it to start.
Day
Time
6/12/2023
12
00
AM
PDT
1 ここを確認します

「Auto relist」は、オークションに入札がなく、落札されなかった場合、最大8回まで自動的に再出品してくれる機能です。設定する場合は、チェックボックスにチェックを入れます。

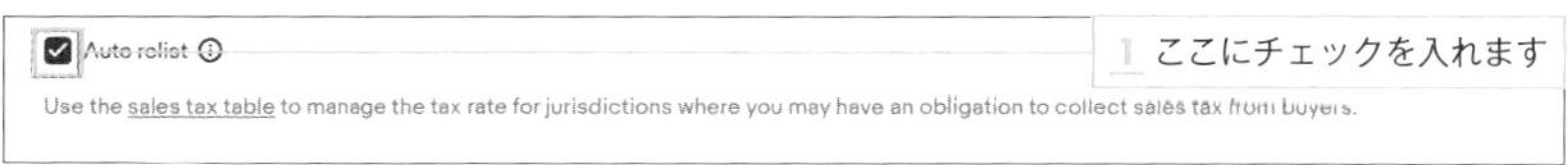

即決形式

1 Formatにて、「Fixed price」を選択します。

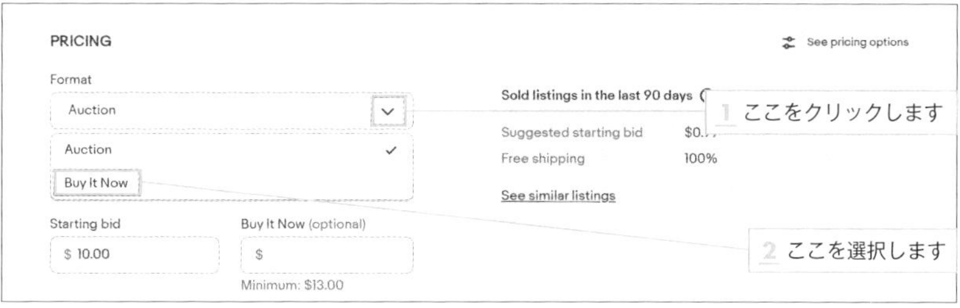

2 商品の販売金額と個数を入力します。ここでは、Price「$10」、Quantity「1個」に設定します。

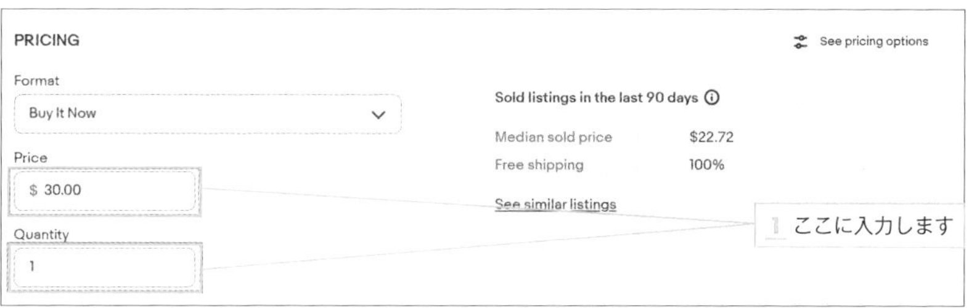

3 即決形式でも、オークション形式と同様に、「Allow offers」「Schedule your listing」のオプションを必要があれば設定することができます。

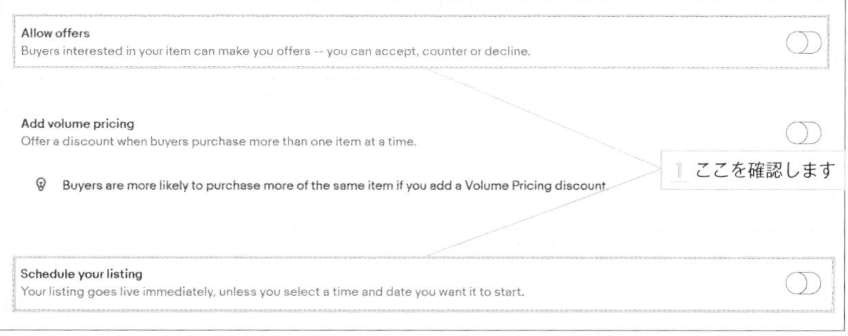

4

「Add volume pricing」は、購入数に応じて、割引を設定することができるオプションです。

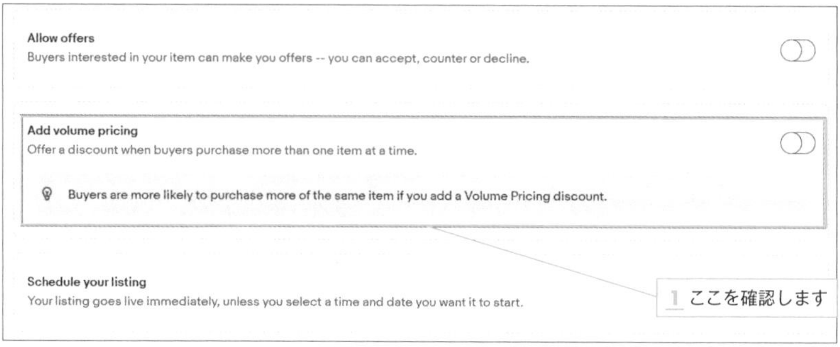

Allow offers
Buyers interested in your item can make you offers -- you can accept, counter or decline.

Add volume pricing
Offer a discount when buyers purchase more than one item at a time.

Buyers are more likely to purchase more of the same item if you add a Volume Pricing discount.

Schedule your listing
Your listing goes live immediately, unless you select a time and date you want it to start.

1 ここを確認します

「Add volume pricing」をオンにすると、「2つ購入すると10%割引」「3つ購入すると15%割引」・・・などと設定ができ、バイヤーさんのまとめ買いを促すことができます。ここではこのオプションは設定しません。

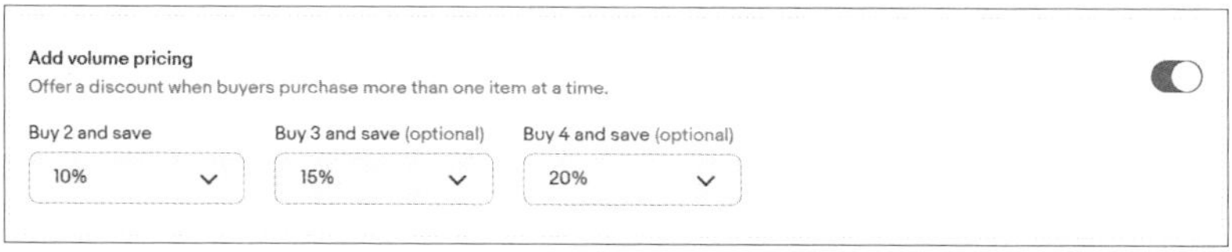

Add volume pricing
Offer a discount when buyers purchase more than one item at a time.

Buy 2 and save 10%
Buy 3 and save (optional) 15%
Buy 4 and save (optional) 20%

5

即決方式には、出品期間はありません。これは出品した商品が、販売されるか出品が取り下げられるまで出品が継続される「Good 'Til Cancelled」が適用されます。

COLUMN

オークションか、即決かを迷った場合

オークションのメリットは、その開始から終了までに、入札が沢山あれば、高値で落札されます。また、出品期間という期限を設けるため、「販売」までの時間が短縮できます。また、開始価格はセラーが決めますが、最終価格はバイヤーさんが決めます。よって、多くの入札を呼び込むために低い価格でのスタートが基本となります。バイヤーさんは、オークションの開始価格が低いと、「安く商品が手に入るかもしれない」という期待感が沸きます。よって、多くの入札を促すことができます。よって、低価格から出品した、家に眠っている不用品が思いがけず、沢山の入札が入り、かなりの高値で落札される事があります。他にライバルセラーがいないなどのタイミングによっては、落札価格が、相場より大きく跳ね上がる場合もあります。例えば、昼時に誰もお客さんが入っていないレストランへは、「大丈夫かな」と入店を躊躇することがあります。しかしながら、誰かが既に入店していると、お店に入りやすくなるのと同様です。よって、入札が入札を呼ぶ、という考え方です。

また、人間の心理として、一度入札すると、「自分のものになる」という意識が働き、予算を少々オーバーしてでも、その商品を手に入れたい、という欲求が働きます。

オークションのデメリットは、「入札数が伸びなければ、安い金額で落札されてしまう」事です。場合によっては。赤字になってしまいます。よって、事前に、落札相場の金額をしっかりリ

サーチしておく必要があります。出品しようとしている商品と同じ商品、または、同系統の商品のオークションでの入札人数をリサーチしておきます。ポイントは、入札数ではなく、「入札者数」です。入札数は、2人が沢山争っても増えていきますので、何人で競っていたかを知ることがポイントです。

入札人数が少なくとも3名以上であれば、低価格からのオークションでも最終価格が高くなる傾向にある、と考えてよいです。逆に入札数が少ない場合は、低価格のままオークションが終了してしまう可能性があります。

入札数が見込めない商品であれば、開始価格を高めにすることで、赤字を防ぐことができます。

または、オークションではなく、即決方式や、Best offerをつけ、高めに価格設定をした即決方式での出品がおすすめです。Best offerは、ただの即決よりは注目度が高くなる傾向にあります。

必ず値下げしなければならない、という事はないので、積極的に使いたいオプションです。

即決方式のメリットは、文字通り、「バイヤーさんがすぐに商品を購入できる」事です。オークションでは出品終了まで待たなければなりません。しかしながら、バイヤーさんがその出品価格に納得すれば、ネットショッピングと同じスタイルで買い物をして頂けます。

その価格はセラー自身で決めますが、その方法は次の2つです。1つは、「仕入れ値に対して、利益を乗せた価格」です。この方法は、赤字にならないのがメリットです。但し、価格を欲張り、相場に比べて高すぎると、当然ながら売れません。もう1つは、「相場に合わせた価格」です。こちらは、相場に合わせた商品調達が必須です。高く仕入れてしまうと、それだけで赤字になる可能性があります。よって、「いくらまでなら仕入れられるか」といった、事前の計算が重要です。

eBay販売における手数料

・出品手数料(Insertion fee)

日本のYahoo!オークションやメルカリ、アマゾンでは、出品手数料は発生しませんが、eBayでは出品手数料が発生します。

毎月、最初の250商品は、無料で出品できますが、それ以上の出品の出品については、1品あたり$0.35の出品手数料がかかります。(カテゴリーや、出品形式などによって、異なります。)

即決出品では、出品を継続している限り、毎月、出品手数料が課金されます。

・落札手数料(Final value fee)

eBayで販売した際にeBayに支払う落札手数料は12.9%です。(カテゴリーによって異なる)

単純に、$100の商品を販売したら、$12.9の落札手数料が発生するのではありません。商品価格の他、送料、その国・地域の消費税(または消費税に相当する税)、その他の税が含まれた売上総額に対して、12.9%の落札手数料が発生します。

・海外決済手数料(International fee)

日本から海外への販売時には、売上総額に対して、1.35%の海外決済手数料が発生します。
(月間の取引金額に応じて、割引が適用されます。)

・日本の消費税

落札手数料や海外決済手数料など販売手数料の合計に対して、日本の消費税10%が課税されます。なお、販売手数料については、SECTION 5-1でも詳しく解説します。

・ペイオニア通貨換算手数料

eBayの売上は、米国ドルで受け取ります。eBayが発生した手数料等を差し引いた残額は、米国ドルのまま、ペイオニアに送金されます。そのペイオニア内の資金を、日本の銀行口座へ引き出す場合は、米国ドルが日本円に換算されます。この際、市場為替レートの適用に加えて、最大2%の為替手数料が発生します。

よって、eBayでの販売に関わる手数料は、約17%です。利益計算等する場合は、繰り上げて、20%で計算しておけば、問題ないでしょう。

SECTION

4-12 Shipping（発送方法）

eBayで販売する商品の「発送方法」「送料」の2つを「アメリカ宛」「アメリカ以外宛」にそれぞれ設定します。

ここでは、例として、「入金から発送までの期間を5日間」「全世界エコノミー発送」「送料無料（送料込み）」に設定してみます。
※新型コロナウイルス感染症の世界的まん延や、世界情勢の変化によって、一部の国・地域宛の国際郵便やクーリエ（国際宅配便）の引受が停止になっている場合、または発送方法が限定されている場合があります。出品前に出荷予定先の国・地域への発送が可能かどうか、日本郵便やクーリエ各社のホームページをご確認ください。

Shipping method

この設定では、デフォルトの「Standard shipping: Small to medium items」のままとします。それ以外の選択肢は、アメリカのセラー向けの設定となります。

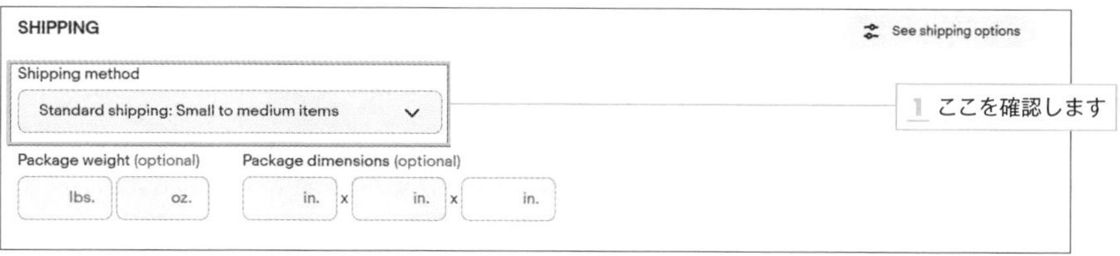

Package weight / Package dimensions

この設定は、アメリカのセラー専用の機能です アメリカでは この項目に「荷物のサイズ、重量」を入力することで、eBay提携の配送会社の送料を自動計算させることができます。日本のセラーは使用しません。

SHIPPING
See shipping options
Shipping method
Standard shipping: Small to medium items
Package weight (optional)
Package dimensions (optional)
lbs. oz. in. x in. x in.
1 ここは使用しません

1 Domestic shipping

Domestic shippingにて、「アメリカへの送料設定」を行います。Domesticとは、本来「国内」という意味ですが、eBayはアメリカの会社なので、「アメリカ目線」となっています。

2

Cost typeはデフォルトの「Flat rate：Same cost regardless of buyer location」(固定料金)を選択します。アメリカ国内であれば、地域によらず、一律送料ですよ、という意味です。

3

Domestic servicesの「Add services」(配送サービス)をクリックします。非常に沢山の選択肢がありますが、日本で使うのは、次ページの3つのサービスです。

※もし、以下のように「USPSのアメリカ国内向けの配送サービス」が表示されていましたら、削除します。

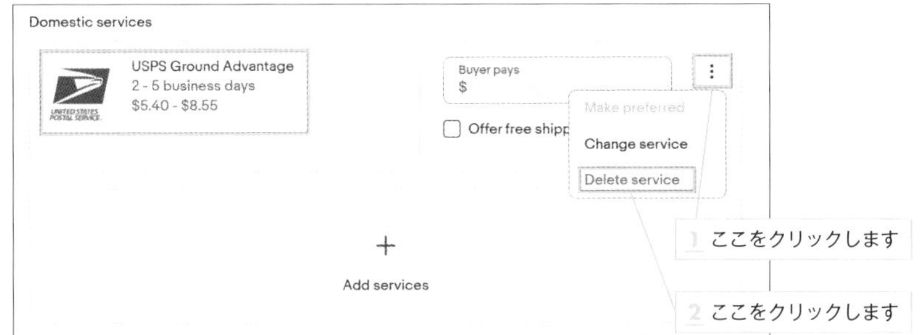

❶Economy shipping from outside US (11 to 23 business days)
❷Standard shipping from outside US (5 to 10 business days)
❸Expedited shipping from outside US (1 to 4 business days)

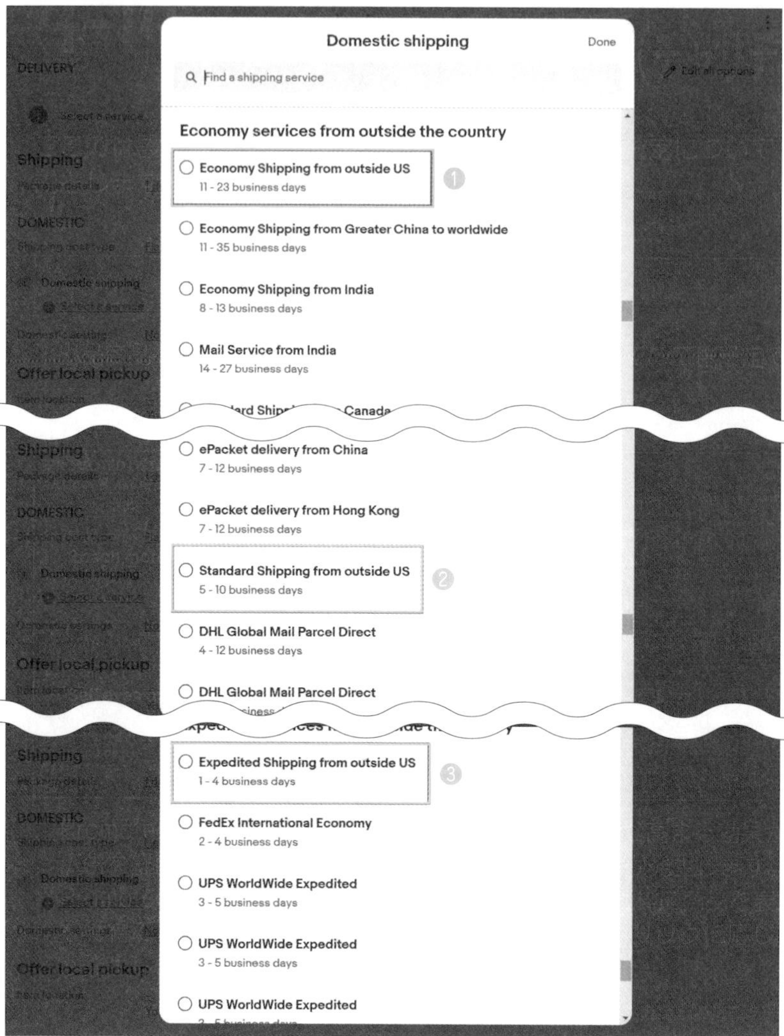

日本郵便やクーリエのサービスへの当てはめは、到着日数目安から考えると、以下が一般的です。

Economy Shipping from outside US → 書留SAL便、国際eパケットライト
Standard Shipping from outside US → 書留航空便、EMS
Expedited Shipping from outside US → クーリエ（FedEx、DHL、UPSなど）

もし、到着日数に余裕を持ちたい場合は、書留航空便をEconomy〜などと、到着日数目安が長い方にしても構いません。
ここでは、エコノミー発送の「Economy Shipping from outside US」を選択し、右下「Apply」をクリックします。

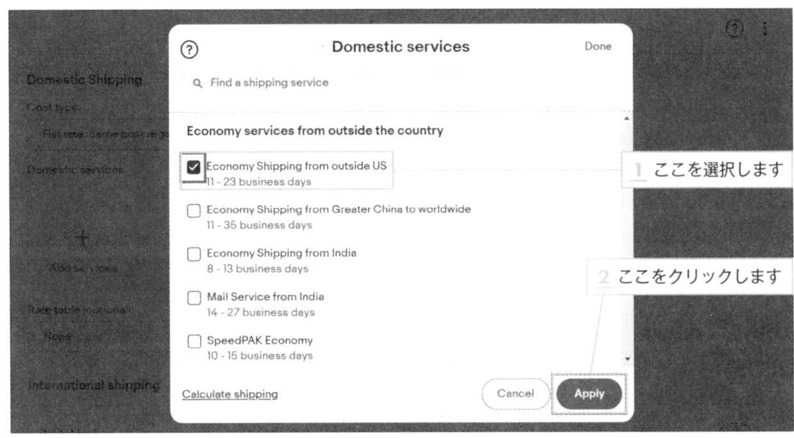

※「Economy Shipping from outside US」「Standard Shipping from outside US」「Expedited Shipping from outside US」の選択肢が表示されない場合

Domestic shippingの下にある「Preference」のItem location（商品の発送元地域）が「United States」と設定されてしまっている事が原因です。右上のペンマークをクリックします。

Country or regionを「Japan」に変更し、右上の「Done」をクリックします。

すると、Item locationが「Japan」に変更されました。再度、サービスの選択の画面に戻ります。表示されていなかった「Economy Shipping from outside US」「Standard Shipping from outside US」「Expedited Shipping from outside US」の選択肢が表示されています。

4

送料を入力します。この例では、送料無料（送料込み）としますので、「Offer free shipping」にチェックを入れます。または、Buyer paysの箇所に「$0.00」と入力しても構いません。

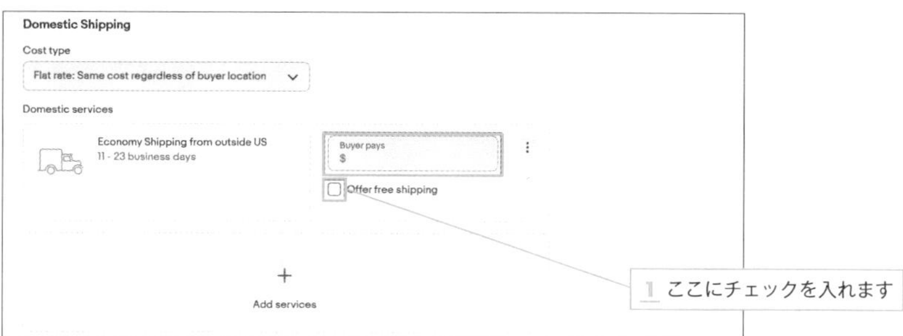

5 Rate tableでは、アメリカ国内の送料を州ごとに送料を設定することができる機能です。この例では設定しません。

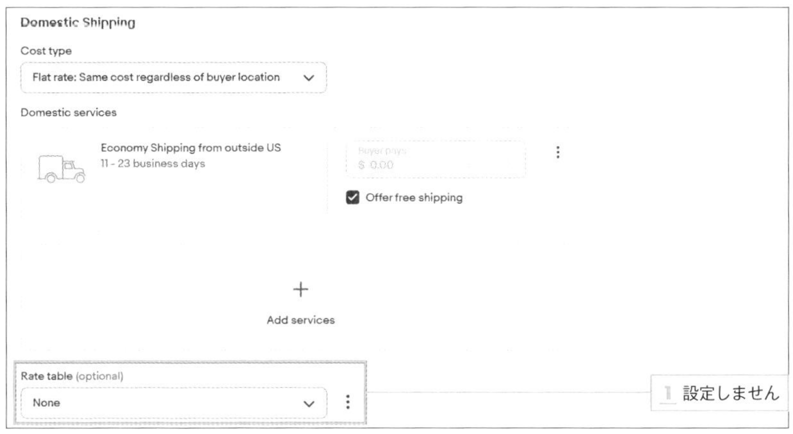

International shipping

1 International shippingにて、「アメリカ以外への送料設定」を行います。Domesticでは、アメリカの送料を設定しましたので、それ以外の国への設定となります。少し上に戻り、SHIPPINGの右側「See shipping options」をクリックし、「International shipping」の右端のスライドボタンをオンにします。

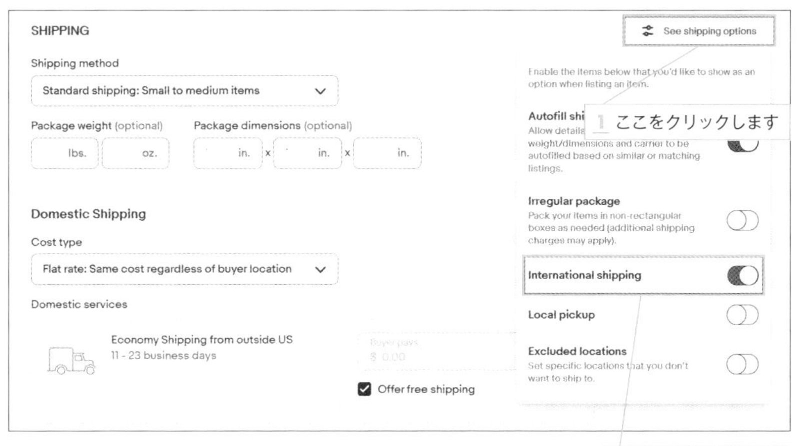

2

先程設定した「Domestic shipping」の下に「International shipping」が表示されます。右側のスライドバーをオンにします。

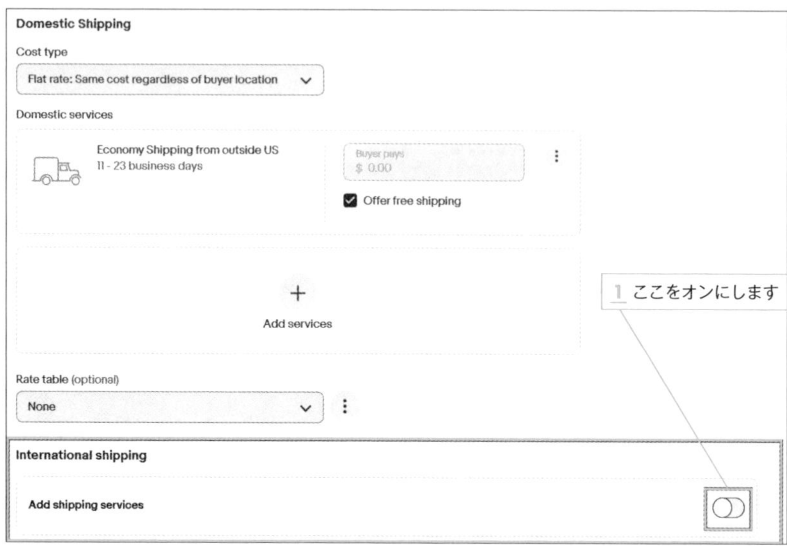

3

Cost typeはデフォルトの「Flat rate : Same cost regardless of buyer location」(固定料金)のままとします。

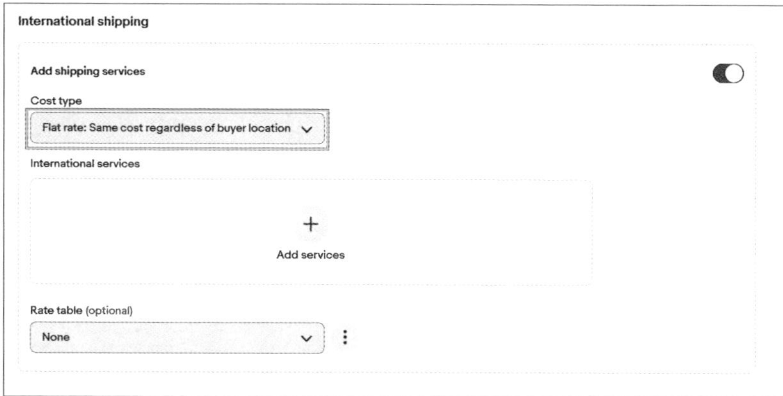

4

International servicesの「Add services」(配送サービス)をクリックします。

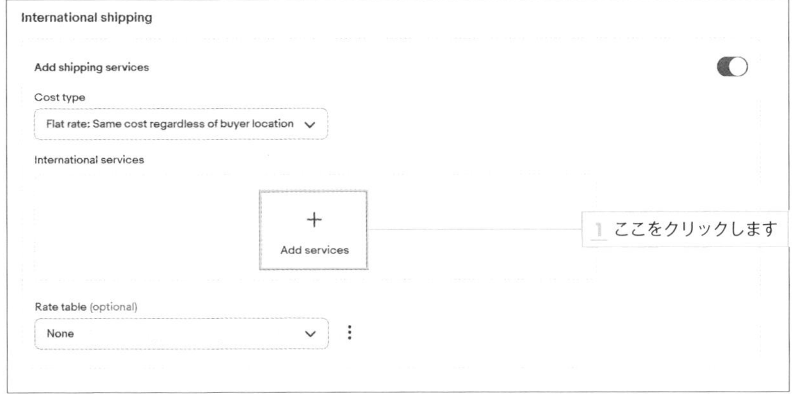

5

「Services」(配送サービス)を選択します。Domesticの時と同様に、非常に沢山の選択肢がありますが、日本で使うのは、以下、3つのサービスです。

Economy international shipping (13 - 23 business days)
Standard international shipping (11 - 20 business days
Expedited international shipping (7 - 15 business days)

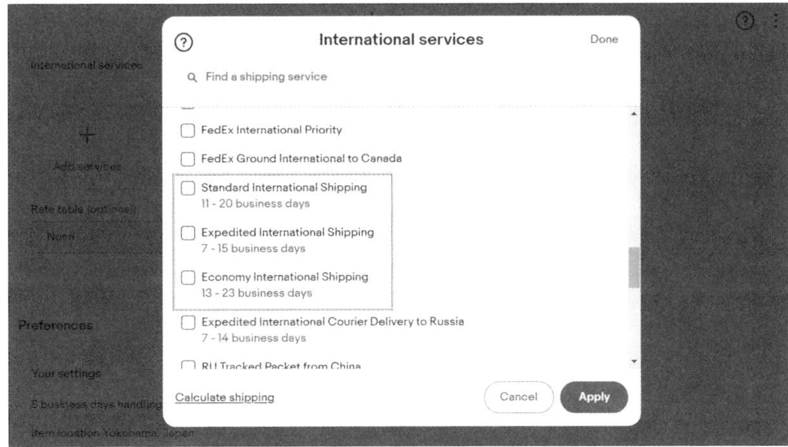

日本郵便のサービスへの当てはめは、Domesticと同様に、以下が一般的です。

Economy international shipping → 書留SAL便、国際eパケットライト
Standard international shipping → 書留航空便、EMS
Expedited international shipping → クーリエ(FedEx、DHL、UPSなど)

ここでは、エコノミー発送の「Economy international shipping」を選択し、右下「Apply」をクリックします。

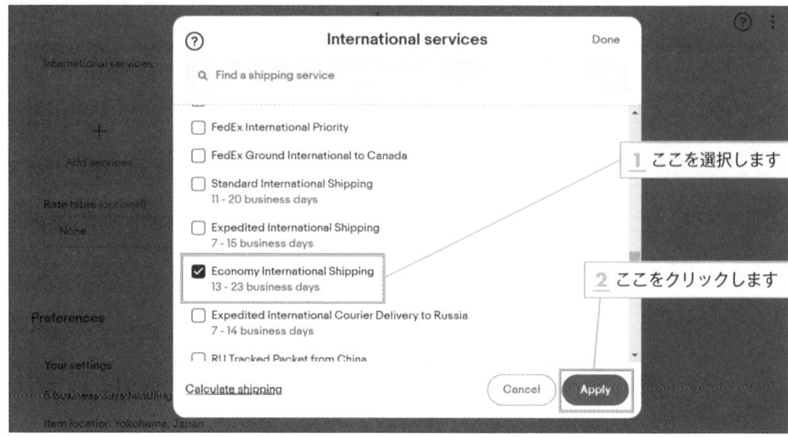

6

この例では、全世界に発送するので、「Ship to」は「Worldwide」とします。

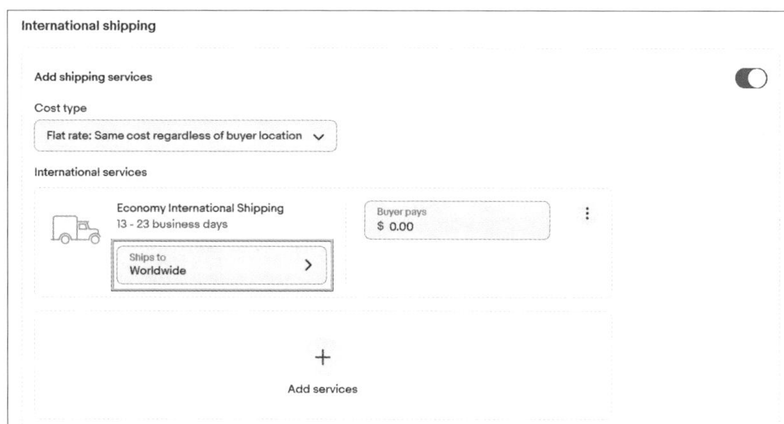

04 eBayに出品してみよう

7

ちなみに、クリックすると、「Destinations」(発送先)が表示され、国や地域ごとに送料の設定ができます。

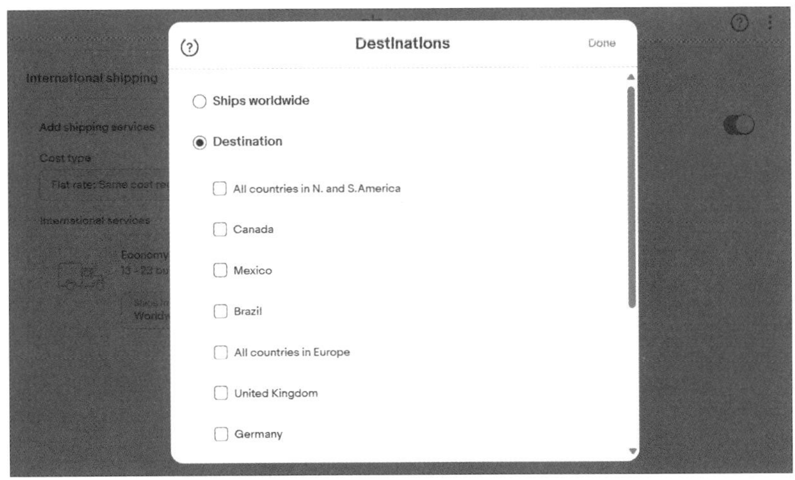

8

送料を入力します。ここでは、送料無料(送料込み)としますので、金額の箇所に「$0.00」と入力します。

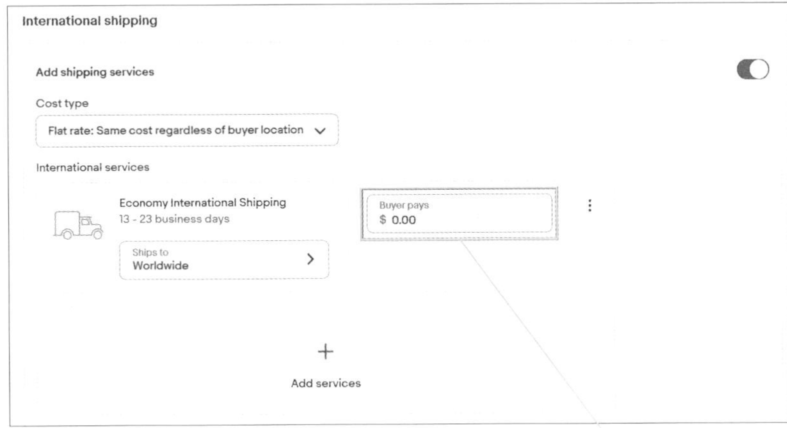

9

Rate tableでは、ヨーロッパ、アジアといった地域の括りではなく、国単位で細やかに送料設定することができる機能です。この例では設定しません。SECTION4-19ビジネスポリシーで解説します。

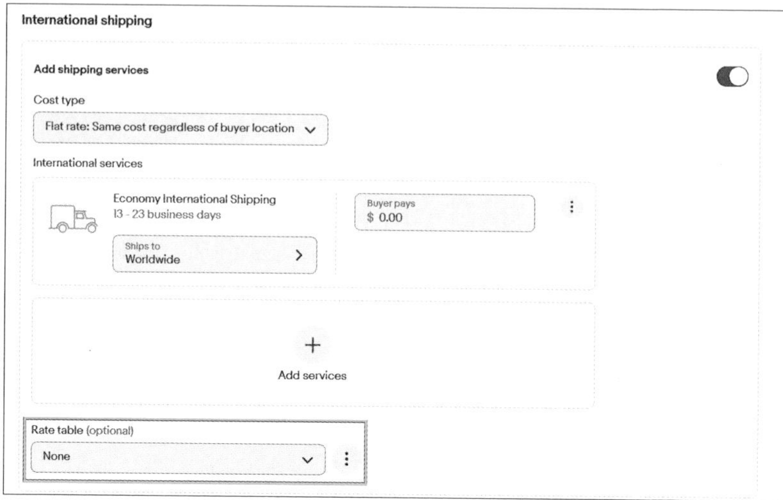

SECTION

4-13 PREFERENCES～Payment（決済方法）、Item Location（発送元）、Returns（返品方法）

ここでは、「ハンドリングタイム」、発送元の設定方法、返品に関するルールの設定、eBayでの決済方法である「即時決済」「通常決済」の選択を行います。

「Preferences」下の枠の右上のペンマークをクリックします。

1 Handling time（ハンドリングタイム）

Handling timeとは、「入金から発送までの期間」です。バイヤーさんが商品を購入し、決済後、何日以内に商品を発送するか、という期間を設定します。早ければ早いほど、バイヤーさんからは好印象です。しかしながら、発送期日に遅れると、アカウントの状態に影響しますので、無理のないスケジュールを設定して下さい。ここでは、5 business days（5日間）に設定します。

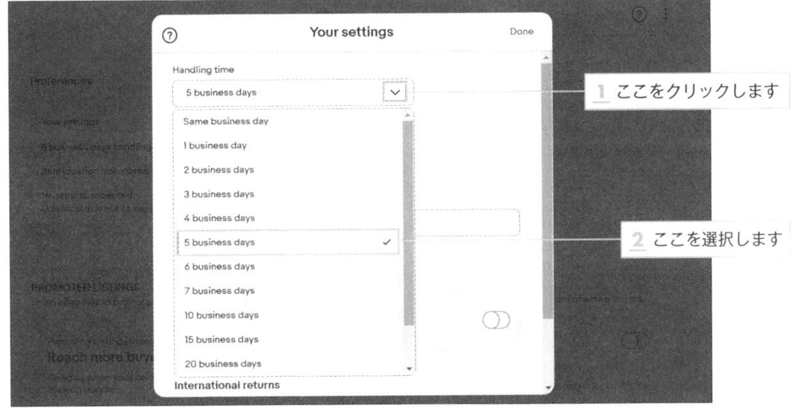

※Business daysには、土日祝日は含まれません。よって、「5 business days」を選択した場合は、入金後、実質1週間以内の発送で問題ないです。なお、このBusiness dayは、日本では、日本の暦がベースとなります。

① Item location（発送元）

商品の発送元を入力します。アカウントの情報が活かされ、既に「Japan」と設定されています。City, Stateの入力は任意です。

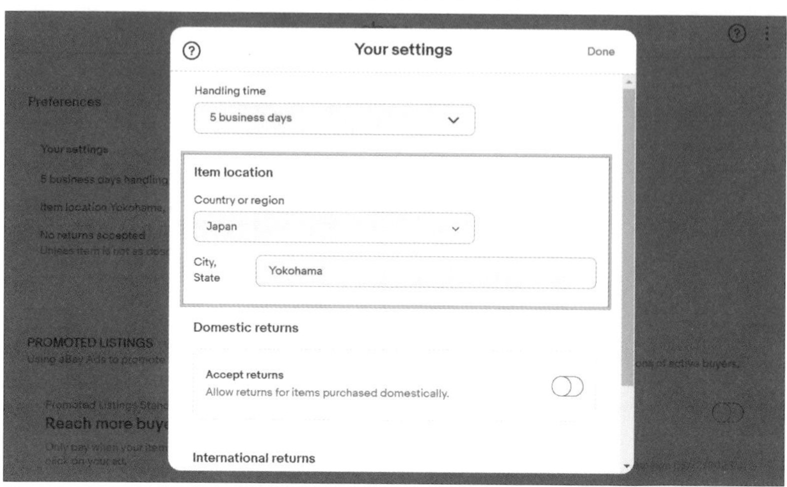

Domestic returns / International returns（返品方法）

eBayでの返品方法を設定します。設定できる種類は以下の5パターンです。

・返品不可（No returns）
・商品到着から30日返品可　返送料バイヤー持ち
・商品到着から30日返品可　返送料セラー持ち（Free return）
・商品到着から60日返品可　返送料バイヤー持ち
・商品到着から60日返品可　返送料セラー持ち（Free return）

※以下のカテゴリーには、30, 60日以外に、「14日」の期間設定があります。

・Cameras Drones　・Camera Lenses　・Collectibles & Art
・Digital Cameras　・Jewelry　・Medical & Mobility

欧米では、ショッピングにおける「返品」は当たり前の習慣です。「郷に入れば郷に従え」です。

ここでは、バイヤーさんに最も優しい「商品到着から60日返品可　返送料セラー持ち（Free return）」を設定します。

1

「Domestic returns」は「日本からの返品」、「International returns」は「日本以外からの返品」を指します。要は、日本からも、日本以外の世界中からも返品を受け付けます、という意味になります。前述のShippingでの「Domestic/International」と意味合いが異なりますのでご注意下さい。

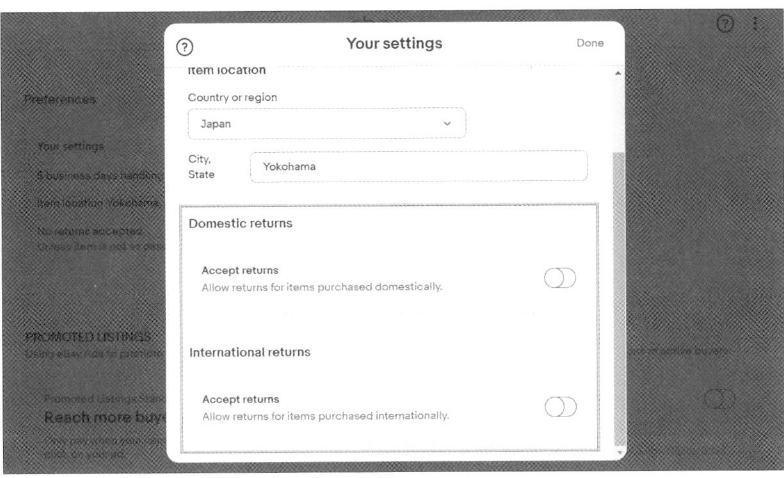

2

まず、「Domestic returns」から設定します。「Accept returns」の右側のスライドスイッチをオンにします。

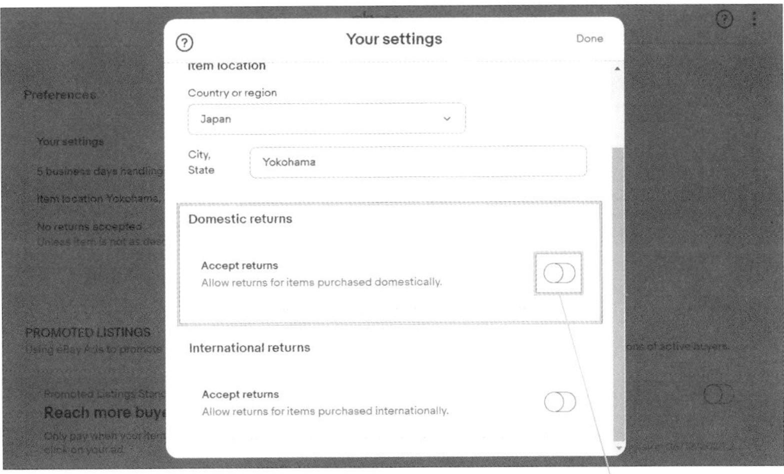

3

詳細設定画面が表示されますので、以下のように設定します。

「Allowed within」(商品到着から何日以内の返品を許可)…「60days」(60日)を選択
「Return shipping paid by」(返送料をセラー、バイヤーどちらが負担するのか) …「Free for buyer, you pay」(セラー負担)
「Refund method」(返金方法) …「Money back」(返金)

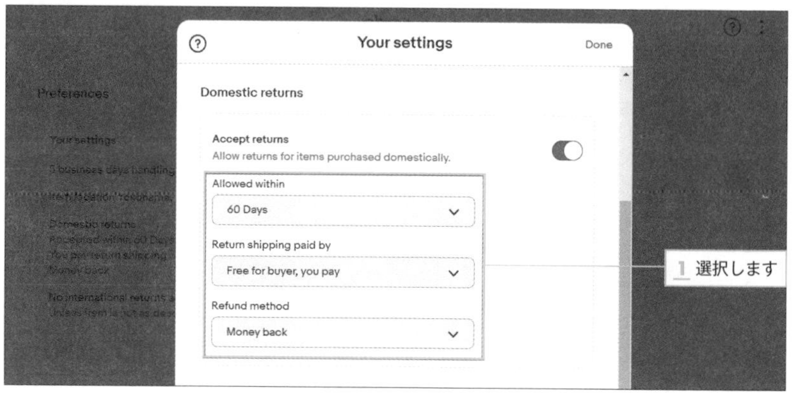

4

「International returns」も「Accept returns」の右側のスライドスイッチをオンにし、表示された詳細設定画面で、「60days」「Return shipping paid by」「Free for buyer, you pay」を選択します。
選択が完了したら、右上の「Done」をクリックします。

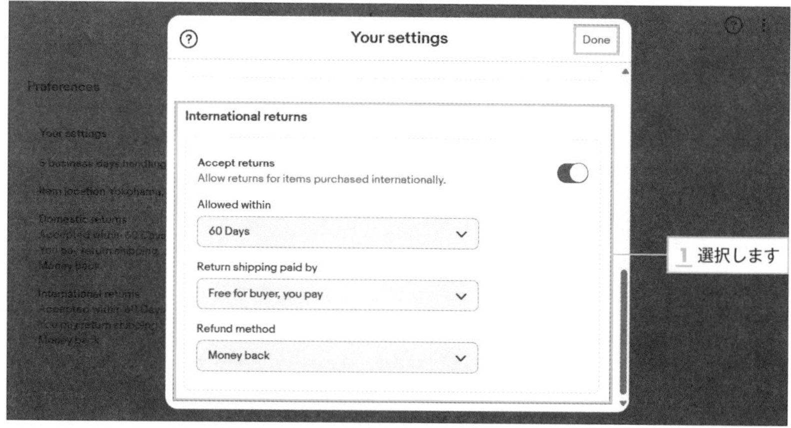

5 「Handling time」「Item location」「Returns」の設定が完了しました。

Preferences

Your settings

5 business days handling

Item location Yokohama, Japan

Domestic returns
Accepted within 60 Days
You pay return shipping
Money back

International returns
Accepted within 60 Days
You pay return shipping
Money back

Returns（返品）の考え方

「返品されたらどうしよう。。。」 eBayの初心者セラーが大体思っていることは、「何でもかんでも返品されてしまうのでは？」という事です。大丈夫です。筆者の返品率は、0.1％程度、1,000件に1件です。説明通りの商品をバイヤーさんへ提供していれば、まず問題は起こらない、とお考え下さい。また、eBayは、返品の悪用を禁止しております。

例えば、同じ商品を同じ価格で売っている2つのネットショップがあります。片方は返品可能、もう片方は返品不可です。あなたは、どちらから買いますか？全員が「返品可能なショップ」で購入するのではないでしょうか。

よって、eBayにて「返品可」の設定にする意味は、バイヤーさんが「安心して」購入して頂くための証とお考え下さい。

アメリカは、国土が広いため、インターネット以前から通販は普通に普及していました。やはり、現物を見ないで購入するのですから、「返品は自由」という文化が当たり前なのです。

また、Top-rated sellerの条件として、「30日間以上の返品可能」が設定されているのも、より安心な買い物をeBayでして頂くためです。

返品不可とした場合は？

前述のReturnsにて、仮にAccepted（返品可）にチェックを入れず、「Not accepted / No return～返品不可」と設定した場合でも、商品に不具合があった際は、必ず、返品を受ける必要があります。

セラーがバイヤーさんに対して「商品説明と一致しない商品」を販売した場合、

Money Back Guarantee（返金保証）に基づき、バイヤーさんは商品を返品することができます。この場合、セラー側は強制返金となります。

また、「返送料をバイヤー負担」とした際でも、返品理由が「商品説明と一致しない商品」の場合は、返送料はセラー負担となります。

Yahoo!オークションやメルカリの説明文でよく見られる「ノークレーム・ノーリターン」といった考え方はeBayでは一切通用しません。バイヤーさんに喜んで頂けるよう、しっかりとした「プロ意識」を持って、eBayでの取引に臨みましょう。

1 Payment （決済方法）

PROMOTED LISTINGSの下、PREFERENCESの「Payment」には、「Payments managed by eBay」と表示されています。日本でのeBayにおける決済方法は、この方法のみとなります。

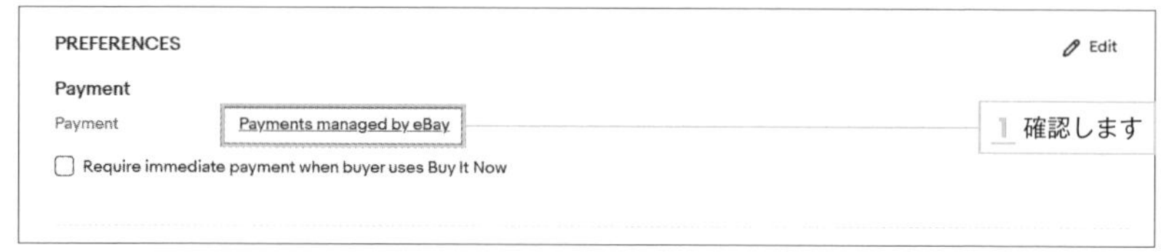

2

eBayの取引において 購入したにもかかわらず、なかなか支払いをしてくれないバイヤーさんに遭遇してしまう場合があります。それを防ぐために「Immediate payment（即時決済）」いうオプションがあります。設定する場合は「Require immediate payment when buyer uses Buy It Now」にチェックを入れます。

PREFERENCES
Edit
Payment
Payment
Payments managed by eBay
1 チェックを入れます
Require immediate payment when buyer uses Buy It Now

3

「Require immediate payment when buyer uses Buy It Now」のオプションを設定すると バイヤーさんは、Buy It Nowと同時に決済しないと購入することができません。要は「支払えないと買えない」ということですので、購入したまま放置されてしまう、ということは起きなくなります。

なお、Immediate payment（即時決済）の設定ができるのは、即決方式（Buy It Now）のみとなります。オークション形式で設定し 出品しようとすると、以下のようなエラーが表示されます。

Looks like something is missing or invalid. Please fix any issues and try again.
Immediate Payment

(訳)この出品に何かが不足しているか無効になっているようです。問題を修正して、再試行してください。即時決済

「Immediate Payment」をクリックすると、エラーの詳細が表示され「Require immediate payment when buyer uses Buy It Now」のチェックを外すよう促されます。

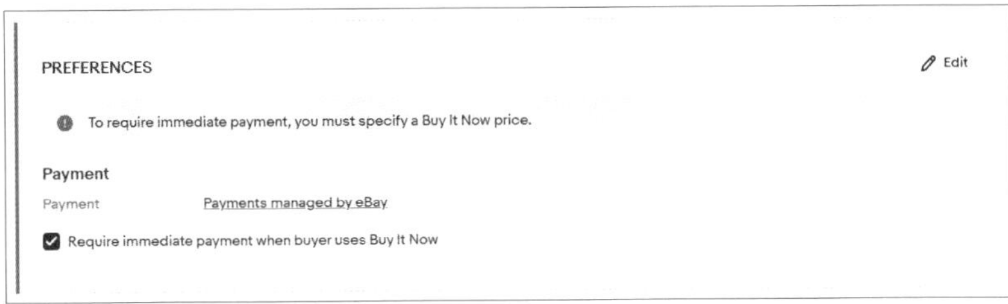

オークション終了と同時に バイヤーさんが支払いを完了させることは 物理的に不可能ですので、設定できない、という事です。

SECTION

4-14 PROMOTED LISTINGS(プロモーテッドリスティング)、CHARITY(チャリティ)など

ここでは設定はしませんが、販売促進やチャリティ設定について、簡単に解説をします。出品完了まで、あともう少しです。

PROMOTED LISTINGS

出品商品をより早く購入していただくためのeBay内での広告設定です。

(即決出品時の表示)

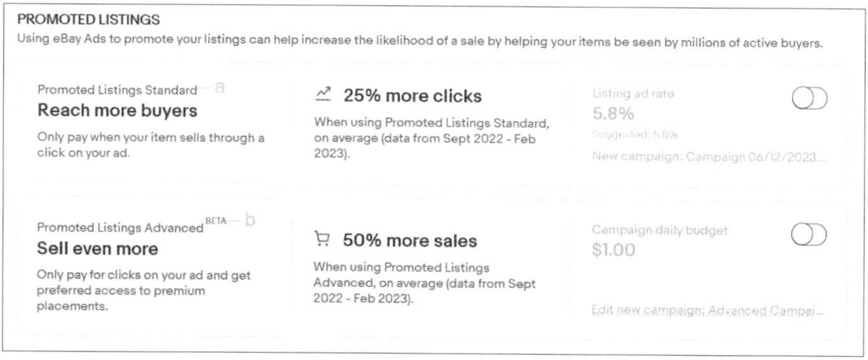

PROMOTED LISTINGS
Using eBay Ads to promote your listings can help increase the likelihood of a sale by helping your items be seen by millions of active buyers.

Promoted Listings Standard — a
Reach more buyers
Only pay when your item sells through a click on your ad.

25% more clicks
When using Promoted Listings Standard, on average (data from Sept 2022 - Feb 2023).

Listing ad rate
5.8%
Suggested: 5.8%
New campaign: Campaign 06/12/2023...

Promoted Listings Advanced BETA — b
Sell even more
Only pay for clicks on your ad and get preferred access to premium placements.

50% more sales
When using Promoted Listings Advanced, on average (data from Sept 2022 - Feb 2023).

Campaign daily budget
$1.00

Edit new campaign: Advanced Campai...

a Promoted Listings Standard … eBay内での露出が高まる効果があります。広告を経由して商品が購入された場合のみ、広告費用が発生します。

b Promoted Listings Advanced … 検索結果の上位4枠に商品を表示する権利を獲得できる広告機能で、見込みのバイヤーさんのクリックに応じて広告費用が発生します。

（オークション出品時の表示）

PROMOTED LISTINGS

Promote this listing - $2.19
Boost this item's visibility by promoting it on similar listing pages. Pay an upfront $2.19 flat fee to promote your listing for the duration of this auction period. Learn more

You can reach new buyers with ads for your auction item! Listings got on average 220% more impressions with Promoted Listings Express. (Data from Apr – Sep 2022)

Promoted Listing Express … 定額の広告料金を事前に支払う事で、オークション形式の出品の露出度を大幅にアップできます。

CHARITY

あなたのeBayの売上でチャリティに参加することができます。83,500以上の登録済み慈善団体と、売上に対する寄付のパーセンテージを設定するだけです。

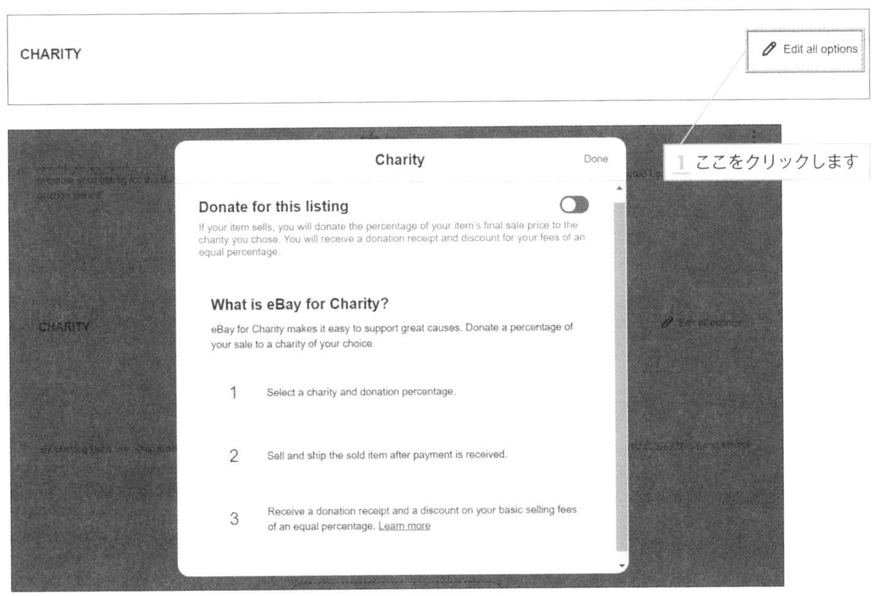

SECTION

4-15 ペイオニアとの接続、出品完了

出品まであと一歩です。初回の出品時のみ、ペイオニアとの接続作業、クレジットカードの登録作業があります。作業そのものは簡単ですが、本人認証等重要な箇所がありますので、慎重に進めて下さい。

1 List it

クリックすると、出品がなされます。

2

上の画面では、「List it for free（無料出品）」を表示されていますが、もし、金額が表示されている場合は、オプション費用などが発生しています。内訳を確認するには、金額の右「インフォメーションアイコン」をクリックします。

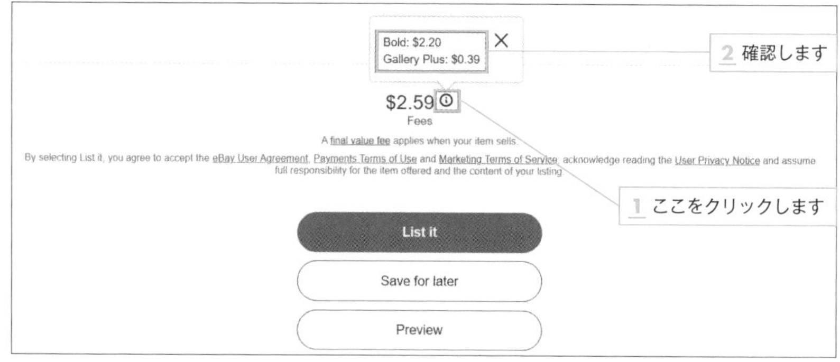

3

出品が完了しました。

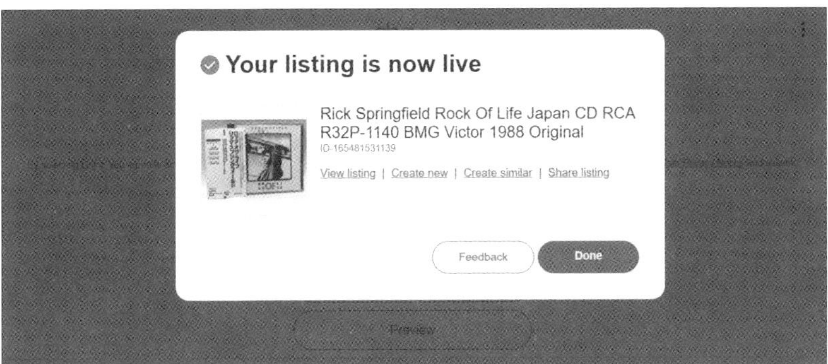

4

「View listing」をクリックすると、出品ページを確認することが出来ます。

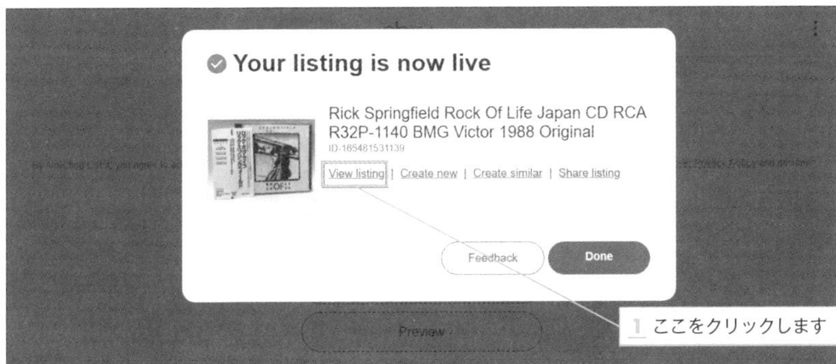

eBayから、登録のメールアドレスに「出品が完了しました」というメールが届きます。

出品が完了せず、別の画面が表示された場合

「List it」をクリックした後、再度、サインインを求められる場合があります。また、初回のみペイオニアの接続画面が表示されます。

ペイオニアとの接続

「Set up your selling account」のページが表示されます。「Get started」をクリックします。

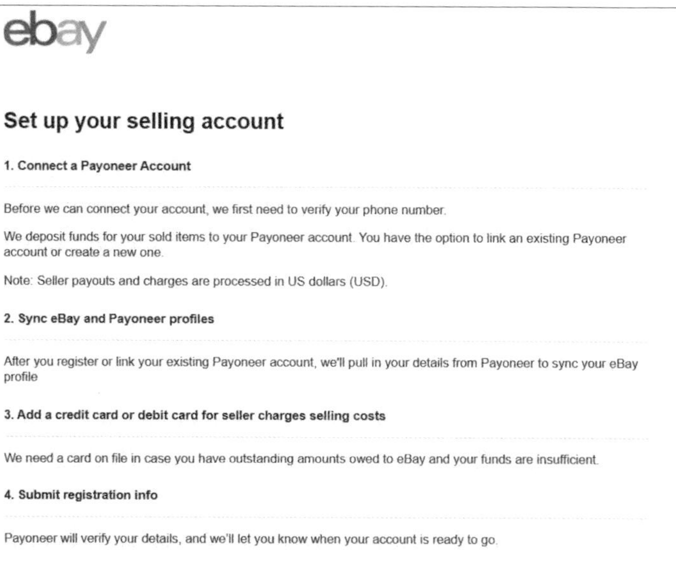

Set up your selling account
1. Connect a Payoneer Account
Before we can connect your account, we first need to verify your phone number.
We deposit funds for your sold items to your Payoneer account. You have the option to link an existing Payoneer account or create a new one.
Note: Seller payouts and charges are processed in US dollars (USD).
2. Sync eBay and Payoneer profiles
After you register or link your existing Payoneer account, we'll pull in your details from Payoneer to sync your eBay profile
3. Add a credit card or debit card for seller charges selling costs
We need a card on file in case you have outstanding amounts owed to eBay and your funds are insufficient.
4. Submit registration info
Payoneer will verify your details, and we'll let you know when your account is ready to go.
By proceeding, you agree that any information you have provided or will provide to Payoneer, including personal details such as your name, ID number and contact details, will be shared with eBay as an independent controller of such data. Learn more about how eBay protects the privacy of your data in our User Privacy Notice.
Get started
1 ここをクリックします

2

「Verify your phone number」にて携帯電話の認証を行います。「Text me」をクリックすると、登録の電話番号へセキュリティコード（認証番号）がショートメールで送られます。

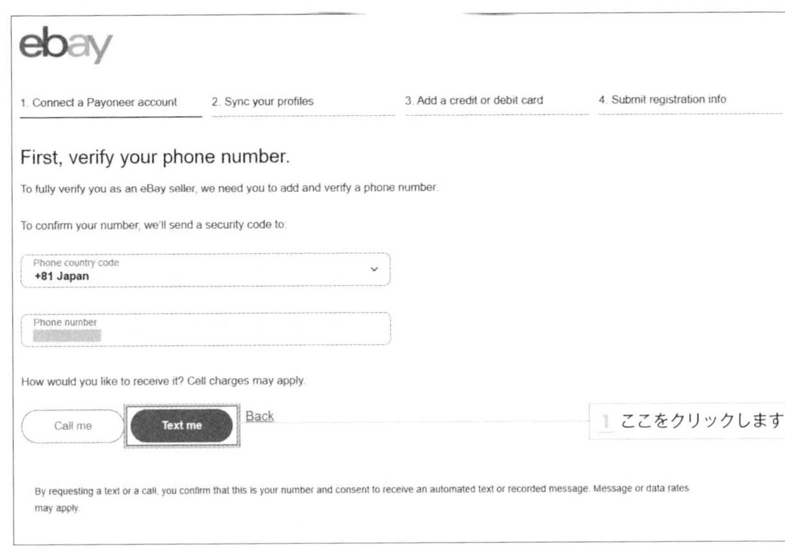

3

登録の電話番号へショートメールで送られたセキュリティコード（認証番号）を入力し、「Continue」をクリックします。

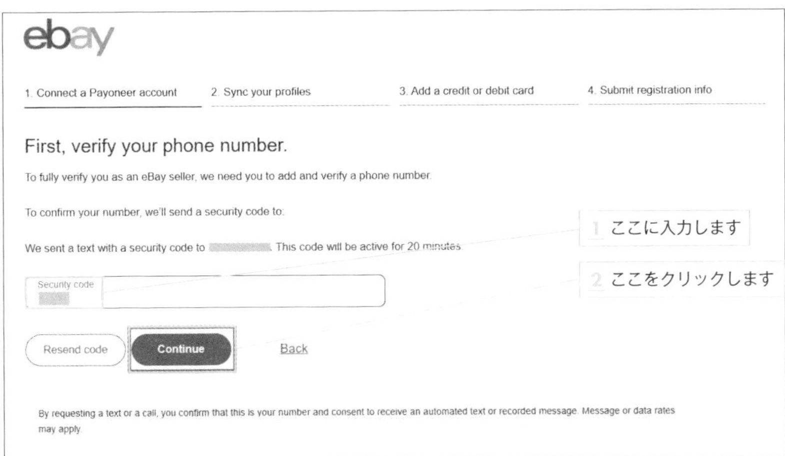

4

「個人アカウントで続行しますか？」と聞かれていますので、「Yes, keep this as an individual account」を選択し、「Continue」をクリックします。SECTION1-1,1-2で解説しました通り、eBayとペイオニアでアカウントの種別を合わせる必要があるため、再度、確認がなされます。
※個人アカウントは、「Personal account」と表示されたり「Individual account」と表示されたりします。

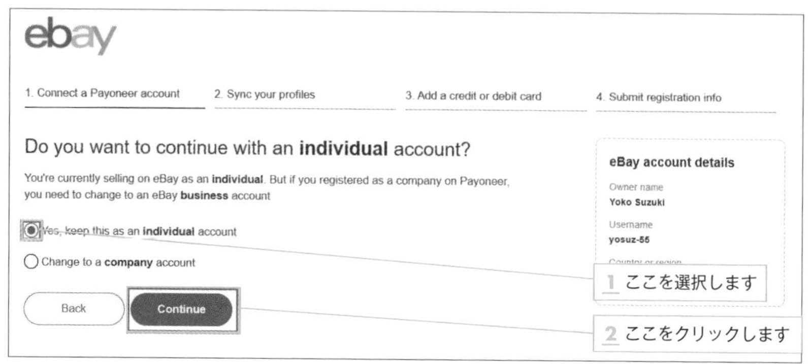

5

「ペイオニアのアカウントをお持ちですか？」と聞かれていますので、「Yes, sign in」をクリックします。

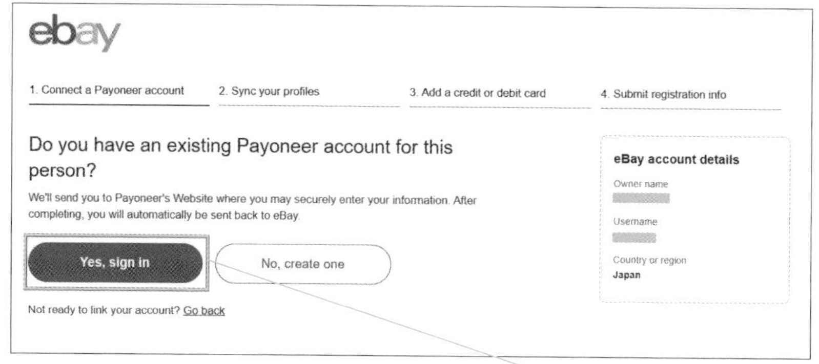

6

ペイオニアのポップアップページが表示されますので、「ログイン」をクリックします。

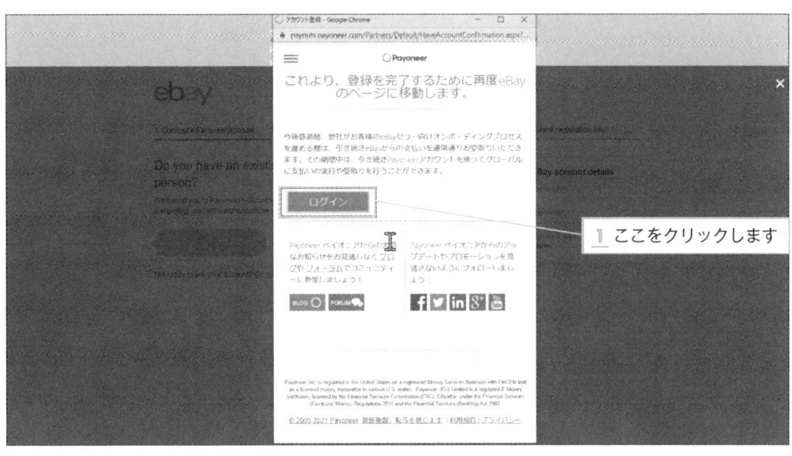

7

ペイオニアへログインをします。

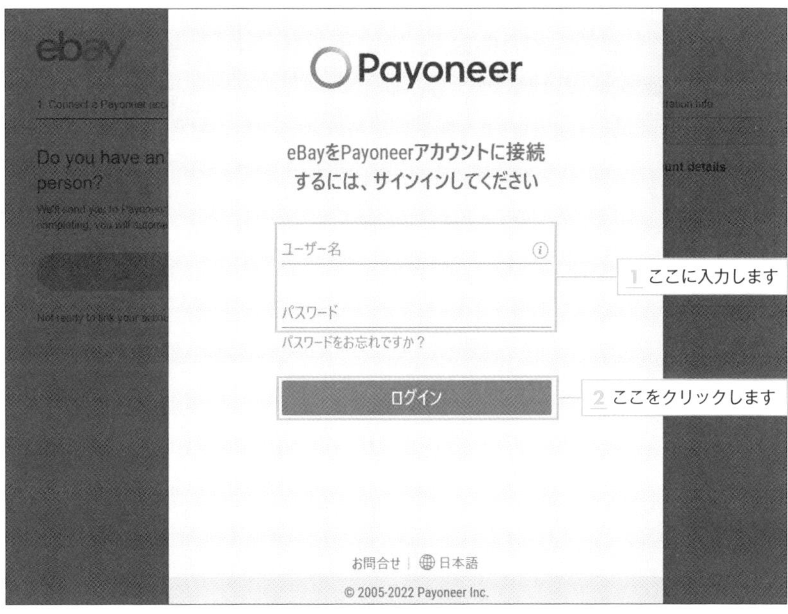

8

eBayとペイオニアを同期させるページが表示されますので。「Continue」をクリックします。

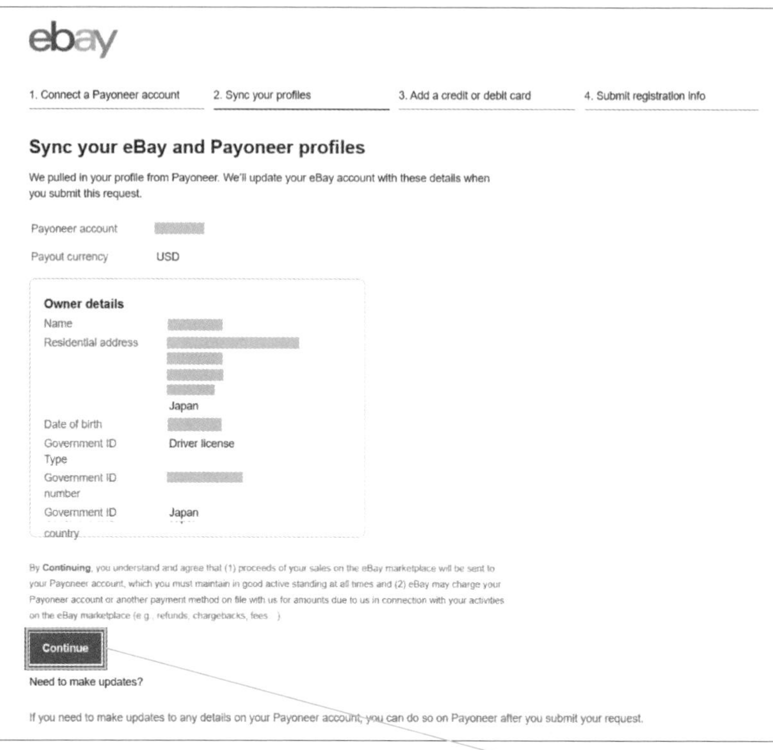

9

クレジットカードを登録します。通常、eBayで発生する手数料は、eBay内の売上金から先に相殺されます。しかしながら、何らかの理由で不足した場合に、その不足分はクレジットカードへ請求となります。登録できるブランドは「Visa」「マスター」「アメックス」「ディスカヴァー(海外ブランド)」のみとなります。デビットカードも登録可能です。登録が完了したら、「Continue」をクリックします。

10

最後に「Submit request」をクリックします。

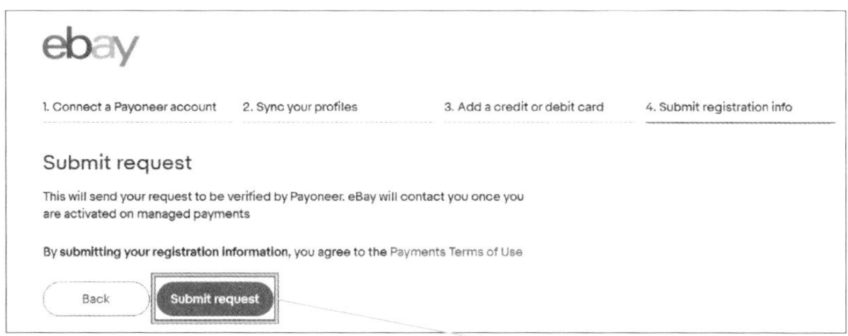

11

登録情報が送信されました。

Your registration information has been submitted

Payoneer is working on getting your account approved. They may reach out to you to collect a few more bits of information.

Once Payoneer completes the verification process, you can start selling on eBay.

Streamlined payouts

Regardless of how the buyer pays, payouts are consistently initiated, within 2 business days (Monday through Friday, excluding bank holidays) of payment confirmation to your Payoneer account. Once a payout is initiated, funds will be available in your account based on Payoneer processing times.

More choices for buyers

Managed payments gives your buyers a larger selection of payment options such as credit cards, Apple Pay, Google Pay, and PayPal. They can also make purchases using locally supported payment methods.*

Simpler fees

Your eBay selling fees and expenses will be automatically deducted from your earnings before you get paid. The remainder of your earnings will go directly to your Payoneer account. No more PayPal payment processing fees. No more separate monthly fee payments. See fee details.

12

出品途中の商品を再度出品します。My eBayにカーソルを当て、「Selling」をクリックします。

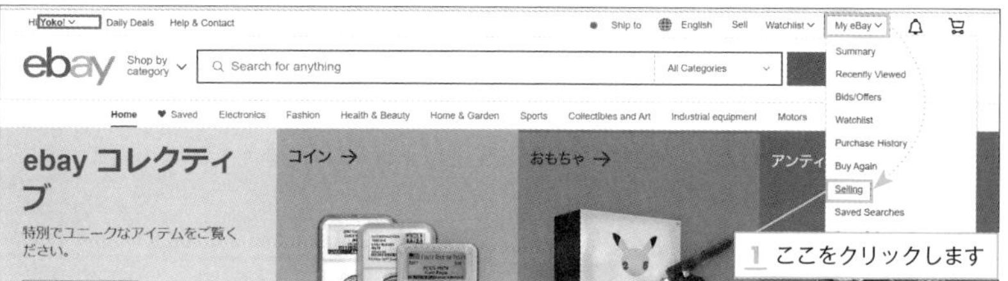

13

出品途中のものが下書き（Drafts）として残っています。「Resume drafts」をクリックし、出品を再開します。

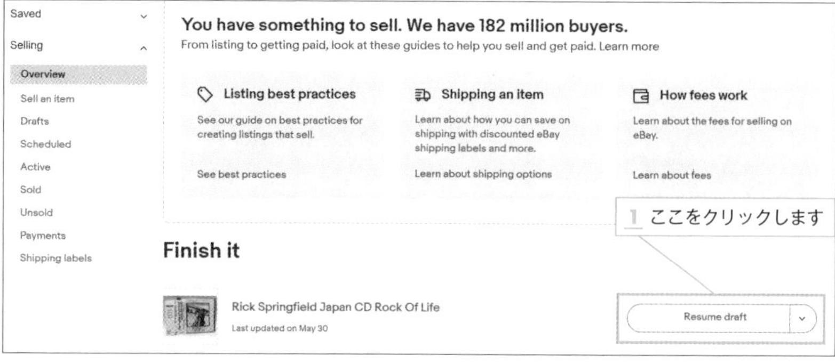

出品作成ページを一番下までスクロールし、「List it」をクリックします。

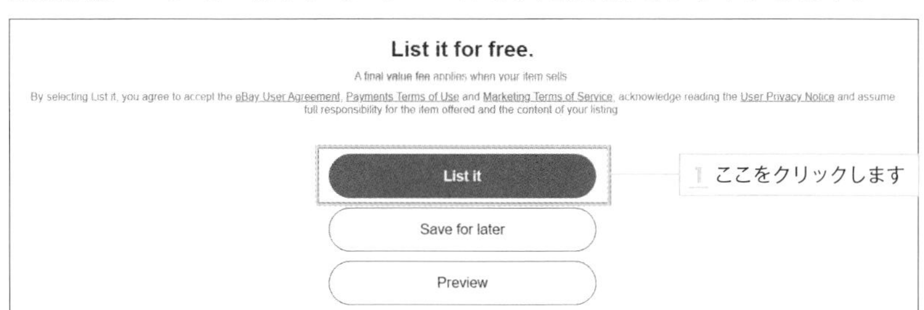

15

もし、以下のような画面で出品に至らない場合は、ペイオニアの本人確認等が完了していません。SECTION1-2を参考に、手続きを完了させます。

SECTION

4-16 管理画面を「Seller Hub」に変更しよう

Seller Hubは、2016年にリリースされた最新のeBayセラー管理画面です。eBayのビジネス全体を俯瞰でき、ワンストップで管理することができます。

Seller Hubは、出品や売上に関する事、自身のセラーレベルや出品リミット、各種プロモーションの状況、セラーに関連するニュースなどが一元的に確認する事ができます。

CHAPTER 2で紹介しました通り、eBayの画面の仕様は、アカウントの作成時期や環境によって数種類が存在します。今後のセラー管理画面については、Seller hubに集約されていくようです。出品デビューが完了したら、Seller Hubに切り替えておきましょう。
※本書も、このページ以降、Seller Hubのページを使っての説明となります。

eBay Seller Hubの導入の仕方

Googleで「eBay Seller Hub」と検索します。一番上に表示されたeBayのオフィシャルページをクリックします。

※リンク先のURLは、https://www.ebay.com/sh/landing

2

「Start using Seller Hub」をクリックします。

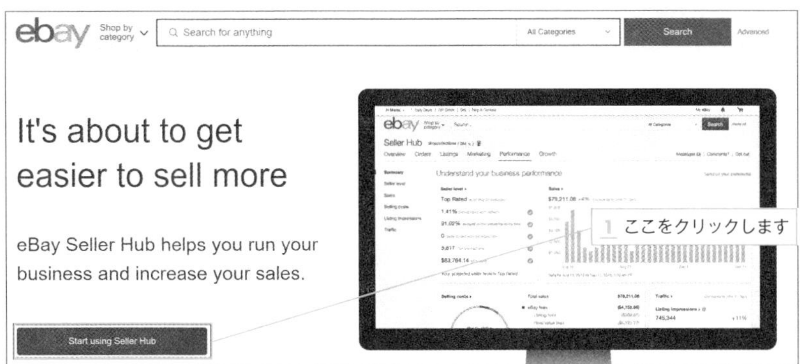

3

「Seller Hub」の管理画面に切り替わりました。

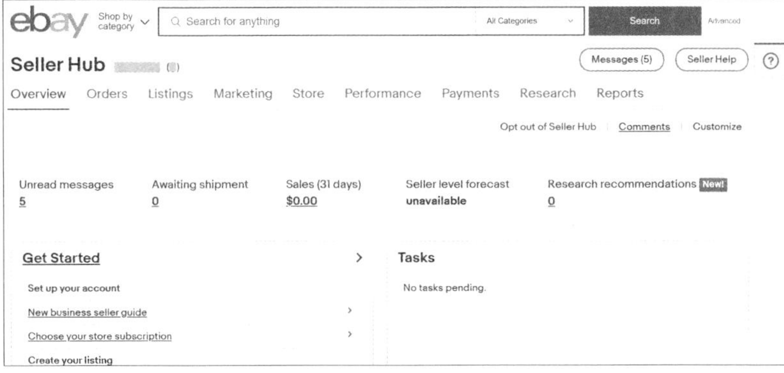

SECTION

4-17 国際配送について（日本郵便・クーリエ）

eBayでの販売を円滑に行うために、国際配送について理解を深めておくことが必要です。eBayで販売した商品を海外へ発送する際に使う配送サービスには、大きく分けて「日本郵便」と「クーリエ」の2つとなります。

国際郵便とは

国際郵便とは、公的な配送サービスです。国際機関「万国郵便連合（UPU）」の取り決めに従って運営されています。

世界192カ国・地域が加盟しており、日本では、日本郵便が国際郵便の運営会社に該当します。アメリカであればUSPS（United States Postal Service：アメリカ合衆国郵便公社）、イギリスであれば、ロイヤルメール/パーセルフォースが国際郵便の運営会社です。

万国郵便連合は、「地球上のほぼすべての域から固定料金に近い形で郵便物が送れること」を目的としています。利益追求ではなく、文化、社会および経済の分野における国際協力と位置づけから、安価で利用できるようになっています。

余談ですが、2018年10月、当時のアメリカ合衆国大統領でドナルド・トランプが、万国郵便連合からの脱退を表明したことが大きなニュースになりました。「万国郵便連合の中国に対する優遇措置が不公平である」という理由でした。その後、この優遇措置が見直され、アメリカの脱退は撤回されましたが、日本郵便における国際送料は大きく値上げされる結果となりました。

クーリエとは

クーリエとは、国際宅配便のことで、民間の配送サービスです。主な事業者は、FedEx（フェデックス）、DHL、UPSなどです。日本国内で例えるなら、ヤマト運輸（クロネコヤマト）や佐川急便などと考えると分かりやすいです。

日本郵便とクーリエの両方を使う必要がある理由

国際配送においては、日本郵便とクーリエの両方の手段を使います。その理由は2つあります。1つ目は、日本郵便が「旅客機」の運行状況に依存している事です。2020年初頭までは、eBay輸出における国際配送は、日本郵便のみで十分でした。しかしながら、新型コロナウイルス蔓延や国際情勢の影響により、数多くの国宛の荷物が引受停止状態となりました。2023年10月現在も引受停止の国や地域が存在します。これは、日本郵便が輸送手段に旅客機を使用していることが理由です。旅客機はその名の通り「客」を乗せるための飛行機です。よって、何らかの理由で減便してしまうと、輸送能力が著しく低下していまいます。クーリエは自社の専用便を持っていることから、外的要因に比較的強く、安定的な輸送サービスが提供されています。2つ目は、日本郵便における国際送料の値上げです。特にeBay輸出の主要な発送先であるアメリカ宛の送料については、前述の優遇措置の見直しにより、南米・アフリカ宛よりも高くなってしまっています。よって、発送先や荷物の大きさ、重量に応じて、日本郵便とクーリエを使い分ける必要があるのです。

日本郵便

日本郵便は、全国各地に拠点がある事で使いやすく、他のサービス会社と比較して、安価であることが大きなメリットです。

日本郵便の「国際郵便の料金・日数を計算する」というページに送り先、送るものの種類、重さを入力すると、発送方法、送料、お届けまでの目安の日数を調べる事が出来ます。

https://www.post.japanpost.jp/cgi-charge/

例えば、香港に2000gの荷物を送る場合は、以下のように検索結果が出ます。

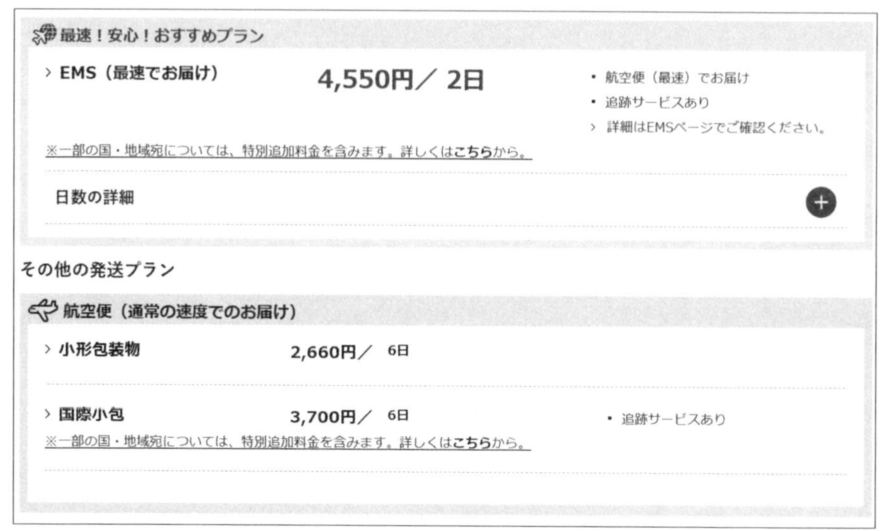

上記の発送方法でよく使われるのは、次の２種類です。
①EMS（国際スピード郵便）
・2～3日で到着
・補償額は20,000円まで（オプションで最高200万円まで）
　最大サイズは、最大長さ1.5m以内、長さ＋横周2.75m以内　重量30kgまで
・高品質だが、料金は高い

②小形包装物航空便
・1週間から10日で到着
・補償額は6000円まで（書留を付けた場合）
・最大サイズは、長さ＋幅＋厚さ＝90cm、重量は2kgまで

（2023年10月現在、取扱停止になっているサービス）
①エコノミー航空（SAL）便（小形包装物SAL便）
　※必ず書留を付ける事をお勧めします。
・2週間から3週間で到着するが、遅延が多い
・補償額は6000円まで（書留を付けた場合）
・最大サイズは、長さ＋幅＋厚さ＝90cm、重量は2kgまで
・輸送期間が長いため、梱包が甘いと商品が傷む可能性が高い。
※SAL便 ＝ Surface Air Liftedとは、平面路（Surface）と、航空輸送（Air）の両方を組み合わせて郵便物を輸送する（Lifted）方法です。日本国内と相手国内の輸送では平面路（主に陸送）が使われ、両国間は航空輸送となります。航空輸送の際は、航空機の空きスペースを使うことや、交換局での処理の優先度が低いため、交

換局で数日間滞留する場合があります。このような理由から、安価ではありますが、到着が遅れる場合があります。

②国際eパケットライト（国際特定記録付き小形包装物SAL便）
・追跡サービス付きで、2週間程度で受取人さまの郵便受箱へ配達するサービスです。
SAL便と謳われていますが、厳密には、日本国内はSAL扱い、相手国では航空便扱いとなります。よって、日本郵便の説明より、実際は早く到着することが多いです。
・補償はありません。
・最大サイズは、長さ＋幅＋厚さ＝90cm、重量は2kgまで
・国際郵便マイページサービスのオンラインシッピングツールなどでラベル作成が必須

※国際小包は、小形包装物のサイズ、重量制限を超える荷物に使用しますが、重さによっては、EMSより高い場合が多く、到着も遅いため、基本的に使用しません。
※船便は、到着まで数ヶ月かかるため、基本的にeBayでの取引には不向きです。

送料にも落札手数料がかかる

eBayでは送料に対しても、落札手数料が掛ります。よって、落札手数料分を上乗せした送料を設定する必要があります。

落札手数料は大体17%ですが、為替の影響などを考えると、20%程度上乗せしておくと安全です。但し、あまり高くしてしまうと、当然、落札/購入がされづらくなります。また、Feedback（評価）内のDSR内の送料に関する評価が低く付けられてしまう可能性がありますので、注意が必要です。

Free shipping（送料無料）にしたい場合は、商品価格に、落札手数料分を見込んだ送料を上乗せします。例えば、eパケットをFree Shippingにする場合は、EMSなどの上位の発送方法では、その差額を送料として設定します。

eLogi、eBay SpeedPAKを通じたクーリエの利用

クーリエの利用は、基本、契約が必要であり、法人や個人事業主に限られていますが、eBayセラー向けに用意されている「eLogi（イーロジ）」「eBay Speed PAK」は個人でもクーリエが利用できます。2024年9月現在、eLogi、eBay SpeedPAKを通じて、FedEx、DHLのサービスを利用することができます。

クーリエは、相手国に数日で到着することが大きなメリットです。筆者もアメリカ宛の荷物が最短で23時間後に到着した事があります。その分、送料が気になるところです。アメリカ西海岸へ500gの荷物を発送した場合、同等のサービスである日本郵便のEMSは3,900円ですが、FedExの場合は、11,170円（特別取扱料金、燃料割増金は含まず）とかなり高額です。

IP 輸出

運送料金表（日本発元払い） Japan Promotional Export Rates
フェデックス・インターナショナル・プライオリティ For FedEx International Priority Shipments (IP)
(運送料金には特別取扱料金および燃料割増金は含まれません。)[1]

2023年1月2日発効

単位：円		A	B	C	D	E	F	G	H	I	J
		料金区分（詳しくは料金区分表をご参照ください。）									
主な国・地域名		China, Hong Kong, Taiwan	Thailand, Singapore, Malaysia	Indonesia	India, Australia, New Zealand	U.S. (Western Region)[2]	U.S. (Rest of Country), Canada, Mexico	Brazil, Argentina, Colombia	Germany, United Kingdom, Italy	United Arab Emirates, Russia, Turkey	Bangladesh
フェデックス・エンベロープ[3]	0.5 kg	5,140	5,290	5,290	5,850	7,470	7,470	8,290	7,200	7,460	8,530
フェデックス・パック[3]	0.5 kg	7,890	9,150	9,920	10,990	11,710	11,710	12,620	12,120	13,060	15,800
	1	9,830	11,070	11,850	13,280	13,950	13,950	16,190	15,510	16,520	20,010
	1.5	11,260	12,350	13,190	15,460	15,840	15,850	20,010	19,340	20,840	25,230
	2	12,600	13,690	14,440	17,700	17,760	17,770	24,140	23,370	24,620	29,900
	2.5	14,040	15,140	15,840	20,060	19,700	19,720	28,080	27,240	28,520	34,440
フェデックス・インターナショナル・プライオリティ（IP）	0.5 kg	10,730	11,810	11,880	12,430	13,640	13,660	15,690	16,760	17,540	21,870
	1	12,300	13,490	14,110	15,170	16,000	16,010	20,730	20,780	23,130	28,730
	1.5	13,870	15,170	16,340	17,910	18,360	18,360	25,770	24,800	28,720	35,590
	2	15,440	16,850	18,570	20,650	20,720	20,710	30,810	28,820	34,310	42,450
	2.5	17,010	18,530	20,800	23,390	23,080	23,060	35,850	32,840	39,900	49,310
	3	18,380	20,770	23,030	26,100	27,170	27,190	40,700	36,950	45,520	56,350
	3.5	19,750	23,010	25,260	28,810	31,260	31,320	45,550	41,060	51,140	63,390
	4	21,120	25,250	27,490	31,520	35,350	35,450	50,400	45,170	56,760	70,430
	4.5	22,490	27,490	29,720	34,230	39,440	39,580	55,250	49,280	62,380	77,470
	5	23,860	29,730	31,950	36,940	43,530	43,710	60,100	53,390	68,000	84,510

しかしながら、eLogi、eBay SpeedPAKでは、eBayセラー向けに、一般料金と比較し、大幅なディスカウント価格が提供されています。なお、具体的な価格表は、eBayセラー特別価格である事から、eLogi、eBay SpeedPAK各々のページやサポートにてのみ公開されています。

送料の算出方法で、日本郵便と異なる点は、「容積重量」が採用されている事です。梱包後の重量とサイズによる重量（容積重量）のどちらか大きい方の重量で送料が計算されます。

クーリエとの直接契約

法人・個人事業主であれば、FedEx、DHL、UPSと個別に直接契約をする事が可能です。各社とも、eBayセラー限定の割引プランがあります。契約を希望する場合は、カスタマーサービスへ連絡し、「eBayという越境ECサイトで販売を行っており、御社と契約をしたい。割引の適用を受けたいので、営業の方と連絡を取りたい」と伝えます。折り返し、営業の方から連絡が入りますので、ヒアリング、手続きを経て、利用開始となります。

契約不要ですぐに使えるクーリエ

ヤマト運輸の「国際宅急便」、佐川急便の「飛脚国際宅配便」は、契約不要で、誰でもすぐに利用できるクーリエサービスです。しかしながら、eBayのIntegrated shipping carriers（eBayと統合されている配送業者）に該当しないため、万が一、バイヤーさんが「注文した商品が届かない」と主張した際、セラーが保護されず、返金となってしまう場合がありますので、注意が必要です。

なお、日本郵便、FedEx、DHL、UPSは、eBayのIntegrated shipping carriersです。

SECTION

4-18 国際郵便マイページとeLogi（イーロジ）の登録及び必要資材の準備

eBayで販売した商品は、国際輸送を使って、海外のバイヤーさま宛に発送します。その際に使用する送り状を作成するため、オンラインシッピングツールの登録及び梱包に必要な資材の準備を行います。

国際郵便マイページとは？

日本郵便による国際郵便利用者向けの専用ウェブサイトで、無料で使うことができます。

国際郵便マイページへの会員登録

国際郵便マイページのトップページへアクセスし、「はじめての方」より、ご自身の住所、氏名などの情報を入力し、新規登録を行います。
https://www.int-mypage.post.japanpost.jp/mypage/M010000.do

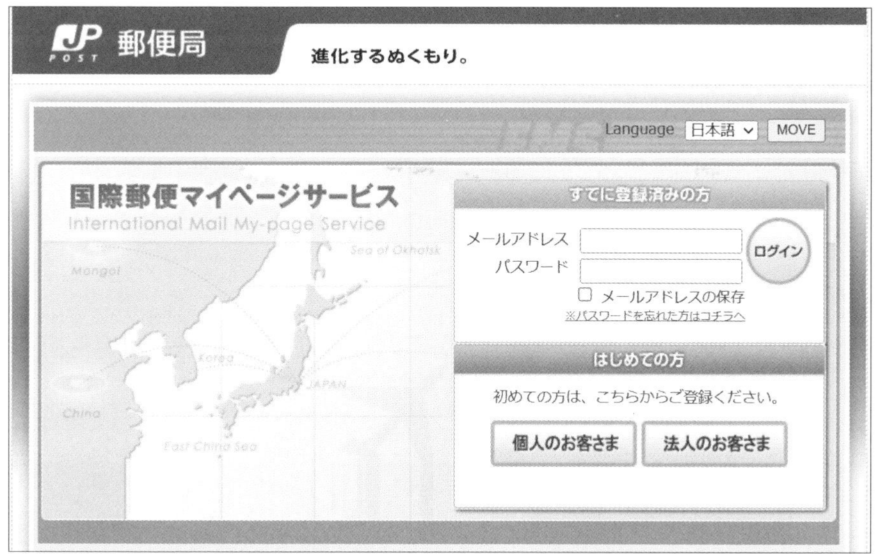

専用パウチの入手

オンラインシッピングツールで作成する送り状を、荷物に貼り付けるためのパウチ（送り状袋）を入手します。パウチは無料です。

パウチは、郵便局の窓口で入手できます。事前に最寄りの郵便局へ在庫状況を確認し、余裕を持った数量を確保しておくようにします。

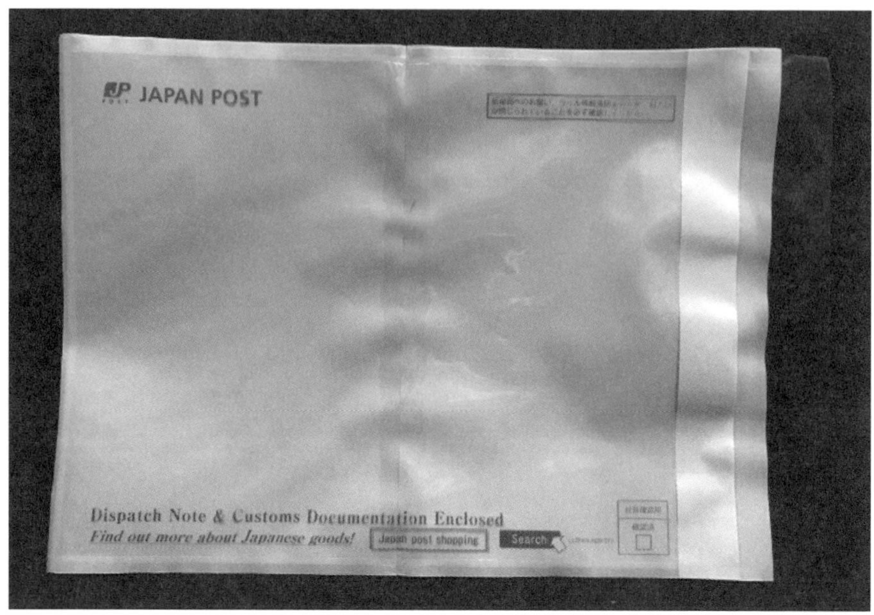

eLogi（イーロジ）登録方法

1 eBayセラーポータルへアクセスします。
https://eportal.ebay.co.jp/portals

2 上部のメニュー「ツール」をクリックします。

3 「ツールを使う」ページ上部のニュー「発送をする」をクリックします。

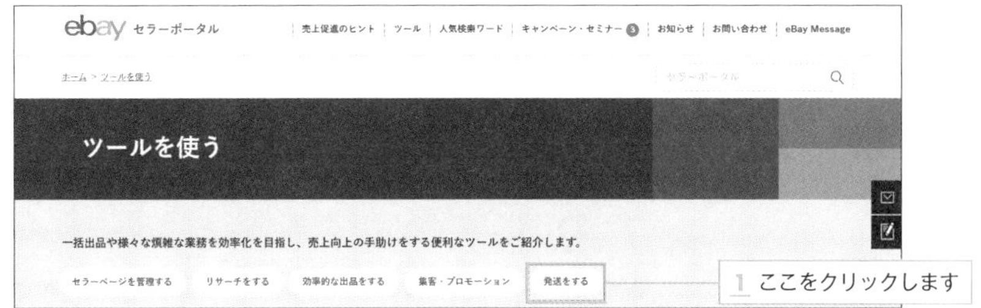

4 「eLogi」の「使ってみる」をクリックします。

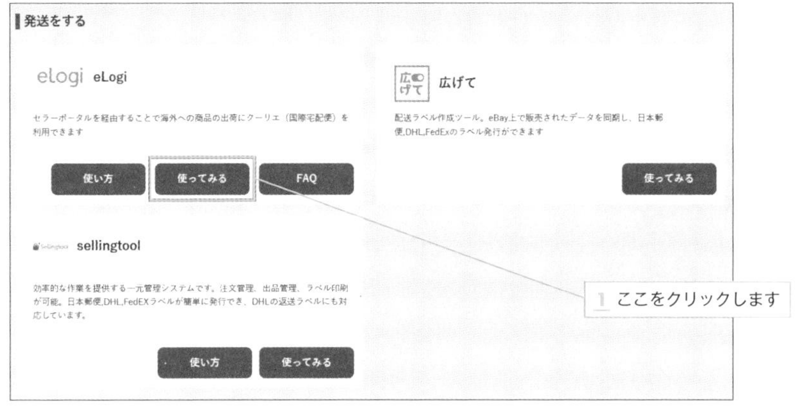

5 「利用規約に同意する」にチェックを入れ、「同意して新規アカウント情報入力へ進む」をクリックします。

04 eBayに出品してみよう

6

メールアドレス、設定したいパスワードを入力し、「次のステップへ進む」をクリックします。(メールアドレスは、eBay登録のものと同一でなくても構いません)

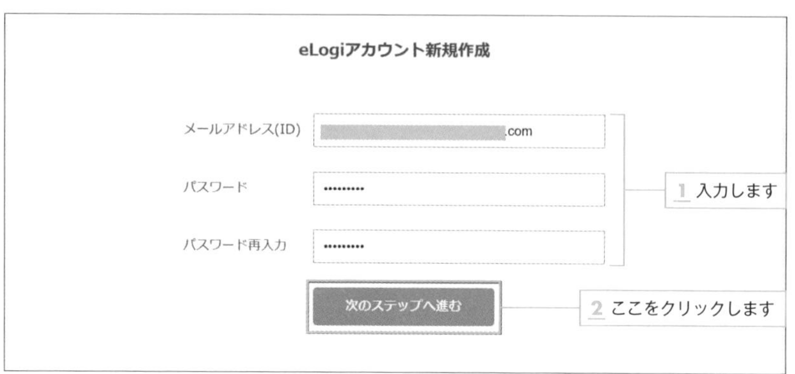

7

ユーザー情報を入力します。ここでは「個人」を例とし、選択します。名前は、ローマ字で、「名、姓」の順で入力します。(例:鈴木太郎 → Taro Suzuki)

ユーザー情報を入力してください。
※ 一部の情報がラベル印刷に使用されます。 ＊は必須項目です。
ユーザー種類＊
法人
個人事業主(屋号あり)
個人事業主(屋号なし)
個人
会社名/お名前(英語) ＊
半角英数
※ 法人:法人名を英語で記載してください。
※ 個人事業主(屋号あり):屋号名をローマ字で記載してください。
※ 個人事業主(屋号なし)または個人:個人名をローマ字で記載してください。
※ 個人名を記載される場合は、名、姓の順でローマ字で記載してください。
1 ここを選択します

8

担当者氏名は、お一人の副業であれば、ご自身です。7と同様に、ローマ字で、「名、姓」の順で入力します。

法人番号
13桁
※ ユーザー種類が法人の場合は、法人番号入力は必須です。
担当者氏名(ローマ字) ＊
半角英数
※ 法人:「屋号及び個人名」又は「ストア名及び個人名」をローマ字で記載してください。
※ 個人事業主(屋号あり、なし):ストア名及び個人名をローマ字で記載してください。
※ 個人:個人名をローマ字で記載してください。
※ 個人名を記載される場合は、名、姓の順でローマ字で記載してください。
1 ここに入力します

9

電話番号、住所を入力します。こちらもローマ字での入力となります。別に発送元を設定しない限り、ここで入力する情報が発送元として、送り状に印刷されます。SECTION 1-1の11に記載の、住所のローマ字表記の方法をご参照下さい。

電話番号＊
郵便番号＊
1 各項目を入力します
北海道
市区町村（ローマ字）＊
半角英数
町域、番地など（ローマ字）＊
町域、番地、マンション、号室（半角英数）
※ 番地やお部屋番号まで漏れなくご入力ください。例：TOKYO BLDG 4F, 1-2-3 Shibuya

10

「発送貨物内容」は、これからメインで出品予定の商品を記入します。記入した内容で、発送できる商品が限定されることはないので、ご安心下さい。「主な出荷先の国」以降は、既に輸出実績のある方向けですので、空欄で構いません。

発送貨物内容＊
記入例：アパレル
主な出荷先の国
記入例：アメリカ、カナダ
1 各項目を入力します
現在の月間出荷数量
記入例：50-60件
現在の1出荷あたりの重量
記入例：2kg

11

「発送元住所」は、上記と同じであれば、入力は不要です。

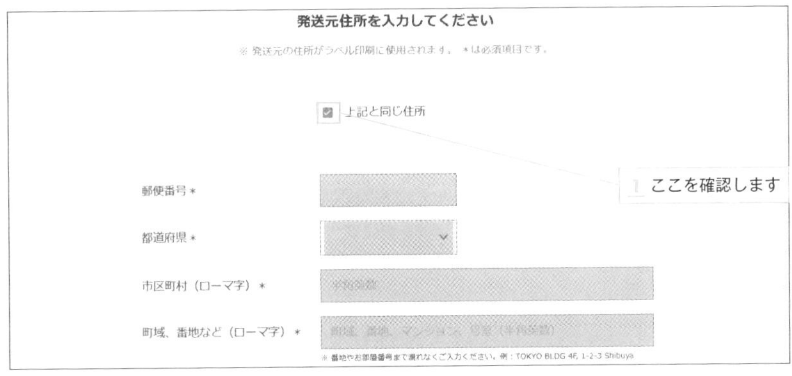

12 FedExアカウント番号を既に持っている場合は入力します。また持っていない場合は、eLogi登録完了後に新規作成します。こちらは、後述します。

FedExアカウントの情報を入力してください。

アカウント番号を入力されますと、FedExのサポートを受けられるようになりますので、
すでにアカウント番号をお持ちの方は、是非ご入力ください。
ただ、入力するFedExアカウント番号に紐づくユーザー種類が、
本ページ選択項目の「ユーザー種類」で選択された内容と一致する必要がありますのでご注意ください。
一致しない場合はeLogiから発送される貨物に対するFedExのサービスやサポートを受けることができません。
個人事業主（屋号なし）または個人のユーザー様でFedExアカウント登録を希望される場合は、
以下のリンクからアカウント番号を取得いただき入力してください。
本ページ入力項目の「会社名/お名前」に入力いただく内容に関しては、
FedExアカウントを登録する際に入力された内容と一致する必要ありますのでご注意ください。
FedExアカウントの紐付け作業には通常2~3営業日かかります。作業完了次第、お客様へ通知が送られます。
なお、eLogiアカウント作成後30日間は、FedExアカウントがeLogi上で未登録の状態でもラベル発行が可能ですが
30日を過ぎるとラベル発行ができなくなりますのでご注意ください。

https://www.fedex.com/ja-jp/open-account/personal.html

FedExアカウント番号

1 ここに入力します

13 ここでは、「個人」を例としていますので、この項目は、「いいえ」を選択します。

法人または個人事業主（屋号あり）のユーザー様が「はい」を選択されますと、
eLogiを通してFedExアカウントを申請していただくことができます。
（eLogiを通してFedExアカウント番号が発行されましたら、上記に番号が表示されます。）
上記の内容に同意して、アカウント作成を申請しますか？

はい

いいえ

1 ここを選択します

14 「入力内容を確認する」をクリックします。

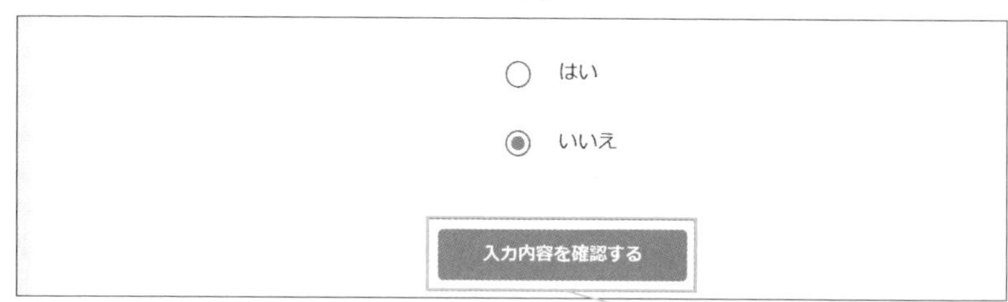

15

「入力情報を確認してください」のページが表示されます。一番下までスクロールをし、「メールアドレス認証」をクリックします。

16

登録のメールアドレスに送信された「認証ID」を、「認証ID」へ入力し、「次のステップへ進む」をクリックします。

elogi認証IDのお知らせ 受信トレイ ×

noreply@elogi.jp
To 自分

いつもお世話になっております。
eLogi - eBay出荷ツールのご利用誠にありがとうございます。

以下の認証IDを使用してユーザー登録を完了させて下さい。

認証ID：

何か問題がございましたら、eLogiサポートまでご連絡ください。

何卒宜しくお願い致します。

eLogi - eBay出荷ツールサポート

17 eLogiとeBayアカウントとの同期（紐づけ）を行います。

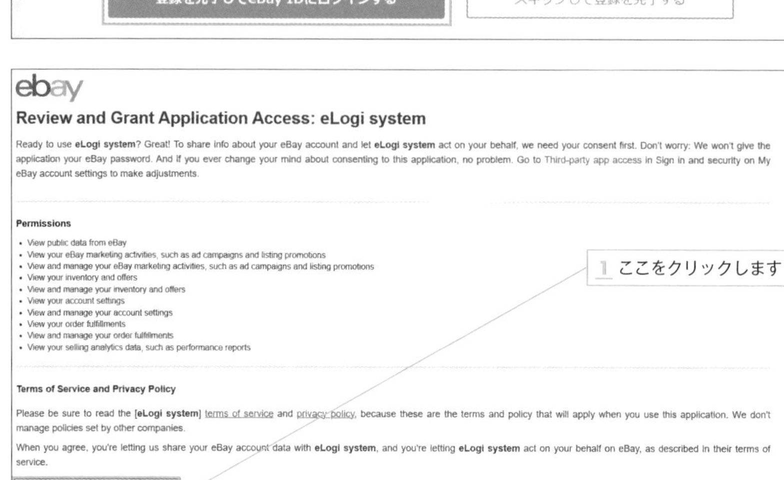

18 eLogiのユーザー登録と、eBayアカウントの同期が完了しました。

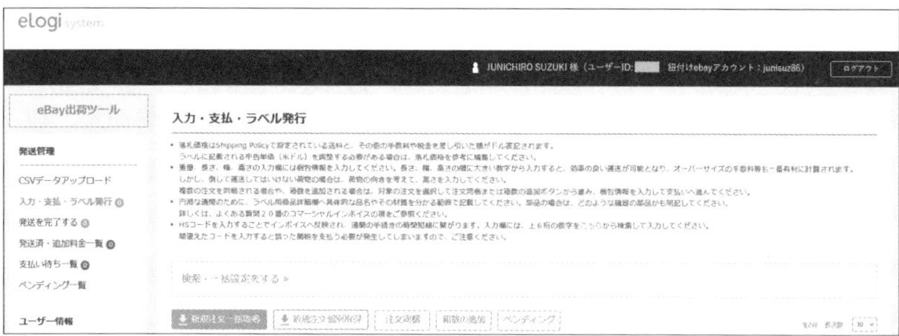

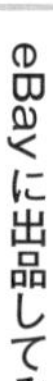

① FedExアカウントの取得

eLogi左側メニュー「FedExアカウント情報」をクリックします。

eLogi system
JUNICHIRO SUZUKI 様（ユーザーID: 42577　紐付けebayアカウント：junisuz86）
ログアウト
eBay出荷ツール
入力・支払・ラベル発行
発送管理
CSVデータアップロード
入力・支払・ラベル発行
発送を完了する
発送済・追加料金一覧
支払い待ち一覧
ペンディング一覧
ユーザー情報
eLogiアカウント情報
ユーザー基本情報
発送元情報
Fedexアカウント情報
eBayアカウント紐付け
1 ここをクリックします
新規注文取得ボタンをクリックして、新規注文情報を読み込んでください。

② リンクをクリックすると、FedExアカウントの登録ページへと進みます。

FedExアカウントの情報を入力してください。
アカウント番号を入力されますと、FedExのサポートを受けられるようになりますので、
すでにアカウント番号をお持ちの方は、是非ご入力ください。
ただ、入力するFedExアカウント番号に紐づくユーザー種類が、
本ページ選択項目の「ユーザー種類」で選択された内容と一致する必要がありますのでご注意ください。
一致しない場合はeLogiから発送される貨物に対するFedExのサービスやサポートを受けることができません。
個人事業主（屋号なし）または個人のユーザー様でFedExアカウント登録を希望される場合は、
以下のリンクからアカウント番号を取得いただき入力してください。
本ページ入力項目の「会社名/お名前」に入力いただく内容に関しては、
FedExアカウントを登録する際に入力された内容と一致する必要ありますのでご注意ください。
FedExアカウントの紐付け作業には通常2~3営業日かかります。作業完了次第、お客様へ通知が送られます。
なお、eLogiアカウント作成後30日間は、FedExアカウントがeLogi上で未登録の状態でもラベル発行が可能ですが
30日を過ぎるとラベル発行ができなくなりますのでご注意ください。
https://www.fedex.com/ja-jp/open-account/personal.html
FedExアカウント番号
1 ここをクリックします

③ 利用規約の同意にチェックを入れ、「登録」をクリックします。

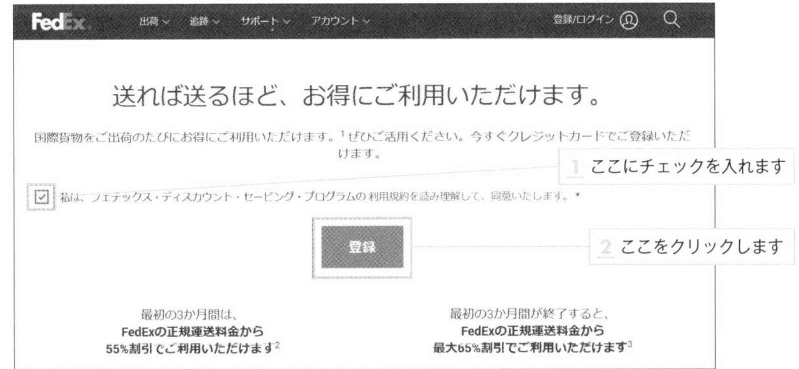
FedEx
出荷
追跡
サポート
アカウント
登録/ログイン
送れば送るほど、お得にご利用いただけます。
国際貨物をご出荷のたびにお得にご利用いただけます。1 ぜひご活用ください。今すぐクレジットカードでご登録いただけます。
私は、フェデックス・ディスカウント・セービング・プログラムの利用規約を読み理解して、同意いたします。*
1 ここにチェックを入れます
登録
2 ここをクリックします
最初の3か月間は、
FedExの正規運送料金から
55%割引でご利用いただけます2
最初の3か月間が終了すると、
FedExの正規運送料金から
最大65%割引でご利用いただけます3

4

個人情報をローマ字で入力し、「ログイン情報を入力」をクリックします。

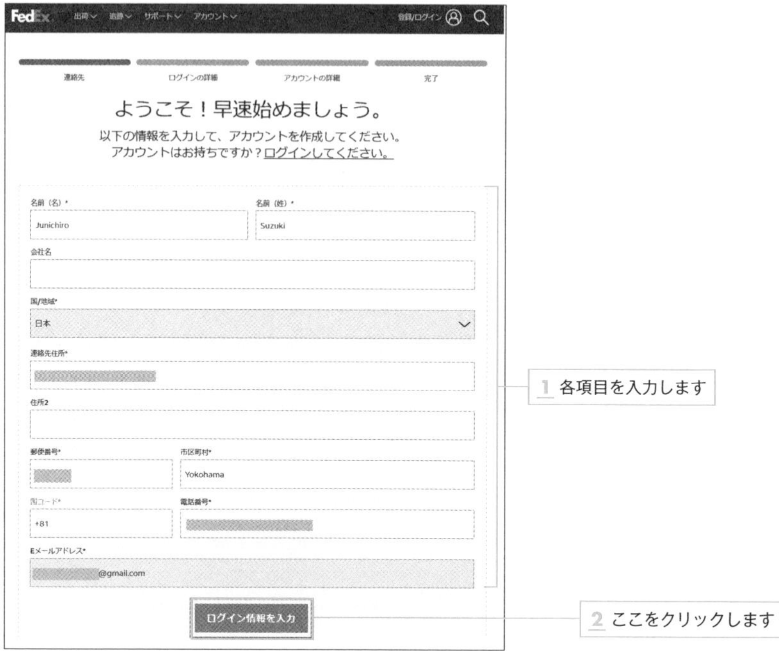

5

FedExユーザーIDを作成します。登録されたメールアドレスを使用するのが簡単です。パスワードを設定し、同意にチェックを入れ、「ユーザーIDを作成する」をクリックします。

6

アカウントの種類を選択します。FedExアカウントの種類はeLogiで選択したユーザー種類と一致する必要があります。eLogiのユーザー種類を「個人」とされたなら、FedExアカウントの種類も「個人」を選択します。出荷先住所・請求先住所については、連絡先住所をデフォルトとしますので、チェックを入れ、「アカウントの作成」をクリックします。

7

クレジットカードの登録を行います。なお、eLogiで作成する送り状の決済は、送り状作成時にeLogi上で行います。ここでクレジットカードを登録する意味は、本人確認とお考え下さい。

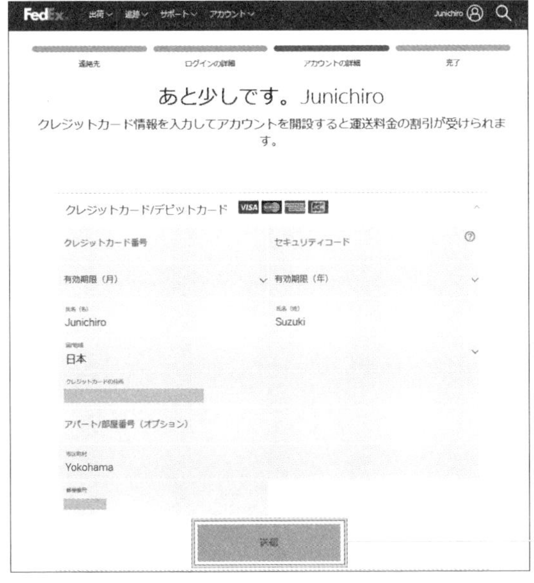

1 ここをクリックします

8

クレジットカードの登録が完了すると、9桁のアカウントナンバーが発番されます。そのアカウント番号をeLogiに入力し、保存をクリックします。

梱包資材とパウチの入手

FedExの梱包資材と、eLogiで作成する送り状を荷物に貼り付けるためのパウチ（送り状袋）を入手します。いずれも無料です。指定の住所に無料で届けてくれます。通常2～3営業日以内に届きますが、余裕を持って注文をしておきます。

FedExのホームページにログインし、上部のメニュー「出荷」→「梱包材」をクリックします。

「梱包材のオーダー」をクリックします。

必要な梱包材の数量を入力します。まずは、以下を準備しておきます。
①フェデックス・エンベロープ
②フェデックス再利用可能緩衝材入りパック
③フェデックス再利用可能ラージパック
④フェデックス再利用可能エクストラ・ラージ・パック
⑤フェデックス国際貨物用パウチ

フェデックス航空貨物運送状
*
（手数料：一枚につき500円）
(最低注文数：10)

⑤
フェデックス国際貨物用パウチ
(数量、一回に注文できる数：50)

4

箱類などは、ご自身の取り扱い商材に応じて、準備をします。

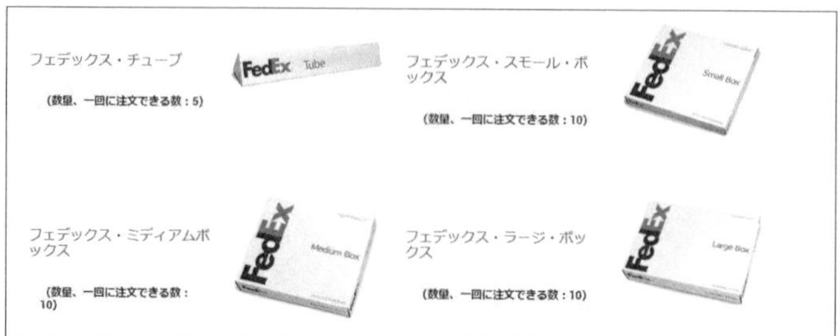

5

eLogiの割引適用外の「フェデックス10kgボックス」「フェデックス25kgボックス」や、有料のものは、基本不要です。

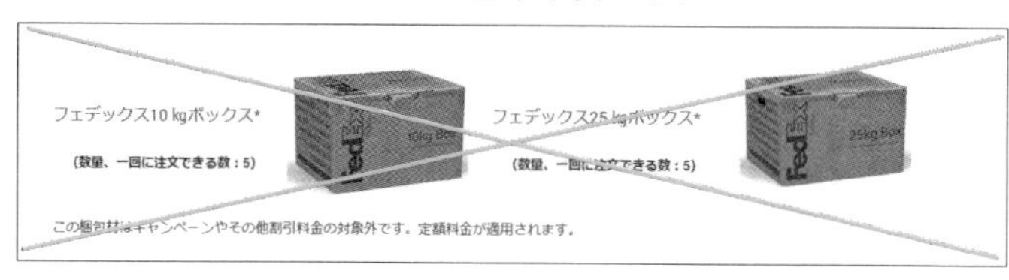

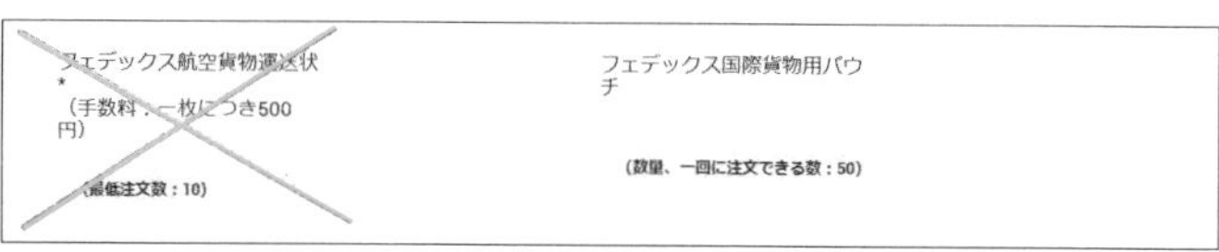

6

梱包材の配送先を記入し、「送信」をクリックして、注文は完了です。

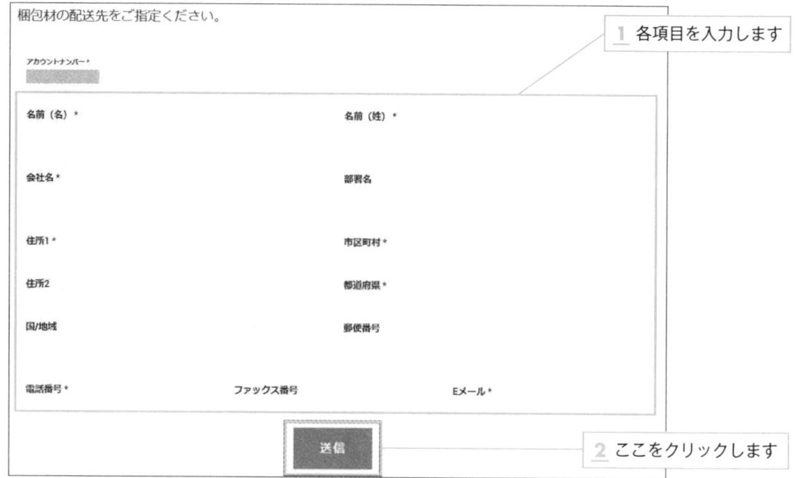

eLogiを使ったFedExの送料の目安について

日本郵便の送料や、FedEx、DHLの一般送料は、各ホームページで公表されています。しかしながら、eLogiを使ったFedExの送料は、eBayセラー専用の特別価格であること、サーチャージ（燃料割増金、繁忙期割増金等）で毎月変動するため、掲載されていません。ツール上で、梱包後の重量、箱のサイズを入力した段階で、サービス別の送料が表示されます。とはいえ、送料の目安が分からないと、eBayに出品する際の送料設定が困難となります。そこで、eLogiのサポートに問い合わせることで、アメリカへの参考送料等の提供を受けることができます。
（eLogi問い合わせフォーム）
https://www.elogi.jp/users/inquiry

専用の梱包資材以外も使ってよいか？

FedExを利用して荷物を発送する際の梱包材は、ご自身で準備した梱包材を使っても、前述のFedEx専用の無料梱包材を使っても、どちらでも大丈夫です。但し、使用する資材によって、送料が安くなったり高くなったりする場合があります。

例えば、重量 500g、34cm × 24cm × 2cmの荷物を発送する場合、eLogiに登録すると、次のように、使用できるサービスが表示されます。

配送サービス	運送補償料	箱	実重量/体積重量	見積送料 + サーチャージ	請求合計
○ FedEx Envelop	□ ¥0	1	0.5kg/0.462kg	¥2,559	¥2,559
○ FedEx Pak	□ ¥0	1	0.5kg/0.462kg	¥2,933	¥2,933
○ Fedex Priority	□ ¥0	1	0.5kg/0.462kg	¥2,866	¥2,866
○ Fedex Economy	□ ¥0	1	0.5kg/0.462kg	¥2,814	¥2,814

上記にて、FedEx Economy以外は、どのサービスも配送スピードは同じです。「FedEx Priority」はご自身で準備された梱包資材を使って大丈夫ですが、「FedEx Envelope」は「フェデックス・エンベロープ」を、「FedEx Pak」は「フェデックスパック」の梱包資材を使用する必要があります。

この例ですと、「フェデックス・エンベロープ」を使うと、一番安価で発送できる、ということになります。

※eLogiにおける送り状の具体的な作成方法は、SECTION 5-3で解説します。

eBay SpeedPAK登録方法

①まず、「CPaSSアカウント」を作成し、eBayアカウントと連携させます。
②Orange Connexのアカウント作成を行います。
詳しくは、以下、オフィシャルページをご参照下さい。
https://www.ebay.co.jp/speedpak/detail/

SECTION

4-19 ビジネスポリシー

出品に慣れてきましたら、eBayアカウントに「Business Policy/ビジネスポリシー」の機能を追加しましょう。

ビジネスポリシーとは、eBayの取引における「支払い方法」「返品方法」「発送方法」をルール化できる機能です。ルール化しておけば、これらを出品毎に、いちいち入力する必要がなくなる便利な機能です。

「支払い方法」→　Payment Policy
「返品方法」　→　Return Policy
「発送方法」　→　Shipping Policy

Payment PolicyやReturn Policyは設定しても、1～2種類程度になろうかと思います。

Shipping Policyは、「発送方法」「送料の金額」「Handling Time（入金から発送までの期間）」「発送除外国」など、そして、本当に細かく、そして、いくつでも設定する事ができます。

例えば、
「500gの商品を、Handling Time 1日で、Expeditated（クーリエ）で、送料無料でアメリカ、ヨーロッパへ発送」
「2000gの商品を、Handling Time 3日で、アメリカ宛はExpeditated（クーリエ）で、送料$40で、ヨーロッパ宛は送料$45で発送し、南米とアフリカを発送除外国にする」など、細かく設定すれば、切りがないくらいです。

一度ポリシーを作っておけば、それに該当する発送方法の際は、そのポリシーを選択するだけで設定ができる、という優れた機能であるといえます。

① ビジネスポリシーを表示させる方法

「eBay Business policies」と、Google検索すると、eBayオフィシャルの「Business policies」がヒットしますので、クリックをします。

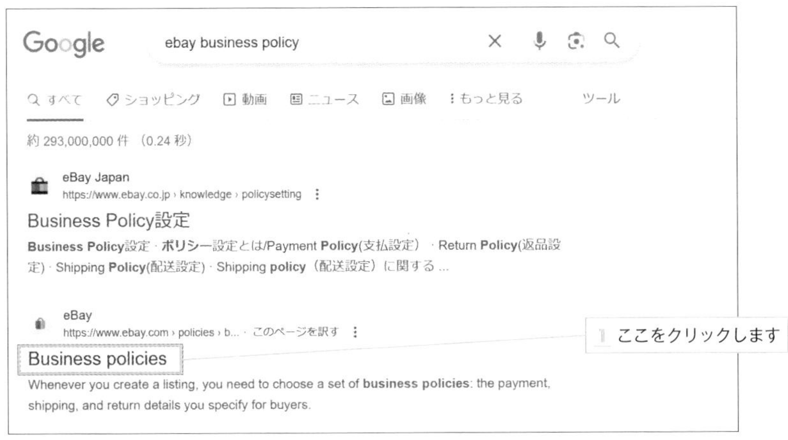

②

eBay Customer ServiceのBusiness policiesのページ内「Opt in」をクリックします。

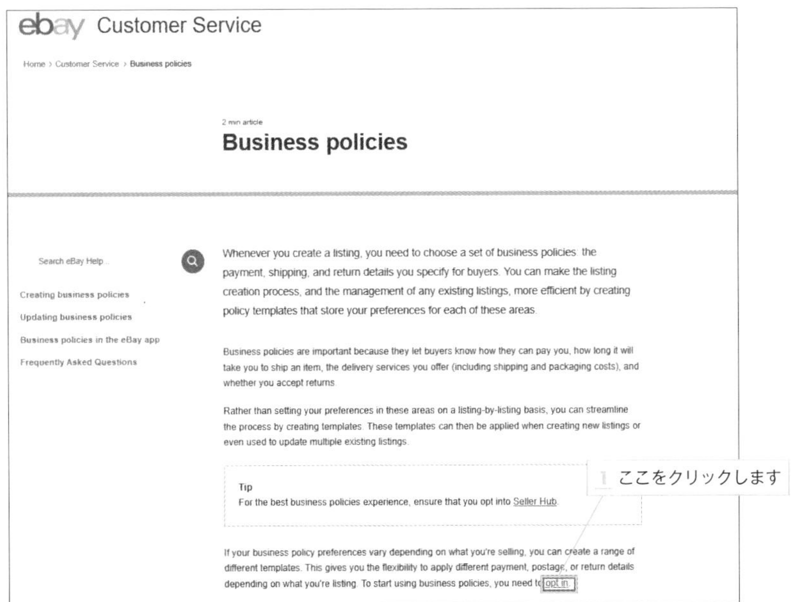

※Opt inのリンク先は、以下のとおりです。
https://www.bizpolicy.ebay.com/businesspolicy/policyoptin

3

List faster with business policiesのページ左下「Get started」をクリックします。

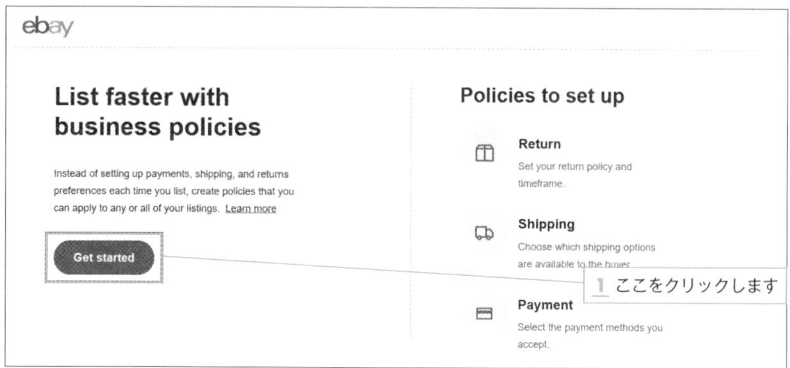

4

Business policiesの画面が表示されます。

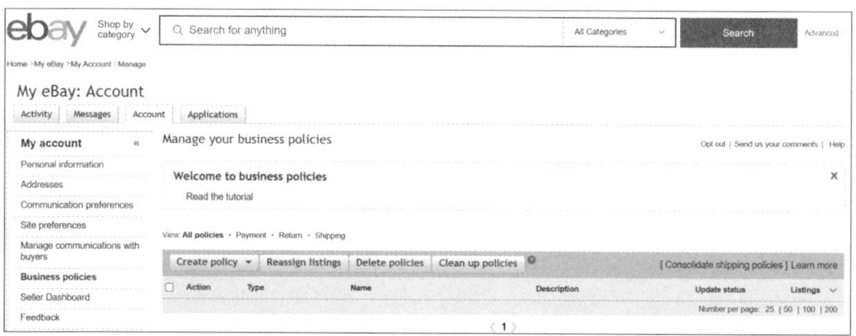

よくあるエラー

③の「Get started」をクリックして、下のような画面になってしまった場合は、このページをリロード（更新）すると、④の画面が正常に表示されることが多いです。正常に表示されない場合は、何度か、リロードを繰り返してみて下さい。または、ブラウザのキャッシュクリア、一度ログアウトし再度ログインし直す事でエラーが解決する場合があります。

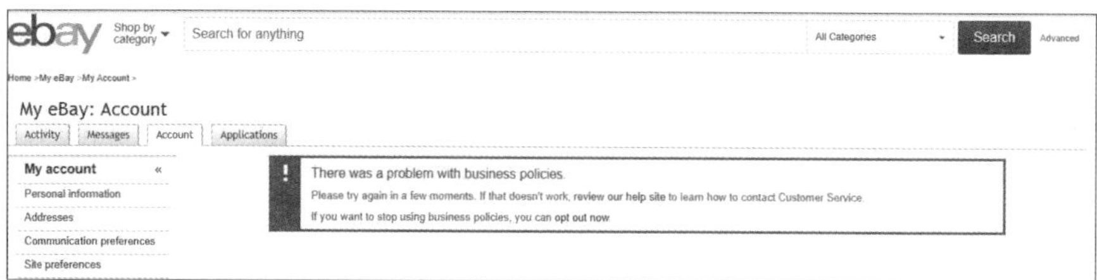

Payment policyの設定方法

Payment policyは、次の2つを設定します。

・通常支払い　→ 主に、オークション用
・即時支払い（Immediate payment）　即決用

「通常支払い」は、バイヤーさんが落札/購入手続きをした後、支払いをする、といった、ごく普通の設定です。

「即時支払い」は、Immediate（即時）の名の通り、「バイヤーさんが支払いをしないと購入できない」という方法になります。セラーにとっては、バイヤーさんが購入したにも関わらず、未払いになってしまうのを、防ぐ事ができます。

ここでは、デフォルトが準備されていない状態から、ポリシーを作成していきます。

1 Business policiesのページ内で「Create policy」から「Payment」を選択します。

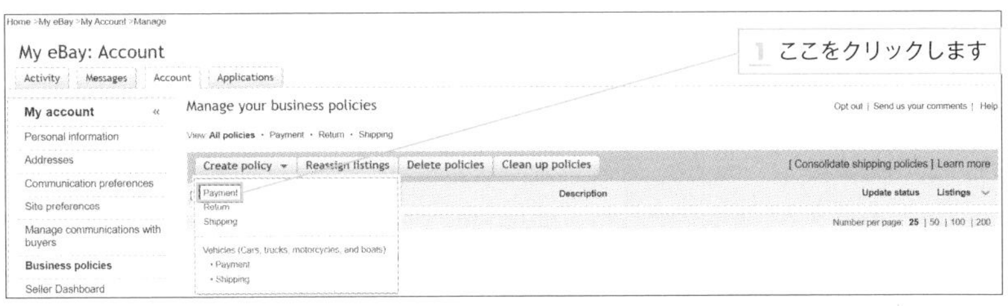

2 ポリシーの作成ページが表示されます。まず、「通常支払い」のポリシーを作成します。ポリシー名は自分が分かりやすい名前を半角英数字で付けます。ここでは「Payments」という名称にします。下の「Policy description」には、設定するポリシーの内容をメモすることが出来ます。ここは日本語で構いません。特にメモの必要がなければ空欄で構いません。ポリシー名を含めて、外部には表示されません。デフォルトにしたい場合は、「Set as default payment policy」にチェックを入れます。

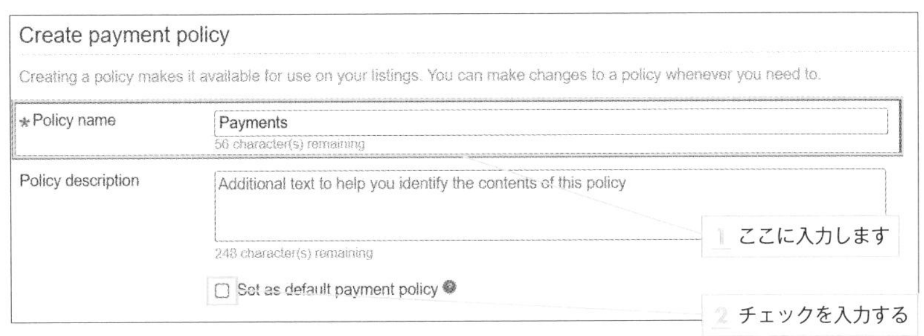

3

以下にはチェックは入れません。
「Require immediate payment when buyer uses Buy It Now」
「Other payment methods」
→　アメリカ等で、Managed Payments以外の決済手段を持つセラーが、必要に応じてここにチェックを入れます。(ピックアップ時の現金払い、小切手、小為替)
左下の「Save」をクリックします。

Find out about payment options you can offer to your buyers.

Payments managed by eBay(fee varies) ☐ Require immediate payment when buyer uses Buy It Now

Other payment methods ☐ Cash On Pickup
☐ Check
☐ Money Order

* indicates a required field

Save Cancel

1 ここをクリックします

4

Business policies一覧に「Payments」が表示されました。

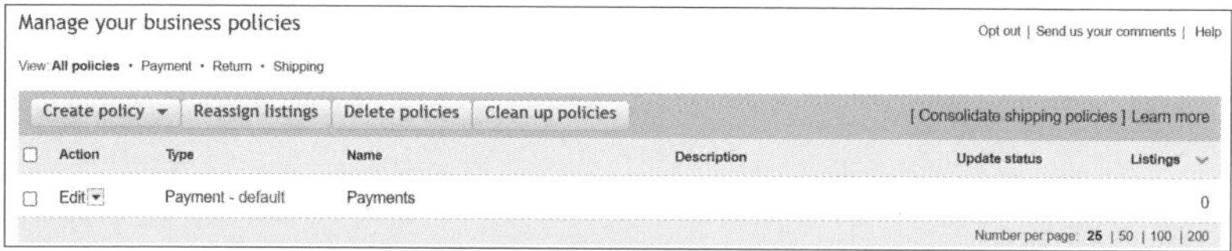

5

続けて、「即時支払い」のポリシーを作成します。先程作成した「Payments」のポリシーを雛形として活用することで、最初より、楽に作成できます。
「Edit」>「Copy policy」をクリックします。

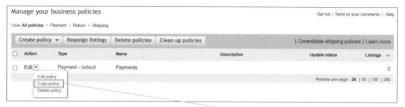

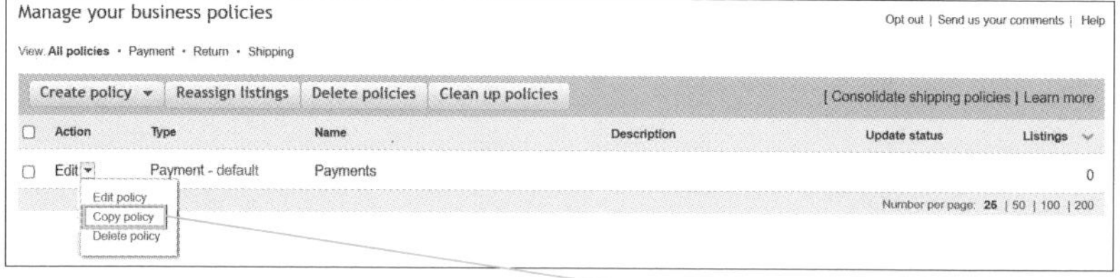

6 ここでは、ポリシー名を「Payments immediate」とします。「Require immediate payment when buyer uses Buy It Now」(バイヤーがBuy It Nowで購入する場合、即時支払いを要求する)にチェックを入れます。左下の「Save」をクリックします。

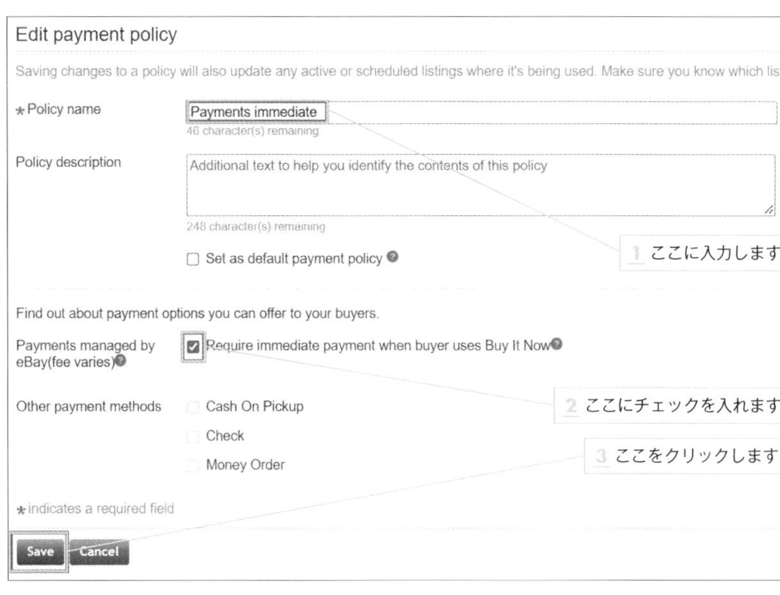

7 Business policies一覧に「Payments immediate」が表示されました。

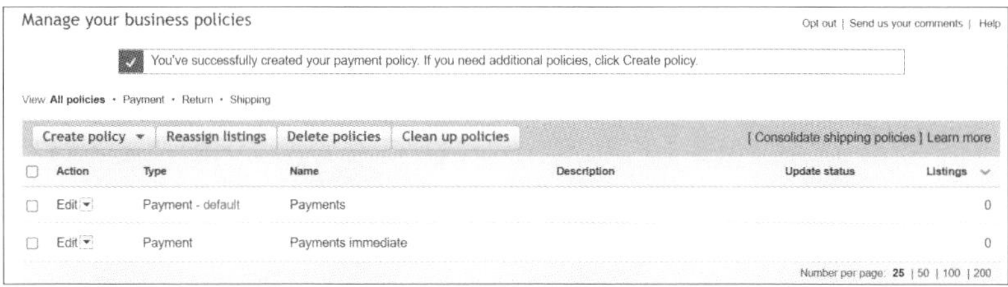

Return policyの設定

前述のSECTION4-13「Returns」(Not accepted/No Returns)にて、5パターンの返品方法を紹介しました。

- 返品不可
- 商品到着から30日返品可　返送料バイヤー持ち
- 商品到着から30日返品可　返送料セラー持ち　(Free return)
- 商品到着から60日返品可　返送料バイヤー持ち

・商品到着から60日返品可　返送料セラー持ち　(Free return)

ここでは、バイヤーさんに最も優しい「商品到着から60日返品可　返送料セラー持ち　(Free return)」を設定します。

1 Business policiesのページ内「Create policy」から「Return」を選択します。

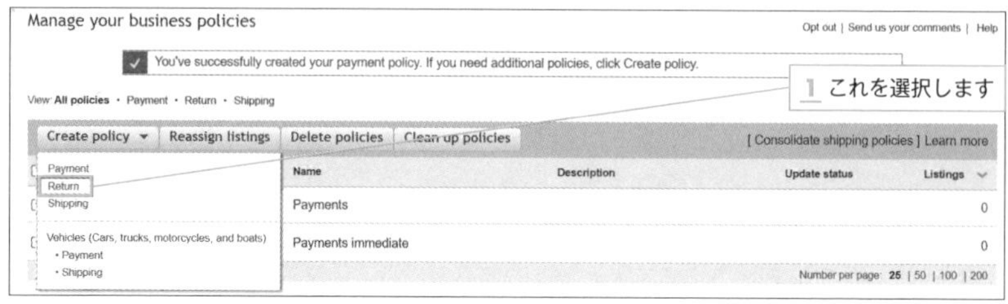

2 ここでは、ポリシー名を「Return 60 days Free」とします。

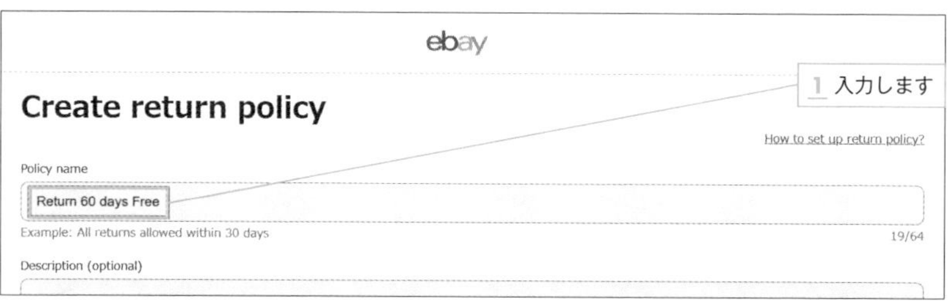

3 「Accept returns ～Allow returns for items purchased domestically.」(日本からの返品を受け入れる)の右側のスライドバーをオンにします。「Allowed within」の下に表示されているプルダウンは「60days」とします。

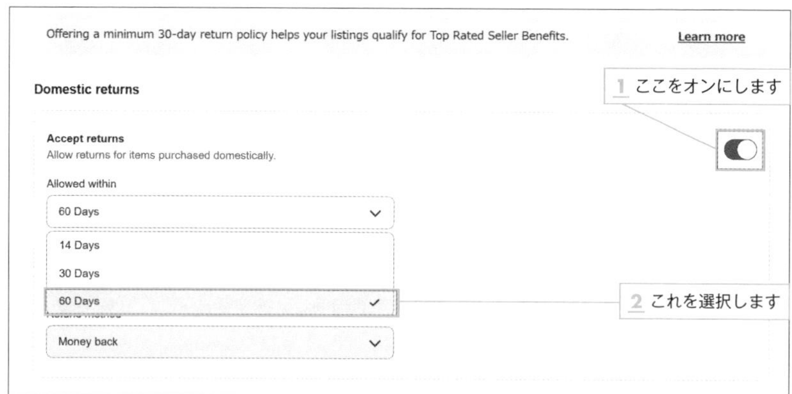

4

「Return shipping paid by」の下に表示されているプルダウンは、「Free for buyer, you pay」を選択します。

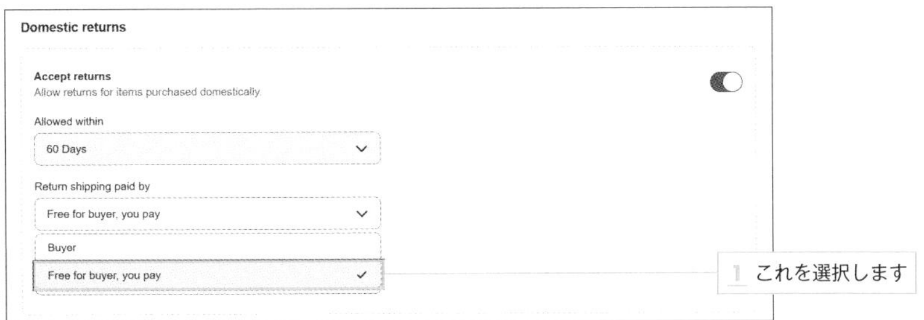

5

「Refund method」の下に表示されているプルダウンは、「Money back」を選択します。「Money back or replacement」(返金か交換)は、海外取引の場合、返送料、再送料が高くついてしまうため、一般的には選択しません。

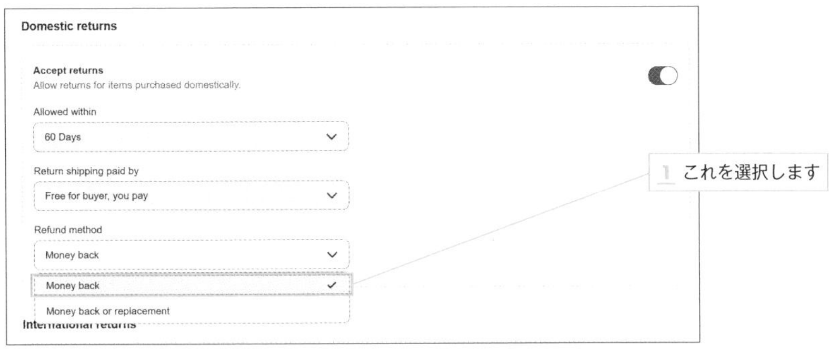

6

「International returns」(日本以外の国からの返品を受け入れる)も、③④と同様に、スライドバーをオンにし、「60days」「Free for buyer, you pay」「Money back」を選択します。その後、「Save」をクリックします。

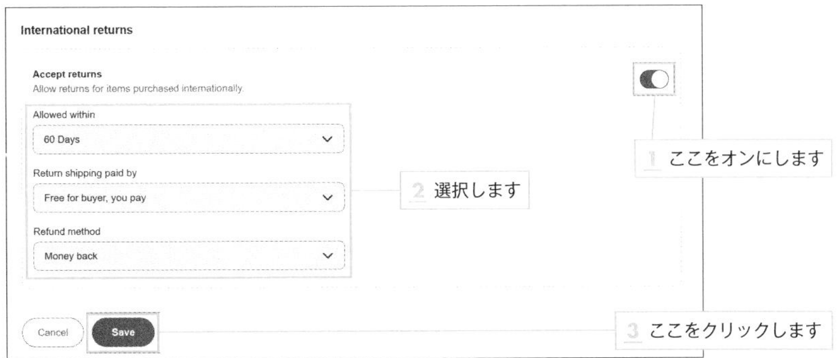

7

Business policies一覧に「Return 60 days Free」が表示されました。

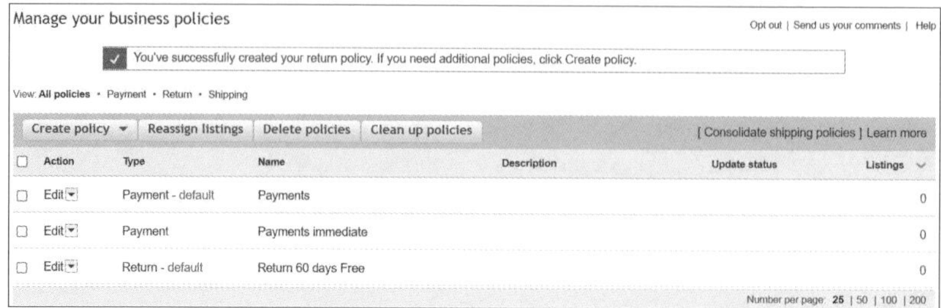

Shipping policyの設定

ここでは、以下のポリシーを作成してみます。

・500gの商品
・Handling Time(入金から発送までの期間)を3日間
・発送対象は、
アメリカ、カナダ、イギリス、フランス、ドイツ
香港、韓国、フィリピン、台湾、タイ、シンガポール
その他の国・地域は発送除外に設定
・発送方法・送料は、
　・アメリカ　Expedited(クーリエ)$25、Standard(書留付き小形包装物航空便)$19
　・カナダ Expedited(クーリエ)$25、Standard(書留付き小形包装物航空便)$15
　・イギリス・フランス・ドイツ
Expedited(クーリエ)$28、Standard(書留付き小形包装物航空便)$15
　・アジア(香港、韓国、フィリピン、台湾、シンガポール)
Expedited(クーリエ)$25、Standard(書留付き小形包装物航空便)$14

Business policiesのページ内「Create policy」から「Shipping」を選択します。

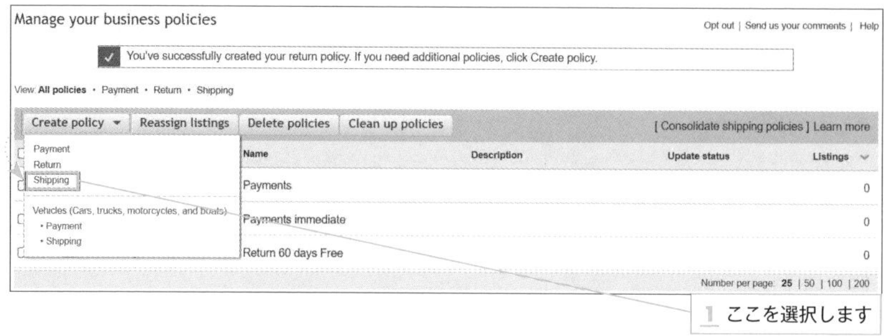

2

ここでは、ポリシー名を「500g 3days」とします。

Create shipping policy

Creating a policy makes it available for use on your listings. You can make changes to a policy whenever you need to.

*Policy name 500g 3days

54 character(s) remaining

Policy description Additional text to help you identify the contents of this policy.

250 character(s) remaining

Set as default shipping policy

1 入力します

3

Domestic shippingにて、「アメリカへの送料設定」を行います。
「Flat : same cost to all buyers」を選択します。
Expeditedを設定するので、「Services」は、「Expedited shipping from outside US (1 to 4 business days)」を選択します。

Offering same-day or 1-day handling time helps your listings qualify for Top Rated Seller benefits. Learn more

1 ここを選択します

*Domestic shipping

Flat: same cost to all buyers

Services Cost Each additional

Free shipping

Economy Shipping from Canada (5 to 12 business days)
Economy Shipping from Greater China to worldwide (11 to 35 business days)
Economy Shipping from India (8 to 13 business days)
Mail Service from India (14 to 27 business days)
Standard services from abroad
Standard Shipping from outside US (5 to 10 business days)
Standard Shipping from Canada (4 to 9 business days)
SpeedPAK Standard (8 to 12 business days)
Standard Shipping from Greater China to worldwide (7 to 19 business days)
Standard Shipping from India (5 to 12 business days)
Expedited services from abroad
Expedited Shipping from outside US (1 to 4 business days)
Expedited Shipping from Canada (1 to 4 business days)
FedEx International Economy (2 to 4 business days)
Expedited Shipping from Greater China to worldwide (2 to 7 business days)
Expedited Shipping from India (3 to 9 business days)
Freight
Flat Rate Freight
Other services
Local Pickup

2 ここを選択します

4

「Cost」に、アメリカまでのExpedited送料、$25を入力します。右側の「Each additional」は、「1個追加する毎に、追加送料○ドル」という設定が出来ます。ここでは、設定しませんので、空欄とします。

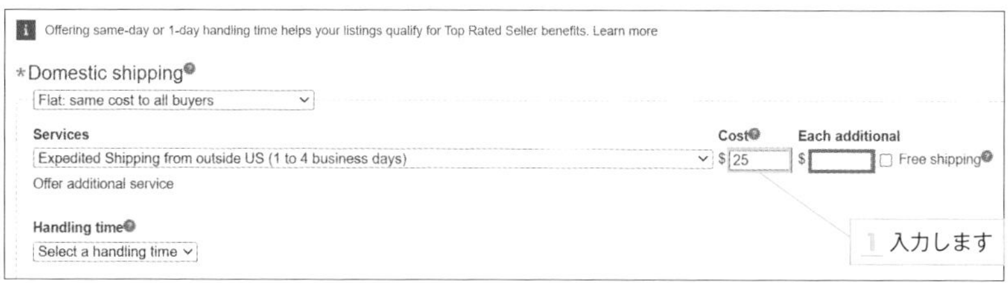

5

アメリカまでのStandardを設定するため、「Offer additional service」をクリックし、「Services」を追加します。

*Domestic shipping
Flat: same cost to all buyers
Services
Cost
Each additional
Expedited Shipping from outside US (1 to 4 business days)
$ 25
$
Free shipping
Offer additional service
Handling time
Select a handling time
1 ここをクリックします

6

「Standard shipping from outside US」を選択し、「Cost」にアメリカまでのStandard送料$19を入力します。右の「Each additional」は前述同様に空欄とします。

*Domestic shipping
Flat: same cost to all buyers
Services
Cost
Each additional
Expedited Shipping from outside US (1 to 4 business days)
$ 25
$
Free shipping
Standard Shipping from outside US (5 to 10 business days)
$ 19
$
Remove service
Offer additional service
Handling time
Select a handling time
1 選択します
2 ここに入力します

7

「Handling Time」を設定します。「3 business days」を選択します。

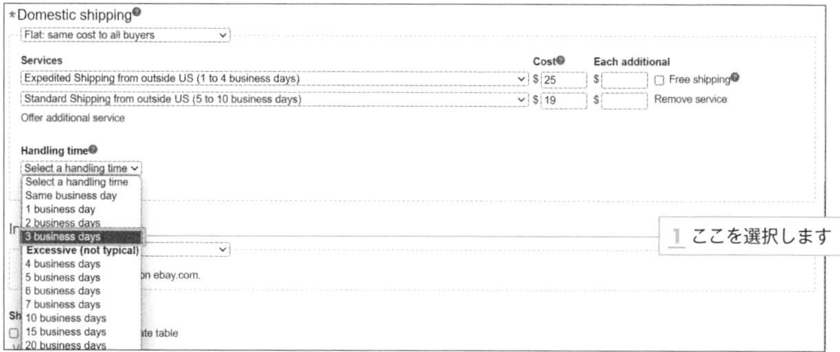

8

Domestic shippingの設定が完了しました。

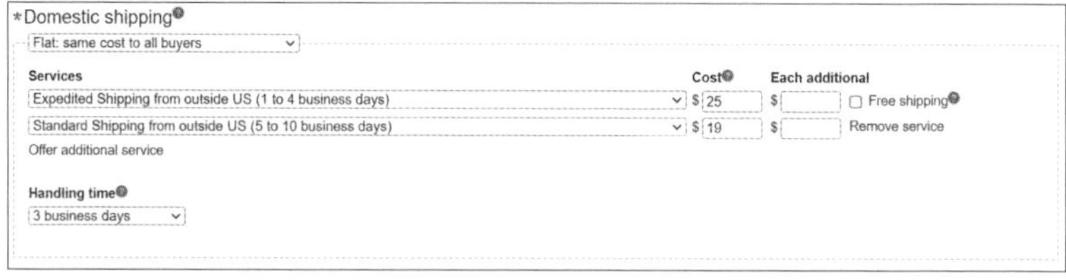

9

次に、International shippingにて、「アメリカ以外への送料設定」を行います。「Flat : same cost to all buyers」を選択します。

Handling time
3 business days
International shipping
No international shipping
Flat: same cost to all buyers
Calculated: Cost varies by buyer location
No international shipping

1 ここを選択します

10

International shippingの設定画面が表示されます。

International shipping
Flat: same cost to all buyers
Offering international shipping may make your listing visible on other eBay sites and available to international buyers.
Ship to Services Cost Each additional
Offer additional service
Additional ship to locations - buyers contact for costs
Will ship to the United States and the following
N. and S. America / Canada / Mexico / Brazil / Europe / United Kingdom / Germany / France / Russian Federation / Asia / China / Japan / Australia

11

Ship toは、「Choose custom locations」を選択します。

12

まず、アジアへのStandardを設定します。「Services」は、「Standard international shipping」を選択します。

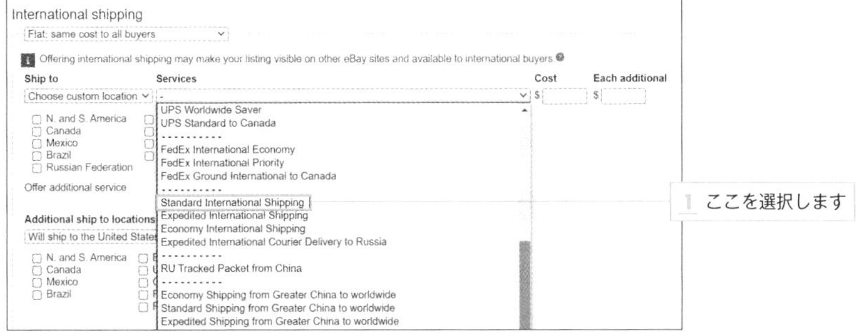

13

「Cost」に、アジアまでのStandard送料、$14を入力します。下の「Asia」にチェックを入れます。

14

アジアまでのExpeditedを設定するため、「Offer additional service」をクリックし、「Services」を追加します。

International shipping
Flat: same cost to all buyers
Offering international shipping may make your listing visible on other eBay sites and available to international buyers.
Ship to / Services / Cost / Each additional
Choose custom location / Standard International Shipping / $ 14 / $
N. and S. America / Canada / Mexico / Brazil / Russian Federation
Europe / United Kingdom / Germany / France
Asia / China / Japan / Australia
Offer additional service
1 ここをクリックします

15

「Choose custom locations」「Expedited international shipping」を選択し、「Cost」に、アジアまでのExpedited送料、$19を入力します。下の「Asia」にチェックを入れます。
※「Asia」は、アジア圏全体を指しますが、この事例での発送先「香港、韓国、フィリピン、台湾、タイ、シンガポール」以外の国は、後述する「Exclude shipping locations」で発送除外地域に設定します。

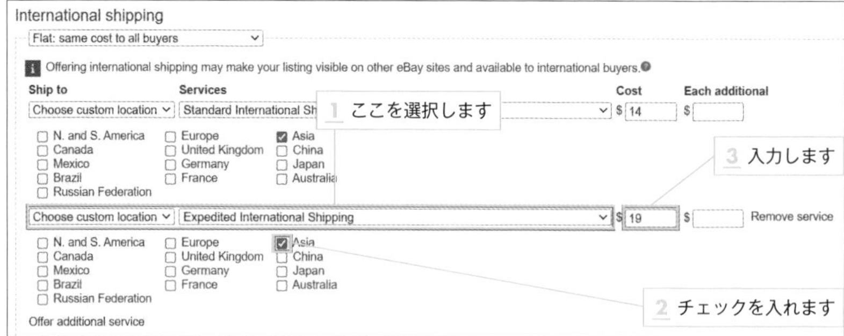

繰り返し、同じように、サービス、送料、国の設定を行います。
・「Offer additional service」をクリックし、「Services」を追加
・カナダへのExpedited
「Expedited international shipping」を選択し、
「Canada」にチェックを入れ、送料$25を入力
・カナダ、イギリス、ドイツ、フランスのStandard送料は同じ価格にしているため、各々の国にチェックを入れ、送料$15を入力
・「Offer additional service」をクリックし、「Services」を追加
・イギリス、ドイツ、フランスへのExpedited
「Expedited international shipping」を選択し、
「United Kingdom」「Germany」「France」にチェックをいれ、送料$28を入力

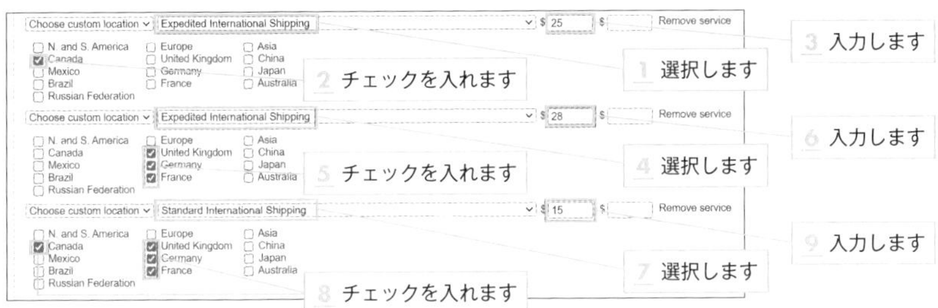

17

「Additional ship to locations - buyers contact for costs」は、「Will ship worldwide」を選択します。「全世界に発送可能」という意味ですが、後述する「Exclude shipping locations」で発送除外地域を設定します。

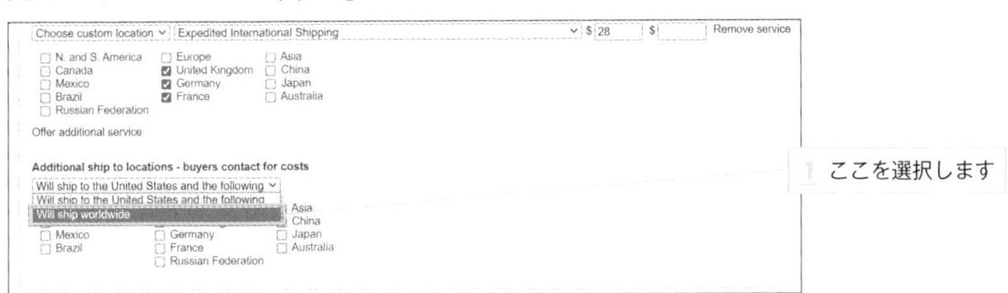

18

「Shipping rate tables」では、更に細かく、国や地域別に発送方法や送料を選定することが出来ます。ここでは、設定しません。また、上級者向けとなりますので、説明はしません。

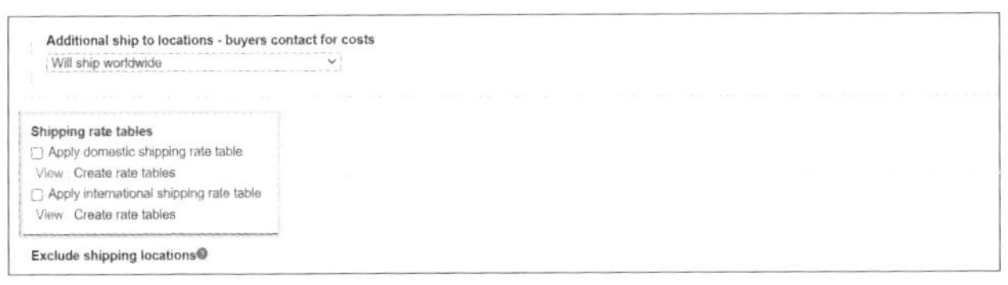

19

「Exclude shipping locations」で、発送除外地域を設定します。現在は、「No locations are excluded」、発送除外地域を設定していない状態です。「Create exclusion list」をクリックします。

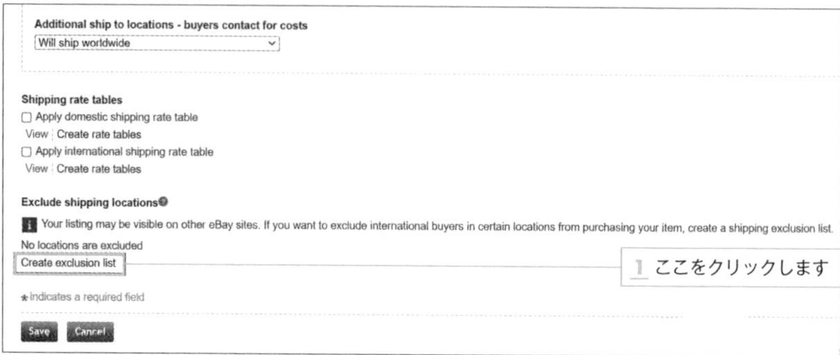

20

Domestic　・US Protectorates　・APO/FPO
International　・Africa　・Central America and Caribbean
・Middle East　・Oceania　・South America
Additional locations　・PO Boxにチェックを入れます。

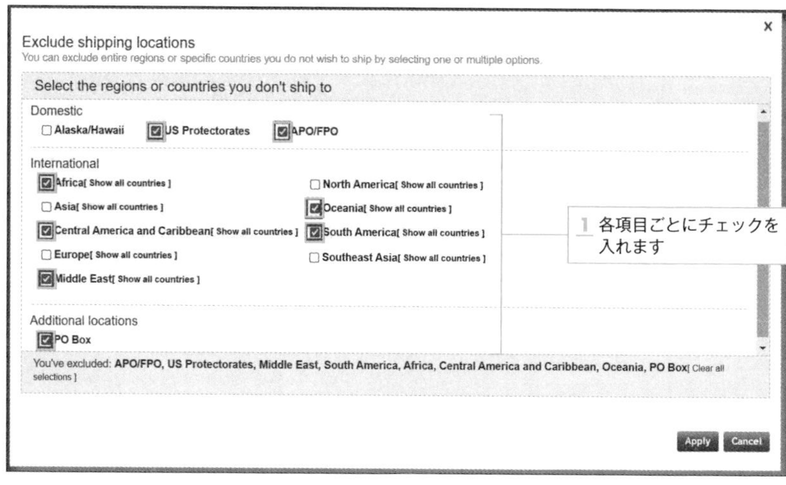

21

「Asia」の「香港、韓国、フィリピン、台湾、タイ、シンガポール」以外を発送除外国に設定します。「Show all countries」をクリックすると、全ての国が表示されます。発送除外国を1つ1つチェックするより、一旦、「Asia」を全選択し、「香港、韓国、フィリピン、台湾、タイ、シンガポール」のチェックを外していくほうが早いです。

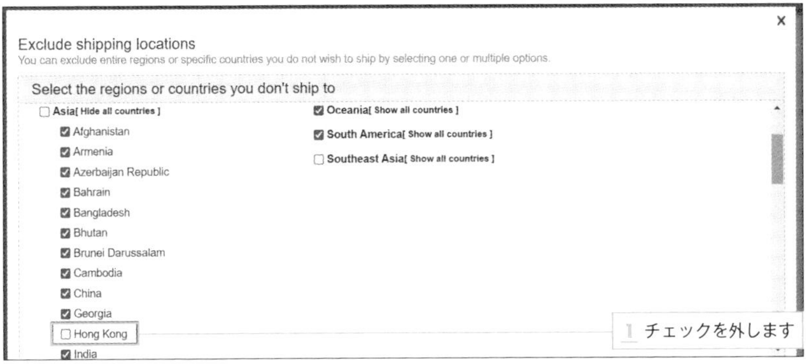

Exclude shipping locations
You can exclude entire regions or specific countries you do not wish to ship by selecting one or multiple options.
Select the regions or countries you don't ship to
Asia[Hide all countries]
Afghanistan
Armenia
Azerbaijan Republic
Bahrain
Bangladesh
Bhutan
Brunei Darussalam
Cambodia
China
Georgia
Hong Kong
India
Oceania[Show all countries]
South America[Show all countries]
Southeast Asia[Show all countries]

1 チェックを外します

22

同じように「Europe」の「イギリス、フランス、ドイツ」以外、「North America」の「カナダ」以外を発送除外国に設定します。「Show all countries」をクリックすると、全ての国が表示されます。前述の通り、発送除外国を1つ1つチェックするより、一旦、地域を全選択し、発送対象国のチェックを外していくほうが早いです。

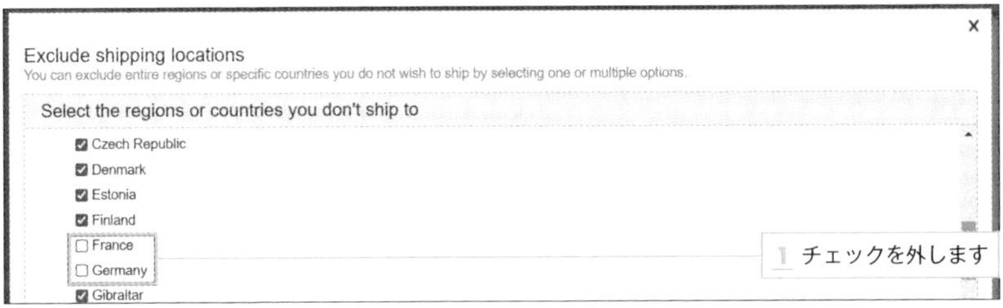

Exclude shipping locations
You can exclude entire regions or specific countries you do not wish to ship by selecting one or multiple options.
Select the regions or countries you don't ship to
Czech Republic
Denmark
Estonia
Finland
France
Germany
Gibraltar

1 チェックを外します

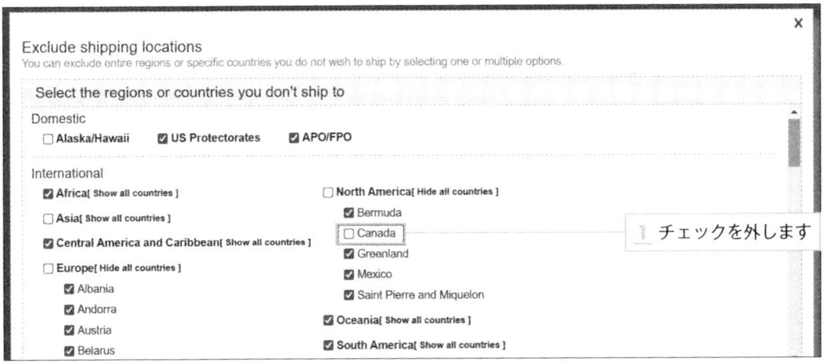

Exclude shipping locations
You can exclude entire regions or specific countries you do not wish to ship by selecting one or multiple options.
Select the regions or countries you don't ship to
Domestic
Alaska/Hawaii　US Protectorates　APO/FPO
International
Africa[Show all countries]
Asia[Show all countries]
Central America and Caribbean[Show all countries]
Europe[Hide all countries]
Albania
Andorra
Austria
Belarus
North America[Hide all countries]
Bermuda
Canada
Greenland
Mexico
Saint Pierre and Miquelon
Oceania[Show all countries]
South America[Show all countries]

1 チェックを外します

23 全てのチェックが完了したら、右下の「Apply」をクリックします。

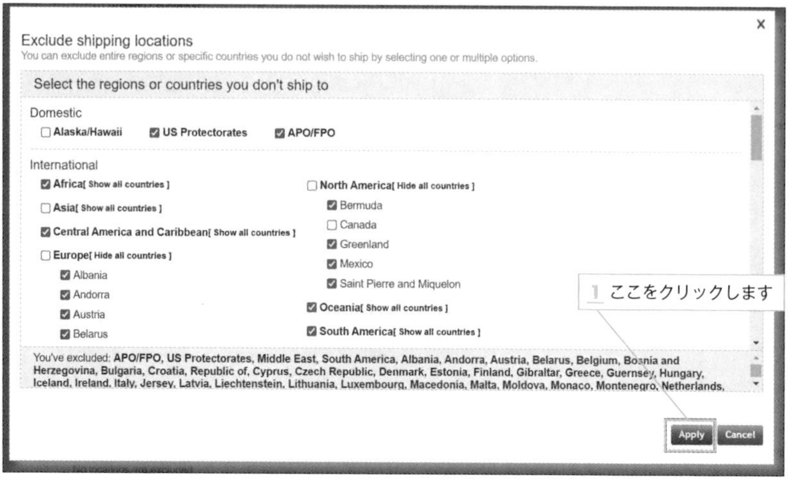

Exclude shipping locations
You can exclude entire regions or specific countries you do not wish to ship by selecting one or multiple options.
Select the regions or countries you don't ship to
Domestic
Alaska/Hawaii / US Protectorates / APO/FPO
International
Africa[Show all countries]
Asia[Show all countries]
Central America and Caribbean[Show all countries]
Europe[Hide all countries]
Albania
Andorra
Austria
Belarus
North America[Hide all countries]
Bermuda
Canada
Greenland
Mexico
Saint Pierre and Miquelon
Oceania[Show all countries]
South America[Show all countries]
You've excluded: APO/FPO, US Protectorates, Middle East, South America, Albania, Andorra, Austria, Belarus, Belgium, Bosnia and Herzegovina, Bulgaria, Croatia, Republic of, Cyprus, Czech Republic, Denmark, Estonia, Finland, Gibraltar, Greece, Guernsey, Hungary, Iceland, Ireland, Italy, Jersey, Latvia, Liechtenstein, Lithuania, Luxembourg, Macedonia, Malta, Moldova, Monaco, Montenegro, Netherlands,
Apply Cancel

1 ここをクリックします

24 発送除外地域が設定されました。

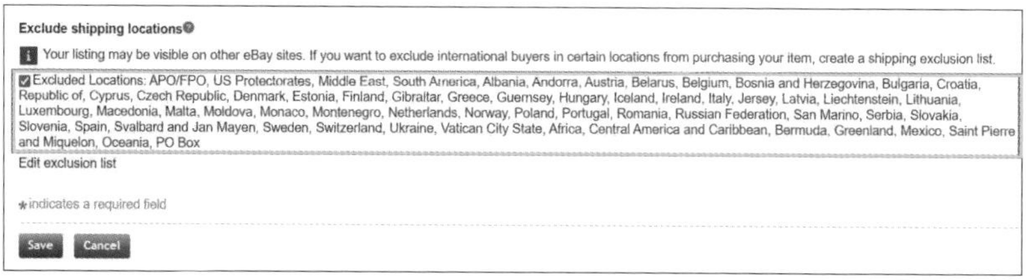

Exclude shipping locations
Your listing may be visible on other eBay sites. If you want to exclude international buyers in certain locations from purchasing your item, create a shipping exclusion list.
Excluded Locations: APO/FPO, US Protectorates, Middle East, South America, Albania, Andorra, Austria, Belarus, Belgium, Bosnia and Herzegovina, Bulgaria, Croatia, Republic of, Cyprus, Czech Republic, Denmark, Estonia, Finland, Gibraltar, Greece, Guernsey, Hungary, Iceland, Ireland, Italy, Jersey, Latvia, Liechtenstein, Lithuania, Luxembourg, Macedonia, Malta, Moldova, Monaco, Montenegro, Netherlands, Norway, Poland, Portugal, Romania, Russian Federation, San Marino, Serbia, Slovakia, Slovenia, Spain, Svalbard and Jan Mayen, Sweden, Switzerland, Ukraine, Vatican City State, Africa, Central America and Caribbean, Bermuda, Greenland, Mexico, Saint Pierre and Miquelon, Oceania, PO Box
Edit exclusion list
* indicates a required field
Save Cancel

25 最後に「Save」をクリックします。

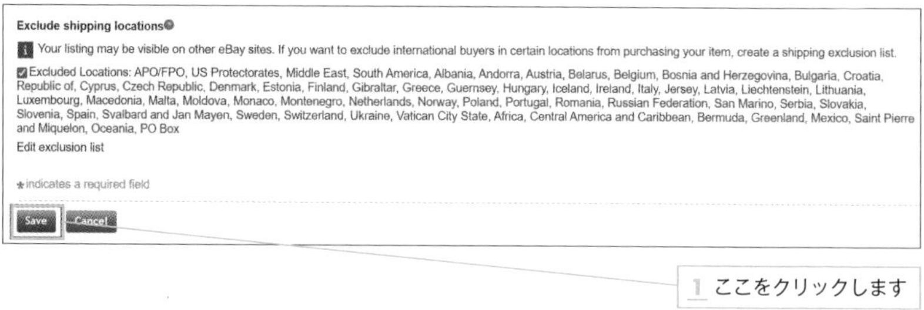

Exclude shipping locations
Your listing may be visible on other eBay sites. If you want to exclude international buyers in certain locations from purchasing your item, create a shipping exclusion list.
Excluded Locations: APO/FPO, US Protectorates, Middle East, South America, Albania, Andorra, Austria, Belarus, Belgium, Bosnia and Herzegovina, Bulgaria, Croatia, Republic of, Cyprus, Czech Republic, Denmark, Estonia, Finland, Gibraltar, Greece, Guernsey, Hungary, Iceland, Ireland, Italy, Jersey, Latvia, Liechtenstein, Lithuania, Luxembourg, Macedonia, Malta, Moldova, Monaco, Montenegro, Netherlands, Norway, Poland, Portugal, Romania, Russian Federation, San Marino, Serbia, Slovakia, Slovenia, Spain, Svalbard and Jan Mayen, Sweden, Switzerland, Ukraine, Vatican City State, Africa, Central America and Caribbean, Bermuda, Greenland, Mexico, Saint Pierre and Miquelon, Oceania, PO Box
Edit exclusion list
* indicates a required field
Save Cancel

1 ここをクリックします

26

Business policies一覧に「500g 3days」が表示されました。

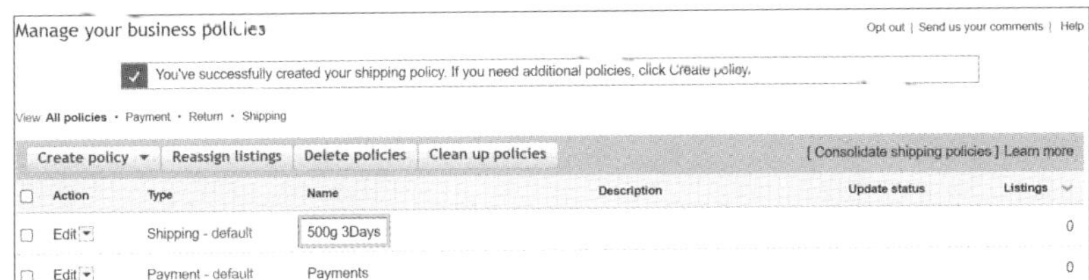

※ポリシーを作成すると、「How we'll clean up policies」という表示が出ることがあります。これは、「作成したポリシーで使用しないものは、削除できますよ」という単なる案内です。「×印」をクリックすれば、消えます。

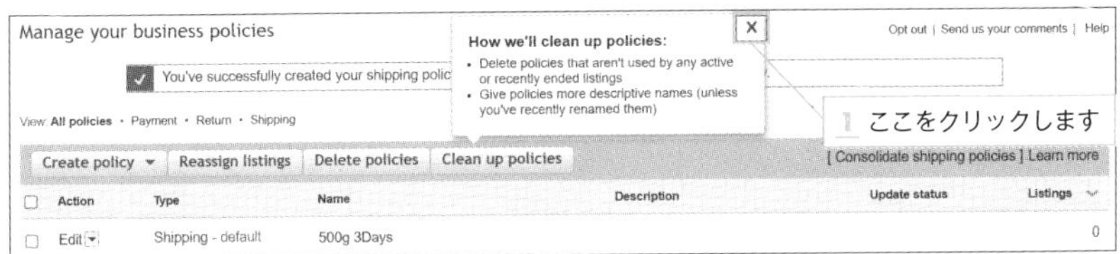

※ビジネスポリシーは同じ内容のポリシーを重複して作成できません。
作成しようとすると、以下のようなエラーメッセージとともに、重複するポリシー名が表示されます。

Create shipping policy

Please provide the correct information in the highlighted fields
- This policy is the same as your existing policy 500g 3Days. You can either use your existing policy or make changes to this one.

Creating a policy makes it available for use on your listings. You can make changes to a policy whenever you need to.

*Policy name　300g 3days
54 character(s) remaining

Policy description　Additional text to help you identify the contents of this policy
250 character(s) remaining

Set as default shipping policy

27

ビジネスポリシーを設定した後の、出品ページには、作成したビジネスポリシーが表示されるようになります。

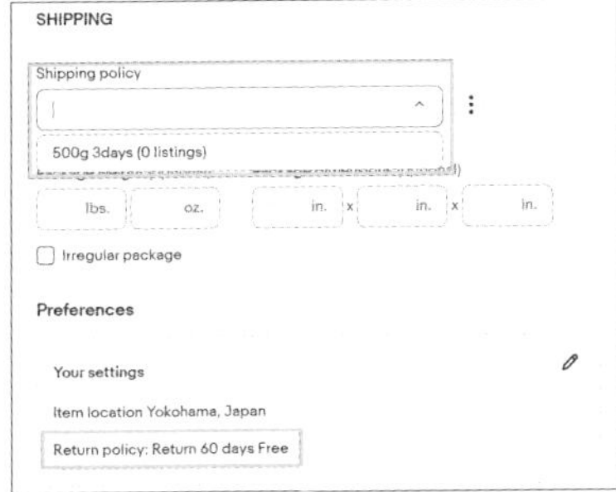

SECTION

4-20 Exclude Shipping Location（発送除外地域）の設定

ここでは、SECTION 4-19で設定したExclude Shipping Location(発送除外地域)について、詳しく解説してまいります。

eBayでExclude Shipping Location(発送除外地域)に設定した国や地域のバイヤーさんは、あなたの商品を購入することが出来ません。

Exclude Shipping Location(発送除外地域)を設定する理由は、次の3つとなります。

1. 輸送手段がなく、物理的に発送ができない
2. 国ごとの禁制品
3. 輸送トラブルがあった、またはありそう

1. 輸送手段がなく、物理的に発送ができない

新型コロナウイルス蔓延や国際情勢の影響により、日本郵便やクーリエで引受を停止している国があります。例えば、2024年9月現在、ロシア宛の荷物は、日本郵便、クーリエとも、引受を停止していますので、確実に発送除外国に設定する必要があります。

引受状況は、常に変化がありますので、日本郵便ホームページの「国・地域別の差出可否」、eLogiのログインした際に表示される「お知らせ」を定期的に確認します。

名宛国・地域	通常郵便物（書留・保険付を含む）			小包郵便物			EMS	制限事項および日本国内における遅延情報 （平常期）：平常期からの制限です。 （一時）：新型コロナウイルス感染症による一時停止期間の制限です。 （遅延）：日本国内における遅延情報です。	名宛国・地域に到着した後の配達等に関する注意事項（各国等の郵便事業体からの通知内容）	通関電子データ送信
	航空扱い	SAL扱い	船便扱い	航空扱い	SAL扱い	船便扱い				
中華人民共和国	○	×	○	○	×	○	○		中国国内において新型コロナウイルス感染症の検疫強化の措置が取られること等に伴い、郵便物のお届けに遅延が生じます。	推奨
アメリカ合衆国	○	×	○	○	×	○	○	（遅延）航空機の減便等により運送スペースの不足等が生じていることから、航空機への搭載に大幅に時間を要します。 （平常期）EMSは宛てられる地域に制限あり	米国国内において郵便物の到着が集中し、郵便物のお届けに遅延が生じます。また、配達は非対面の方法等で行います。	必須

https://www.post.japanpost.jp/int/information/overview.html

×

お知らせ

【 2023/7/5 】 eLogi systemメンテナンスのお知らせ

7月8日の19時から23時にかけて、eLogi systemのメンテナンスを行います。それに伴いシステムが一時停止されサービスをご利用いただけない状態となりますので、予めご了承下さい。

【 2023/4/28 】 FedExエコノミーサービスの再開について。

5月2日よりFedExのエコノミーサービスが再開されることに伴い、eLogiでもエコノミーサービスをご利用いただくことができるようになります。
「お支払い」に進んでいただき、送料のお見積が表示されるページにて、エコノミーサービスでの配送が可能なエリアの場合、エコノミーサービスをご選択いただけるようになります。
ぜひご活用ください。

2. 国ごとの禁制品

eBayで出品禁止になっていない商品でも、国によっては、禁制品の場合があります。その場合は、その国を除外する必要があります。例えば、イスラエルは「レコード」を禁制品としています。筆者も、まさかレコードが禁制品とは知らず、イスラエルに発送できなかった経験があります。

イスラエル※引受停止の情報をご確認ください。
Israel, (Israel)*Please check the latest status of suspension of mail service by Japan Post.

配達遅延・引受停止情報等

配達遅延・引受停止・重要なお知らせ等については、以下のリンクをご参照ください。

配達遅延　引受停止
重要なお知らせおよび運行状況

更新情報

禁制品情報詳細

項目名	レコード等
適用される郵便種別	通常、小包、EMS
禁止物品・条件付許容物品の区分	禁止物品
詳細	レコード、フィルム、録音したワイヤー、コンピュータカード、QSLカード及び磁気テープ（通常郵便物で送る場合を除く。）

※出展：日本郵便ホームページより

出品商品で心配なものがあれば、事前に日本郵便のホームページで調べておくことをお勧めします。
https://www.post.japanpost.jp/cgi-kokusai/nonmailable_articles.php?cid=7

また、国によって、その国の代理店が販売権利を所有しているブランドや商品があります。その場合は、その国を除外する必要があります。SECTION 2-5で解説しましたとおり、このような権利は「VeRO」によって規制されています。代理店としては、高い契約料をメーカーに支払っているにも係わらず、eBayで販売されてしまってはたまらない、という事です。このような出品は削除され、アカウントがマイナス評価となりますので、注意が必要です。

3. 輸送トラブルがあった、またはありそう

郵便事情が悪く、到着遅延や未着などが起こりやすいと「思われる」地域や国を、予め発送除外に設定することによって、トラブルを最小限に防ぐ事ができるのは、メリットです。

しかしながら、eBayでの販売機会を自ら狭めてしまい、売上が伸びなくなる可能性がある事は、デメリットと言えます。

eBay初心者の方で「トラブルは嫌!! 余計な心配をしたくない」と思われる方もいらっしゃると思います。しかしながら、初心者ほど、沢山の国のバイヤーと、沢山の取引を経験する必要があると考えます。

例えば、「私は、アメリカにしか発送しない」とするとしましょう。アメリカがいくら広いといえども、あなたの商品が必ずアメリカで売れるとは限りません。実は、アメリカ以外の地域で沢山のニーズがあるかもしれません。
保険付きの発送方法にすることで、万が一の場合でも、保険の範囲内で補償を受けることが出来ます。

一般的に、郵便事情が良くない地域・国として、よく挙げられているのは、中国、スペイン、イタリア、メキシコ、南米、アフリカなどです。しかしながら、これらは、あくまでも人それぞれの体験です。人それぞれで異なる、ということは、「取扱商品」による、という事です。
eBayセラーの数だけ、または取り扱う商品の特性によっても、様々な国名や地域は出てきます。よって、これは、個々の経験則から、除外するか、しないかの判断をすれば良いと思います。

筆者は、1,2の理由以外は、原則、「Ship to Worldwide」、全世界、どこへでも送るようにしています。前述の郵便事情が良くないと「いわれている」国や地域は、よく売れます。それは、多くのセラーが発送除外をしているからです。自身は、「自

身の商品を欲しがってくれるバイヤーさんがいれば、どこへでも送るよ!!」という想いです。リスクを軽減することも大事ですが、是非、「販売」に目を向けていきましょう。ビジネスを進める中で、国際輸送事情が分かってきたら、徐々に発送除外国を減らしていく事をおすすめします。

日本を発送除外にするか、しないかの考え方

日本を発送除外国に設定しているセラーは多く見られます。ライバルセラー対策、あるいは、多くのセラーが「日本のものを日本で売っても、高く売れないだろう」と考えるからです。

しかしながら、日本には、沢山の「外国のバイヤーさん」が存在します。

・日本在住の外国の方で日本語が苦手な方、

・日本に長期滞在中（ホテルなど）の外国の方

などです。彼らは、日本にいても、日本語がハードルで、ヤフオクや日本のアマゾンが使えない方が多いのです。また、サイトによっては、自国のクレジットカードが登録できない、というバリアもあるようです。よって、彼らは、日本でも、使い慣れたeBayでお買い物をするのです。

その他の発送除外設定について

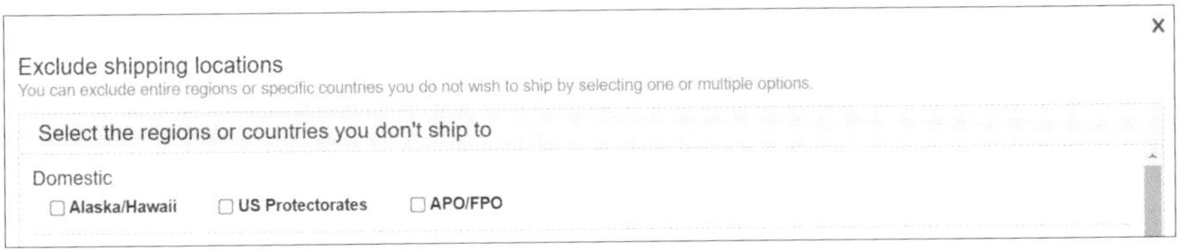

Exclude shipping locations

You can exclude entire regions or specific countries you do not wish to ship by selecting one or multiple options.

Select the regions or countries you don't ship to

Domestic

□ Alaska/Hawaii □ US Protectorates □ APO/FPO

・Alaska/Hawaii 、US Protectorates

アメリカのeBay、ebay.comは、「アメリカ目線」です。アラスカやハワイは、アメリカ本土から離れているため、本土内と比較し、送料が高くなります。よって、アメリカ本土のセラーは、アラスカやハワイを発送除外設定する場合があります。

日本国内でも、「全国送料無料」（但し、沖縄・離島は別途料金あり）と考え方は同じです。日本からの輸出の場合、アラスカ、ハワイの送料は、日本郵便であれば、アメリカ本土と同じですので、特別な理由がない限り、除外をする必要はないと思います。

US Protectorates（アメリカの海外領土、保護区）の場合、日本郵便の送料はアメリカ本土と同じですが、クーリエの場合は高くなります。発送対象としたい場合は、Shipping rate　tableで別に送料を設定する必要があります。

・APO/FPO

APO = Air Force Post Office（米軍空軍郵便局）

FPO = Fleet Post Office（米国海軍郵便局）

の略で、どちらも世界に点在するアメリカの軍施設や大使館、領事館などを意味します。

APO/FPO（米軍施設宛）の荷物は、日本郵便の場合、どの国宛でも、アメリカ宛扱いとなり、アメリカ宛の送料が適用されます。書留は、通常の国際郵便と同様に付与できますが、追跡は、米軍の郵便局までとなり、それ以降は追跡不可となります。EMSは使えません。なお、APO/FPOが「日本国内」の場合は、料金は定形外郵便が適用されます。書留を付けた場合の追跡は、東京国際郵便局までとなります。APO/FPO宛には、クーリエは使えません。クーリエを含めたShipping Policyを設定する場合は、APO/FPOを除外設定する必要があります。

・PO Box

PO Box（Post Office Box）は、私書箱の事です。海外ではPO Boxが多く使われています。郵便局には、PO Boxの場所が設置されており、大きさに応じたレンタル料を支払うことで借りることが出来ます。PO Box宛の郵便物は全てここに配送され、利用者は郵便局から貸与された鍵を開け、郵便物を受け取ります。サイズが大きくPO Boxに入らない郵便物は、入らない旨を書いた通知がPO Box内に残されるので、利用者はその通知を身分証明書と共に窓口にて引き取ります。不在票の扱いに近いです。よって、アマゾンなどのECサイトでは、PO Boxへの配送を断っているケースもあります。PO Boxは、「郵便局の施設」であることから、クーリエでの発送はできません。よって、クーリエを含めたShipping Policyを設定する場合は、PO Boxを除外設定する必要があります。

CHAPTER 05

eBayで商品が落札／購入されたら

SECTION

5-1 落札/購入/入金があった場合の確認方法

eBayで出品した商品が落札/購入/入金された場合の確認方法について解説をします。バイヤーさんへ商品を発送する準備とも連動しますので、eBayは常に確認をするようにします。

1 落札/購入があった場合

eBayから「Your eBay item sold!」というタイトルのメールが届きます。

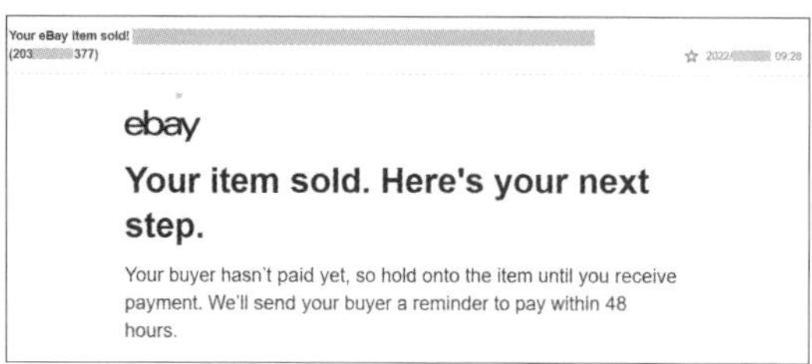

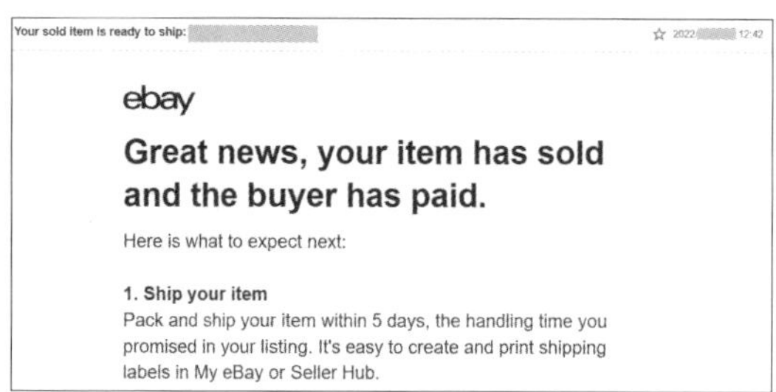

※購入と同時に支払いが完了した場合は、「Your sold item is ready to ship」というメールが届きます。

2

eBayのMy eBay内Sellingをクリックします。

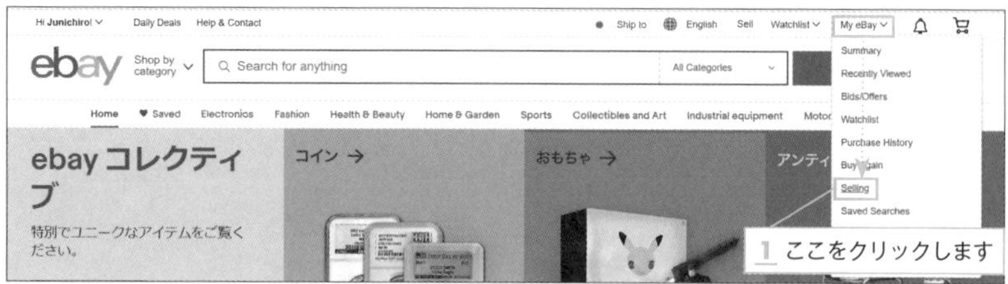

3 Seller Hub画面のOrders内All ordersをクリックします。

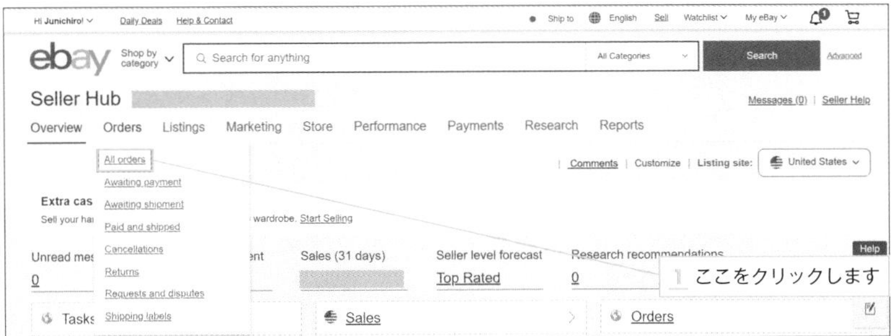

4 eBayで販売された商品が表示されています。

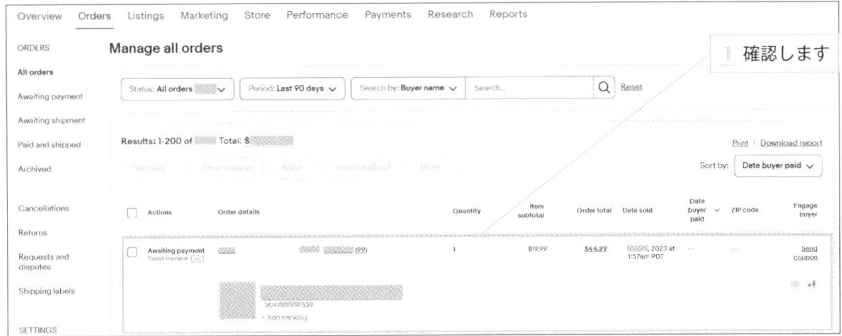

5 左上にステータスが表示されています。この場合は、「Awaiting payment」、商品代金の支払い待ちとなっています。右側の「Date paid」は空欄になっています。支払いがなされると、ここに支払いが行われた日時が表示されます。

Invoice（請求書）とは？

eBayには、Invoice（請求書）を送信できる機能があります。しかしながら、ほとんどの場合、Invoice（請求書）を送る必要はありません。

なぜなら、eBayの出品の際、予め、国別の送料を設定するため、バイヤーさんが支払う合計額は確定しており、Invoice（請求書）を送信しなくても、すぐに決済を行うことができるからです。Invoice（請求書）を送信する必要がある場面は、以下の4つとなります。

①同じバイヤーさんが複数商品を購入し、同梱発送する場合（Combine shipping）

同じバイヤーが複数商品を購入した場合、一般的には、同梱発送したほうが、個々に発送するより、送料は安くなります。その際、送料を更新したInvoice（請求書）の送信をします。

②出品時に送料を設定していない国宛の取引

発送対象国ではあっても、出品時のShipping details、あるいはShipping policyにて、予め送料を設定していない場合、商品代金と送料の総額をお知らせするためには、Invoice（請求書）の送信が必要となります。

③バイヤーさんが取引の決済を行わない場合

これは、いわゆる「支払いの催促」です。バイヤーさんがeBayからの購入／落札のメッセージを見落としている可能性があるため、再度、確認を促す意味があります。

④バイヤーさんがInvoiceを求めた場合

稀にバイヤーさんから、「支払い前にInvoiceを送ってほしい」と、要望を受ける場合があります。

① Invoice（請求書）の送信の仕方

該当取引の左下「Send invoice」をクリックします。
※「Send invoice」の表示は、バイヤーさんが支払い前の状態でのみ表示されます。支払い後は表示されません。

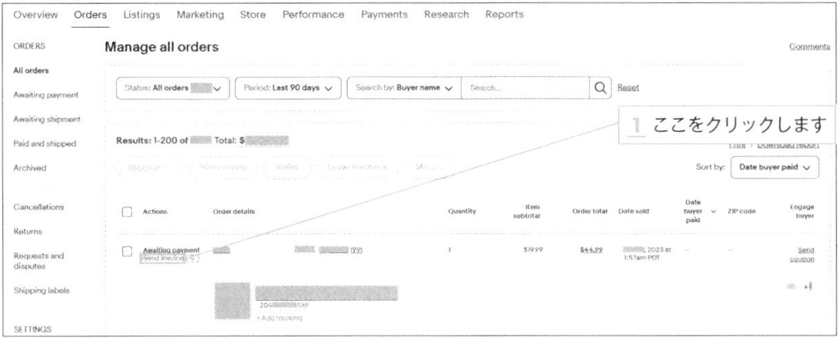

②

「Send invoice to buyer」の画面が表示されます。

Buyer: バイヤーさんのeBay ID
Address: バイヤーさんの名前、発送先住所

その下には、商品名、価格が表示されています。

「Shipping and handling」には、出品前に予め設定した送料、
Economyと Standard別で表示されています。
もし、発送方法の選択肢を追加したい場合は,「Add another service」から追加できます。

「Adjustment」は、何らかの理由で、金額の追加、あるいは割引を設定できます。もちろん、バイヤーさんから事前に了解を得たことや合意した内容に限ります。

「Message to buyer」には、「お礼」や、「支払い催促」など、任意のメッセージを入れることができます。

「Email me a copy of the invoice」にチェックを入れると、バイヤーさんに送信したInvoiceの控えが登録のメールアドレスに届きます。

「Send invoice」をクリックすると、Invoice（請求書）がバイヤーさんへ送信されます。

ebay

Prepare your invoice

Invoice details

Review the below information before you send an invoice to the buyer.

How do you like our page?
Tell us what you think

Buyer — ⑴ バイヤーさんのeBay ID

Address — ⑵ Shipping address: バイヤーさんの名前、発送先住所

Canada

Items in invoice — ⑷ 商品名　⑹ Price: 商品単価　⑺ Amount: 合計金額

Item number: 203　190 — ⑶ 商品ID

Price: $49.00
Qty 1 — ⑸ 数量

Amount: $49.00

Shipping & handling — ⑻ 送料　Standard International Shipping　$ 25.00

⑼ 金額の調整　Select additional shipping option

Adjustments (optional)　Discount　Charge　- $ 0.00

Sales tax (optional)　Tax is applicable to shipping and handling　0.00%

Summary

Subtotal (1 item):	$49.00
Shipping via Standard International Shipping:	$25.00
Adjustment:	$0.00
Estimated sales tax:	$0.00
Estimated total:	**$74.00**

Message to buyer — ⑽ バイヤーのメッセージ

Type your message.

Give clear instructions to assist buyers with payment, shipping, and returns.　0/500

Email me a copy of the invoice — ⑾ Invoiceの控えを自分に送る

Send invoice　Preview — ⑿ (請求書)を送信する

① 入金があった場合の確認方法

バイヤーさんから入金があると、eBayから「The payment from バイヤーID is confirmed: 商品名」(バイヤーIDから支払いが確認されました)というタイトルのメールが届きます。

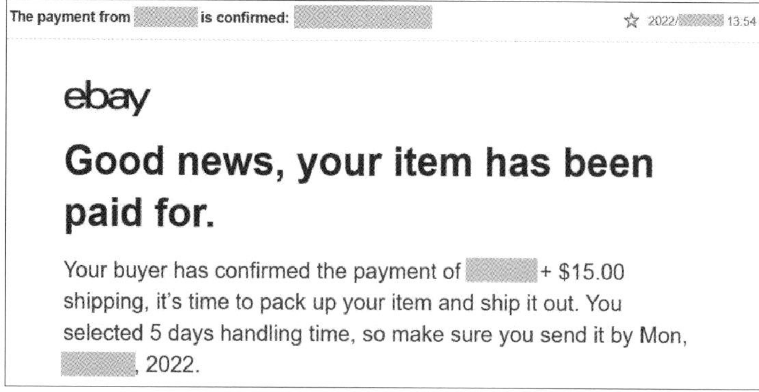

The payment from is confirmed:
2022/ 13:54
ebay
Good news, your item has been paid for.
Your buyer has confirmed the payment of + $15.00 shipping, it's time to pack up your item and ship it out. You selected 5 days handling time, so make sure you send it by Mon, , 2022.

2 eBayのMy eBay内Sellingをクリックします。

3 Seller Hub画面のOrders内All ordersをクリックします。

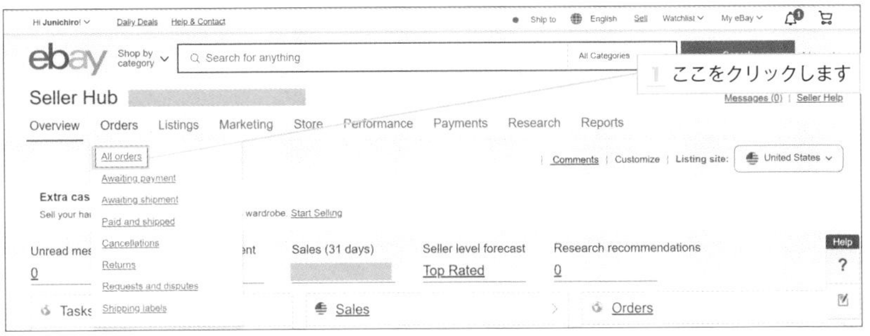

4 左上のステータスは、支払い前の「Awaiting payment」から、「Ship by Feb 7」に変わっています。これは、「2月7日までに出荷してください」という意味です。これは、バイヤーさんの支払日に、予め設定したHandling timeが加算された日付となります。右側の「Date paid」には、支払日が表示されます。

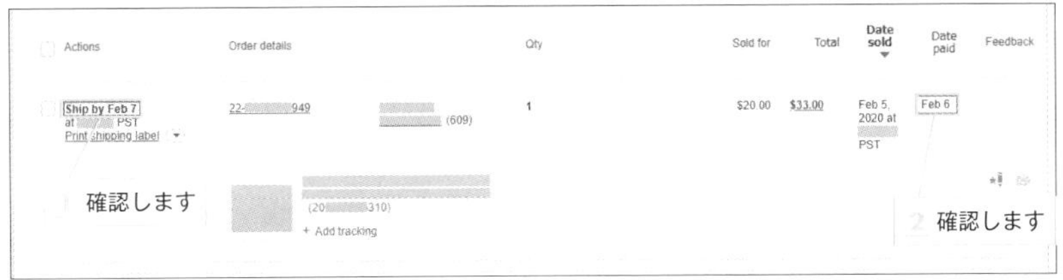

05 eBayで商品が落札／購入されたら

① 入金の詳細を確認する方法

該当取引のOrder Number（2桁-5桁-5桁）をクリックします。

②

以下のように詳細が表示されます。

US夏時間の10月20日7時59分＝日本時間10月20日23時59分までに出荷して下さい

販売日

オーダー番号

バイヤーの名前、バイヤーのeBay ID（評価数）

セールスレコード番号

支払日

① クリックするとバイヤーのメールアドレスが表示されます

発送方法：アメリカ国外からのエコノミー配送

トラッキング（発送後にトラッキングナンバーを入力します）

商品代金小計

送料

② 税金（eBayが徴収）

割引

発送先名前・住所・電話番号

③ Funds status（資金状況）の詳細

注文合計

①バイヤーのメールアドレス

See buyer infoをクリックすると、バイヤーのメールアドレスが表示されます。ほとんどの場合、バイヤーの個人メールアドレスではなく、eBay側で63ae59ac280fe0fa69@members.ebay.comのように、@members.ebay.comのドメインに変更されたアドレスに置き換えられています。なお、このメールアドレスは、安全のため、購入から2週間を経過すると表示されなくなります。メールアドレスは送り状作成時に必要な情報となりますので、ハンドリングタイムを2週間以上に設定している場合は、控えておく必要があります。

②Sales Tax、VATについて

アメリカでは、インターネットによる購入に対して、ほとんどの州において、Internet Sales Tax（インターネット売上税）が徴収されます。

対象の州での購入の場合、eBayがバイヤーから税金を徴収し、eBayが税務署に納めますので、セラー側での手続きは不要です。

Totalには、「バイヤーさんが支払った税金を含めた合計額」が表示されます。

なお、オーストラリアのGST（商品サービス税）、EUのVAT（付加価値税）などについても、同じ仕組みで、eBayが税金を徴収し、eBayがその国の税務署に納めています。

③Fund status（資金状況）について

Funds statusの「See payment details」をクリックすると、売上と手数料の詳細を確認することができます。

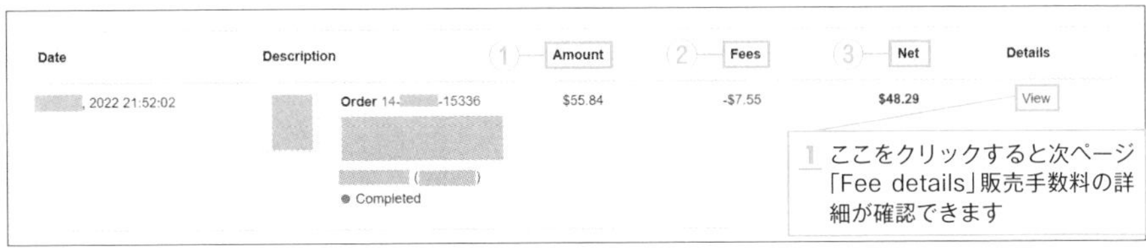

①Amount…Total（合計）からSales tax（税金）が差し引かれた額
②Fee…販売手数料合計
③Net…AmountからFeeを差し引いた額

Viewをクリックすると、表示される「Fee details」で販売手数料の内訳が確認できます。

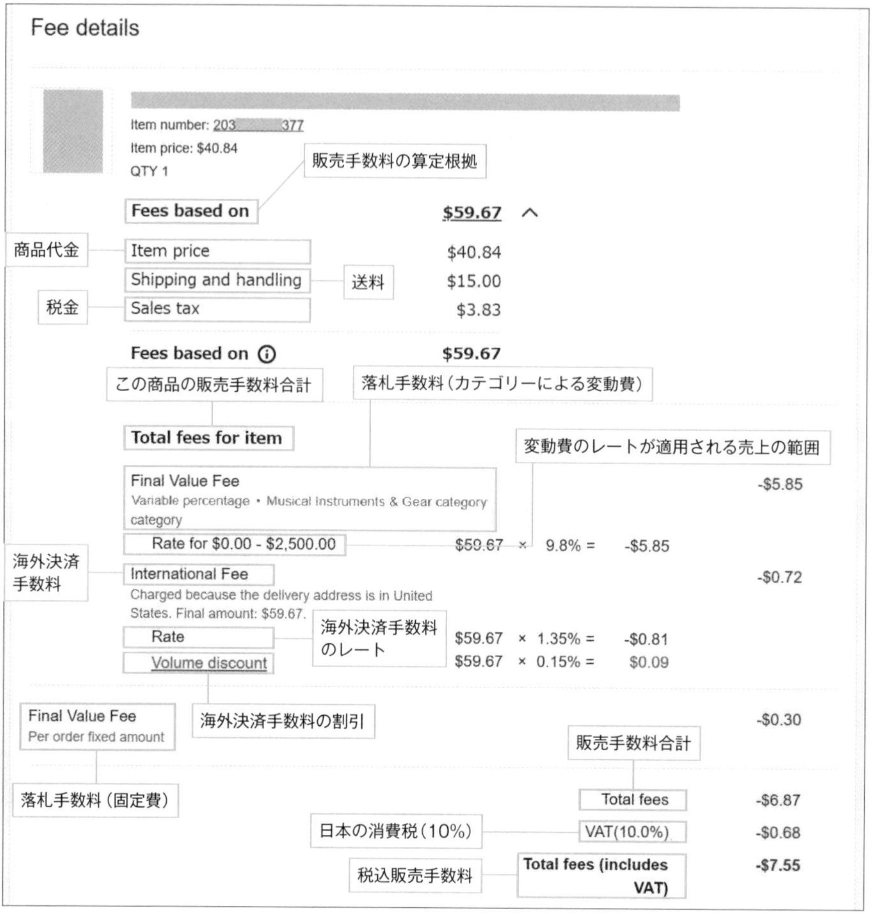

Fee details

Item number: 203　　377
Item price: $40.84
QTY 1

販売手数料の算定根拠

Fees based on		**$59.67**
商品代金	Item price	$40.84
送料	Shipping and handling	$15.00
税金	Sales tax	$3.83
	Fees based on ⓘ	**$59.67**

この商品の販売手数料合計

Total fees for item

落札手数料（カテゴリーによる変動費）

変動費のレートが適用される売上の範囲

Final Value Fee Variable percentage • Musical Instruments & Gear category category		-$5.85
Rate for $0.00 - $2,500.00	$59.67 × 9.8% = -$5.85	
海外決済手数料 International Fee Charged because the delivery address is in United States. Final amount: $59.67.		-$0.72
Rate（海外決済手数料のレート）	$59.67 × 1.35% = -$0.81	
Volume discount（海外決済手数料の割引）	$59.67 × 0.15% = $0.09	
Final Value Fee Per order fixed amount（落札手数料（固定費））		-$0.30
販売手数料合計	Total fees	-$6.87
日本の消費税（10%）	VAT(10.0%)	-$0.68
税込販売手数料	**Total fees (includes VAT)**	**-$7.55**

Payments（支払い）について

売上金の流れはPaymentsで確認することができます。

① Seller hubのメニュー「Payments」のメニューから「Summary」をクリックします。

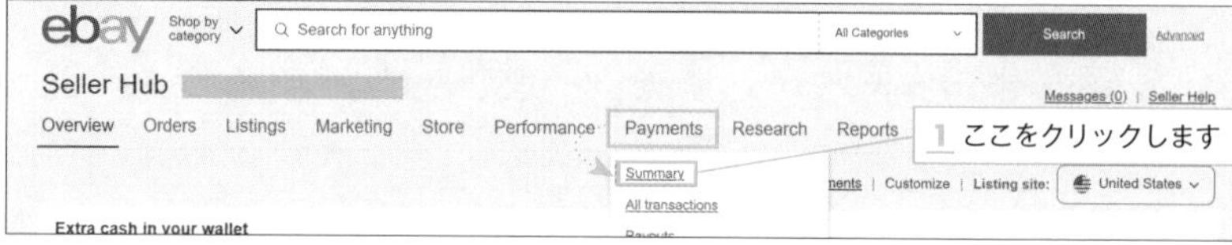

Your financial summaryにて、売上金の状況を確認することができます。

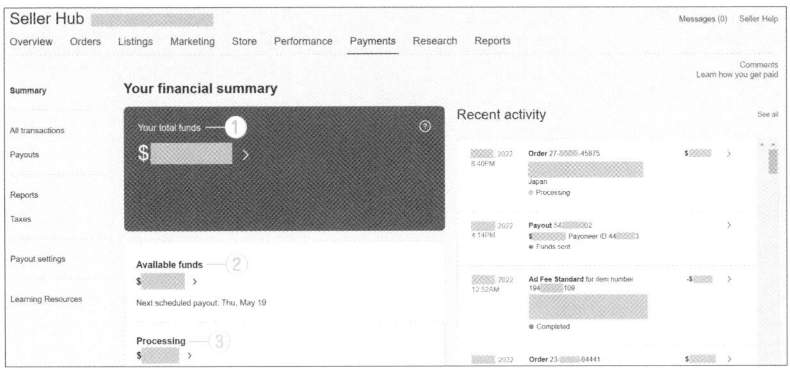

(1) Your total funds…総資金(Available fundsとProcessingの合計額)
(2) Available funds…利用可能な資金
(3) Processing…処理中の資金

※Funds Hold / On Hold(資金留保)について
eBayの売上は、支払いから通常2日程度でAvailable fund(利用可能な資金)へ処理されます。しかしながら、eBayでのセラー経験が浅い場合、Available fundsになるまでの期日とともに、「Funds Hold」や「On Hold」(資金留保)という表示がなされる場合があります。
これは、「eBayの新規セラーは、まだ取引に慣れていない」と見なされています。バイヤーさんとの何かしらのトラブルが発生した際に備え、すぐに留保残高から返金処理が行えるようにeBay側が一時的に資金を押さえておく、という目的で行われています。
この期間は最長21日間となっています。しかしながら、eBayにトラッキングナンバーがアップロードされ、発送が完了したことが確認できたり、バイヤーさんが商品を受取った事やPositive Feedbackが残されたことが確認できたりした場合は、もう少し短い場合があります。
「この資金留保は、いつまで続くのか」ですが、明確な基準はありません。また、人によってもあったりなかったりします。また、全ての取引が対象になるわけでもありません。筆者が知る限りでは、セラーとして、良好な取引が3ヶ月から半年程度継続されれば、資金留保の設定はなくなるようです。

SECTION

5-2 梱包の仕方/梱包用品

バイヤーさんへ、商品を安全に届ける事は、セラーの責務です。ここでは、安全な梱包方法と梱包用品について解説をします。

国際郵便・クーリエには、「こわれもの」の概念はない

国際郵便・クーリエには、「こわれもの」という概念はありません。よって、頑丈な梱包は必須です。梱包に「Fragile(こわれもの)」と記載したり、シールを貼ったりする事はできますが、気休め程度にお考えください。

梱包の基本

梱包の仕方は、商品の性質によって異なります。一般的には、まず、商品を、エアクッション、ビニール袋などを使い、保護をします。箱は、頑丈なダンボールを使います。箱と商品の間には、適当な保護材を詰めます。保護材は、新聞紙等でも大丈夫です。これは、輸送中に箱の中で商品が動いてしまい、衝突や摩擦を防ぐためのものです。本やCDなどの小物は、折れや割れを防ぐため、ダンボール板やエアクッションで補強し、封筒で梱包します。

国際郵便は実重量、クーリエは実重量か容積重量の大きい方で送料が算出される

丈夫な梱包は必要ですが、大きすぎる箱を使ったり、やたらに保護材を入れたりすると、重量や容積がかさみ、送料が高くなってしまいます。時には、商品のサイズに合わせて、ダンボール箱を適正なサイズに加工したり、軽い梱包材を研究したりするなどの調整を行ってみてください。

小さい商品でも、A5の一回り大きいサイズの梱包が必要

小さい商品でも、梱包は、最大面がA5の一回り大きいくらいにします。これは、後述の国際郵便やクーリエの「送り状」を入れる袋(パウチ・ビニールポケット)を貼れるようにするためです。

梱包用品

・ダンボール

硬めの丈夫なものを用意します。硬さが足りないと、つぶれてしまう場合があ

ります。

商品のサイズに対して、余裕のあるサイズを何種類か用意しておくと便利です。慣れないうちは、ホームセンターなどで現物を見て調達し、慣れてくれば、通販業者を利用すると便利です。

ダンボールをリユース（再利用）する場合は、できるだけきれいなものを使用します。この場合、肉・野菜などの生鮮食品や家電製品のダンボールは輸入禁止にしている国がありますので、避けるようにします。

・封筒

薄手のものと厚手のものがありますが、厚手のものを使用します。割高にはなりますが、エアクッション付き封筒は、梱包の時間を短縮するのに便利です。

・ビニール（クリアパック）
水濡れを防止します。

・緩衝材
エアクッション（プチプチ）、新聞紙などを準備しておきます。エアクッションは、ロール状の大きなものから、予めカットしてある小さなものまでありますが、大きいほど、コストパフォーマンスは良いです。

・透明テープ
透明テープは、ガムテープや布テープと比較して、軽くて丈夫です。また、ガムテープと異なり、テープが重なっても付きが良いのでおすすめです。

クーリエで提供している無料梱包資材

クーリエ各社では、各種梱包資材を無料で提供してくれます。クーリエのアカウント取得後、電話やホームページから注文することができます。eBayで注文があった際、すぐに梱包できるよう、予め適正な量を準備しておきましょう。もちろん、クーリエを使う際、必ず専用資材でなければいけない、というルールはありません。ご自身で準備された梱包資材でも発送できますのでご安心ください。

但し、送り状を入れる袋（パウチ・ビニールポケット）は必要ですので、予め準備をしておきましょう。（DHLのフライヤーを使う場合は、送り状を入れるポケットがついていますので不要です。）

（FedExの例）

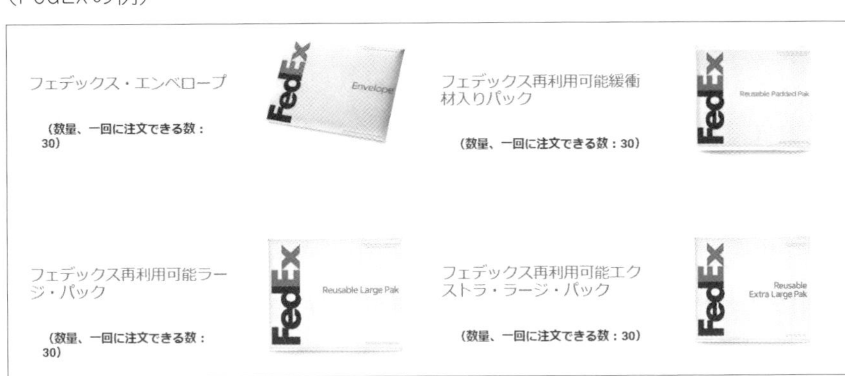

（DHLの例）

SECTION

5-3 国際郵便とクーリエの送り状の作成方法

SECTION4-17で解説しました国際郵便マイページとeLogiを使って、国際郵便、クーリエの送り状を作成します。

1 国際郵便マイページでの送り状の作成方法

「国際郵便マイページ」にログインします。
https://www.int-mypage.post.japanpost.jp/mypage/M010000.do

2

「送り状を作成する」をクリックします。

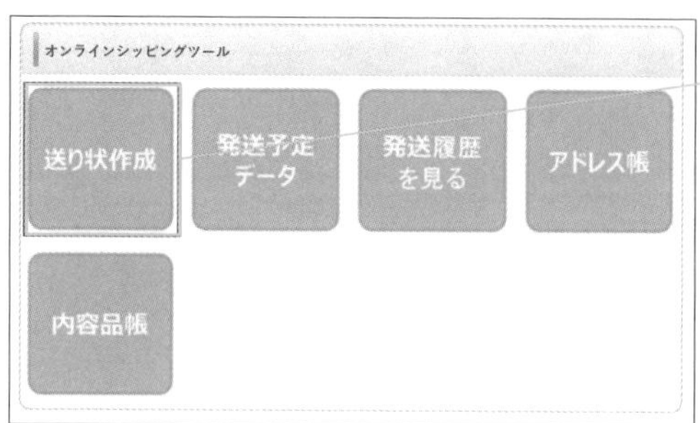

1 ここをクリックします

3

国際郵便マイページへの登録時に入力した、ご自身の登録住所を選択し、「次へ」をクリックします。倉庫やオフィスなど、他にも商品の発送元があるなら、「ご依頼主を追加」から、複数登録できます。

4

「お届け先の入力」をクリックします。リピーターさんなどをアドレス帳に登録をしたい場合は、「お届先住所を追加」から住所を追加します。

① ご依頼主選択
② お届け先選択
③ 内容品登録
④ 発送情報登録
⑤ 登録内容確認・登録
⑥ 送り状印刷
⑦ 完了

お届け先を直接入力

お届け先の入力

※アドレス帳には保存されません

アドレス帳から選択

お届け先住所を追加

検索条件	検索カテゴリ 氏名 キーワード 検索 国名 すべて

表示件数 10

選択	氏名	住所	

次へ

1 ここをクリックします

2 ここをクリックします

5

「お届け先情報の入力」の画面が表示されます。

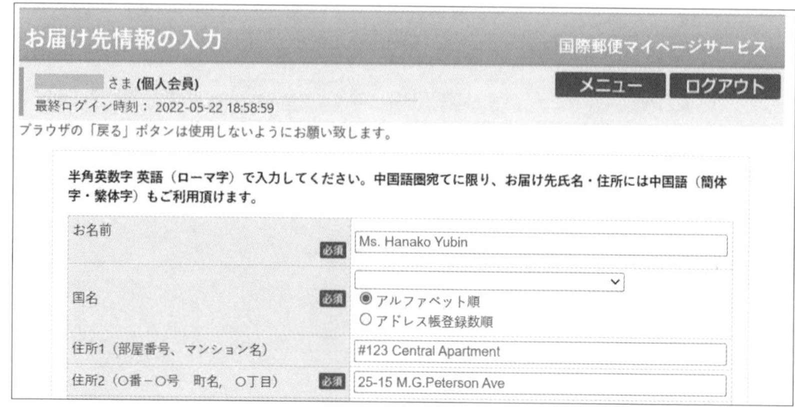

6

販売した商品のお届け先の名前、住所、電話番号等は、eBayのMy eBay > Selling > Orders該当取引の「2桁5桁5桁」の「Order number」から見ることができます。

7

バイヤーさんの発送先情報が表示されています

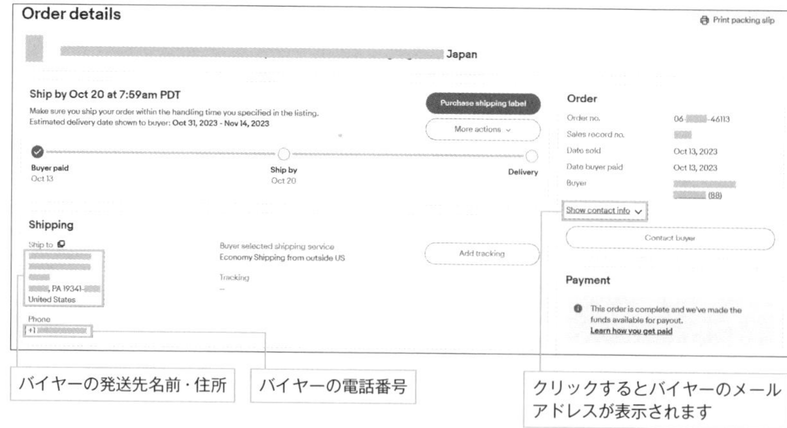

8

7の情報を、コピー＆ペーストで、「お届け先情報の入力」に、「名前」「住所」「電話番号」入力をします。「Street」や「City」を、完全に枠の内容と合わせる必要はありません。「必須」がついている箇所は必ず埋めるようにします。その枠で足りなければ、「必須」のない箇所も使用します。電話番号の箇所には「必須」はついていませんが、電話番号は、不在時の際に配送会社が使用しますので、必ず入力します。入力が完了したら、「次へ」をクリックします。

半角英数字 英語（ローマ字）で入力してください。中国語圏宛てに限り、お届け先氏名・住所には中国語（簡体字・繁体字）もご利用頂けます。

お名前 必須	Wong Ka Kui
国名 必須	HONG KONG ◉ アルファベット順 ○ アドレス帳登録数順
住所1（部屋番号、マンション名）	#123 Central Apartment
住所2（○番－○号　町名, ○丁目） 必須	620610 Beyond Rd
住所3（区市町村名） 必須	Hung Hom Bay
州名など	NEW YORK
郵便番号（半角英数字）	
ご連絡先電話番号（半角数字）	+852 1234 56787234
ご連絡先FAX番号（半角数字）	+81-12-345-678
メールアドレス	taro@youbin.jp

次へ

1 各項目を入力します

2 ここをクリックします

9

「発送方法」を選択します。ここでは、例として、「小形包装物（書留）」の「航空便」を選択します。

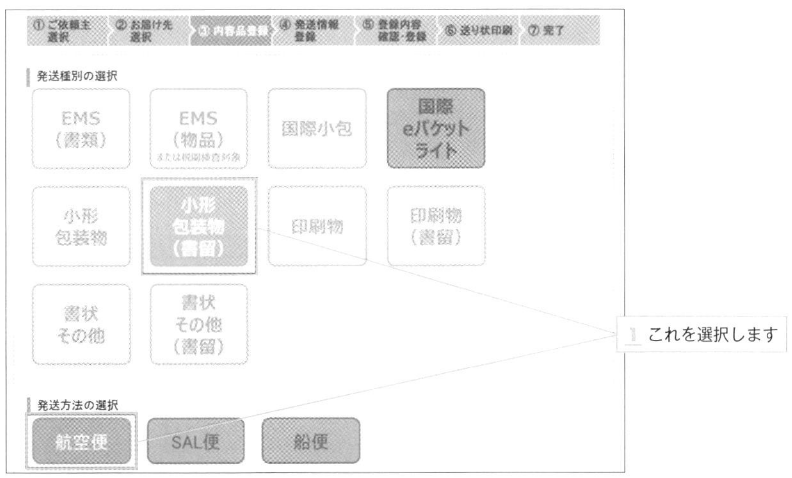

10

発送する荷物の内容品を入力します。

11

ここでは、発送する商品を「1000円の中古本1冊」とします。
・内容品　「Used Book」(英語で入力)
・商品単価　「1000円」
※通貨は、日本円の他、ドル、ユーロ、ポンドなどが選択できます。ドルなどを日本円に直す際、1円単位まで換算する必要はないです。
・数量　「1」
・内容品種別　「販売品」を選択

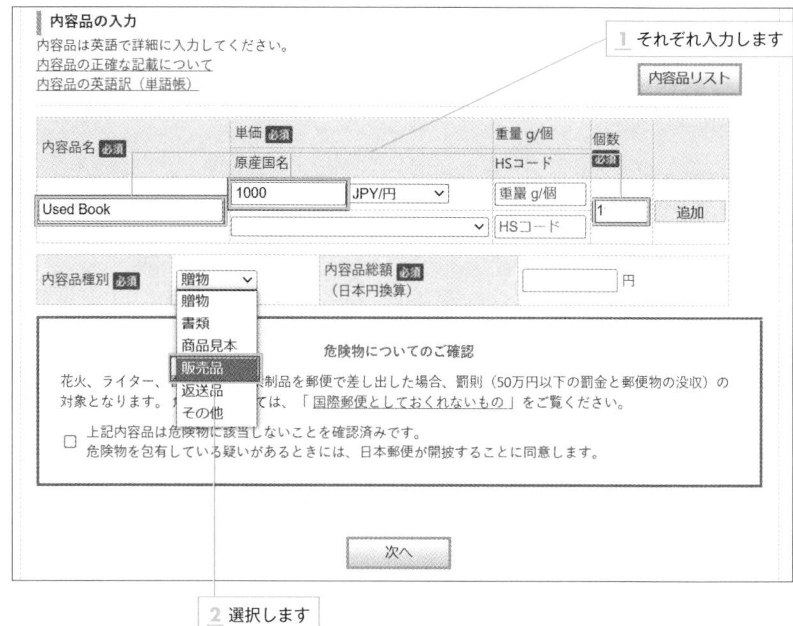

12 入力が完了したら、「追加」をクリックします。

内容品の入力
内容品は英語で詳細に入力してください。
内容品の正確な記載について
内容品の英語訳（単語帳）

1 ここをクリックします

内容品リスト

内容品名 必須	単価 必須 / 原産国名		重量 g/個 / HSコード	個数 必須	
Used Book	1000	JPY/円	重量 g/個 / HSコード	1	追加

内容品種別 必須　販売品　内容品総額 必須（日本円換算）　円

13 内容品が登録されました。「内容品総額」は、自動計算されます。

内容品の入力
内容品は英語で詳細に入力してください。
内容品の正確な記載について
内容品の英語訳（単語帳）

内容品リスト

内容品名 必須	単価 必須 / 原産国名		重量 g/個 / HSコード	個数 必須	
Used Book	1000JPY			1	編集 / 削除
内容品名	単価	JPY/円	重量 g/個 / HSコード	個数	追加

内容品種別 必須　販売品　内容品総額 必須（日本円換算）　1000 円

1 確認します

※商品の英語表記が分からない場合は、以下「日英対訳集」を参考にするか、
https://www.post.japanpost.jp/int/use/publication/food.html
Google翻訳などで調べます。

14 「危険物は入っていません」という確認で、チェックボックスにチェックを入れ、「発送関連情報の入力へ」をクリックします。

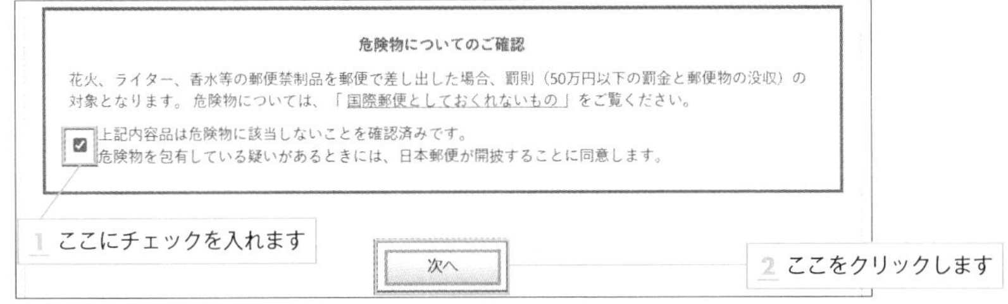
危険物についてのご確認
花火、ライター、香水等の郵便禁制品を郵便で差し出した場合、罰則（50万円以下の罰金と郵便物の没収）の対象となります。危険物については、「国際郵便としておくれないもの」をご覧ください。
上記内容品は危険物に該当しないことを確認済みです。
危険物を包有している疑いがあるときには、日本郵便が開披することに同意します。
1 ここにチェックを入れます
次へ
2 ここをクリックします

※危険物を含めた「国際郵便として送れないもの」は、日本郵便の以下リンク先をご参照ください。
https://www.post.japanpost.jp/int/use/restriction/index.html

15

梱包を含めた総重量を入力すると、⑨で選択した発送方法に基づいて、郵便料金が自動的に計算され、表示されます。万が一、ここの重量を間違えて入力した場合でも、再印刷をする必要はありません。郵便局の差し出しの際に料金が確定されますので、手書きで修正してくれます。

① ご依頼主選択　② お届け先選択　③ 内容品登録　④ 発送情報登録　⑤ 登録内容確認・登録　⑥ 送り状印刷　⑦ 完了

発送関連情報

差出時に、郵便局で計量した重量により郵便料金が確定します。

発送予定日 必須	2023/10/15
総重量（梱包後の重量）	400 g　最大重量：2000g
郵便料金	1460 円　書留料金 460 円
損害要償額	円 書留郵便物が万一亡失、損傷等した場合は、6,000円の範囲内で賠償金を請求することができます。

一つの宛先に対して、同種の郵便物を一度に複数個差し出す場合のみ、番号と総個数を記入してください。

16

税関告知書・インボイスなどの必要書類は、必要な枚数を自動的に印刷してくれます。特殊な事情がない限り、設定は不要です。もし、インボイスを任意で印刷をしたい場合は、枚数を入力します。有償／無償は、eBayで販売した商品のため、「有償」をチェック入れます。「税関告知書・インボイス詳細情報」については、後述します。

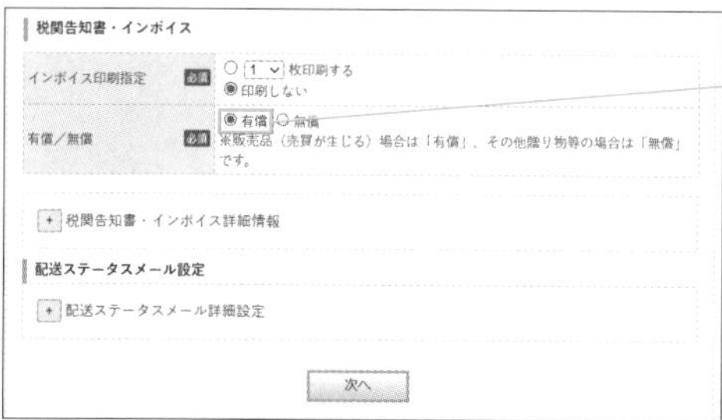
税関告知書・インボイス

インボイス印刷指定 必須	○ 1 枚印刷する ◉ 印刷しない
有償／無償 必須	◉ 有償 ○ 無償 ※販売品（売買が生じる）場合は「有償」、その他贈り物等の場合は「無償」です。

＋ 税関告知書・インボイス詳細情報

配送ステータスメール設定

＋ 配送ステータスメール詳細設定

次へ

17

配送ステータスは、各拠点に到着、通過した際に、メールでお知らせをしてくれる任意の機能です。必要がなければ、空欄で構いません。完了したら、「次へ」をクリックします。

配送ステータスメール設定

－ 配送ステータスメール詳細設定

ご依頼主様への通知メール送信の要否	□①引受 □②日本交換局発送 □③海外交換局到着 □④通関保留 □⑤通関検査中 □⑥海外配達局到着 □⑦配達完了
通知メールアドレス	@gmail.com
お届け先様への通知メール送信の要否	□①引受 □②日本交換局発送 □③海外交換局到着 □④通関保留 □⑤通関検査中 □⑥海外配達局到着 □⑦配達完了
通知メールアドレス	@members.ebay.com

1日に数回、追跡情報を取得します。追跡状況を即時にお伝えするものではありません。
追跡情報を取得できない国・地域宛の場合はメールが送信されませんので、あらかじめご了承ください。
配送ステータスメールの対応期限は引受から3か月です。

次へ

1 ここをクリックします

18

入力内容が全て表示されますので、確認できたら、「送り状を登録する」をクリックします。

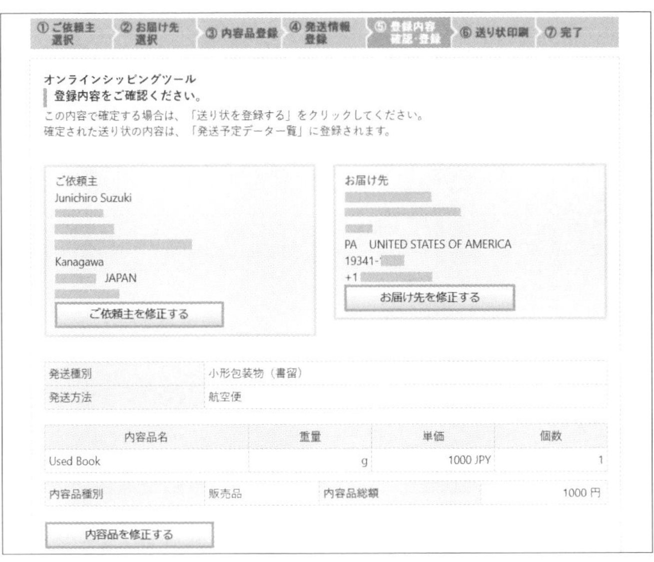

①ご依頼主選択 ②お届け先選択 ③内容品登録 ④発送情報登録 ⑤登録内容確認・登録 ⑥送り状印刷 ⑦完了

オンラインシッピングツール

登録内容をご確認ください。

この内容で確定する場合は、「送り状を登録する」をクリックしてください。
確定された送り状の内容は、「発送予定データ一覧」に登録されます。

ご依頼主
Junichiro Suzuki
Kanagawa
JAPAN
ご依頼主を修正する

お届け先
PA　UNITED STATES OF AMERICA
19341-
+1
お届け先を修正する

発送種別	小形包装物（書留）
発送方法	航空便

内容品名	重量	単価	個数
Used Book	g	1000 JPY	1

内容品種別	販売品	内容品総額	1000 円

内容品を修正する

発送関連情報

発送予定日	2023/10/15	番号／総個数	／
総重量	400g	郵便料金	1460円
損害要償額	円	諸料金	460円
インボイス印刷指定	印刷しない		
有償／無償	有償		
免許番号		証明番号	
インボイス番号		TAXコード・VAT番号	
支払い条件		差出人参照番号	
税関告知書／インボイス備考欄			

配送ステータスメール通知設定

ご依頼主様への通知メール送信の要否	
通知メールアドレス	@yahoo.co.jp

お届け先様への通知メール送信の要否	
通知メールアドレス	@members.ebay.com

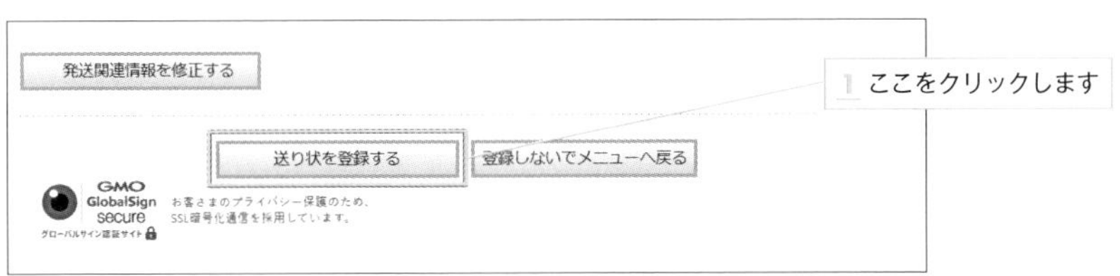

19

「注意事項に同意して送り状を印刷」ボタンをクリックします。

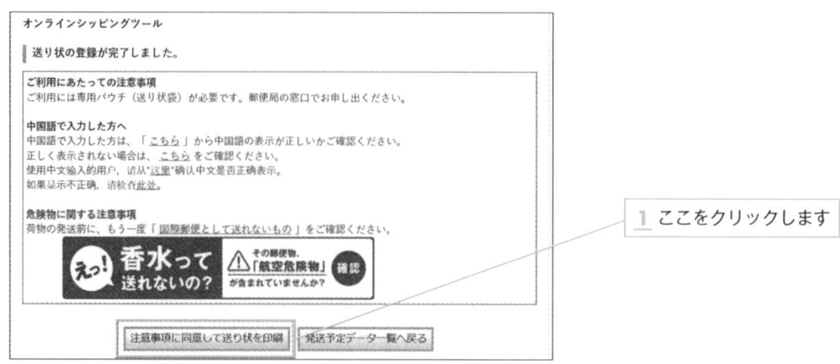

20

表示されている表の左側「お問い合わせ番号」は、eBayのTracking Numberに当たります。

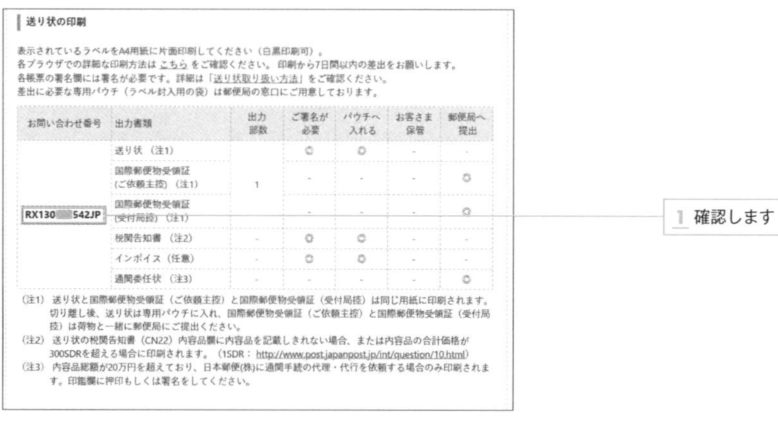

送り状の印刷

表示されているラベルをA4用紙に片面印刷してください（白黒印刷可）。
各ブラウザでの詳細な印刷方法は こちら をご確認ください。印刷から7日間以内の差出をお願いします。
各帳票の署名欄には署名が必要です。詳細は「送り状取り扱い方法」をご確認ください。
差出に必要な専用パウチ（ラベル封入用の袋）は郵便局の窓口にご用意しております。

お問い合わせ番号	出力書類	出力部数	ご署名が必要	パウチへ入れる	お客さま保管	郵便局へ提出
RX130　542JP	送り状（注1）	1	◎	◎	-	-
	国際郵便物受領証（ご依頼主控）（注1）		-	-	-	◎
	国際郵便物受領証（受付局控）（注1）		-	-	-	◎
	税関告知書（注2）	-	◎	◎	-	-
	インボイス（任意）	-	◎	◎	-	-
	通関委任状（注3）	-	-	-	-	◎

（注1）送り状と国際郵便物受領証（ご依頼主控）と国際郵便物受領証（受付局控）は同じ用紙に印刷されます。切り離し後、送り状は専用パウチに入れ、国際郵便物受領証（ご依頼主控）と国際郵便物受領証（受付局控）は荷物と一緒に郵便局にご提出ください。
（注2）送り状の税関告知書（CN22）内容品欄に内容品を記載しきれない場合、または内容品の合計価格が300SDRを超える場合に印刷されます。（1SDR：http://www.post.japanpost.jp/int/question/10.html）
（注3）内容品総額が20万円を超えており、日本郵便(株)に通関手続の代理・代行を依頼する場合のみ印刷されます。印鑑欄に押印もしくは署名をしてください。

21

送り状が表示されている右上の「印刷マーク」をクリックすると、プリンターから印刷されます。印刷は、カラーでも白黒でもどちらでも構いません。インクの消費量を考えますと、白黒で十分です。

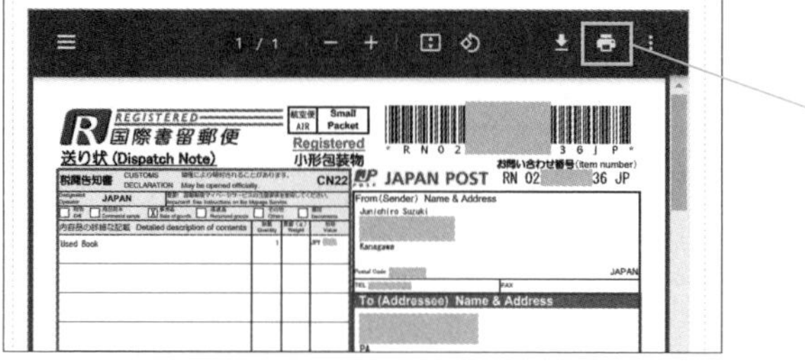

印刷ができたら、「終了」をクリックします。無事に印刷できました。

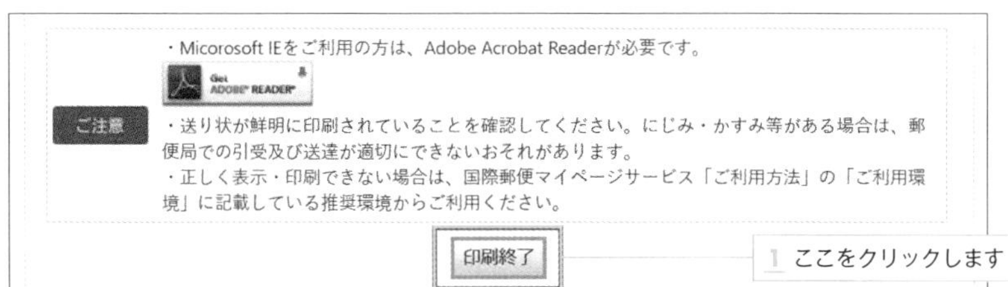

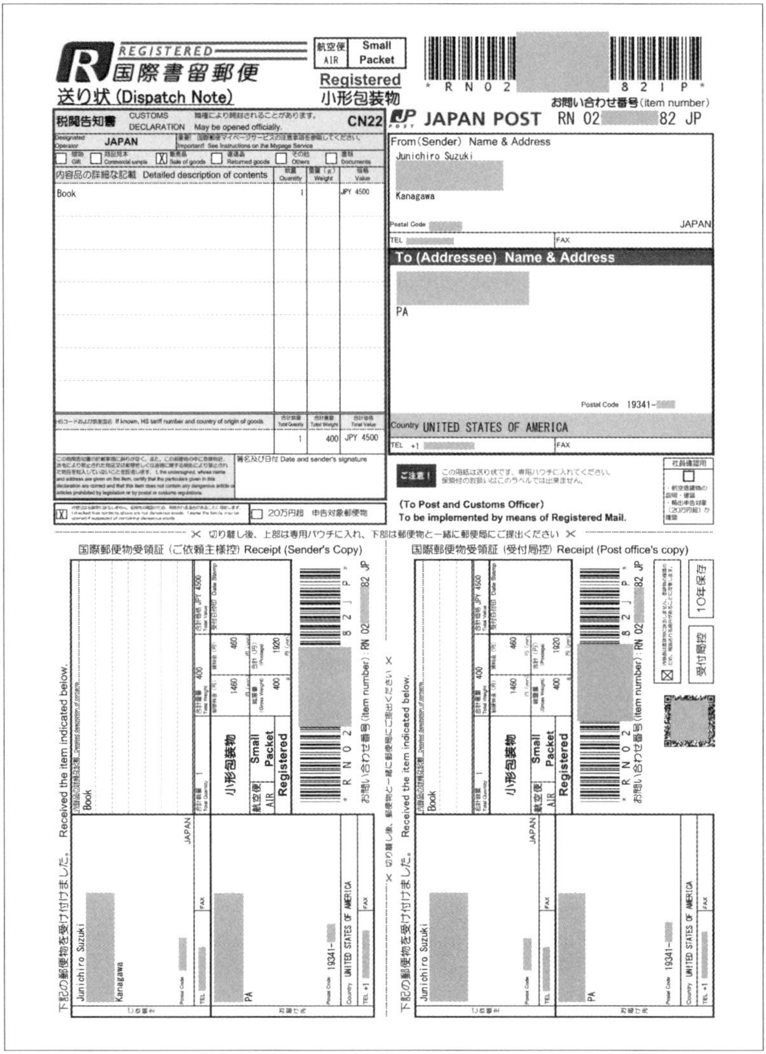

REGISTERED 国際書留郵便
送り状 (Dispatch Note)

航空便 AIR | Small Packet
Registered 小形包装物

* R N 0 2 8 2 J P *
お問い合わせ番号 (item number) RN 02 82 JP

JAPAN POST

税関告知書 CUSTOMS DECLARATION 職権により開封されることがあります。May be opened officially. CN22

Designated Operator JAPAN

☐ 贈物 Gift ☐ 商品見本 Commercial sample ☒ 販売品 Sale of goods ☐ 返送品 Returned goods ☐ その他 Others ☐ 書類 Documents

内容品の詳細な記載 Detailed description of contents	個数 Quantity	重量 (g) Weight	価格 Value
Book	1		JPY 4500
HSコードおよび原産国名 If known, HS tariff number and country of origin of goods	合計個数 Total Quantity 1	合計重量 Total Weight 400	合計価格 Total Value JPY 4500

署名及び日付 Date and sender's signature

☐ 20万円超 申告対象郵便物

From (Sender) Name & Address
Junichiro Suzuki
Kanagawa
Postal Code
JAPAN
TEL
FAX

To (Addressee) Name & Address
PA
Postal Code 19341-
Country UNITED STATES OF AMERICA
TEL +1
FAX

ご注意！ この用紙は送り状です。専用パウチに入れてください。保険付の取扱いはこのラベルでは出来ません。

(To Post and Customs Officer)
To be implemented by means of Registered Mail.

社員確認用

✕ 切り離し後、上部は専用パウチに入れ、下部は郵便物と一緒に郵便局にご提出ください ✕

国際郵便物受領証（ご依頼主様控）Receipt (Sender's Copy)

下記の郵便物を受け付けました。Received the item indicated below.

Junichiro Suzuki / Kanagawa / JAPAN / PA / 19341- / UNITED STATES OF AMERICA / TEL +1
Book / 合計個数 1 / 小形包装物 / 航空便 AIR / Small Packet / Registered
合計重量 400 / 1460 / 460 / 400 / 1920 / 合計価格 JPY 4500
* R N 0 2 8 2 J P * お問い合わせ番号 (item number) : RN 02 82 JP

国際郵便物受領証（受付局控）Receipt (Post office's copy)

下記の郵便物を受け付けました。Received the item indicated below.

Junichiro Suzuki / Kanagawa / JAPAN / PA / 19341- / UNITED STATES OF AMERICA / TEL +1
Book / 合計個数 1 / 小形包装物 / 航空便 AIR / Small Packet / Registered
合計重量 400 / 1460 / 460 / 400 / 1920 / 合計価格 JPY 4500
* R N 0 2 8 2 J P * お問い合わせ番号 (item number) : RN 02 82 JP

受付局控 10年保存

23

印刷した送り状は、「送り状本体」「郵便局控え」「依頼人控え」の3つにカットします。「送り状本体」には、ご自身の署名、発送日を記入します。荷物と一緒に、全て郵便局窓口へ出します。

広げてドットコム

イーベイジャパン公認の送り状作成ツールです。eBayと同期して、受注情報を取得しますので、バイヤーさんの名前、住所等のコピー＆ペーストが必要ありません。

国際郵便マイページの送り状作成ツールで、送り状の仕組みに慣れたら、是非お使いください。

https://hirogete.com/

eLogi（イーロジ）での送り状の作成方法

eLogiは、SECTION4-16の通り、クーリエをイーベイ・ジャパンの特別価格で利用できる発送管理システムです。eBayと同期して、受注情報を取得しますので、バイヤーさんの名前、住所等のコピー＆ペーストが必要ありません。無料で利用できます。

1

eLogiにログインします。https://www.elogi.jp
「新規注文一括取得」ボタンをクリックし、同期しているeBayアカウントの注文情報をeLogiが吸い上げます。

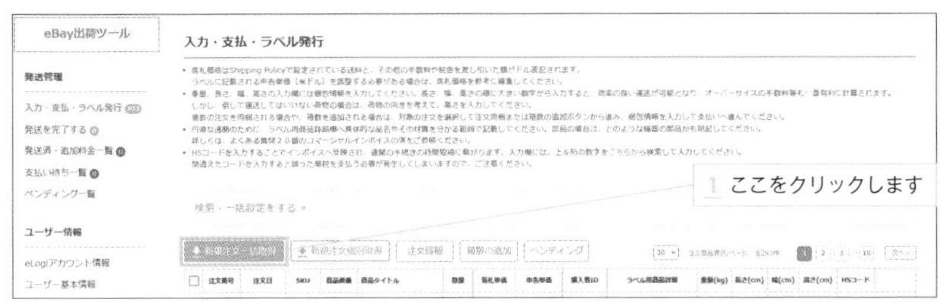

2

現在の注文情報が、「入力・支払・ラベル発行」一覧に表示されます。

3

商品の「申告単価」を入力します。
申告単価は、eBayでの落札単価（米ドル）がそのまま表示されています。調整が必要な場合は、編集可能です。

4

ラベル用商品詳細を入力します。実際に「品名」として、配送ラベルに印刷される商品詳細です。デフォルトでは、eBayでの商品タイトルがそのまま表示されていますので、必要に応じて変更を行います。例えば、「Doraemon Vol.1 Japanese Comic Book Japan」という商品タイトルのままですと、送り状の品名にはふさわしくないです。よって、「Book」などと変更する、という事です。

5

「重量」「サイズ」は、「梱包済み」の数字を各々入力します。サイズは、「長さ」「幅」「高さ」の順に、大きい数字から入力します。※倒して運送してはいけないなど、向きが決まっている荷物の場合は、荷物の向きを考慮し、「高さ」を入力します。

6

HSコードを入力します。HSコードとは、貨物を輸出入する際に用いる品目分類番号です。詳細については、後述します。

7

入力が完了したら、「支払う」をクリックします。

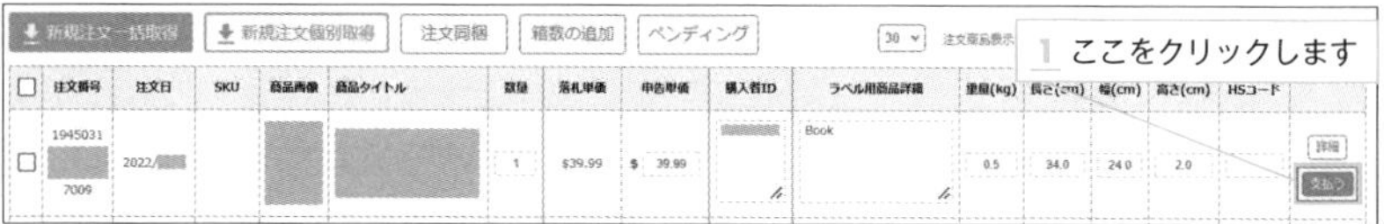

8

「料金支払」のページが表示されます。まず、配送サービスを選択します。「FedEx Envelop」「FedEx Pak」を使用する場合は、各々専用の梱包材を使用している必要があります。

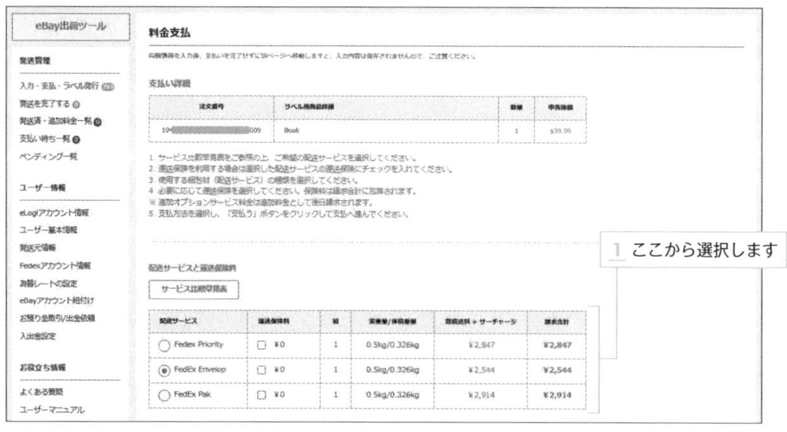

9

必要に応じて、オプションを選択します。

追加オプションサービス

署名オプション	¥380（荷受人その他住所の受取人、個人宛のみ） ¥440（荷受人住所の受取人） ¥540（成人による署名）	詳細はこちら
宛先の種類（無料）	個人宛	
ETD利用設定（無料）	ETDを利用してインボイスを送信する レターヘッドの画像をインボイスに出力する 署名の画像をインボイスに出力する	ETD取扱国・インボイス必須情報を見る ETD関連情報をeLogiユーザーマニュアルから確認する
配達進捗メール（無料）	送り人に送信する 受取人に送信する	

10

「同意する」にチェックを入れ、「支払う」をクリックします。

支払方法の選択

請求合計：	¥2,544
お預り金：	- ¥0
支払額：	¥2,544

お預り金
¥0

お預り金から支払う

PayPal

クレジットカード

銀行振込

同意する

支払う

1 ここにチェックを入れます

2 ここをクリックします

11

支払いが完了しましたので、「配送ラベルをダウンロードする」をクリックします。

12

ポップアップで「運送ラベル」「インボイス」の印刷画面が表示されます。運送ラベルは「3ページ1セット」、インボイスは1ページ3枚を印刷します。なお、インボイスにはサイン（署名）が必要です。
※ポップアップが表示されない場合は、ポップアップブロックを解除し、再度、「配送ラベルをダウンロードする」をクリックします。
※ETD（電子取引書類）を利用する場合は、インボイスは不要となります。

13

荷物にはパウチを貼り、「運送ラベル」「インボイス」をそのパウチの中に入れるか、集荷担当のスタッフへ渡します。

※集荷の依頼等は、P274からご参照ください

COLUMN

HSコード類について

HSコードとは、貨物を輸出入する際に用いる品目分類番号です。最初の6けたは世界共通の番号です。

一部のヨーロッパ等の国・地域宛てに商品を発送する際、送り状にHSコード類を入力しないと、対象国の税関の判断で、遅延・返送となる恐れがあります。よって、必ず、国際郵便マイページでHSコード類を入力します。

2023年10月現在、対象国は、フランス（地方行政区画等を含む）、ドイツ、アイルランドですが、今後、増える可能性はありますので、日本郵便の情報で都度確認をします。

EU加盟国等の一部宛てでは、HSコードの細分類であるCNコード（8桁）、TARICコード（10桁）の品目分類番号の送信が要求されます。

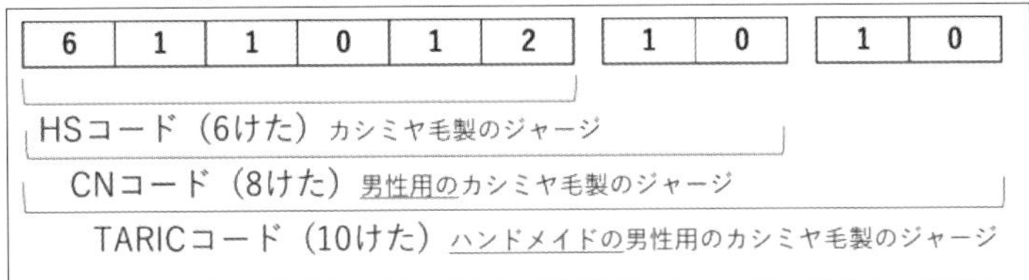

出典；日本郵便ホームページより
https://www.post.japanpost.jp/int/ead/europe.html

HSコード類は、以下のサイトで検索することができます。

日本郵便「内容品の日英・中英訳、HSコード類」（HSコード、CNコードおよびTARICコード）
https://www.post.japanpost.jp/int/use/publication/contentslist/index.php?lang=_ja

税関Webサイト「輸出統計品目表のページ」
https://www.customs.go.jp/yusyutu/index.htm

税関Webサイト「関税分類検索ページ」
https://www.customs.go.jp/searchtc/jtcsv001.jsp

国際郵便マイページでは、「内容品の入力」のページに、HSコード類を入力する箇所があります。この例では、「本」のHSコード類「4901990000」を入力しています。

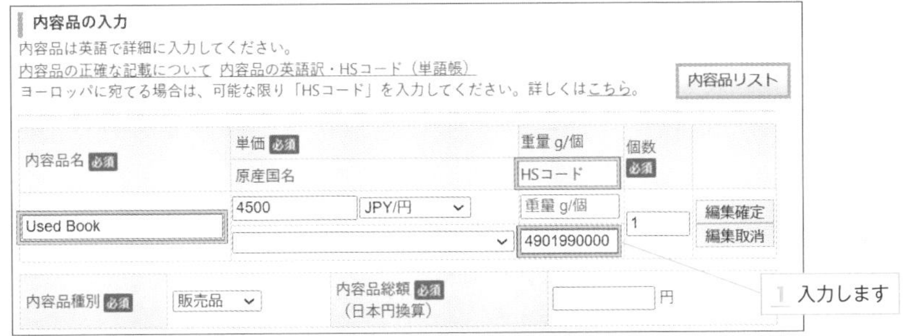

HSコード類を含む送り状記載の情報は、国際郵便マイページをはじめとする、後述の各種送り状作成ツールを使用することで、自動的に相手国に送信されます。

COLUMN

国際郵便マイページにおけるIOSS番号の入力方法について

EU加盟国においては、商品を購入した際、VAT(Value Added Tax/付加価値値税)という税金が課せられます。これは、日本の消費税にあたるものです。

eBayでの購入の場合、商品価格150ユーロまでのEUへの出荷にかかるVATは商品購入と同時にeBayが徴収します。その場合、eBayが提供するIOSS番号を国際郵便マイページで登録する必要があります。IOSSとは、Import One Stop Shop/輸入ワンストップショップの略で、VATの徴収制度を指します。要は「eBayがVATを徴収済」という証になります。

IOSS番号を国際郵便マイページに登録しないと、商品受け取り時に、バイヤーさんが再度VATの支払いを求められる場合がありますので、必ず登録が必要です。ここでは、EU加盟国で150ユーロ以下の商品販売時の国際郵便マイページでの操作方法について解説します。

①Order detailsの右下で、商品、送料以外にVATが徴収されている事が分かります。

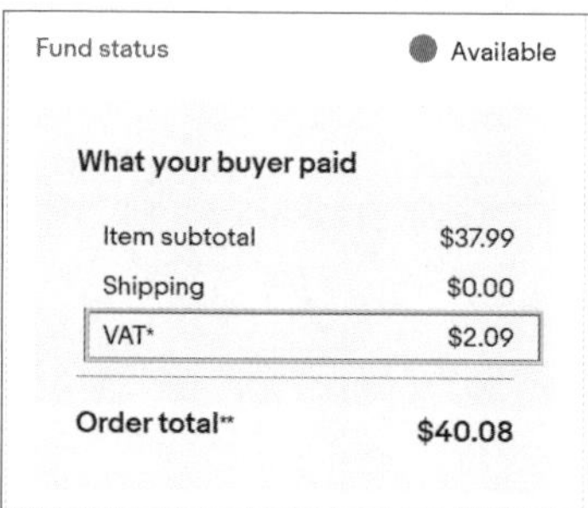

②Order details の左下、Ship to(発送先)の一番下に、「VAT Paid : IOSS - IM2760000742」と記載

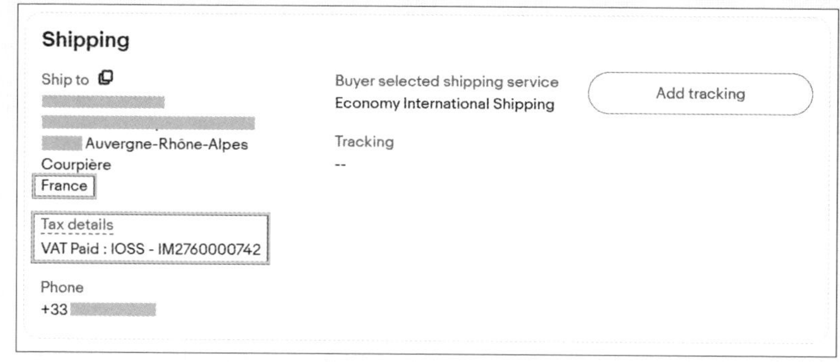

❸国際郵便マイページの「④発送情報登録」の画面下、「税関告知書・インボイス詳細情報」の「＋」をクリックします。

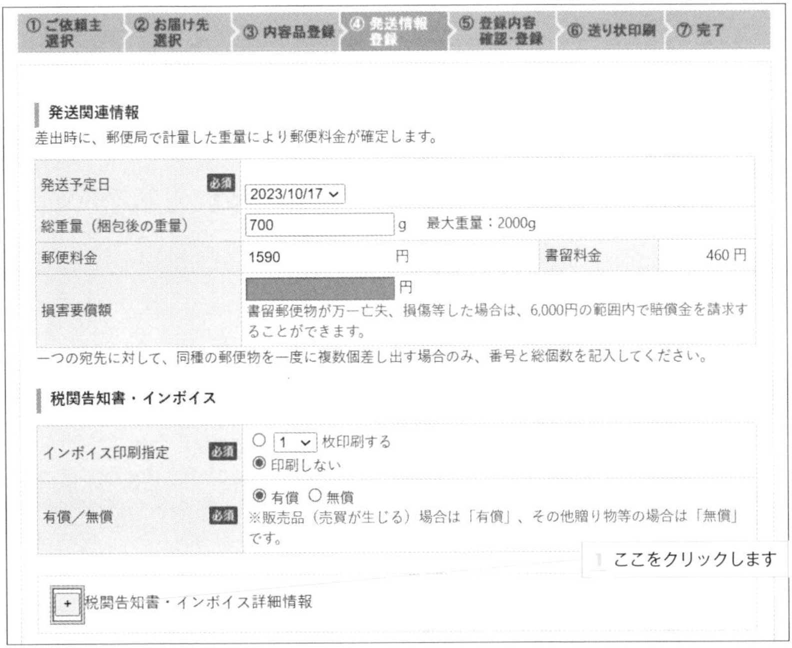

① ご依頼主選択 ② お届け先選択 ③ 内容品登録 ④ 発送情報登録 ⑤ 登録内容確認・登録 ⑥ 送り状印刷 ⑦ 完了

発送関連情報

差出時に、郵便局で計量した重量により郵便料金が確定します。

発送予定日 必須	2023/10/17
総重量（梱包後の重量）	700 g 最大重量：2000g
郵便料金	1590 円 　書留料金 460 円
損害要償額	円 書留郵便物が万一亡失、損傷等した場合は、6,000円の範囲内で賠償金を請求することができます。

一つの宛先に対して、同種の郵便物を一度に複数個差し出す場合のみ、番号と総個数を記入してください。

税関告知書・インボイス

インボイス印刷指定 必須	○ 1 枚印刷する ◉ 印刷しない
有償／無償 必須	◉ 有償 ○ 無償 ※販売品（売買が生じる）場合は「有償」、その他贈り物等の場合は「無償」です。

1 ここをクリックします

＋ 税関告知書・インボイス詳細情報

❹「差出人参照番号」にeBayのIOSS番号を入力します。

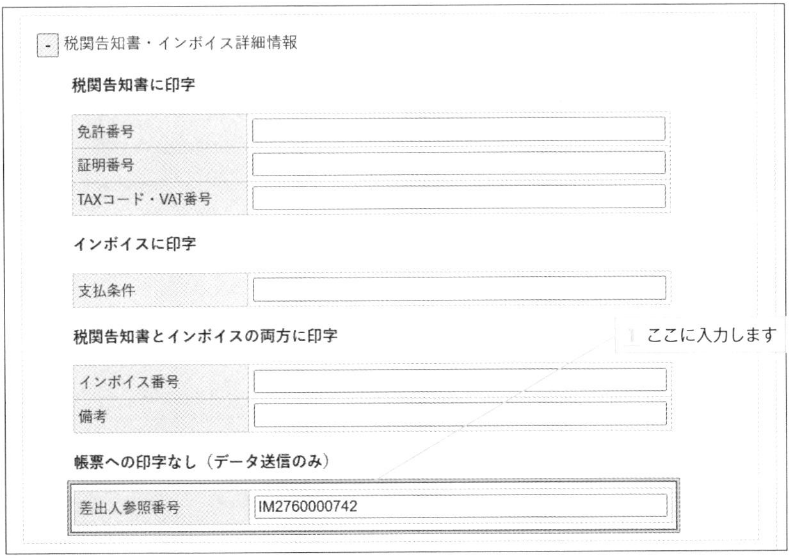

－ 税関告知書・インボイス詳細情報

税関告知書に印字

免許番号	
証明番号	
TAXコード・VAT番号	

インボイスに印字

支払条件	

税関告知書とインボイスの両方に印字

インボイス番号	
備考	

帳票への印字なし（データ送信のみ）

差出人参照番号	IM2760000742

1 ここに入力します

05

eBayで商品が落札／購入されたら

❺「差出人参照番号」に入力したIOSS番号は、データのみ送信され、ラベルなどに印字されません。これは、EU域内郵便事業体の要請に基づき、他者によるIOSS番号の悪用を防止するためとの事です。

❻EU諸国以外でも、商品金額によって、eBayが税金を徴収する国があります。例えば、オーストラリアやイギリスの場合は、納税の証として、以下の番号が住所欄に表示されます。

オーストラリア　ABN#64652016681 Code:PAID
イギリス　GB 365 6085 76 Code:Paid

これらについては、「税関告知書とインボイスの両方に印字」の「備考」へ入力します。また、送り状の住所欄への記載もしておきます。

- 税関告知書・インボイス詳細情報

税関告知書に印字

免許番号	
証明番号	
TAXコード・VAT番号	

インボイスに印字

支払条件	

税関告知書とインボイスの両方に印字

インボイス番号	
備考	ABN#64652016681 Code:PAID

帳票への印字なし（データ送信のみ）

差出人参照番号	

1 ここに入力します

※前述の送り状作成ツール「広げてドットコム」や「eLogi（イーロジ）」では、eBayと同期し、発送先情報などと共に、IOSS関連の受注情報を取得します。よって、別途の操作は不要です。

SECTION

5-4 出荷の仕方

梱包した荷物は、作成した送り状とパウチと一緒に、日本郵便の場合は、郵便局の窓口へ、クーリエの場合は、集荷を依頼して、差し出します。

〈日本郵便の場合〉

パウチはあらかじめ貼るべきか、貼らないべきか

梱包した荷物の重量に、送り状やパウチの重量は含まれません。
送り状パウチで約10g、税関告知書やインボイスが別途ある場合は、20g程度の重量になります。

例えば、梱包した荷物が500gピッタリだとした場合、パウチを貼ってしまうと、500gを超え、600gでの送料が算出されてしまう、という事です。

このような場合は、郵便局にパウチを貼らずに荷物を差し出し、窓口で重量を量ってもらった後に、窓口の方にパウチを貼ってもらうようにします。

梱包した荷物の重量に余裕があれば、パウチは荷物に貼付けて差し出すと良いです。

郵便局の窓口へ行く時間が取れない場合の対処方法

国際郵便は、国内郵便とは異なり、コンビニから発送することはできません。

「日中、時間が取れない会社勤めの方」「子供が小さいので、外出が難しいママさん」など、なかなか郵便局の窓口に出向けない人へ、以下、3つのアドバイスをさせて頂きます。

① Handling time (ハンドリングタイム)を長めに設定する

CHAPTER 4で説明しました通り、Handling Time(ハンドリングタイム)とは、「eBayで販売した商品代金を受け取ってから、商品を発送するまでの期間」のことです。

このHandling timeを少し長めに設定することで、入金から発送までの期間に余裕を持たせる事ができます。

おすすめしたいのは「5 business days」です。「Business day」は営業日ですので、土日祝日は含まれません。よって5日で設定すれば、7日間、1週間の猶予を作ることが出来ます。1週間、全く郵便局に立ち寄れない、という人はいないと思います。なお、土日祝日は、日本のカレンダーに準拠しています。

「Handling time」はできるだけ短い方がよいですが、無理に短くすると、発送期日に間に合わなかったり、それがストレスになってしまったりします。よって、ご自身の生活スタイルに合わせた設定をするようにしましょう。

②ゆうゆう窓口を活用する

ゆうゆう窓口とは、郵便局のいわゆる「時間外窓口」です。主に、集荷や仕分けを行う大きな郵便局に設置されています。不在持ち帰りや局留の郵便物の受け渡しの他、郵便物の差出しや切手･はがき類、収入印紙の販売なども行なっています。もちろん、国際郵便も発送できます。土日祝日を含め、営業していますが、局によって、営業時間は異なります。

是非、ご自宅周辺、または勤務先周辺のゆうゆう窓口を検索してみて下さい。
https://www.post.japanpost.jp/shiten_search/

③郵便局の集荷サービスを活用する

日本郵便の集荷サービスは、その名の通り、自宅や会社に荷物を集荷しに来てくれるサービスです。インターネット、電話で申し込むことが出来ます。
https://www.post.japanpost.jp/index.html

但し、集荷を依頼できる国際郵便は、「EMS」と「国際小包」の２種類となります。

〈クーリエの場合〉

クーリエは、基本集荷

FedExやDHLなどクーリエの荷物については、集荷を依頼します。もちろん、1個から集荷してくれますので、ご安心下さい。以下は、eLogiでの集荷手続きの例です。

1 eLogiの左側メニュー「発送を完了する」をクリックし、該当取引の「集荷依頼」のボタンをクリックします。

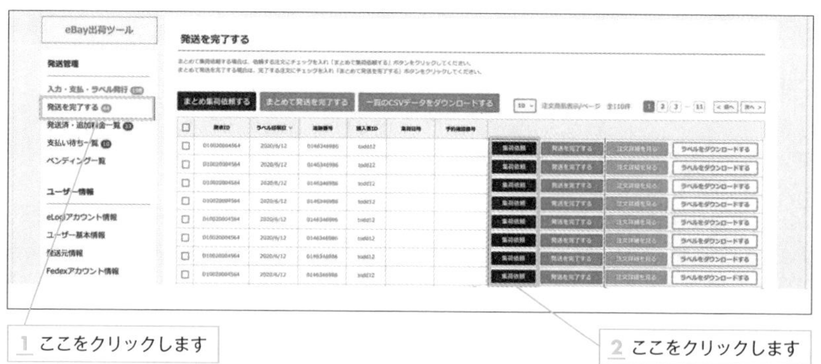

2

集荷日時を予約します。（この事例はFedEx）

3

集荷の依頼が完了しました。

4

クーリエのメリットは、「荷物1個から集荷に来てくれる」事です。サイト上で決済を行うため、集荷時に金銭のやり取りはなく、時間もかかりません。しかしながら、本業等で留守が多い場合は、集荷について、ご家族など、同居の方の協力が必要になります。

また、ご自宅や勤務先周辺で、持ち込みで出荷ができる営業所やサービス拠点を確認しておく事をおすすめします。

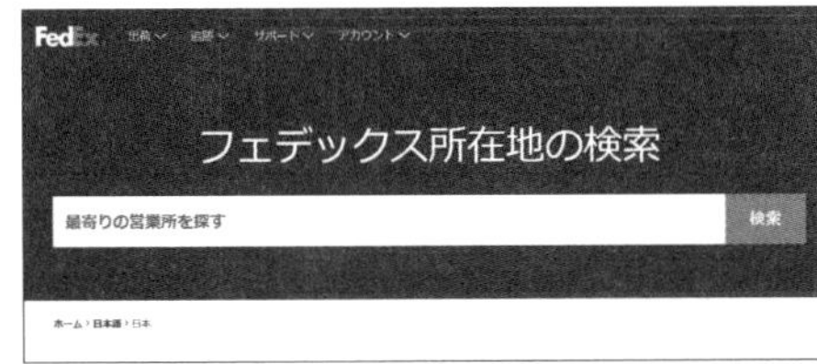

FedEx
https://local.fedex.com/ja-jp

DHL
https://dhlexpress.jp/dhl-expresseasy/

SECTION

5-5 バイヤーさんへ発送連絡をする

商品の発送完了後、eBayにトラッキングナンバーを入力します。入力することで、取引のステータスは「発送済」となり、その後の追跡情報も確認することができます。

トラッキングナンバーの入力方法（日本郵便の場合）

トラッキングナンバーは、荷物が国際郵便にて発送先へ配送される間に、その荷物を追跡するための番号です。お問い合わせ番号、追跡番号などとも呼ばれます。

1 トラッキングナンバーは、送り状の右上に表示されています。「お客様控え」にも同様に表示されています。通常、「AA123456789JP」というように、「アルファベット2桁＋数字9桁＋JP」となります。

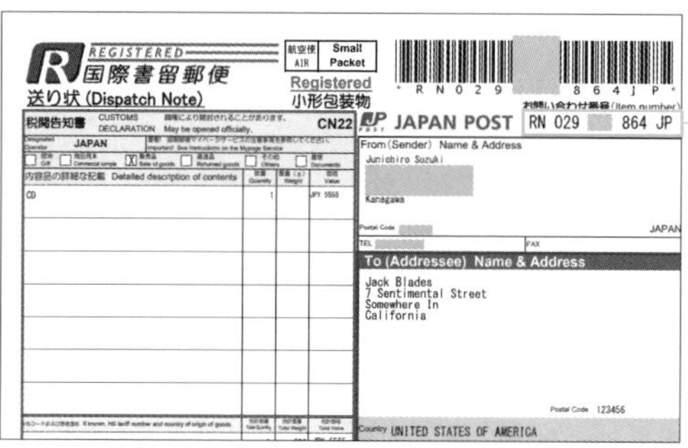

1 確認します

2 eBayのMy eBay ＞ Selling ＞ Ordersの該当取引内「+Add tracking」をクリックします。

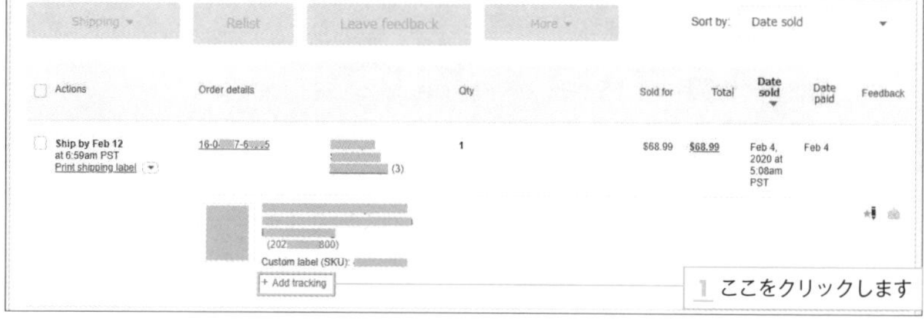

1 ここをクリックします

05 eBayで商品が落札／購入されたら

3

「Add or edit tracking numbers」の「Tracking number」に、トラッキングナンバーを、「Carrier」に「Japan Post」と入力し、「Save and continue」をクリックすると、完了です。

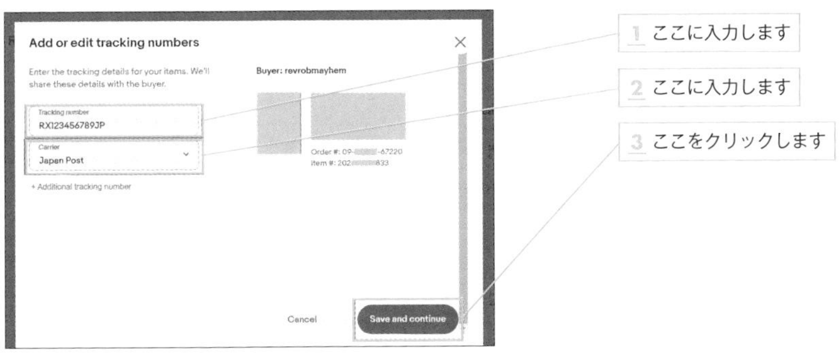

4

トラッキングナンバーを入力すると、eBayからバイヤーさんへ、「商品が発送された」旨のメールが自動送信されます。

5

1つの取引に対し、荷物が複数ある場合は、「+ Additional tracking number」をクリックすると、枠が増えます。

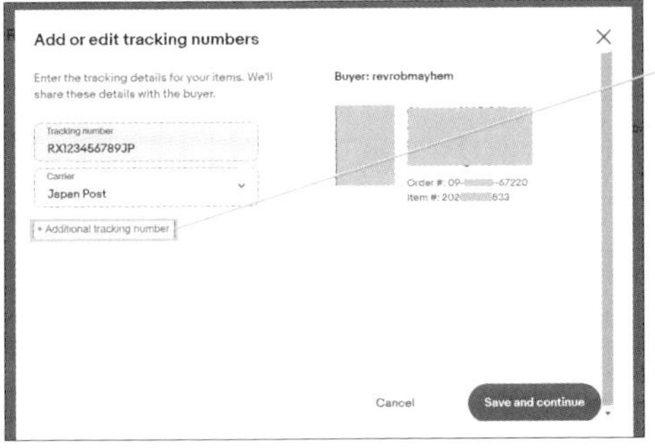

6

「Edit」をクリックすると、入力内容の編集ができます。番号の修正や、追加がある場合に使用します。

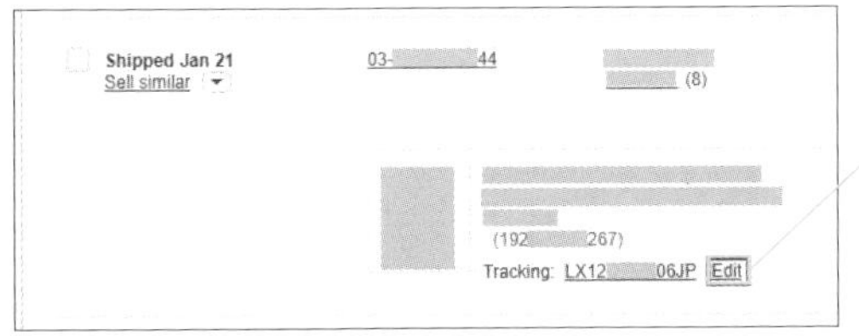

7

トラッキングナンバーをクリックすると表示されるTrack packageでは追跡の詳細を確認することができます。この情報は、バイヤーさんも「Purchase　history」から、同じように確認することができます。この追跡情報は、日本郵便の追跡システムと連動していますが、万能ではなく、国や発送方法によっては、追跡表示がされない場合はあります。この場合は、日本郵便のホームページ、または「17TRACK」で追跡情報を調べます。具体的な方法は、後述します。

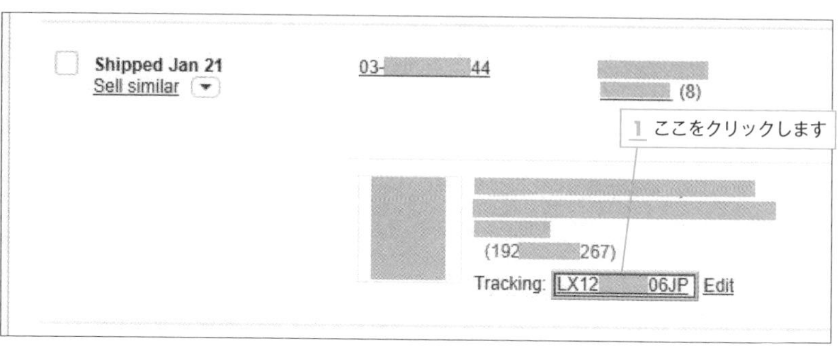

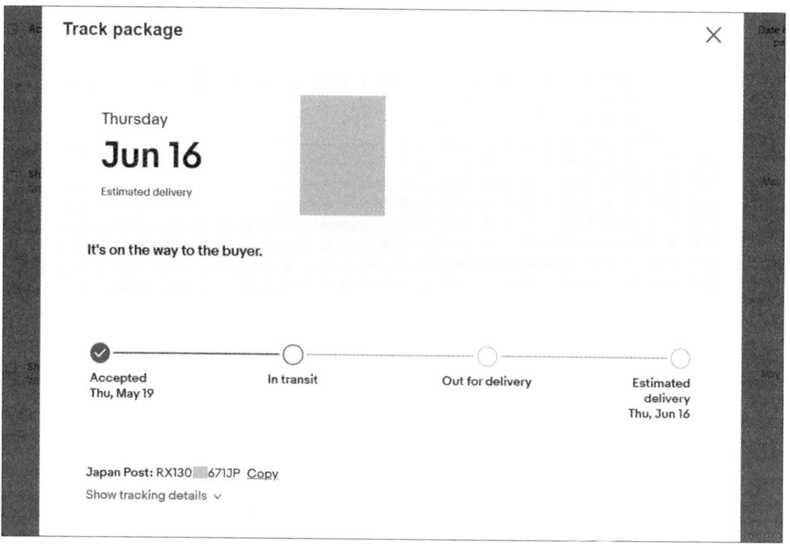

05

eBayで商品が落札／購入されたら

書留ではない（トラッキングナンバーがない）郵便を発送する場合

トラッキングナンバーがない郵便の場合は、該当取引の▼Actions内メニューの「Mark as shipped」をクリックすることで、発送済のステータスとなります。eBayからバイヤーさんへ、「商品が発送された」旨のメールが自動送信されます。

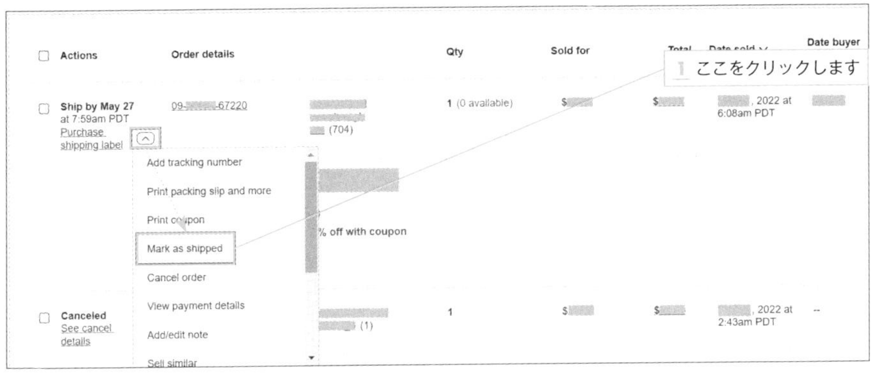

日本郵便、17TRACKでの荷物の追跡の仕方

eBayのTracking detailで追跡情報が表示されない場合は、日本郵便、または17TRACKで追跡情報を確認します。

1 日本郵便の場合

日本郵便ホームページ　https://www.post.japanpost.jp/index.html内の「郵便・荷物の追跡」に、トラッキングナンバーを入力し、虫メガネのアイコンをクリックします。

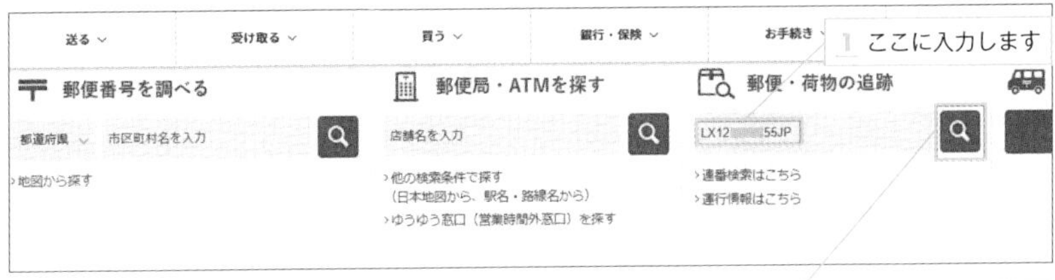

05 eBayで商品が落札／購入されたら

2 追跡情報が表示されます。

配達状況詳細

お問い合わせ番号	商品種別	付加サービス
RX 12[illegible]27 JP	国際書留・保険付書状	書留

履歴情報

状態発生日（海外で発生した場合は現地時間）	配送履歴	詳細	取扱局 / 郵便番号	県名・国名
2022/04/05 14:36	引受		[illegible]郵便局 / [illegible]	神奈川県
2022/04/06 01:26	国際交換局に到着		東京国際郵便局 / 138-8799	東京都
2022/04/07 12:20	国際交換局から発送		東京国際郵便局 / 138-8799	東京都
2022/04/09 09:10	国際交換局に到着		MPC JAKARTA	INDONESIA
2022/04/11 01:40	税関検査のため税関へ提示		MPC JAKARTA	INDONESIA
2022/04/11 11:14	税関から受領		MPC JAKARTA	INDONESIA
2022/04/13 10:40	留置局に到着			INDONESIA
2022/04/14 16:10	お届け済み			INDONESIA

17TRACKの場合

17TRACKとは、「ALL-IN-ONE PACKAGE TRACKING」というキャッチフレーズの通り、世界220カ国、対応言語30、Alexaトラフィックランク（インターネットサイトの世界ランキング）1200位と、世界中の配送状況を網羅し、また世界的な知名度を誇る追跡サービスサイトです。

各国の書留、小包、EMSなどの国際郵便や、DHL、FedEx、UPS、TNTといった複数の宅配業者を含めた900以上の郵便輸送会社を追跡することが可能です。

eBayのカスタマーサービスにおける追跡情報の確認は、17TRACKを使用しています。

よって、追跡情報の件で、eBayのカスタマーサービスに何かを尋ねる際は、日本郵便のページより17TRACKのページを使った方がスムーズなようです。

1 17TRACK　https://www.17track.net/ja内のブランクに、トラッキングナンバーを入力し、「追跡」をクリックします。

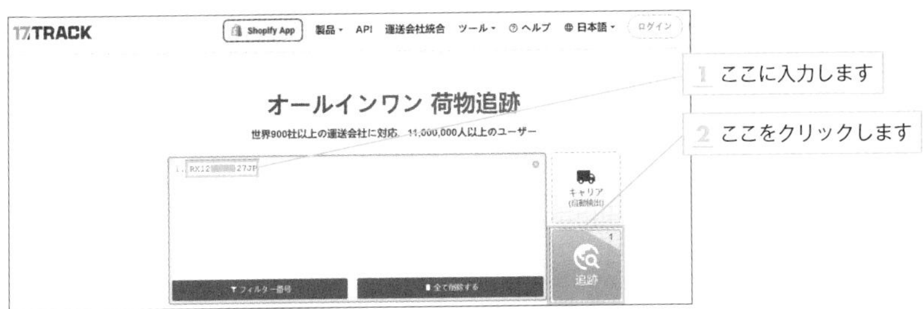

2 追跡情報が表示されます。

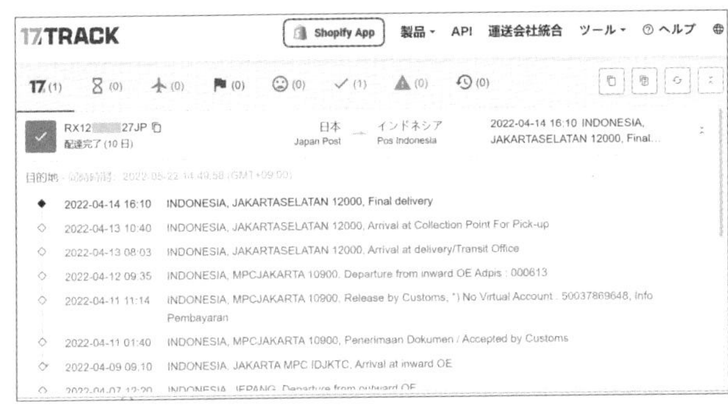

トラッキングナンバーの入力方法（eLogiの場合）

1 eLogiの左側メニュー「発送を完了する」をクリックし、該当取引の「発送を完了する」のボタンをクリックします。

2 1の操作を行うことで、eLogiで作成した送り状（運送ラベル）のトラッキングナンバーは、eBayのトラッキング情報に自動的にアップロードされ、発送済みのステータスに変更されます。

SECTION

5-6 バイヤーさんへFeedback（評価）を入れる

購入いただいたバイヤーさんへ、Feedback（評価）を入れます。CHAPTER 2で解説しましたとおり、セラーからバイヤーさんへ残す事ができるのは、「Positive」のみとなります。

1

該当取引の左側「Leave feedback」をクリックします。表示されていない場合は、Actionsの▼内メニュー内の「Leave feedback」をクリックします。

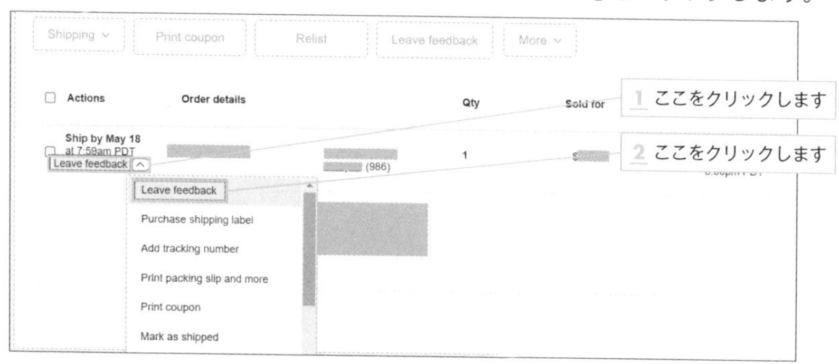

2

「Leave positive feedback」の画面の下、評価コメントにて、定型文を利用する場合は、▼より選択します。自身でコメントを入力する場合は、「Use custom comment」にコメントを入力します。完了したら、「Leave feedback」をクリックすれば、完了です。

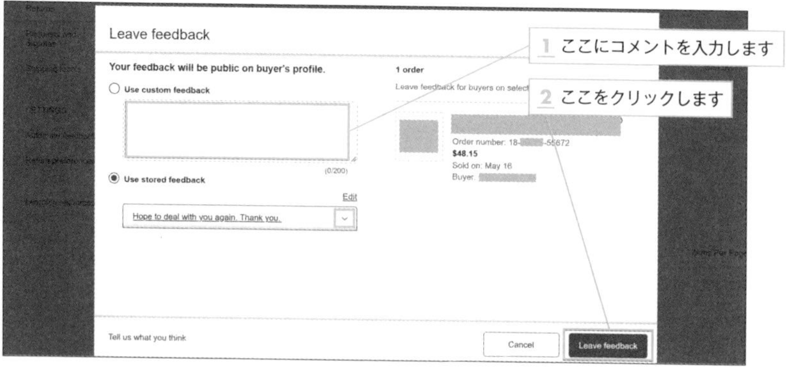

自動でバイヤーさんへFeedback（評価）を入れる方法

eBayにおける取引件数が増えてくると、バイヤーさんへのFeedback（評価）を残すのを忘れてしまってしまったり、遅れてしまったりすることがあります。

そこで便利なのは「Automate feedback」（自動でFeedbackを残す）機能です。

あなたがeBayで購入した際、Feedback（評価）を早くつけていただくよう、セラーさんに催促をしましたよね。

そんなバイヤーさんと同じ気持ちに立ち、是非、素早くFeedback（評価）を残す設定をしておきましょう。

1 eBay画面の左上「Hi，名前」の箇所にカーソルを当てると表示される「Account settings」をクリックします。

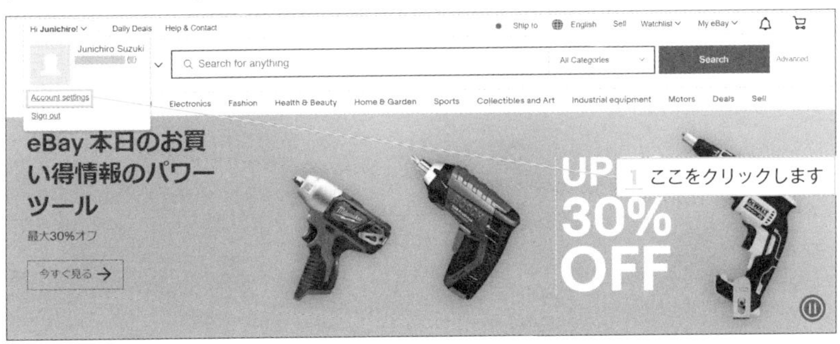

2 「Selling preference」をクリックします。

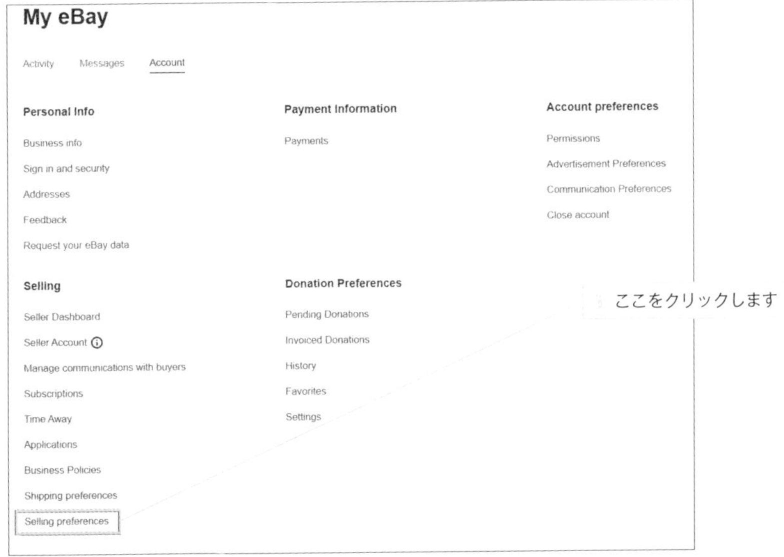

3

「All listings and orders」内、「Automate feedback」の「Edit」をクリックします。

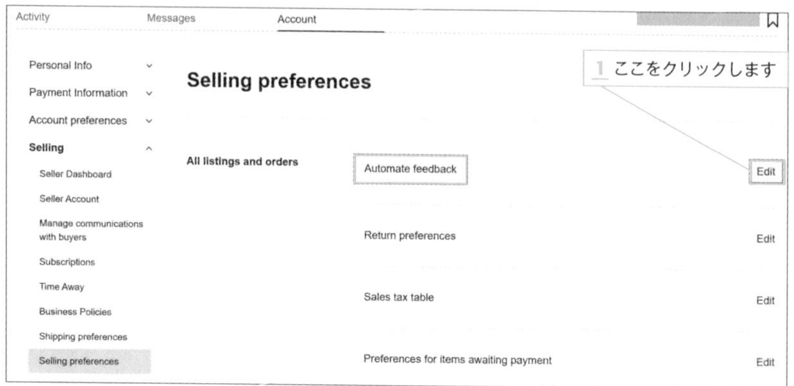

4

どのタイミングでバイヤーへFeedbackを残すのかを選択します。

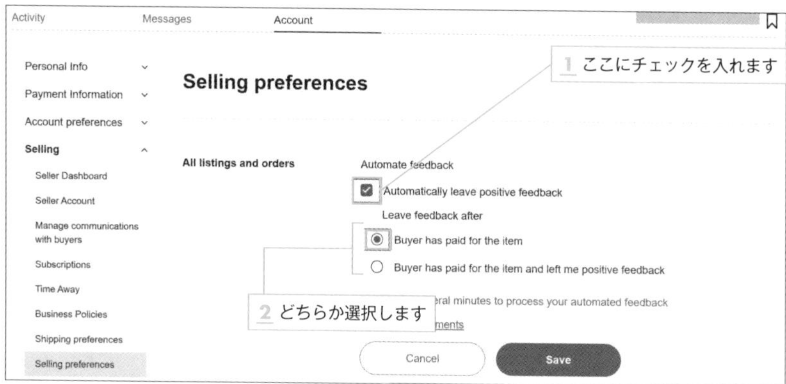

・Buyer has paid for the item　（バイヤーが商品代金を支払ったタイミング）
・Buyer has paid for the item and left me positive feedback（バイヤーが商品代金を支払い、自分にpositive feedbackを残したタイミング）

おすすめは「バイヤーが商品代金を支払ったタイミング」です。
購入直後にPositive feedbackを（良い評価）を残すことは、バイヤーさんにとって、とても嬉しいことです。追加で購入してくれる可能性も高まります。

5 「Edit stored comments」をクリックし、Feedbackのコメントを選択します。

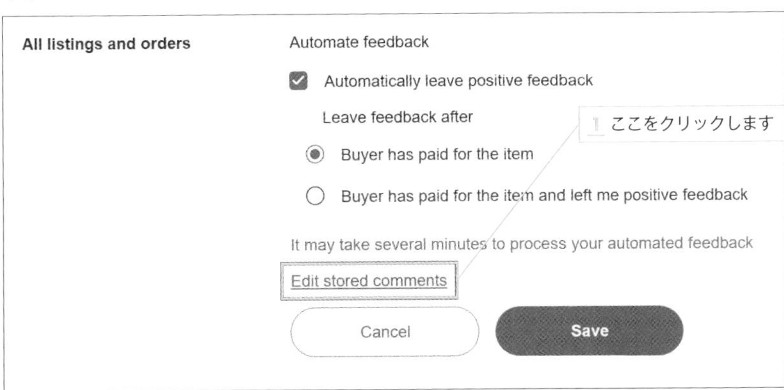

6 定型文からお好きなものを選択します。もし、自身でコメントを作成する場合は、「Fill in more positive feedback」に入力し、選択します。選択したら、「Save」をクリックします。

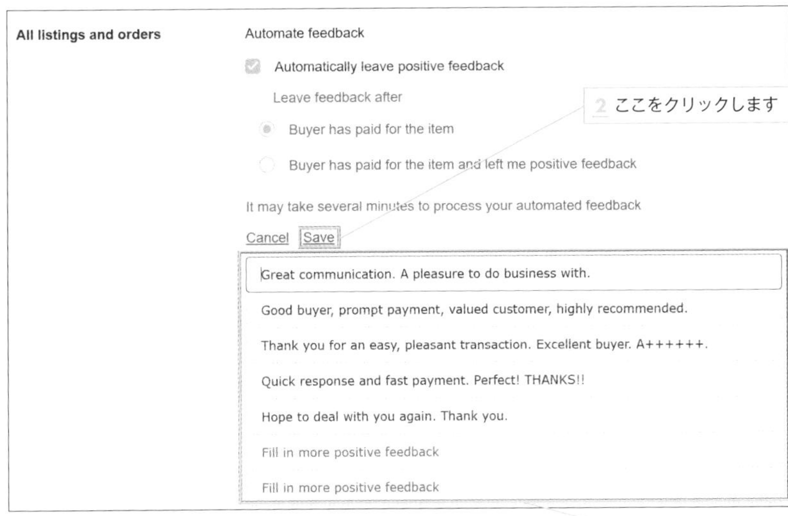

7

最後に「Save」をクリックします。

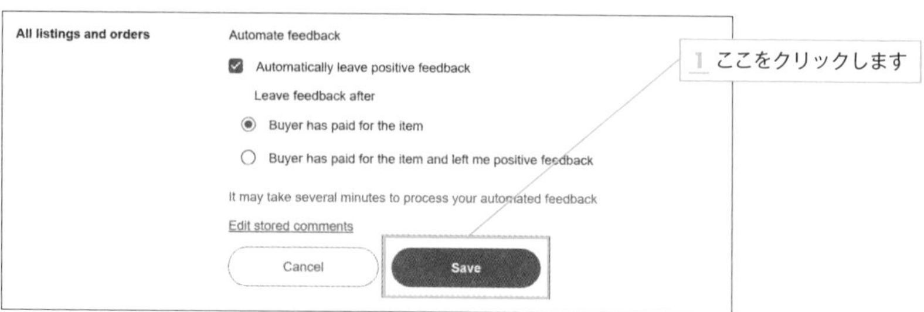

8

「Automate feedback」の設定が完了しました。

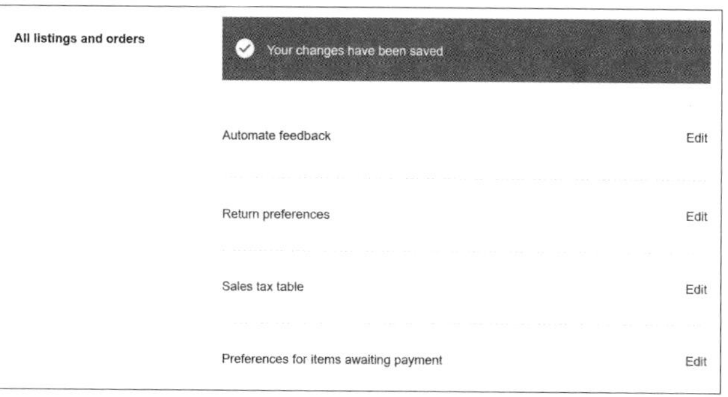

COLUMN

バイヤーさんからFeedback(評価)をもらう方法

Feedback(評価)が少ないうちは、ひとつでも多く評価を集めたいところです。セラーの立場で、バイヤーさんに対して、評価を催促する方法を解説します。

①まず、トラッキングナンバーで追跡情報を確認します。

②荷物がバイヤーさんへ到着していたら、以下のようなメールを送ります。
I'm so happy that your item has safely delivered to you.
If you are satisfied with your item, please leave positive feedback for me on eBay.
(訳)
商品が無事に届いたようで、とてもうれしく思います。
ご満足頂けましたら、当方に良い評価を残して頂けますようお願い致します。

③もし、バイヤーさんが、商品に満足していれば、良い評価を残していただける可能性は高いです。但し、評価は強制ではないため、残してくれない場合もあります。しつこくないよう、評価の依頼は1回とされたほうがよいでしょう。

④逆に、もし、商品に対し、何らかの不満があった場合、評価の催促が、やぶへびになる場合もありますので、注意が必要です。

SECTION

5-7 リミットアップ交渉

SECTION4-1で解説しましたとおり、eBayには、「Monthly limits(月間出品制限/出品リミット)があります。eBayに多くの商品を出品し、販売できるよう、リミットアップ交渉を行います。

リミットアップ交渉の前に確認しておくこと

eBayで一つ以上の販売ができたら、出品数(3商品)をリミット枠一杯まで出品をします。出品枠がある状態で、eBayにリミットアップ交渉をしたとしても、「まだ出品できますよ」と断られてしまう場合があります。また、「発送期日は守られているか」「バイヤーさんに、Feedback(評価)は残しているか」など、セラーとして行うべきことを行っているかの確認をします。

1 出品リミットの確認

eBayの「My eBay」内「Selling」をクリックします。

2

Seller HubのOverviewの画面を下の方にスクロールすると、「Monthly limits」を確認することができます。この場合は、初期の「月間3商品または200ドルまでの制限」となっています。

3

もし、Seller Hubの画面内で「Monthly limits」が見つからない場合は、Seller Hubの画面右上の「Customize」をクリックします。

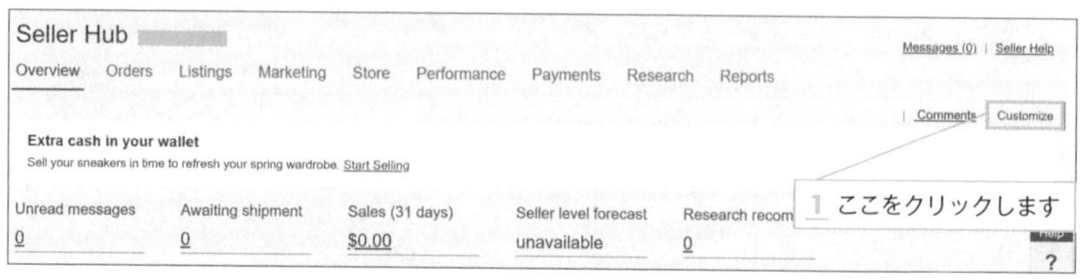

4

「Monthly limits」にチェックを入れ、「I' m done」をクリックします。Seller Hub内に「Monthly limits」が表示されるようになります。
※Seller Hubで全ての項目が表示されるよう、他の項目も全てチェックを入れられる事をお薦めします。

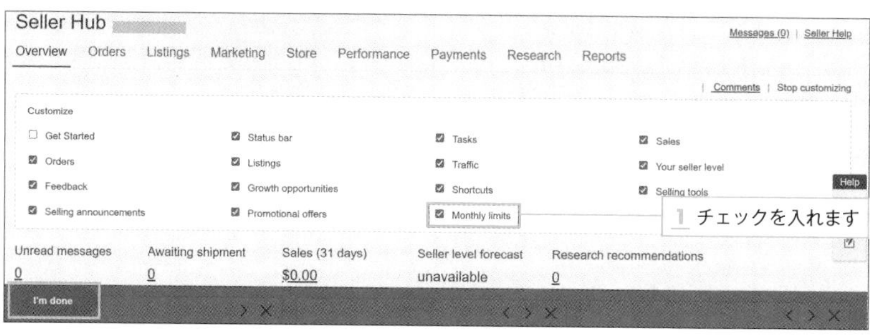

リミットアップは格段に簡単になった

「eBayでのリミットアップ交渉は難しい、面倒」と思っている方は非常に多いと思います。なぜなら、今まで、リミットアップ交渉は、アメリカのeBayあてに英語で行う必要があったからです。しかしながら、2020年以降、リミットアップが格段に簡単になりました。

SECTION 0-4で紹介しました「eBay販売サポート」(無料)に申し込み、承認を得られれば、初期リミット「3商品200ドル」から25倍以上の出品リミットを確保することができます。すでに出品・販売実績がある場合は、更なるリミットアップが期待できます。

① eBay販売サポートへの申込み

イーベイ・ジャパンのサイトにアクセスします。
https://www.ebay.co.jp/

②

「eBay販売サポート申込み」をクリックします。

③

「eBayで販売をはじめる！」をクリックします。

4

「法人」「個人事業主」「個人」のいずれかを選択し、必要事項を記入して、「次へ」をクリックします。(この事例では「個人」としています)

※年商やホームページについては、既に他サイトで販売をしている場合のみ記載をします。

5

「販売商材在庫」は「在庫あり」を選択します。

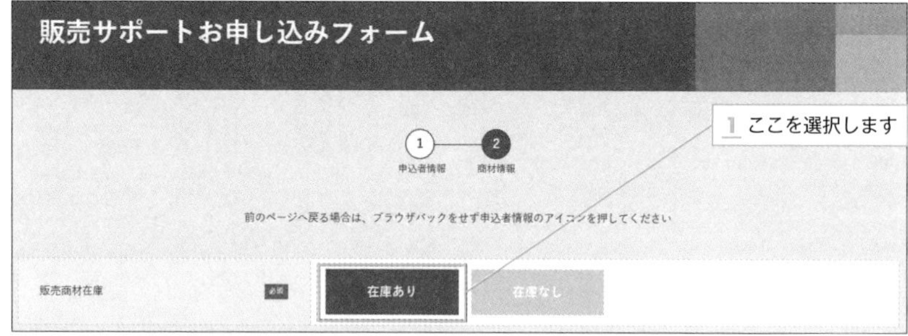

※在庫なしの場合、販売サポートへの申込みはできません。

6 以下、必要事項を記入します。

オンライン販売サイト 必須	ある ● ない
在庫画像 必須 ※取り扱い商材の在庫がわかる画像を添付ください	ファイルをドラッグ＆ドロップもしくはファイルを選択 1ファイル5MBまで
取扱い商材カテゴリー1 必須	カテゴリー 保有在庫数 平均単価 円
取扱い商材カテゴリー2	カテゴリー 保有在庫数 平均単価 円
取扱い商材カテゴリー3	カテゴリー 保有在庫数 平均単価 円
取扱い商材状態（複数選択可） 必須	新品 中古・再生品 受注生産
取り扱い商材に関する自由記述	
お申込みeBay ID以外にお持ちのeBay ID	

ご記入いただいた個人情報は、eBay販売サポートの審査・ご連絡のみに利用いたします。
詳細については、個人情報の取り扱いをご参照ください。
利用規約および個人情報の取り扱い

上記に同意して送信する

「オンライン販売サイトの有無」
・オンラインサイトがある場合は、サイトのURLを入力します。
・オンラインサイトがない場合は、取り扱い商材の在庫が分かる画像を添付します。
※まだ、販売商品を仕入れていない場合は、出品を予定している不用品の写真で構いません。

「取扱い商材カテゴリー」
取り扱いのカテゴリーをドロップダウンメニューから最低1つを選択し、保有在庫数、平均単価を記入します。こちらも、まだ販売商品を仕入れていない場合は、出品予定の不用品の在庫数や単価（出品予定金額）で構いません。

「取扱い商材状態」
・新品、中古・再生品、受注生産から選択します。（複数選択可）

「取り扱い商材に関する自由記述」
・その他、必要なことがあれば、自由に記入します。

「お申込みeBay ID以外にお持ちのeBay ID」
・もし、申込みeBay ID以外に、eBay IDがあれば、記入します。

7

入力が完了したら、「上記に同意して送信する」をクリックします。イーベイ・ジャパンから、3営業日以内に、「本人確認書類の提出」に関するメールが登録のメールアドレスに届きます。

8

「本人確認書類の提出」のメールが届いたら、フォームに従って提出をします。

- 身分証明証（免許証、パスポート、マイナンバー等）
- 住所確認書類（公共料金（電気／ガス／水道）の領収書、クレジットカード利用明細書、銀行残高証明書、住民票、保険証など、現住所が確認できるもの）
- 開業届（個人の場合は不要）
- 古物商許可証　取り扱いカテゴリー及び状態によって、提出を求められる場合があります。自身の不用品を販売するだけなら、古物商許可は不要です。しかしながら、今後、中古品を仕入れて販売を行う場合は、古物商許可は必要となりますので、取得をしておきましょう。

9

イーベイ・ジャパンより、審査に通過した旨のメールが届いたら、販売サポートが開始されます。数日以内に自動でリミットアップがなされます。前述の「出品リミットの確認」の項を参考に確認をします。

05 その後のリミットアップ

初回のリミットアップ以降は、販売数や出品数の増加予定など、必要に応じて、eBayセラーポータルからリミットアップのリクエストを行います。

1

eBayセラーポータルへアクセスします。
https://eportal.ebay.co.jp/portals

2

トップページに「リミットアップリクエストをする」が表示されていれば、「リクエストする」をクリックします。

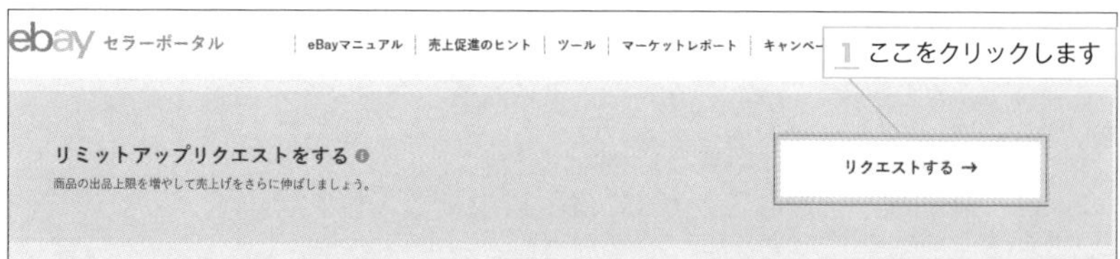

※リミットアップをリクエストできる状態でない場合、（リミットアップして間もない場合、セラーレベルに問題がある場合、未解決のケースやリクエストがある場合など）、「リミットアップリクエストをする」は表示されません。

3

eBay側でリクエストが認められれば、数日以内にリミットアップがなされます。結果は、eBayからのメール、または、前述の「出品リミットの確認」の項を参考に確認することができます。

Your eBay account limits have been changed

Hello

To help you be a successful seller and ensure a safe experience on eBay, we sometimes change limits on accounts. Account limits allow us to learn about your selling activity and to make sure you're adhering to our selling practices policy and performance standards. Limits vary by seller and can change over time.

You can now sell up to items monthly and up to $ monthly. Your limits include both items currently for sale and those already sold this month.

4

リミットアップのリクエストをしなくても、販売実績やアカウントの状況に応じて、eBay側の判断により、自動でリミットアップをしてくれる場合があります。

アメリカのeBayに直接リミットアップ交渉をする方法

従来どおり、アメリカのeBayへ直接リミットアップ交渉をすることも引き続き可能です。

前述での方法によるリミットアップリクエストの結果は、eBay次第となります。もし、ご自身のビジネス状況や今後の展望などをアピールし、更に大きなリミットアップを獲得したい場合に、是非チャレンジしてみてください。

※以前は、メール・電話での交渉が可能でしたが、2020年以降、電話は休止中でメールのみとなります。

リミットアップ交渉をする前に確認しておきたいこと

・現在のリミット数または額の枠一杯まで出品をしているか。
　→出品枠が残っている状態ですと、「まだ出品できますよ」と断られてしまう場合があります。
・発送期日は守られているか
・バイヤーさんに、Feedback（評価）は残しているか
・Unread（未読）のメールはないかどうか

など、セラーとして行うべきことを行っているかの確認をします。

① メールでのリミットアップ交渉

前述の「出品リミットの確認」の方法で「Monthly limits」を表示させ、「Request to list more」をクリックします。

②

「Request higher selling limits」内の「Verify through Customer Support」にチェックを入れ、「Continue」をクリックします。

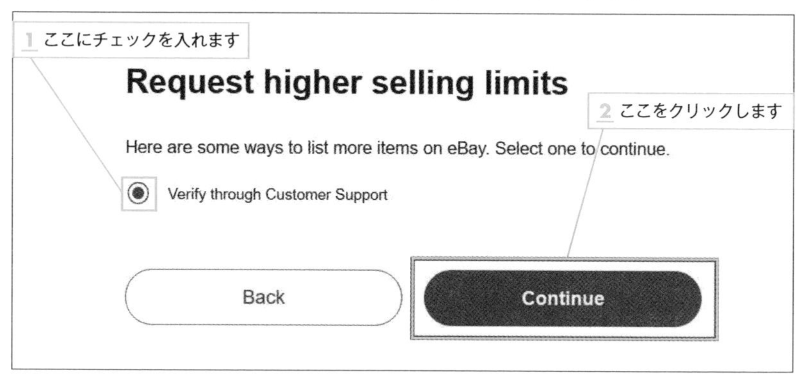

③

もし、リミットアップ交渉の対象外の場合は、以下のようなメッセージが表示されます。

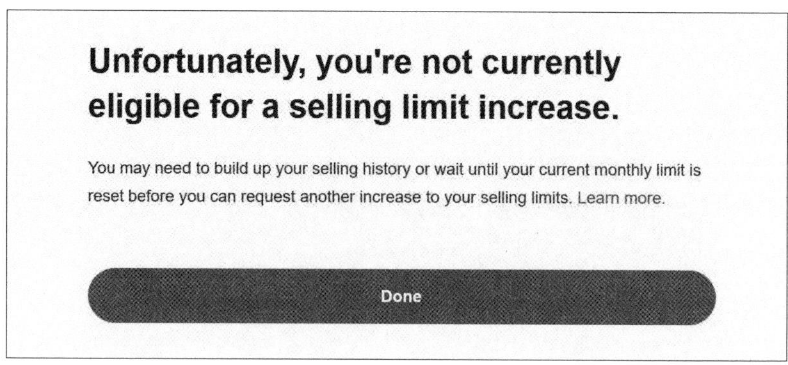

4

「Email us」という、メッセージを入力するフォームが表示されたら、ここに、「リミットアップしたい」旨を記入し、「Send」をクリックします。

（例文）
Hi, I' d like to sell many items on eBay! I would like to limit-up. Best regards

（訳）
こんにちは。eBayで沢山商品を販売したいので、リミットアップを希望します

単純に「Limit Up Please」と簡単な英語でも構いません。

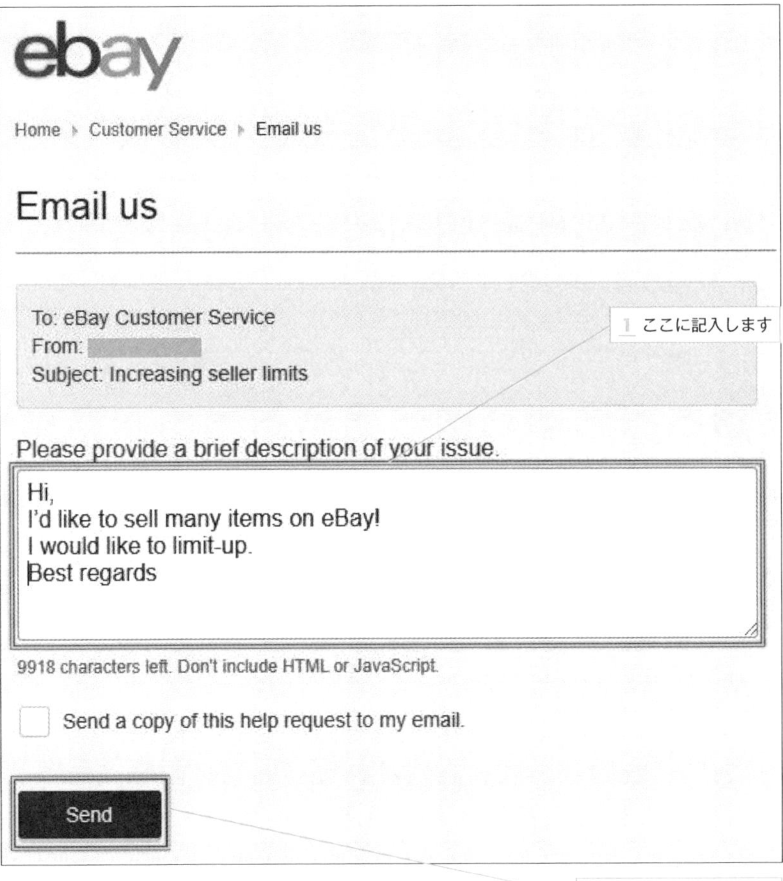
ebay
Home ▸ Customer Service ▸ Email us
Email us
To: eBay Customer Service
From:
Subject: Increasing seller limits
1 ここに記入します
Please provide a brief description of your issue.
Hi,
I'd like to sell many items on eBay!
I would like to limit-up.
Best regards
9918 characters left. Don't include HTML or JavaScript.
Send a copy of this help request to my email.
Send
2 ここをクリックします

5

リミットアップのリクエストの送信後、1〜2日程度で、eBayから以下のような返信メールが届きます。メール内のヒアリング内容について回答し、返信を行います。Google翻訳などを使いながらじっくり進める事が可能です。eBayの担当者は、英語圏でないセラーの対応は熟知しています。よって、無理に文章にせず、シンプルに単語だけの回答でも大丈夫です。
※ヒアリングの内容は、その時々で変わることがあります。あくまで一例として捉えておいて下さい。

How are you?

Thank you for contacting eBay Customer Service. I am happy to hear that you are planning to sell more items on eBay. My name is Ruby and I'll definitely help you raise your selling limits!

I checked your account and I can see that it is now eligible for a selling limit increase. I can also see that you have been performing very well as a seller so I am very positive that we won't have a problem in appealing for a higher limit.

To start, please answer these questions for us so that we can review the account within 7-10 business days.

- What types of items do you want to sell on eBay (Be specific with brands and what the items are)?
- Where do you get the products that you plan to sell (Be specific with names of your distributers and suppliers)?
- How many items do you plan to list on the site?
- What is the average price for the items you're selling?
- Are the items new or used?
- Do you have any other eBay accounts for selling or buying?

If you are a registered business, please fill out these additional questions:
- What is the name of your business?
- Do you have a website or brick and mortar store? Or Both? If you have a website please provide the website URL.
- Please provide your tax ID.

I am positive that once you answer the questions above, we will evaluate your request right away. Thank you so much for your cooperation.

Thank you for choosing eBay. We value your business. Take care and I wish you and your family good health and success there in Japan!

Kind regards,

Ruby A.
eBay Customer Service

（回答例）
・What types of items do you want to sell on eBay
(Be specific with brands and what the items are)?
・eBayでどのような種類の商品を販売したいのですか
（ブランド固有のもので、商品は何ですか）？
→ Japanese Toys、CDs、Records（日本のおもちゃやCD、レコード）

・Where do you get the products that you plan to sell
(Be specific with names of your distributors and suppliers)?
・販売を計画している製品をどこで手に入れますか
（販売店やサプライヤーの名前に固有のもの）
→ Retail stores, flea markets, Amazon Japan, Rakuten.
（小売店、フリーマーケット、日本のアマゾン、楽天です）

・How many items do you plan to list on the site?
・サイトにいくつのアイテムを掲載する予定ですか？
→ 1000 items（1000アイテム）

・What is the average price for the items you' re selling?
・販売している商品の平均価格はいくらですか？
→ Average　$50（平均50ドル）

・Are the items new or used?
・アイテムは新品ですか、中古ですか？
→ Both new and used.（新品、中古両方です）

・Do you have any other eBay accounts for selling or buying?
・他に売買のためのeBayアカウントはありますか？
→ No（持っていません）

・If you are a registered business, please fill out these additional questions:
ビジネスアカウントで登録されている場合は、以下の追加質問にご記入ください：

・What is the name of your business?
・あなたのビジネスの名前は何ですか？
（屋号の事です。屋号が別になければ、ID名で構いません）
→ Nippon Banzai Shop

・Do you have a website or brick and mortar store? Or both?
If you have a website, please provide the website URL.
・あなたはネットショップかリアル店舗のどちらかを、または両方お持ちですか？
もし、ネットショップを持っているなら、ネットショップのウェブサイトのURLを提供してください。
→ NO（持っていません）　※独自のネットショップを持っていれば、そのURLを記入して下さい。

・Please provide your tax ID.
・納税者番号を入力してください。
→ I don' t have tax ID because Japanese seller.
（日本在住のセラーですので持っていません）

※こちらの質問は、アメリカ在住者向けですので、日本のセラーは不要です。

6

eBayからのヒアリングに対する回答を送信し、eBayからのメールによる回答を待ちます。すぐ結果が出る場合もあれば、1週間から10日ほど少し時間をする場合もあります。場合によっては、以下のように、運転免許証などによる本人確認や、公共料金領収書などによる住所確認など、追加の質問が来る場合もあります。その場合は、eBayからの指示に従い、回答します。なお、それらの書類は、各々日本語のもので問題ございません。

Thank you for patiently waiting while we reviewed your request for a selling limits increase. I understand that you have that you would like to sell. We appreciate you for taking the time to answer our Seller Questions, and we are excited to see you would like to sell your car parts on eBay! With so many buyers on our site, I would be asking for assistance at this point too, and it would be my pleasure to review your account with you today!

After reviewing your account and your answers, I see that we need to confirm your information before we can continue reviewing your request for a selling limit increase.

In order for us to confirm your information and be able to best protect your account, please reply to this message with these documents so that we can verify your account information:

One identity proof document
* Driver License (copy of both front and back)
* Passport
* Military ID
* National/Federal ID card

One address proof document
* Bank statements, including loan/mortgage statements
* Credit card statements
* Utility bills (phone, power, water, etc.)
* Insurance bills and statements

Your information will be treated with care. Please remember we are only asking for this information in order to keep our site safe for all buyers and sellers.
* If you are sending a bank statement, please black out the bank account number.
* If you are sending a credit card statement, please black out all but the first and last four digits of the card.

Where to send:
https://ocsnext.ebay.com/ocs/mudcwf?deptName=USE2M

以下はリミットアップ交渉に対する結果の一例です。

Thank you for patiently waiting while we reviewed your request for a selling limits increase. I understand that you have more that you would like to list. We appreciate you for taking the time to answer our Seller Questions, and we are excited to see that you would like to start selling more items on eBay! With so many buyers on our site, I would be asking for assistance at this point too, and it would be my pleasure to review your account with you today!

After reviewing your account and your answers to the questions we asked, I am happy to say I was able to approve your Selling Limit Increase request!

We have increased your items, so you may now list up to 25 items, or $1,500 (whichever is reached first) so that you can continue selling your great items!

この例では、
・出品数：3 → 25　にアップ
・出品金額：$200 → $1,500　にアップとなりました。

COLUMN

イーベイ・ジャパンへの問い合わせ

SECTION 0-4でも紹介しました通り、eBayへの問い合わせについては、今まではアメリカのeBayへ英語で質問する必要がありました。現在は、セラーポータル内の「問い合わせ」から、日本語で行うことができます。

① eBayセラーポータルへアクセスします。
https://eportal.ebay.co.jp/portals

② 右上の「お問い合わせ」をクリックします。

③ 問い合わせ内容の種類をドロップダウンメニューから選択します。フォームに問い合わせ内容を具体的に入力し、必要があればファイルを添付後、「利用規約および個人情報の取り扱いに同意する」のチェックボックスにチェックを入れ、送信ボタンをクリックします。

❹イーベイ・ジャパンからの回答は、登録のメールアドレス及びeBay内のMessagesに届きます。通常、1〜2営業日以内に回答となっています。

❺イーベイ・ジャパンからの回答は、登録のメールアドレスに届きます。通常、2営業日以内の回答となっています。

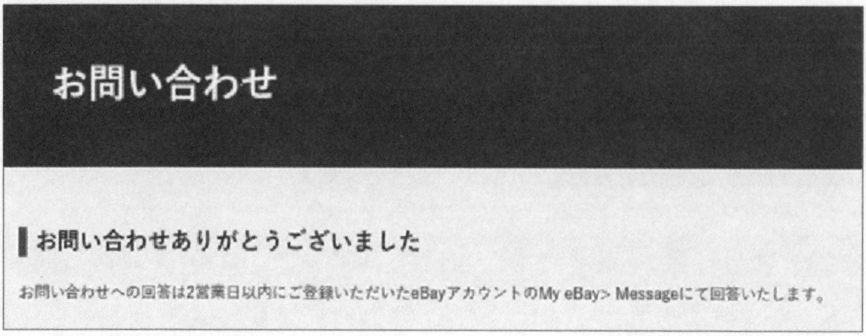

お問い合わせ

お問い合わせありがとうございました

お問い合わせへの回答は2営業日以内にご登録いただいたeBayアカウントのMy eBay> Messageにて回答いたします。

SECTION

5-8 書留をつけない メリット・デメリット

国際郵便には、書留を付けることを推奨していますが、ここでは、書留をつけない場合のメリット・デメリットについて解説をします。

書留とは

国際郵便における書留郵便は、通常郵便料金に、460円を支払うことで、以下のサービスを受けることができます。
・トラッキングナンバーにより、追跡がある(郵便物の引受から途中経過、および配達を記録してくれる)
・補償がある(万一、郵便物が壊れたり、届かなかったりした場合に、一定の損害要償額の範囲内で、実損額を賠償される)

書留をつけるのは、セラー自身を守るためのもの

「書留は、バイヤーさんに安心して頂くためにつけるもの」と思われがちですが、実は、セラー自身を守るためのものでもあります。

書留をつけないと、トラッキングナンバーが発番されません。よって、発送した、という証拠が何もありません。万が一、バイヤーさんから「商品が届いていない」と申告があり、未着のケース(クレーム)を上げられてしまったら、セラーは、商品もお金も失ってしまうことになります。

書留をつけないメリット・デメリット

書留をつけないメリットは、「送料を安く済ませることができる」です。前述の通り、書留をつけるには、＋460円が発生します。例えば、日本の100円均一の商品をeBayで販売する場合、書留代を考慮すると、売価が高くなってしまい、売れづらくなる場合があります。バイヤーさんも、1000円程度までの商品なら、書留付きの発送方法より、書留なしの安い発送方法を選択されます。よって、書留をつけないことで、商品を安く提供することで、売れやすくなります。

書留をつけないデメリットは、前述の通り、発送した証拠がなく、荷物がどこにあるのかが分かりません。本当は「届いている」にも係わらず、バイヤーさんから「届いていない」と言われる可能性もあります。書留をつけない荷物の紛失確率は

5%程度と言われています。よって、書留なしの発送は、「届いていない、と申告があった場合は、返金してもよい」と思える額の商品に限定したほうがよいでしょう。但し、eBayは「書留」をつけることを推奨しています。書留をつけない取引が多い場合、アカウントの一時サスペンドがなされる場合もありますので、注意が必要です。

COLUMN

eBay Integrated shipping carriers（eBayと提携している運送会社）

eBayでは、"Item not received（商品未受領）"から保護を受けるには、「eBay-integrated shipping carriers」（eBayと提携している配送会社）にて追跡付きで発送する必要がある、としています、eBay Money back Grantee通じて提出された「アイテムが受け取られていない」クレームから身を守るために、eBayと提携している配送業者を使用する必要があります。

日本から使えるサービスは、日本郵便、FedEx、DHL、UPSがそれに当たります。

上記以外の運送会社を使用した場合は、保護の対象外となりますので、注意が必要です。

SECTION

5-9 Best Offerを受けた場合の対応方法

Best offerとは、「価格交渉をしてもよい」というオプションです。単なる値下げのみならず、バイヤーさんの目を惹くことが出来ますので、上手に活用していきましょう。

Best Offerの意味

Best Offerが付いていると、バイヤーさんに「ひょっとして、もう少し安く購入できるかもしれない」と期待してくれます。よって、単なる出品より、確実に出品が目立つようになり、アクセスは増えます。日本人は元々価格交渉が苦手なようです。やっと、メルカリのようなフリマアプリで、積極的に行われるようになった感があります。しかしながら、海外では、元々価格交渉は当たり前に行われています。Best offerを付けなくても、メールでどんどん交渉してくるくらい積極的ですので、活用しない手はないでしょう。

1 Best offerの設定の仕方

Best Offerの設定は、CHAPTER 4にて解説しました通りです。出品ページの「Pricing」内「Allow offers」の右側のスライドバーをオンにするだけです。

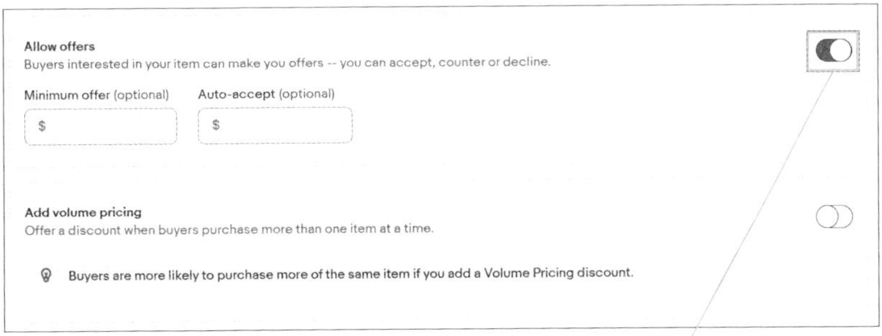

Allow offers
Buyers interested in your item can make you offers -- you can accept, counter or decline.

Minimum offer (optional)　$
Auto-accept (optional)　$

Add volume pricing
Offer a discount when buyers purchase more than one item at a time.

Buyers are more likely to purchase more of the same item if you add a Volume Pricing discount.

1 ここをオンにします

2

出品画面には、「Make offer（交渉する）」と表示されます。

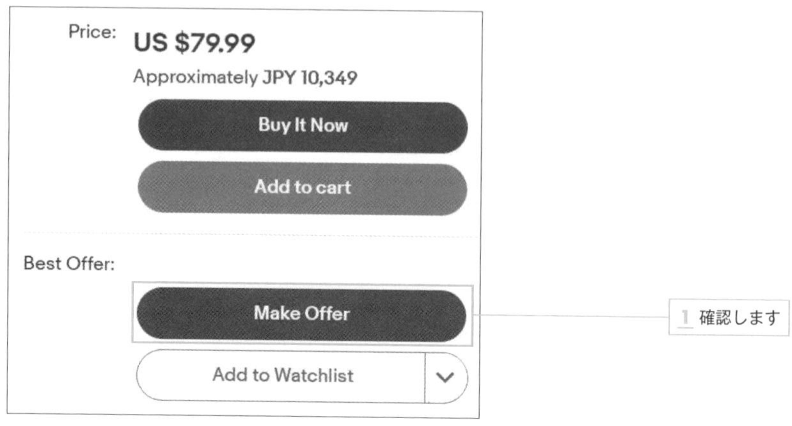

3

例えば、$59.99の商品に対して、バイヤーさんが$30で値下げ交渉してきたとします。eBayからのメール内「Respond now」をクリックします。

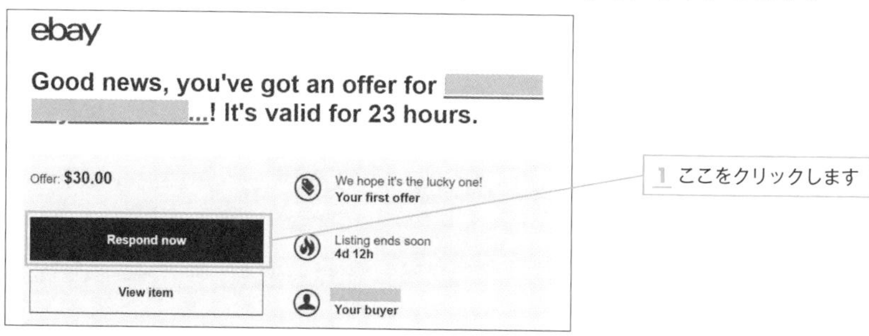

4

セラーは、
・Make a counter offer（代案を提案する）
・Accept(交渉金額で売る)
・Decline(交渉を却下する)
の3択からバイヤーさんへ回答をすることができます。

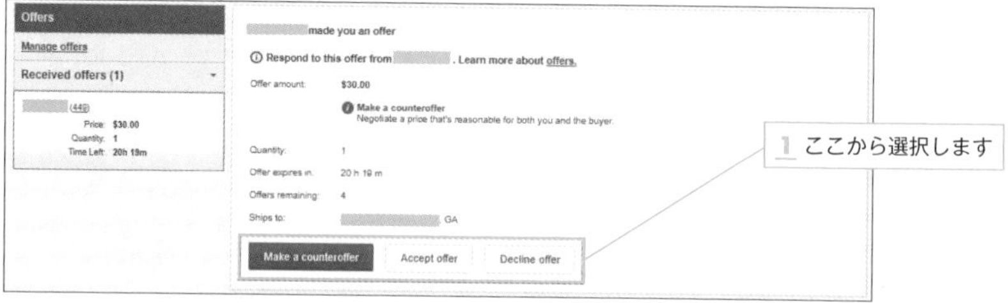

5

Make a counter offerは、具体的な代案を提示できます。例えば、「$30での交渉に対して、$49ではどうですか？」と返答できます。すると、バイヤーさんは、$49で買うか、買わないか、再代案を提案するか、の3択が与えられます。交渉回数は、各々5回までです。

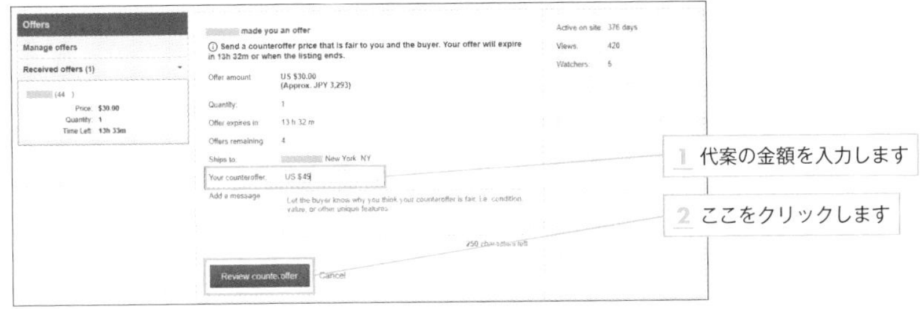

6

Acceptした場合は、即、その金額での落札となります。あとは、通常の取引と同様に進めます。

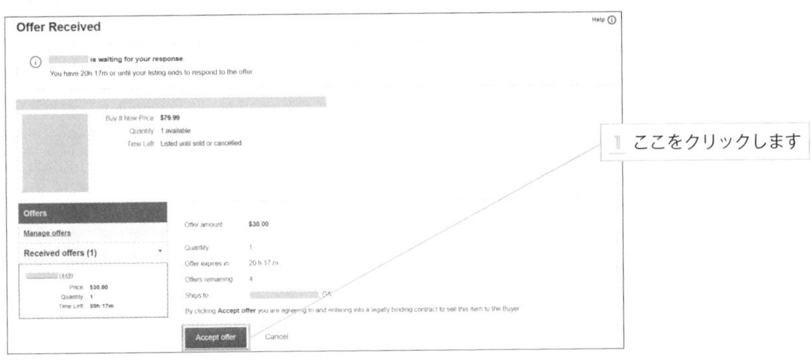

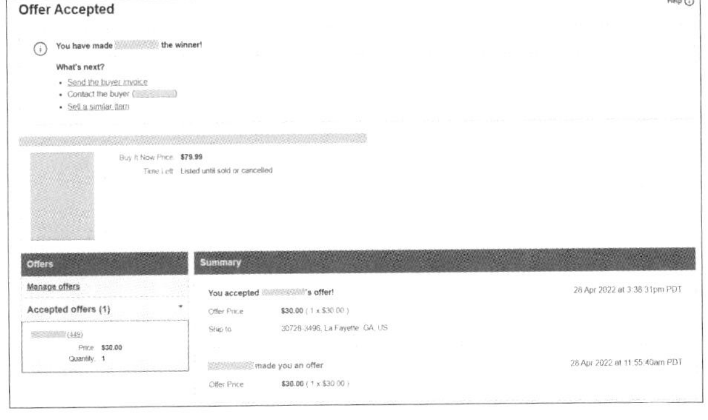

7

Declineした場合は、その交渉は却下となります。

Best Offerの自動返信機能

バイヤーさんの中には、$100の商品に対して、$5など、とんでもない価格で交渉してくる人もいます。このような交渉に、その都度イラッとしたり、いちいち対応したりすることのないよう、Best Offerの自動返信機能を使うと大変便利です。

「Allow offers」の「Minimum offer」(最低オファー金額)と「Auto-accept」(自動承認金額)にて、この金額以下の交渉は自動で却下、この金額以上の交渉は、自動で承認、という設定をすることができます。

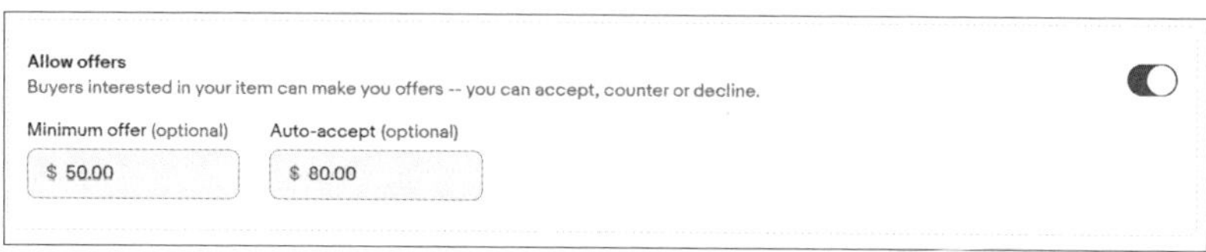
Allow offers
Buyers interested in your item can make you offers -- you can accept, counter or decline.
Minimum offer (optional)
$ 50.00
Auto-accept (optional)
$ 80.00

上の画面は、$100の即決商品にBest Offerをつけ、「$50以上の交渉であれば自動的に却下する」「$80以上の交渉であれば自動的に承認する」という設定になっています。$60で交渉が来た場合は、自動ではなく、手動の操作が必要になります。

交渉に対する結果は、すぐにeBayからバイヤーさんへ通知されます。「即却下」の通知は、バイヤーさんをちょっと熱くさせる場合があります。連続で交渉を入れてくるバイヤーさんは、交渉の上限5回をあっさり使い切ってしまうことがあります。すると「一体いくらなら売ってくれるんだ!! 何とか$○○で売ってくれないか?」などと、泣きついてメール連絡をしてくる場合もあります(笑)。

このように、自動返信機能は、セラーの立場を優位にさせてくれる事もあります。

CHAPTER 06

eBayにおけるトラブル対応

SECTION

6-1 バイヤーさんから支払いがない場合

バイヤーさんから支払いがない場合の催促方法、手続方法について、解説をします。

「商品が落札されたのに、支払いがない!!」

eBayでの取引においては、しばしばある事です。海外のバイヤーさんは、日本と比較して、結構のんびりしていることも多いのです。

このような場合は、バイヤーさん、eBayに対し、適切な連絡や手続きが必要になります。この手続きを怠ると、万が一、取引が成立しなかった場合でも、eBayの落札手数料は徴収されてしまいますので、注意が必要です。

まずバイヤーさんへ連絡をする

まずは、バイヤーさんへ「お礼のメール」がてら、「いつお支払い頂けますか？」と尋ねてみましょう。バイヤーさんは、即決の場合はともかく、オークションの場合は、自身で入札をしたタイミングと、落札できたタイミングが異なるため、自分が落札できている事を分かっていない場合があります。

1 My eBay内メニューSelling > Orders内の該当取引、Actions▼マーク内メニュー「Contact buyer」をクリックします。

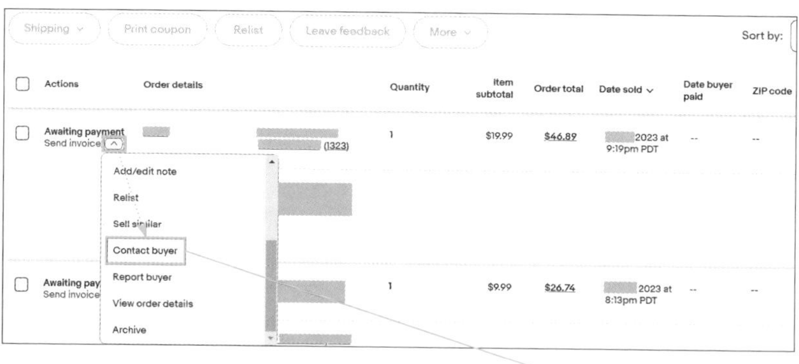

2

すると、メッセージフォームが表示されますので、バイヤーさんへのメッセージを入力し、「Send message」をクリックします。

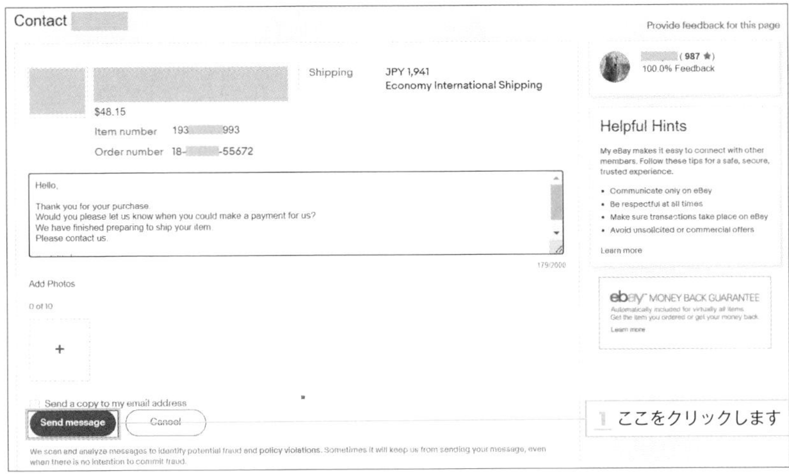

Hello, Thank you for your purchase.
Would you please let us know when you could make a payment for us?
We have finished preparing to ship your item.
Please contact us.
名前

（訳）
こんにちは。購入頂き有難うございます。
いつお支払頂けるかお教え頂けますか？
こちらは発送の準備が出来ております。ご連絡をお待ちしております。
名前

メッセージの他、SECTION 5-1で解説しましたInvoice（請求書）を送信して、支払いを催促することもできます。また、eBayからは「購入／落札から4日以内に支払ってください」
という、リマインダーメールが自動で送信されます。

支払いがない場合は、取引をキャンセルする

バイヤーさんへ支払い催促のメッセージを入れても、返信がなく、4日経過しても支払いがない場合は、残念ですが、取引をキャンセルします。

1

My eBay内メニューSelling > Orders内の該当取引、Actions▼マーク内メニュー「Cancel order」をクリックします。

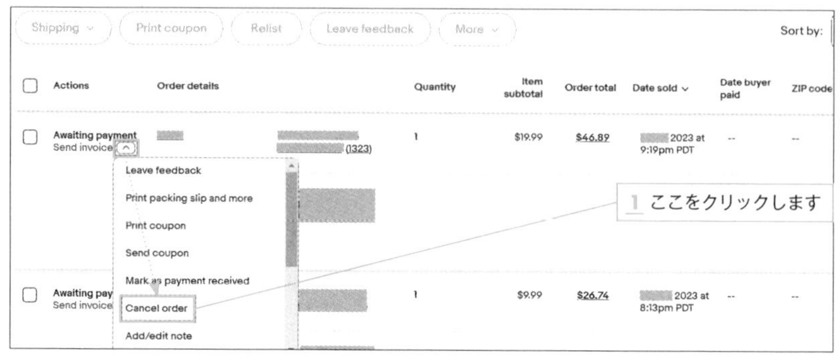

2

キャンセル理由は、ドロップダウンメニューから「Buyer hasn' t paid」(バイヤーが支払わなかった)を選択し、「Submit」をクリックして、完了です。

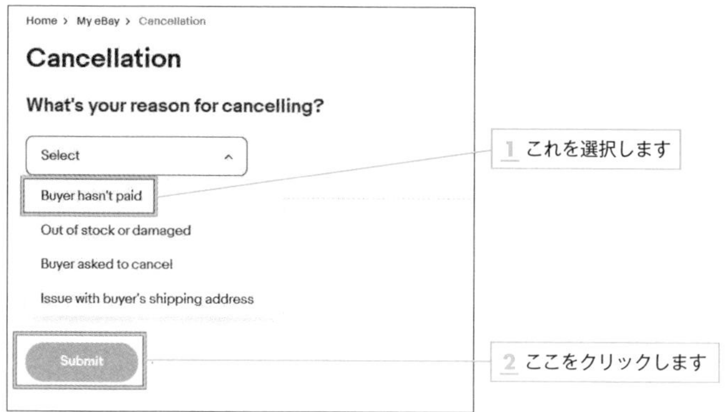

3

キャンセルした取引に対する落札手数料や国際手数料は返還されます。商品は、「再出品をしない」を選択しない限り、自動で再出品されます。

4

支払いがない場合の対応は、購入/落札より丸4日が経過した5日目から30日以内に行います。この期間が経過してしまうと、落札手数料などは返還されませんので、ご注意ください。

支払いがない場合の自動対応

前述のとおり、支払いがない場合の対応を怠ってしまうと、落札手数料等が返還されません。このようなことを防ぐため、自動対応の設定をすることができます。

①

eBay画面の左上「Hi, 名前」の箇所にカーソルを当てると表示される「Account settings」をクリックします。

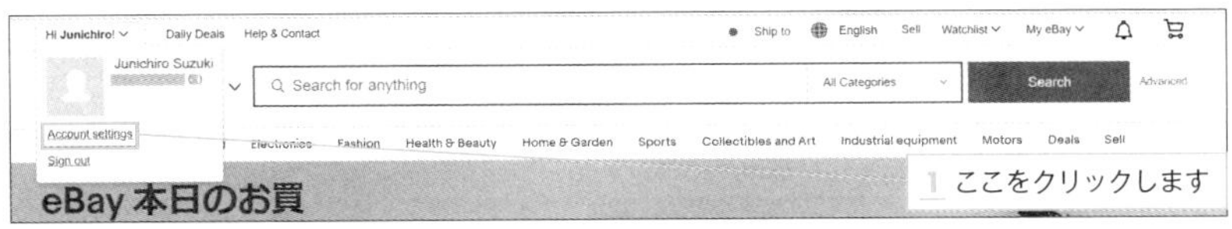

②

「Selling preference」をクリックします。

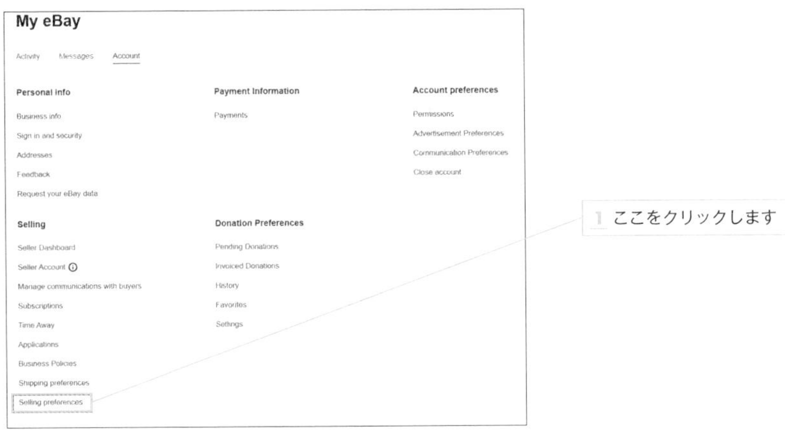

③

「All listings and orders」内、「Preferences for items awaiting payment」の「Edit」をクリックします。

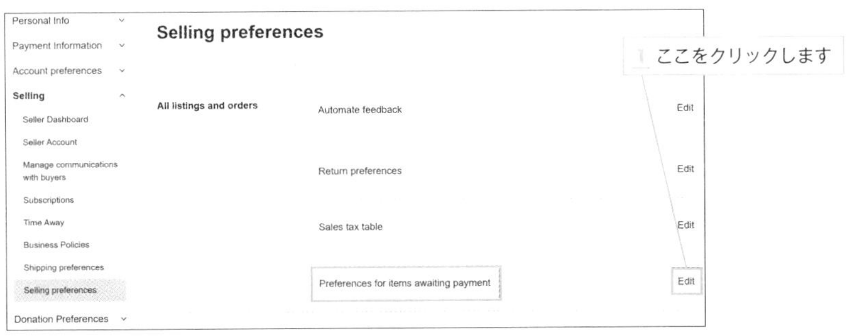

4

「Automatically cancel unpaid items」(自動で支払いのない商品をキャンセル)の右側のスライドボタンをオンにします。

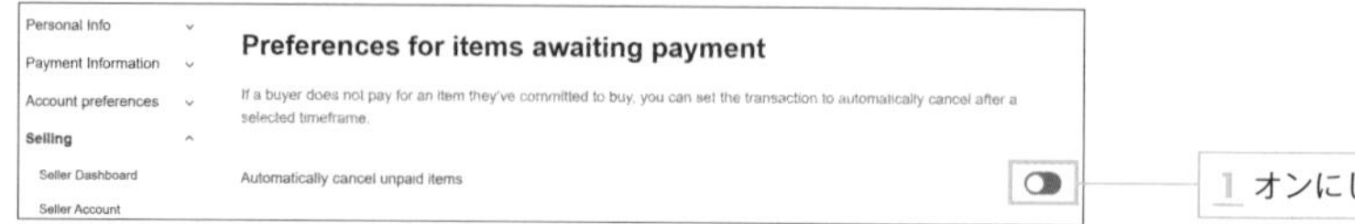

5

何日間支払いをしなければ自動でキャンセルするかを「4日」「7日」「11日」「19日」「27日」「27日」「30日」から選択をします。

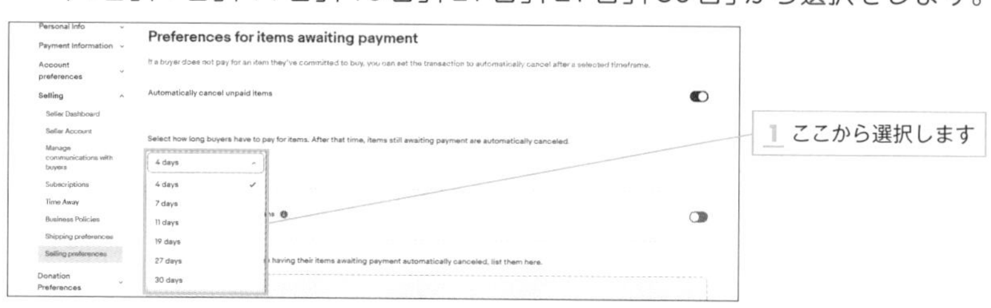

6

もし、キャンセル後に自動で再出品したい場合は、「Automatically relist canceled items」の右側のスライドボタンをオンにします。また、オークションで複数落札予定があるなど、支払い時期の相談があったバイヤーさんを、自動キャンセルから除外したい場合は、下のリストにそのバイヤーさんのIDを追加します。最後に「Save」をクリックします。

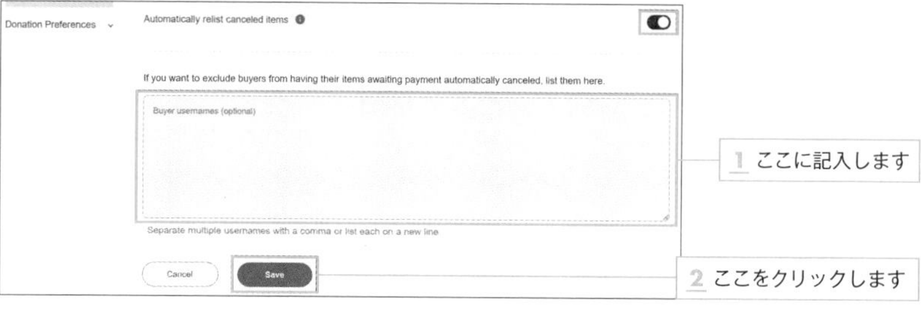

7

「Automatically cancel unpaid items」の設定が完了しました。

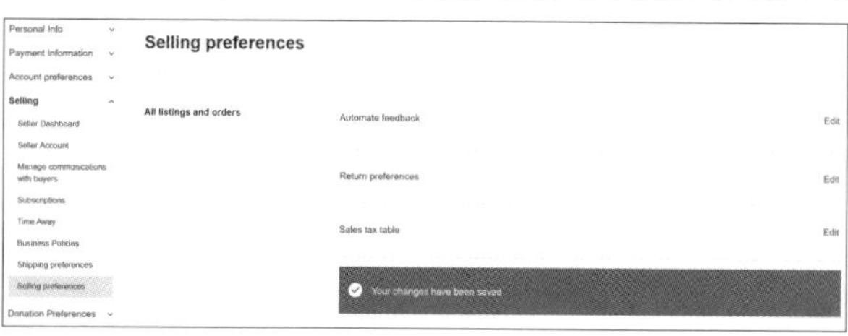

SECTION

6-2 発送した商品がバイヤーさんに届かない場合

eBayの取引におけるクレームで、最も多いのは「商品が届かない」です。eBayのセラーの責任は、「発送完了」ではなく、バイヤーさんに「到着して、商品にご満足頂く」までです。万が一の際は、誠意と責任をもって、対応しましょう。

日本郵便の場合

海外の郵便事情は国によって差がありますが、日本の郵便事情と比較すると、それほど良いとは言えません。逆にいうと、世界的に見て、日本の郵便事情は素晴らしすぎるほど、優秀で正確、と言えます。

商品未着の問い合わせが来たら

①商品を発送した際のトラッキングナンバーを調べる

My eBay 内メニュー> Sellingをクリック、Seller hub Overview内Ordersにて、該当の商品を探し、発送時に入力したトラッキングナンバーを調べます。

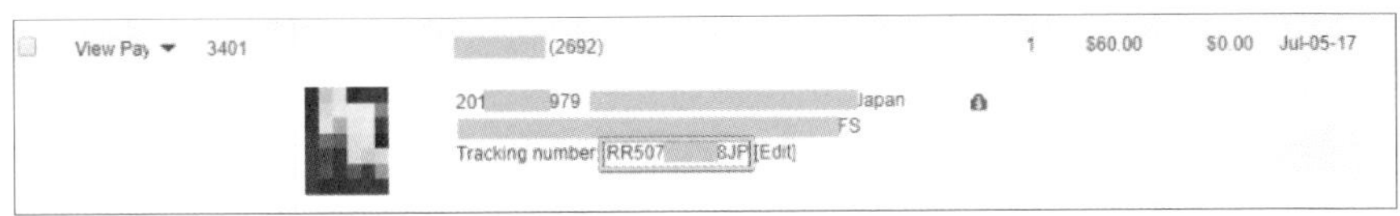

②トラッキングナンバーで荷物の追跡を行う

日本国内の郵便と同様に、日本郵便ホームページの追跡サービスにトラッキングナンバーを入力します。

https://www.post.japanpost.jp/index.html

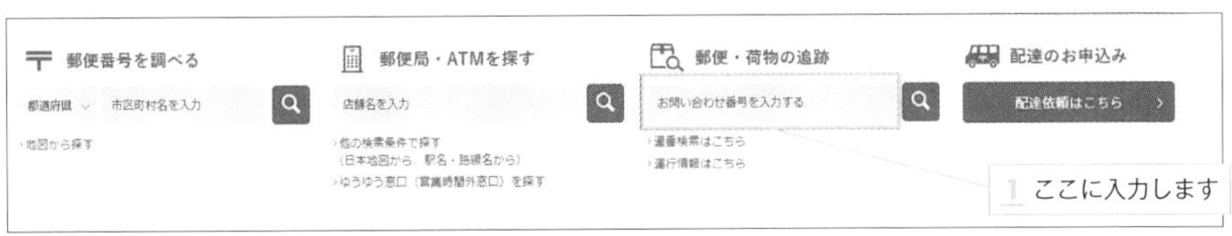

③以下のように、追跡結果が表示されますので、その結果をバイヤーさんへ知らせます。

お問い合わせ番号	商品種別	付加サービス
RR 507 　718 JP	国際書留・保険付書状	書留

状態発生日(海外で発生した場合は現地時間)	配送履歴	詳細	取扱局 / 郵便番号	県名・国名
2017/07/07 13:06	引受		郵便局	神奈川県
2017/07/08 01:26	国際交換局に到着		東京国際郵便局 / 138-8799	東京都
2017/07/08 19:00	国際交換局から発送		東京国際郵便局 / 138-8799	東京都

追跡状況における様々なケース

①相手国には到着している。

　税関、郵便の混雑等で時間が掛っている場合がありますが、ほとんどの場合、数日で解消されますので、その旨をバイヤーさんへ伝えておくと安心されます。

②日本から発送はされているものの、相手国の情報が更新されない。

　国によって、相手国の情報がシステム上、更新されない場合があります。日本郵便の追跡サービスで検索できなかった場合でも、「海外の郵便局リンク」に掲載されている相手国の郵便局の追跡サービスから検索できる場合があります。
https://www.post.japanpost.jp/int/ems/delivery/link.html

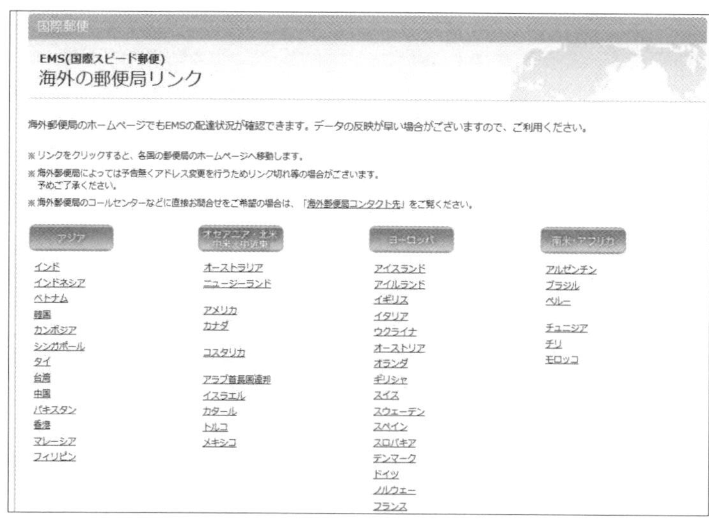

例えば、アメリカであれば、USPSの追跡サービスを使う事が出来ます。
https://tools.usps.com/go/TrackConfirmAction_input

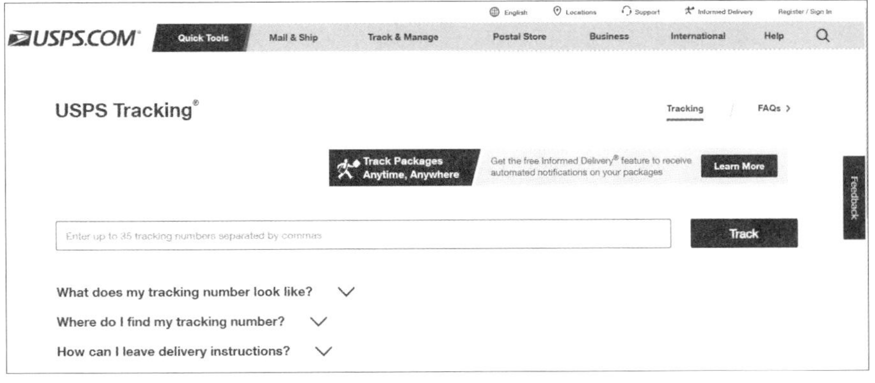

①や②のケースで、バイヤーさんへの到着予定期限間近、あるいは過ぎてしまっている場合は、日本郵便へ調査請求の手続きを行います。
※調査請求の仕方については、SECTION 6-3で解説します。

バイヤーさんへは以下のメッセージを送ります。

（例文）
Hello,

Thank you for your message.
We' re very sorry that you have not received the item yet.
We' ve shipped your item definitely July 7th, 2017, 13:06

We checked Japan Post Office web Track & trace service.
httpss://trackings.post.japanpost.jp/services/srv/search/direct?searchKind=S004&locale=en&reqCodeNo1=RR123456789JP&x=28&y=10

Also we checked USPS web Track & trace service.
httpss://tools.usps.com/go/TrackConfirmAction.action?tRef=fullpage&tLc=1&text28777=&tLabels=RR123456789JP

Final Update is 7/08/2017 19:00 "Dispatch from outward office of exchange Tokyo"
Sometimes Delay of delivery cause post office or custom confusion.
We' ll submit document of inquiry to Japan post office. Please wait a while.

Thank you for your understanding.

名前

（訳）
こんにちは。メッセージ頂き有難うございます。
商品がまだ到着していないとの事、ご不便をおかけし本当に申し訳ございません。
商品は間違いなく、2017年7月7日13時6分に発送済みです。

日本郵便の追跡サービスで確認し、
（日本郵便での追跡結果のURL）
USPSの追跡サービスも確認をしました。
（USPSでの追跡結果のURL）

最後の更新が2017年7月8日19時00分「東京の交換局から発送済」となっています。たまに郵便局や税関手続きの混雑の関係でたまに到着が遅れる場合があります。
日本郵便へ調査請求をしますので、今しばらくお待ちください。
ご理解頂き有難うございます。

名前

※メッセージには、日本郵便の「英語版」での追跡結果のURLを貼ります。
　英語版は日本郵便トップページ上の「English」をクリックすると表示されます。

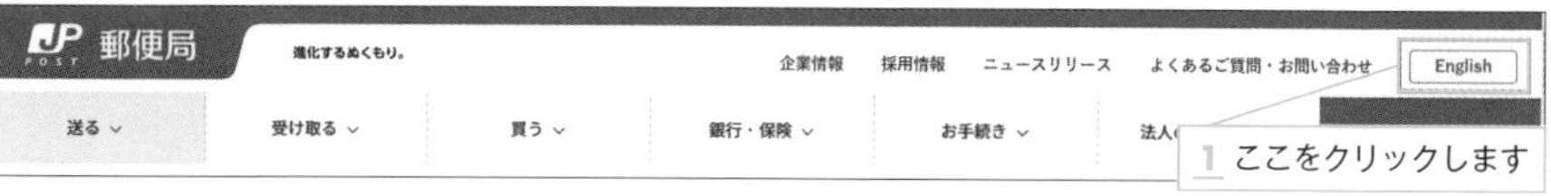

　追跡サービスは、左下の「Track & Trace service」となります。こちらにトラッキングナンバーを入力します。

追跡結果は英語で表示されます。上部のURLをメッセージに貼ることで、バイヤーさんは郵便局の追跡結果を直接確認する事ができます。

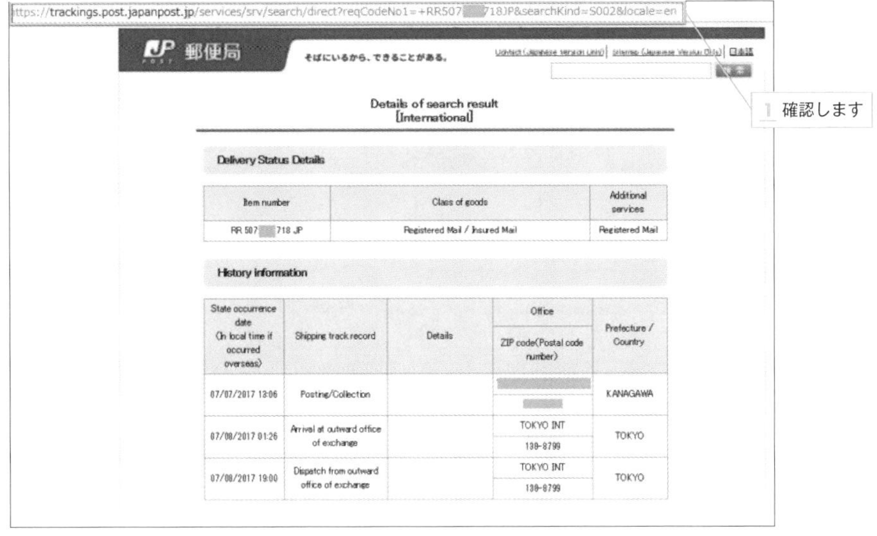

③不在のため、郵便局で預かっている

海外では、受取人が不在の場合、不在票が入っていなかったり、再配達がなかったり、受取人自ら郵便局へ取りに行かなければならなかったりと、様々な点で日本とは取り扱われる方法が異なります。

「保管」や「持ち戻り」というような検索結果が出た場合、保管期間を過ぎると、日本へ返送されてしまう場合があります。この場合は、バイヤーさんへ、早急に郵便局へ連絡してもらうように依頼します。

④保管期間満了で日本へすでに返送されてしまっている

すぐにその旨をバイヤーさんへ連絡します。この場合、荷物を受け取れなかったのは、セラー責任ではないため、再送料をバイヤーさんへ請求し、再発送するのが原則です。請求はPayPal、またはeBayに送料を出品し購入いただく方法があります。しかしながら、バイヤーさんの状況（ご立腹など）で判断されることをお薦め致します。

⑤その他

トラッキングナンバーのない郵便は追跡調査する事は出来ず、紛失などの場合の補償もありません。

もし、バイヤーさんから「商品が到着しない」と申告を受けた場合、「発送した」という証拠が何もありません。よって、全額返金するしか方法はありませんので、ご注意下さい。

また、「あまりにも到着が遅い」または「調査請求の返答が遅い」場合は、バイヤーさんとの話し合いによりますが、一旦返金し、商品が届いた際に改めて支払って頂く、という方法を取ります。
「一旦返金してしまったら、再度、支払ってくれるのだろうか？」という心配はありますが、まずは、バイヤーさんを安心させる事を優先したほうが懸命です。

リクエストまたはケース（eBayを介した公式クレーム）をオープンされてしまった場合、また、返金をする場合の具体的な方法は、SECTION6-6で解説致します。

クーリエの場合

国際郵便は、相手国で現地の郵便局に荷物の引き継ぎが行われます。この引き継ぎがスムーズに行われなかった場合、到着遅延が発生します。また、調査請求を行った場合でも、日本郵便の責任なのか、相手国の責任なのかがはっきりするまで時間を要する場合が多いです。これに対し、クーリエは、ドアツードアで一貫輸送を行うため、素早い到着が期待でき、万が一の際の調査もスムーズに行われます。

商品未着の問い合わせが来たら

1 商品を発送した際のトラッキングナンバーを調べる
My eBay 内メニュー> Sellingをクリック、Seller hub Overview内Ordersにて、該当の商品を探し、発送時に入力したトラッキングナンバーを調べます。

2 トラッキングナンバーで荷物の追跡を行う
クーリエのホームページの追跡サービスにトラッキングナンバー（追跡番号）を入力し、「追跡」をクリックします。

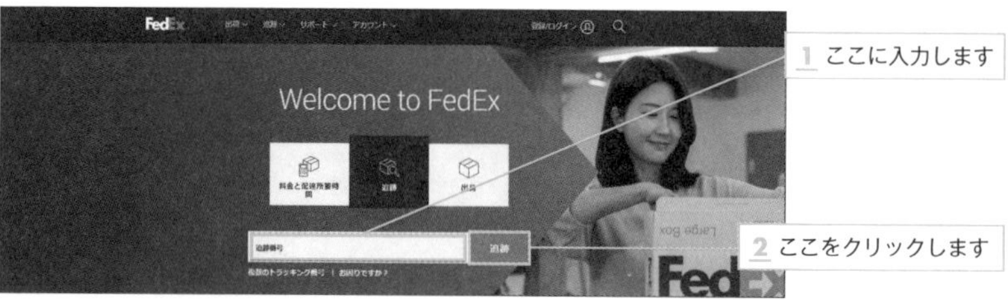

FedExの場合
https://www.fedex.com/ja-jp/home.html

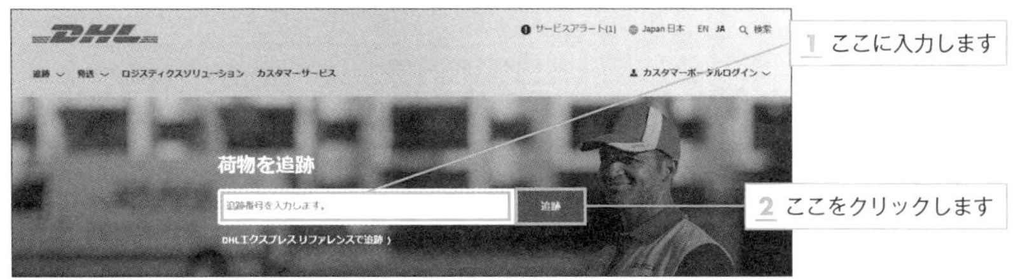

DHLの場合
https://www.dhl.com/jp-ja/home.html

3

以下のように、追跡結果が表示されます。

1 追跡状況における様々なケース

追跡が途中で止まっている

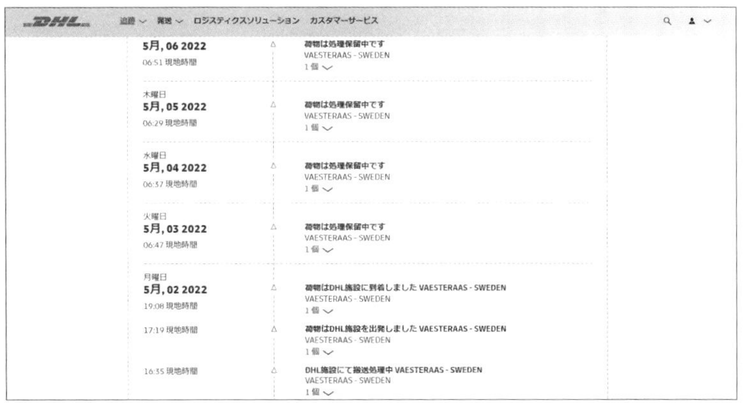

「処理保留中」という表示が何日も続く場合、何らかの問題がある可能性があります。クーリエのカスタマーサービスへ電話をし、調査を依頼します。

2

追跡上、到着しているのに「到着していない」と言われた場合
まずは、クーリエのカスタマーサービスへ電話をし、誤配等がないかどうか、調査を依頼します。
次に、バイヤーさんへ「到着完了」のステータスになっている旨を伝えます。追跡結果のURLと、そのスクリーンショットも添えると良いでしょう。
その上で、バイヤーさんへは、家族や同居人、フロントの受付などが代理で受け取っていないか、確認していただくよう、協力を依頼します。一緒に住んでいても、生活のサイクルでなかなか顔を合わせないこともあり得ます。
万が一、解決しない場合は、eBayへ相談しましょう。

クーリエ側から問い合わせがあった場合の対処方法

稀にクーリエ側から「受取人へ荷物が届けられない」という連絡を受け取る場合があります。

理由は、「受取人が不在、連絡がつかない」「送り状の住所に不備がある」などです。

この場合は、バイヤーさんへ連絡を取り、現地のクーリエに連絡を取っていただくよう依頼をします。

クーリエ側が指定した回答期日までに対処ができないと、荷物が返送扱いとなり、返送料等が発生する場合がありますので、注意が必要です。

<< Ref:12　　21 >> DHL追跡番号：76　　03　スウェーデン向けのお荷物に関しまして ☆ 1 2022/05/06 金 11:09

Junichiro Suzuki様

いつもDHLをご利用いただき、ありがとうございます。

下記運送状番号の件で、ご連絡をさせていただきました。（添付ファイルをご参照ください）

運送状番号：76　　03
荷受人様：

確認内容：　下記ご参照お願いいたします

本件でございますが、未だご配達が完了していない状況でございます。

現地DHLからの報告によりますと、運送状に記載されている住所に荷受人様が見当たらず、また、連絡も取れないということです。

大変申し訳ございませんが、**5月10日（火曜日）までに**荷受人様の最新の連絡先をご提供いただきますようお願い致します。

何卒宜しくお願い申し上げます。

SECTION

6-3 日本郵便の調査請求の仕方

国際郵便において、トラッキンナンバーの追跡が出来ない、あるいは追跡情報が更新されていない場合は、日本郵便へ調査請求を行います。バイヤーさんの立場にたった迅速な対応を行いましょう。

調査請求とは？

国際郵便においての海外の郵便事情は、日本国内の郵便と比較し、良くないところが非常に多いです。よって、国際郵便のトラブルで最も多いのが、荷物の遅延、不着です。追跡情報で、日本から発送された後の相手国での情報が全く更新されない、または、相手国の税関などで荷物が何日も止まっていることがあります。

海外に発送した「書留」「保険付郵便物」「国際小包」「国際特定記録」は、発送した日から6か月（南アフリカあて小包は1年）以内の荷物は調査が可能です。その調査請求は、郵便物を発送した郵便局に「調査請求書」を提出して行うことができます。

もちろんですが、トラッキングナンバー/追跡番号がない郵便物は一切調査してくれません。

① 調査請求書の作成方法

以下が調査請求書と書き方のサンプルです。日本郵便のウェブサイトからダウンロードする事ができます。
https://www.post.japanpost.jp/int/download/chousa.html

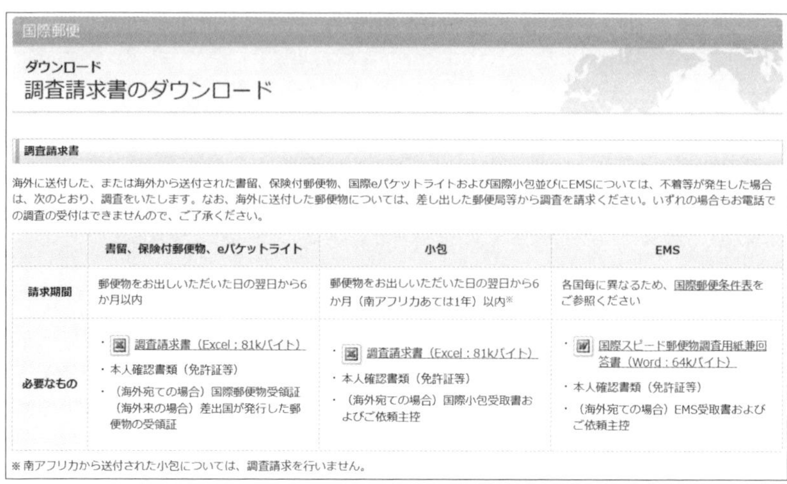

国際郵便

ダウンロード

調査請求書のダウンロード

調査請求書

海外に送付した、または海外から送付された書留、保険付郵便物、国際eパケットライトおよび国際小包並びにEMSについては、不着等が発生した場合は、次のとおり、調査をいたします。なお、海外に送付した郵便物については、差し出した郵便局等から調査を請求ください。いずれの場合もお電話での調査の受付はできませんので、ご了承ください。

	書留、保険付郵便物、eパケットライト	小包	EMS
請求期間	郵便物をお出しいただいた日の翌日から6か月以内	郵便物をお出しいただいた日の翌日から6か月（南アフリカあては1年）以内※	各国毎に異なるため、国際郵便条件表をご参照ください
必要なもの	・調査請求書（Excel；81kバイト） ・本人確認書類（免許証等） ・（海外宛ての場合）国際郵便物受領証（海外来の場合）差出国が発行した郵便物の受領証	・調査請求書（Excel；81kバイト） ・本人確認書類（免許証等） ・（海外宛ての場合）国際小包受取書およびご依頼主控	・国際スピード郵便物調査用紙兼回答書（Word；64kバイト） ・本人確認書類（免許証等） ・（海外宛ての場合）EMS受取書およびご依頼主控

※南アフリカから送付された小包については、調査請求を行いません。

②

Excelの書式となりますので、eBayでの該当のSales recordなどから、バイヤーさんの名前、住所、電話番号をコピー＆ペーストで入力し、トラッキングナンバー、荷物の種類、重量、送料の金額、内容品等は、送り状の控えを見ながら入力していきます。

Designated Operator of origin　JAPAN
日本郵便株式会社

調査請求書
INQUIRY

(Serial No.) 連続番号　CN08

書留 Registered　保険付 Insured

Office of origin (to which the form is to be retuned.) 請求受理局（請求書の返送先）　Telefax No. ファクシミリ番号　受付日付印

Date of inquiry 請求年月日　December 22nd, 2019
Date of duplicate 再請求年月日
References 関連番号

Service of destination. 名宛局名　Telefax No. ファクシミリ番号

Particulars to be supplied by the service of destination 名宛業務が行う通報

Reason for inquiry 請求理由
✔ 未着 Item not arrive　内容品不足 Contents missing　損傷 Damaged　遅延 Delay　Date of arrival 到着年月日
受取通知記入不完全 Advice of receipt not completed　返送されなかった受取通知 Advice of receipt not returned　返送理由非表示 Unexplained return of item　COD amount not received

Item under inquiry 調査請求対象郵便物
優先 Priority　非優先 Non-priority　小包 Parcel　No. of item お問い合わせ番号　RN0[illegible]85JP
書状 Letter　✓ 印刷物 Printed paper　小形包装物 Small packet　Weight 重量　3000g
Amount of Insured value 保険金額　COD amount and currency　Amount of indemnity, including charges (in SDR) 郵便料金を含めた損害賠償金額（SDRで記載）

調査請求書CN08（表）　調査請求書CN08（裏）

3

調査請求書は、表、裏の両面ですが、依頼主側で入力が必要なのは表のみです。

CN08(back)

連続番号
(Serial No.)

Particulars to be supplied by the intermediate services 仲介業務が行う通報

Mail in which the item was sent
運送模様

航空
Priority/Air

S.A.L.
S.A.L.

船便
Non-priority/Surface

No. 差立番号

Date 差立年月日

Dispatching office of exchange 差立交換支店

Office of exchange of destination 名あて交換局

No. of the bill/list 目録番号

書状目録
Letter bill(CN31 or CN32)

書留目録
Special list(CN33)

Serial No. 連続番号

保険付書状目録
Dispatch list(CN16)

小包目録
Parcel bill(CP87)

一括記入
Bulk advice

Date and signature
年月及び署名

Particulars to be supplied by the service of destination 名あて国・地域の指定された事業体が行う通報

In case of delivery
配達されている場合

郵便物は正当な権利者に異常なく配達された
The item was duly delivered to the rightful owner

Date 配達年月日

In case of damage or delay, give the reason in the "Final reply" part under "Any other comments"

調査請求書（表）　調査請求書（裏）　Sheet1

入力が完了したら、表・裏の両面にてプリントアウトをします。両面印刷の機能がないプリンターでは、片側をプリントアウトした用紙を反対にして、再度、プリンターのトレイに入れ、もう片側を印刷します。

調査請求書の提出方法

調査請求には「調査請求書」「送り状の控え」「運転免許証、健康保険証などの本人確認ができるもの」が必要になります。

これらを、原則「その荷物を発送した郵便局」へ提出をしますが、「集荷を行なっている郵便局」であれば、調査請求を依頼することは可能です。

なお、調査請求書の「控え」は言わないともらえません。よって、調査請求を受け付けてもらった際に「控えを下さい」と必ず局員へ依頼します。この際、受付郵便局の局印と受付印が入ったものの控えを要求して下さい。もらわないと、いつどのように調査請求を行なったかが全く分からなくなってしまいます。

調査請求についてのバイヤーさんへの連絡方法

調査請求の手続きが完了したら、バイヤーさんへ出来るだけ早くその旨の連絡をします。その際、調査請求書の控え、送り状の控えの写真を必ず添付します。

Designated Operator of origin JAPAN
郵便事業株式会社

調査請求書
INQUIRY

CN08

Particulars to be supplied by the service of destination 名あて国側が行う通報

Yokohama Shinbashi

Used magazine (PGB12), Collectible Telephone Card

Particulars to be supplied by the office of exchange 差立交換局が行う通報

下記の郵便物を受け付けました。 Received the item indicated below.

JAPAN

Postal Code 14122

Country GREECE

小形包装物

Small Packet

Registered

SAL

780

680

1160

17-12-18

JAPAN

国際郵便物受領証（ご依頼主様控） Receipt (Sender's Copy)

* R R 35 J P *

お問い合わせ番号(item number) : RR 372 35 JP

（文例）
Hello,

We' ve submitted document of inquiry to Japan post office.
Please check attached photos,
One is document of inquiry,　other is receipt.

Please wait a while.
Maybe we think towards the arrival of the package from the early inquiry results on our experience.
Inquiry is very slow. Of course, we' ll check Track and Trace service everyday.

It will take 2~3 weeks normally to arrive in the case of Registered SAL.
But Sometimes Delay of delivery cause post office confusion or customs confusion.

Thank you for your understand and very sorry for your inconvenience.

（訳）
こんにちは。

日本郵便への調査請求を完了しました。
調査請求書、送り状の控えの写真をご確認下さい。

しばらくお待ち下さい。
調査請求の結果は非常に遅いため、
経験上、恐らく荷物の到着のほうが早いかと思います。
もちろん、毎日追跡情報は確認していきます。

書留SALは通常2～3週間で到着しますが、
郵便局や税関の混雑で遅れる場合があります。

ご理解に感謝するとともに、
ご不便をおかけしておりますこと、お詫び申し上げます。

　気をつけたいのは、調査請求を出して、バイヤーさんに連絡したら、郵便局からの連絡待ちだけではありません。メールの文面通り、毎日、トラッキングナンバーは確認し、何か更新情報があれば、すぐにバイヤーさんへ連絡をします。商品が無事にバイヤーさんに届くまでがセラーの役目ですので、細やかな対応が必要となります。

調査結果の結果はどのように知らされるか？

調査請求は、その内容に基づいて、日本郵便と相手国の郵便局のやり取りが行われ、結果が分かるまで、大体1ヶ月程度かかります。あくまで、筆者の経験上ですが、調査請求の結果を待たずに、バイヤーさんに荷物が到着してしまう、という事が多いです。

郵便局からの回答は書面か電話かのどちらかです。電話で回答が来るのは、配達済みの場合で、追跡サービス上でも更新がされてることがほとんどですが、万が一の際に備え、書面を必ずもらうようにして下さい。

書面は「調査請求の回答について（Reply to Enquiry）」という件名にて届きます。

荷物が無事に配達された場合

回答内容に「郵便物は、受取人様に正当に配達されました。（The item was duty delivered to the appropriate person）」の箇所にチェックが入り、配達年月日が記されており、「商品は無事に到着している」事が示されています。当然、バイヤーさんは荷物を受け取っていますので、荷物不着の問題は既に解決済みとなります。しかしながら、万が一バイヤーから「まだ届いていない」との連絡があった場合、この書面は、調査請求書の控え、）送り状の控えと共に証拠書類となりますので、大切に保管をしておいて下さい。

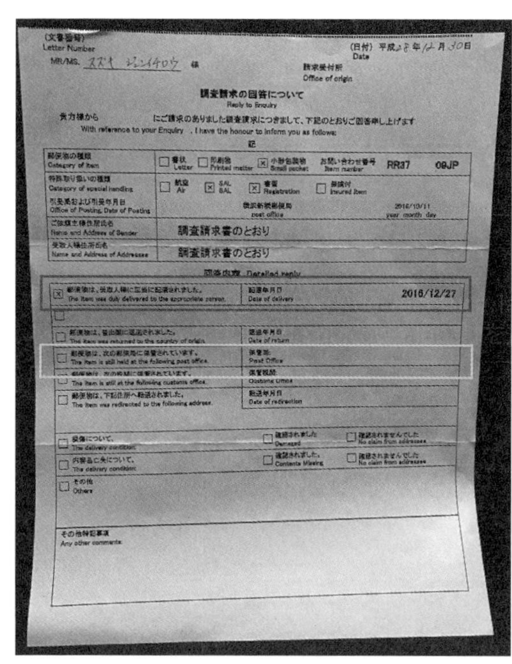

Letter Number

MR/MS. スズキ ジュンイチロウ 様

Date

Office of origin

調査請求の回答について

Reply to Enquiry

With reference to your Enquiry , I have the honour to inform you as follows:

Category of Item	☐ Letter ☐ Printed matter ☒ Small packet　Item number RR37　09JP
Category of special handling	☐ Air ☒ SAL ☒ Registration ☐ Insured item
Office of Posting, Date of Posting	post office　2016/10/11 year month day
Name and Address of Sender	調査請求書のとおり
Name and Address of Addressee	調査請求書のとおり

Detailed reply

☒ The item was duly delivered to the appropriate person.	Date of delivery 2016/12/27
☐	
☐ The item was returned to the country of origin.	Date of return
☐ The item is still held at the following post office.	Post Office
☐ The item is still at the following customs office.	Customs Office
☐ 郵便物は、下記住所へ転送されました。 The item was redirected to the following address.	Date of redirection
☐ The delivery condition.	☐ Damaged ☐ 確認されませんでした No claim from addressee
☐ The delivery condition.	☐ 確認されました。 Contents Missing ☐ 確認されませんでした No claim from addressee
☐ その他 Others	
その他特記事項 Any other comments	

荷物が紛失した場合

調査請求に対して、相手国側から「相手国側が紛失」と回答があった場合、または、日本郵便と相手国の郵便局間で取り決めた期限内に相手国側から回答がない場合には、郵便局から「調査請求の回答について」の書面と共に、「損害賠償兼郵便料金等返還請求書」と「申立書」の２通が郵送されます。

損害金額については商品の販売金額を記入しますが、ここは基本的に税関告知書に申告欄に記載した金額を記載します。書留であれば、6,000円、EMSであれば、20,000円（または追加料金を支払うことで引き上げた額）を上限として、損害賠償金が支払われます。

郵便局に提出するのは、必要事項記載済みの「損害賠償兼郵便料金等返還請求書」「申立書」です。取引の証拠として、eBayでの取引明細を求められる場合があります。

10日〜2週間程度で、以下の「お支払いのご案内（Information of Payment）」が郵送されてきます。

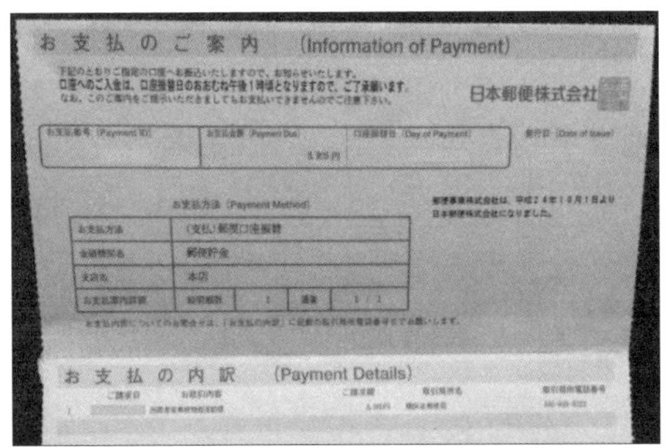
お支払のご案内　(Information of Payment)

日本郵便株式会社

お支払の内訳　(Payment Details)

国際郵便における賠償金は、「国際書留郵便物損害賠償」が正式名称です。郵便局から支払いが行われるのは、この賠償金と支払った送料になります。いわゆる「書留料金」は保険額に当たりますので、返還はされません。後日、口座振替日に指定の金額が支払われているのを確認し、損害賠償請求は完了となります。

COLUMN

日本郵便の国際郵便でよく使われるEMSや書留郵便には、前述の通り、一定の補償制度が設けられています。
クーリエの場合は、保険はオプション扱いとなります。しかしながら、保険を付与していない場合でも、紛失等の事故が起こった際、状況に応じて、一定額の補償がされる場合があります。「荷物が届かない」等の場合は、まず、クーリエのカスタマーサービスへ連絡をとり、確認をしましょう。

SECTION

6-4 発送した商品が壊れて届いた場合（日本郵便）

バイヤーさんより「商品が壊れて届いた」との連絡を受けた場合は、郵便補償を受けるため、セラー、バイヤー共、手続きが必要になります。

セラー側

・「商品が届かない」際の手続きと同様に、SECTION6-3の通り、郵便局へ「調査請求」を行います。

　請求理由は、「損傷（Damage）」としてください。調査請求書を作成したら、送り状の控えと共に、日本郵便へ提出します。フォームは日本郵便の以下リンク先から取得できます。

https://www.post.japanpost.jp/int/download/chousa.html

国際郵便

ダウンロード

調査請求書のダウンロード

調査請求書

海外に送付した、または海外から送付された書留、保険付郵便物、国際eパケットライトおよび国際小包並びにEMSについては、不着等が発生した場合は、次のとおり、調査をいたします。なお、海外に送付した郵便物については、差し出した郵便局等から調査を請求ください。いずれの場合もお電話での調査の受付はできませんので、ご了承ください。

	書留、保険付郵便物、eパケットライト	小包	EMS
請求期間	郵便物をお出しいただいた日の翌日から6か月以内	郵便物をお出しいただいた日の翌日から6か月（南アフリカあては1年）以内※	各国毎に異なるため、国際郵便条件表をご参照ください
必要なもの	・調査請求書（Excel：81kバイト） ・本人確認書類（免許証等） ・（海外宛ての場合）国際郵便物受領証（海外来の場合）差出国が発行した郵便物の受領証	・調査請求書（Excel：81kバイト） ・本人確認書類（免許証等） ・（海外宛ての場合）国際小包受取書およびご依頼主控	・国際スピード郵便物調査用紙兼回答書（Word：64kバイト） ・本人確認書類（免許証等） ・（海外宛ての場合）EMS受取書およびご依頼主控

※南アフリカから送付された小包については、調査請求を行いません。

出典：日本郵便ホームページより

　調査請求のコピーは必ずもらってください。その旨を伝えないと、もらえない場合があります。バイヤーさんへは、調査請求をした旨を、調査請求のコピー、送り状の控えとともに連絡を入れます。

バイヤー側

まず、バイヤーさんから破損した商品の写真を送ってもらいます。破損の証拠として、商品、梱包資材等、ダメージレポート（CN24）という書類とともに、最寄りの郵便局へ提出してもらいます。これには、バイヤーさんの協力が不可欠となります。

現実的には、バイヤー、郵便局員すらも、ダメージレポートを理解していない場合が驚くほど多いです。例えば、発送国がアメリカであれば、アメリカの郵便局であるUSPSのウェブサイト内「クレームの申請方法」についてのページリンクを貼って、説明をするとよいです。

https://www.usps.com/help/claims.htm

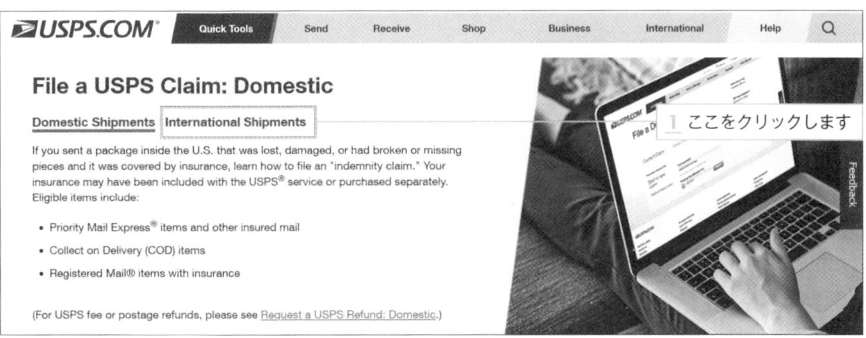

上記画面の「International shipments」をクリックし、一番下にスクロールして出てくる「Receiving Damaged International Shipments」に手続き方法と必要なフォームの事が記載されています。

Receiving Damaged International Shipments

You must immediately present the article, mailing container, wrapping, packaging, and any other contents received in damaged condition and/or with missing contents to a Post Office for inspection. The Post Office will verify the damage and give you a PS Form 3831, Receipt for Article(s) Damaged in Mails, for your files.

In addition, it is recommended you contact the foreign sender and ask the sender to file an inquiry with the postal administration from where the item was mailed. All claims for inbound items that are lost, or are delivered to the addressee in damaged condition or with missing contents are payable to the sender, unless the sender waives the right to payment, in writing, in favor of the addressee.

Proof of Damage

These items will help prove the damage to your incoming shipment:

- Document(s) supporting damage from U.S. mailer
- Document(s) supporting damage from foreign addressee
- Receipt of article(s) damaged in the mail
- Photos of the damage
- Description and value of contents

・ダメージレポートのフォームは、前述の通り、世界共通でCN24と言われていますが、アメリカでは「PS Form 3831」といいます。以下、サンプルをご参照ください。

U.S. Postal Service **RECEIPT FOR ARTICLE(S) DAMAGED IN MAILS**		Date
Receipt is acknowledged of the following article(s) submitted in connection with a claim for indemnity for damage to the parcel described.		
Received From		
Registered, Insured, COD, or Express Mail No.	Date Mailed	Addressed To *(Name and address)*
Mailed At		
Mailed By		
Article(s) Received		Signature and Title
		Post Office, State and ZIP Code

PS Form **3831**, June 1986 *(Duplicate to be attached to article(s))*

セラー側、バイヤー側共に、必要な手続きが行われた後、日本郵便と相手国の郵便局とのやりとりによって、調査が行われ、1か月程度、場合によってはそれ以上時間が掛ります。よって、その旨もバイヤーさんの協力が必要となります。

しかしながら、eBayにて、ケース/リクエストをオープンされてしまった場合は、eBayが指定する期間内に手続きを終了させる必要があるため、先に返金等の措置が必要となる場合があります。

郵便事故が証明されたら、書留郵便は6,000円まで、EMSは20,000円まで（別途、保険のオプションを付けている場合はその額まで）補償されます。書面による手続き後、指定の銀行口座へ振込まれます。

以上が、公式な手続きですが、前述の通り、バイヤーさん、郵便局員すらも、ダメージレポートを理解していない場合が驚くほど多いです。

以前、筆者が、アメリカのバイヤーさんから「商品が損傷していた」と申告があった際、「最寄りの郵便局へダメージレポートを提出してほしい」とお願いしました。すると、バイヤーさんから「郵便局から、受取側は何もやらなくていい、と言われた」とアクションをおこしてもらえず、困った事がありました。

てっきり、バイヤーが嘘をついている、と思っていたのですが、どうもそうではないようです。

本当に郵便局員がそのように説明しているようです。

よって、返品や一部返金で対応するのが現実的であります。

SECTION

6-5 関税がかかったと言われた場合

CHAPTER 2にて記載しましたとおり、関税は、一般的に、輸入品に対して課せられる税金です。その支払い義務はバイヤーさん側にあります。もし、関税を理由にクレームを受けた場合の対処方法について解説をします。

バイヤーさんへ丁寧に返信をする

eBayの商品説明内に関税に関する説明を記載していても、バイヤーさんが「読んでいない」「理解していない」事があります。

よって「商品を受け取ったが、高い関税を支払わなければならなかった。こんな話は聞いていない。追加で支払った関税分を返金してほしい。」というようなクレームを頂く場合があります。特に、税率が高いと言われているヨーロッパ圏のバイヤーに多いようです。

このような場合は、以下の例文を参考に、丁重にお断りのメッセージを入れて下さい。

We are sorry to hear that you had to pay additional fee for the custom.
However, the fee is import tax from your country custom.
Import tax or any other duties are the buyer' s responsibility by the below eBay policy.
Our declared value was $xx,　same as price of eBay.
Thank you for your understanding.

(訳)
追加で関税をお支払になった事を残念に思います。しかしながら、以下のeBayポリシーの通り、関税等の税金は、バイヤー負担です。申告額はeBayで落札頂いた通りの額です。御理解の程、お願い致します。

関税を理由につけられたNegative feedbackは削除される場合がある

「関税をとられた」「関税が高かった」などの理由で、Negative feedback(悪い評価)がつけられてしまった場合、eBayに連絡をとることでそのフィードバックを削除できる場合があります。これは、以下、関税に関する説明を商品説明内で記載していることが条件となります。この条件を満たしていない場合は、削除希望が認められない場合があります。

関税などを理由にバイヤーが商品の受取りを拒否した場合

「関税が高い」「税関まで荷物を取りに行くのが面倒」「時間がなくて税関まで出向けない」といった理由で、バイヤーさんが商品の受取りを拒否する場合があります。

①日本郵便の場合

バイヤーさんが商品の受取拒否をすると、自動的に差出人に返送されます。この場合、復路に対する別途の返送料はかかりません。

②クーリエの場合

クーリエで発送した際は、クーリエが、その国への輸入通関手続きを行います。

関税などの税金が発生した場合、クーリエがその関税等の税金を立替えて、税関へ納めます。この立替えに対し、クーリエは、「立替納税手数料」(Advance payment)を、税金とともに、バイヤーさんへ請求します。

もし、受取拒否になった場合は、日本までの返送料に加え、本来、バイヤーが支払うべき、クーリエが立替えて支払った税金及び立替手数料が請求されます。

これらが高額な場合などは、バイヤーさんに何とか受け取ってもらえるよう、一部返金などの交渉が必要です。

1 返金方法

商品が手元に戻ったら、商品代金を返金します。なお、行きの送料は、既に配送会社に支払っているため、原則返金する必要はないです。Free shipping(送料無料)としていた場合は、その実費分を差し引きます。但し、これらは、バイヤーさんとの話し合いにもよります。よって、事前にバイヤーさんへメッセージを送り、了承を得ておきます。Orders内の該当取引、Actions▼マーク内メニュー「Send refund」をクリックします。

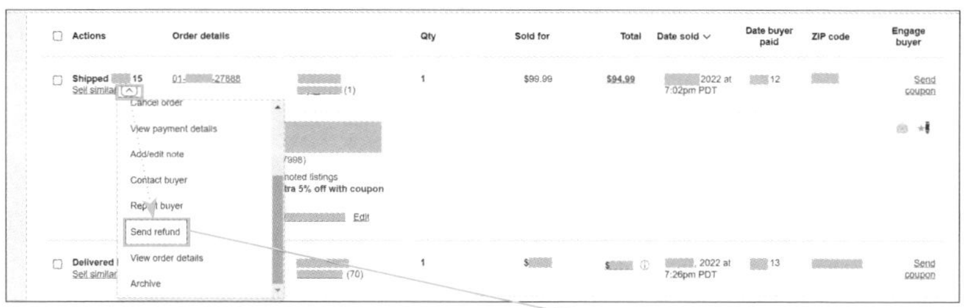

1 ここをクリックします

2

「Refund the buyer」の画面が表示されます。返金の理由を選択します。この場合は、「バイヤー側の受取拒否」なので、「Buyer cancelled」を選択します。

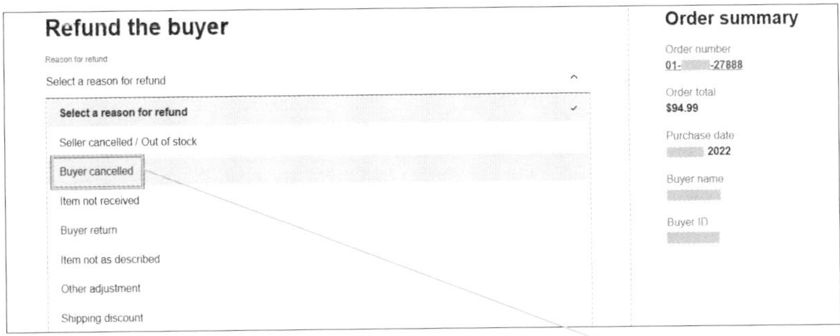

「Refund」に返金する額を入力します。この例は、取引金額$94.99中行きの送料$14.99を差し引き、$80を返金する、という設定です。「Review Refund」をクリックすると、返金が完了します。

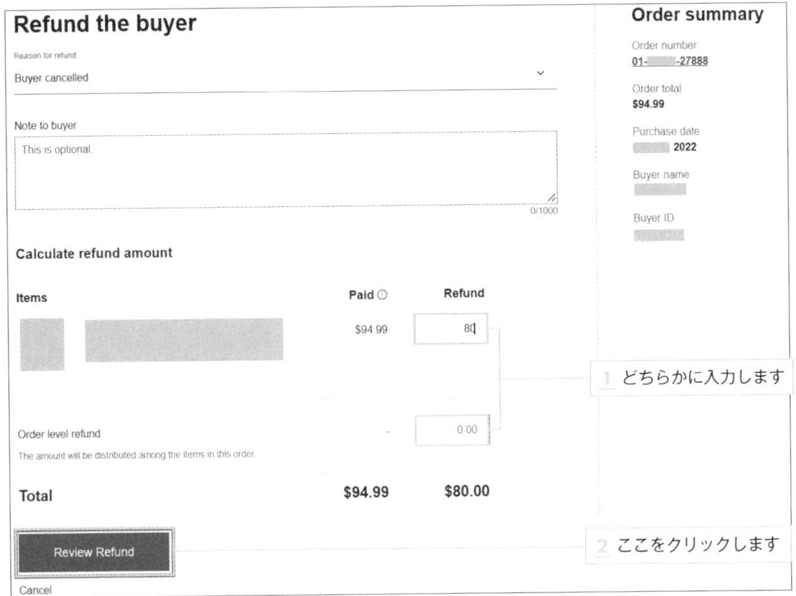

SECTION

6-6 購入した商品をキャンセルしたいと言われた場合

eBayにて、バイヤーさんが「落札/購入した商品をキャンセルしたい」という申し出があった場合は、以下のように対応します。

1 取引のキャンセル方法

My eBay内メニューSelling > Orders内の該当取引、Actions▼マーク内メニュー「Cancel order」をクリックします。

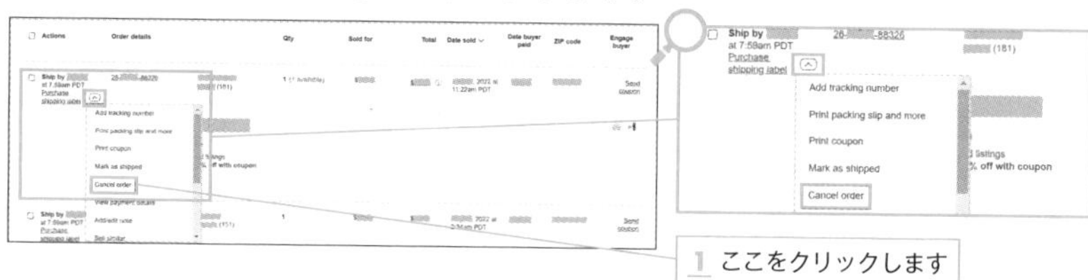

2

「Cancelation」の画面が表示される
キャンセル理由が、以下3択で表示されます。
「Out of stock or damaged」
(在庫切れ、または商品破損)
「Buyer asked to cancel」
(バイヤーさんがキャンセルを依頼してきた)
「Issue with buyer' s shipping address」
(バイヤーさんの発送先住所に問題がある)
この場合は、「Buyer asked to cancel」(バイヤーさんがキャンセルを依頼してきた)を選択します。

ページ一番下の「Submit」をクリックします。

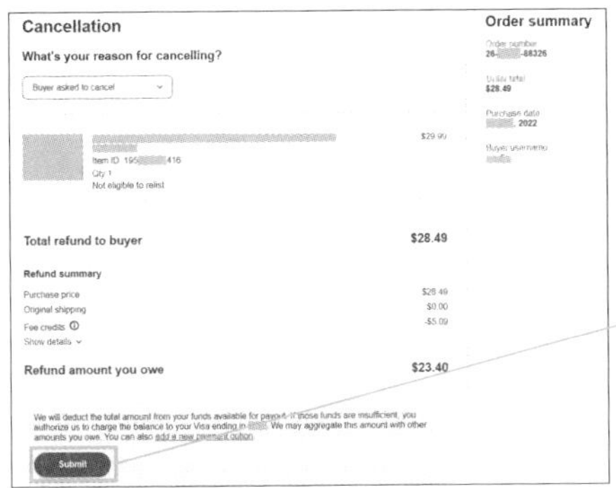

1 ここをクリックします

キャンセルが完了しました。
※キャンセル操作直後は「The cancellation is pending」と表示されます。これはキャンセル処理中を意味するものです。通常、数分で「～ completed」となります。

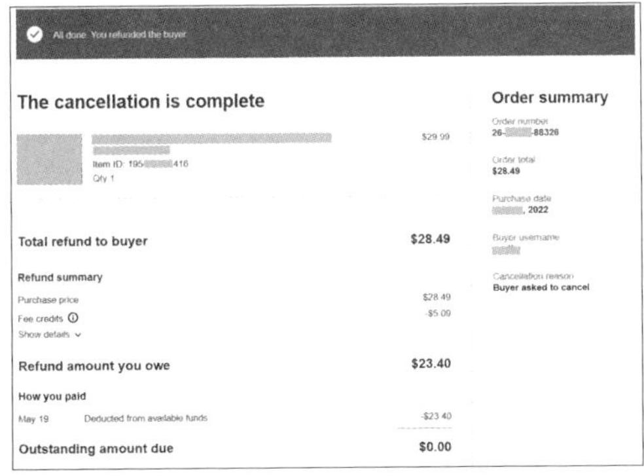

5

登録のメールアドレスに「キャンセルが完了した」旨のメールが届きます。

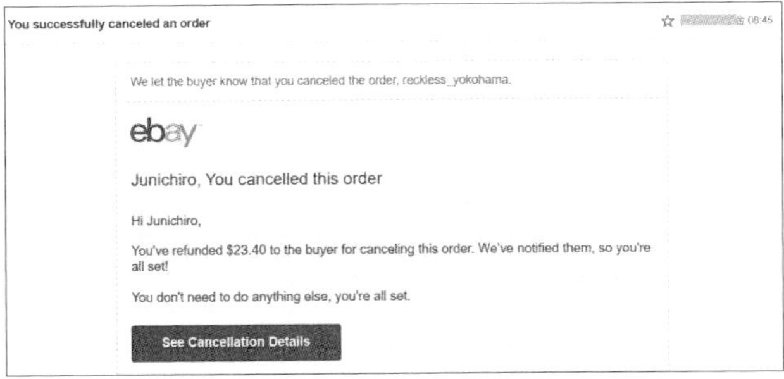

6

キャンセルした取引は、「Orders」内で「Canceled」と表示され、受取金額も$0となっています。

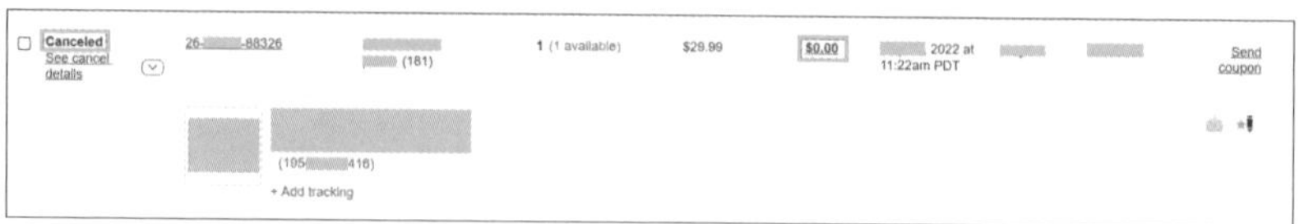

7

返金の状況は、Seller hubの「Payments」メニュー>「Summary」から確認できます。

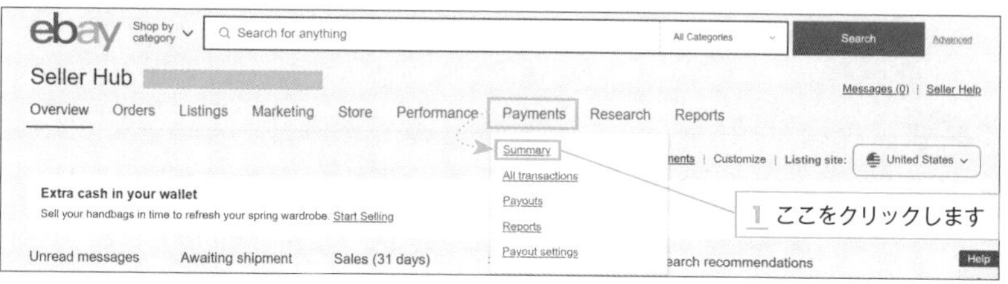

8

右下に「Refund」(返金)されていることが表示されています。

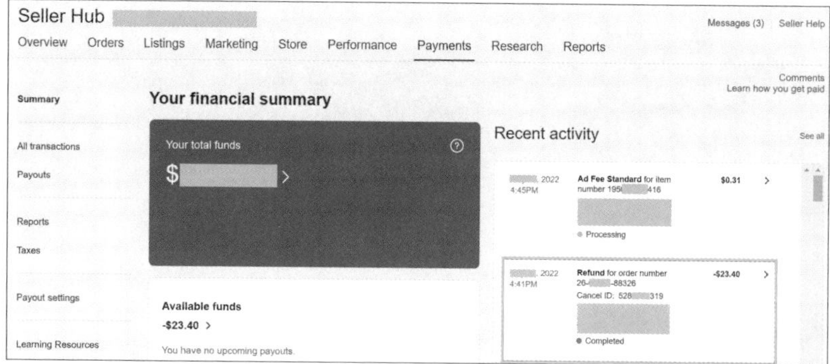

SECTION

6-7 返品したいと言われた場合の対処方法

eBayで販売した商品に、「ダメージなど、何らかの不具合があった場合」または、「気に入らない」「思っていたものと違った」などという理由で、返品になってしまうことがあります。この場合の手続きについて解説します。

Return request（返品リクエスト）に対する手順

1 バイヤーさんがeBay上で、「返品手続き」を開始すると、セラーは、eBayから「Return request」のメールが届きます。「Respond to request」をクリックすると、返品内容の詳細を確認することが出来ます。

ebay

You've got a new return request. Please respond by October 23, 2023

Hi

You received a return request from a buyer and have a few options for responding to it. We know returns can be inconvenient and unexpected, so we want to explain what's going on and what you can do.

What's going on:
The item the buyer wants to return is covered by our eBay Money Back Guarantee, which lets buyers request returns for items they say don't match the listing description, even when sellers don't accept returns.

What you can do:
Accepting a return is typically the best way to proceed. You can also message the buyer to see if you can work something out like a partial refund, but we need a response from you by October 23, 2023 on how you'd like to proceed.

If you accept the return, here's what's next:

1. You buy a shipping label from Fedex, UPS or your preferred carrier and upload it and the tracking info to eBay
2. The buyer returns the item and you get to inspect it
3. You refund the buyer within 2 business days of receiving the return

If you have any questions, you can contact us or check out our FAQs. Thanks for your understanding.

Respond to request

1 ここをクリックします

2 eBayの画面を進むと、対応方法の選択肢が表示されます。
「Accept the return」は、返品を受け付ける、です。
「Get a full refund（全額返金）」は、商品の返品は必要とせず、バイヤーさんが支払った全額（商品代金と送料）を返金するものです。例えば、返品による送料の額が大きい場合や、その後の手間など、返品より、そのまま返金してしまったほうが安い、または楽、といった場合に選択します。
「Offer a partial refund（一部返金）」は、商品の返品は必要とせず、任意の金額をバイヤーさんに返金する、です。例えば、前述の通り、返品を受けた場合の返送料や手間の問題であったり、「ちょっと傷があった」「タグがなかった」など、値引きの対応でバイヤーさんにご納得いただけそうな時に提案します。但し、あくまでこれはバイヤーさんへの提案であり、交渉事となります。よって、まず、「Send the buyer a message」より、提案のメッセージを送り、交渉が整ってからとなります。いきなり、値引き提案をし、バイヤーさんが納得しなかった場合、再度の提案は出来ませんので、ご注意下さい。この事例では、「返品を受け付ける」場合の手順を解説します。「Accept a return」にチェックを入れ、「Continue」をクリックします。eBayからバイヤーへは「セラーがReturn（返品）を承認した、という内容のメッセージが送信されます。

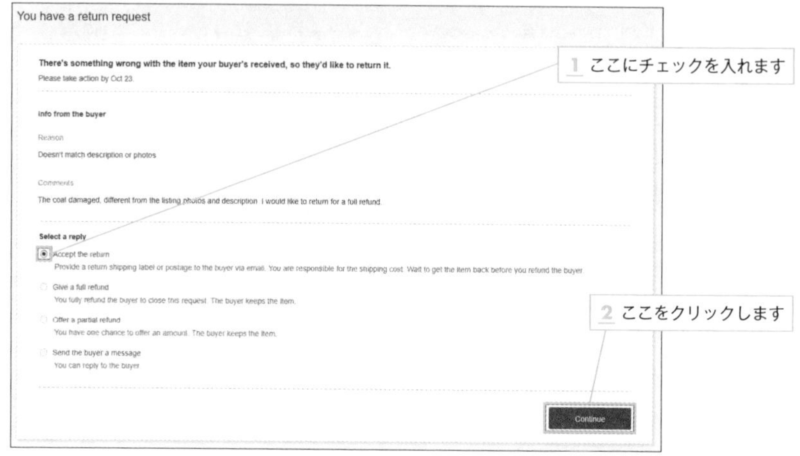

3

「Provide a return label」の画面が表示されます。「返送用のラベルを提供してください」という意味ですが、日本郵便では返品ラベルは作成できません。よって、一番下の「Confirm funds have been～」を選択し、「Next」をクリックします。

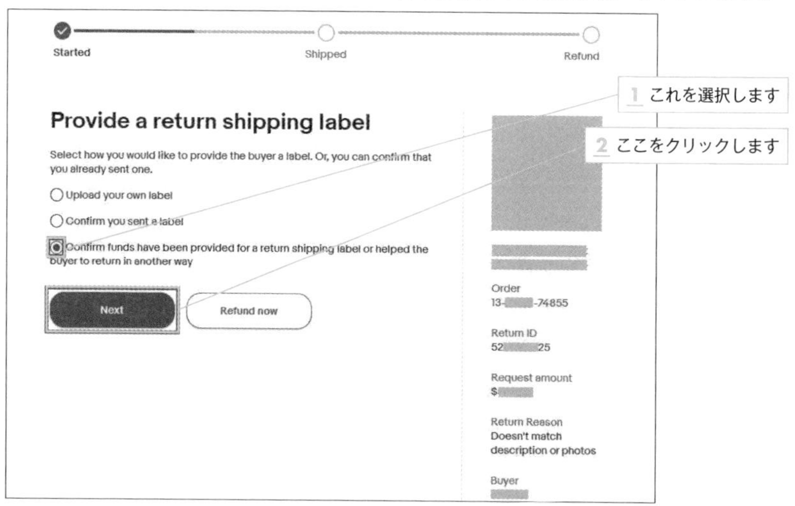

4

「The buyer started a return」の画面が表示されます。

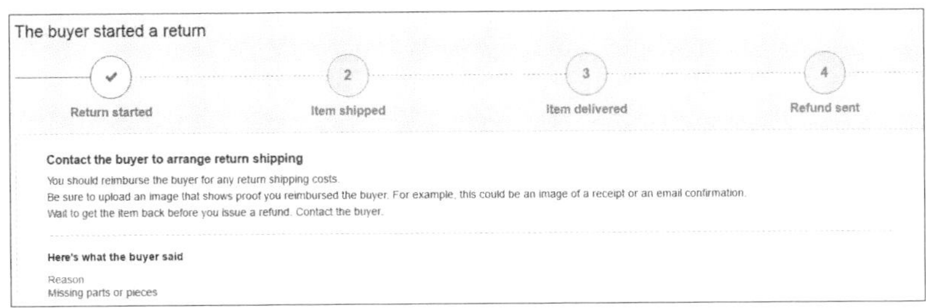
The buyer started a return

Return started
Item shipped
Item delivered
Refund sent

Contact the buyer to arrange return shipping

You should reimburse the buyer for any return shipping costs.
Be sure to upload an image that shows proof you reimbursed the buyer. For example, this could be an image of a receipt or an email confirmation.
Wait to get the item back before you issue a refund. Contact the buyer.

Here's what the buyer said

Reason
Missing parts or pieces

5

バイヤーさんに商品を返送してもらう際は、事前にキャリア（運送会社）と返送料金を必ず確認します。キャリアはどの国の場合も「郵便局」のサービスを使ってもらうようにします。クーリエを使う場合については後述します。アメリカであれば、USPSのサイトにPostage Price Calculatorという送料を計算できるページがあります。バイヤーさん任せにせず、必ずセラー側でも確認を行います。

https://postcalc.usps.com/

6

バイヤーさんへの返送料の送金は、PayPalで行います。バイヤーさんへ連絡し、PayPalアドレスを教えてもらいます。
※原則、取引相手にPayPalなどのメールアドレスを尋ねることは、eBay外での直接取引への誘導とみなされ、ポリシー違反となります。しかしながら、既に取引が進んでおり、その問題解決のために直接請求が必要な場合は、例外として認められています。

7

PayPalにて、バイヤーさんへ返送料を送金します。PayPalにログインし、「送金」をクリックします。

8

「支払い先」に、バイヤーさんのPayPalアドレスを入力し、送金手続きを進めます。PayPalは、資金を受け取る側に手数料が発生します。よって、送金額は、実際の額の5%程度を上乗せして送金を行います。

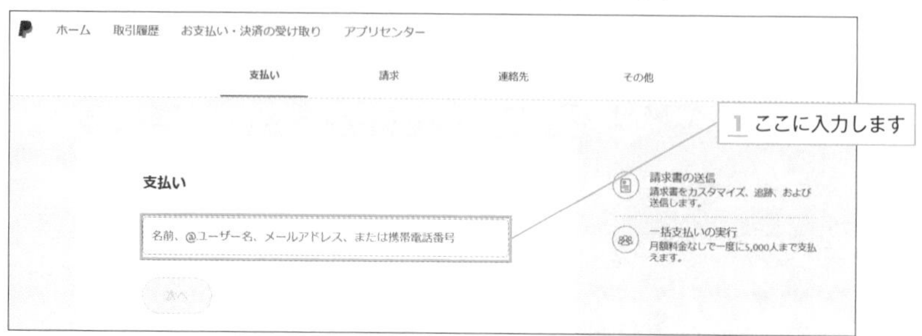

9

バイヤーさんが、商品の返送を完了し、トラッキングナンバーをアップロードすると、「Item shipped」というステータスに変わります。

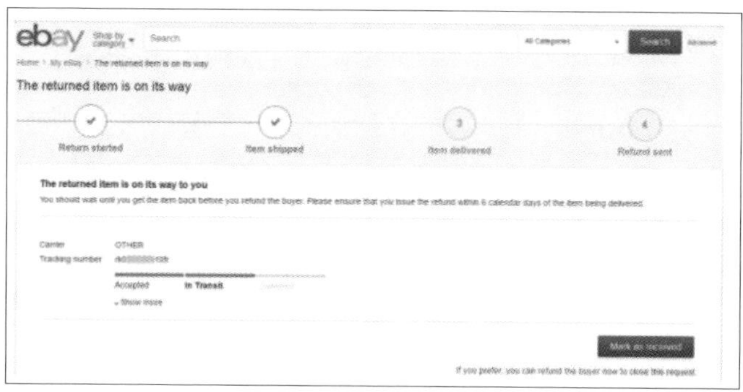

10

返品商品を受け取ったら、「Mark as received」をクリックします。

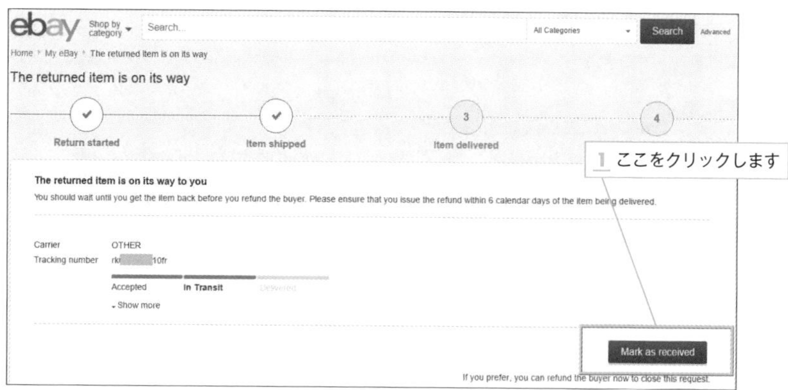

11

「Refund the buyer」をクリックし、返金を完了させます。

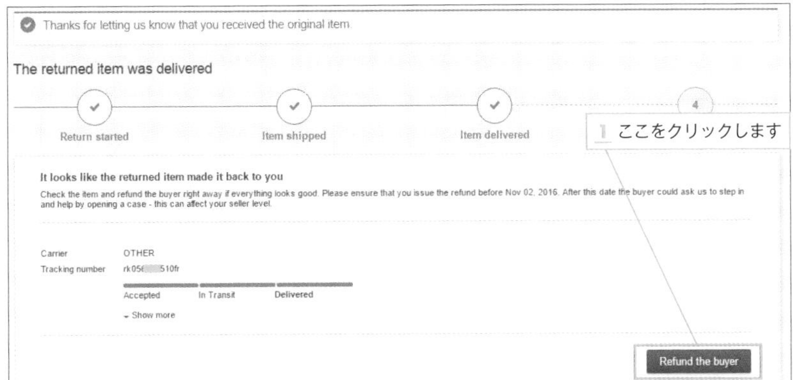

12

返金が完了しました。

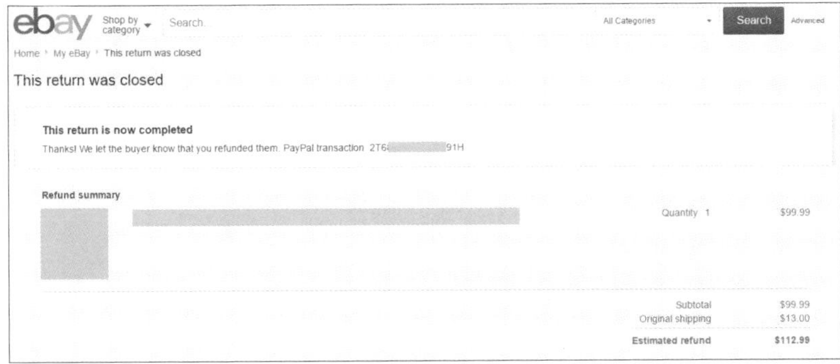

クーリエでの返品ラベル作成方法

1

クーリエでの返品の場合、eLogi/FedExの返送ラベルを例として解説します。eLogiにログインし、「発送済・追加料金一覧」をクリックします。

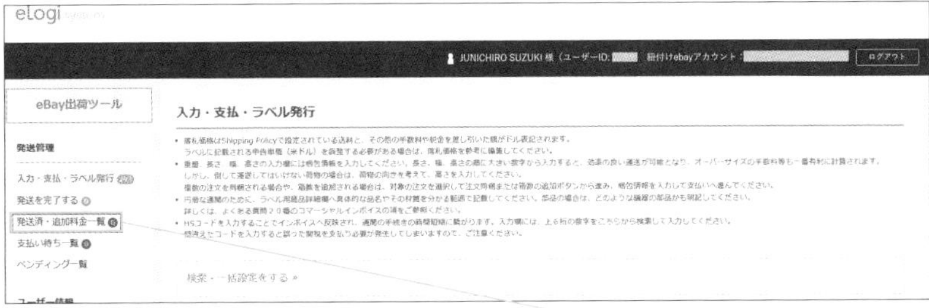

2 該当取引の「返送用ラベル」をクリックします。

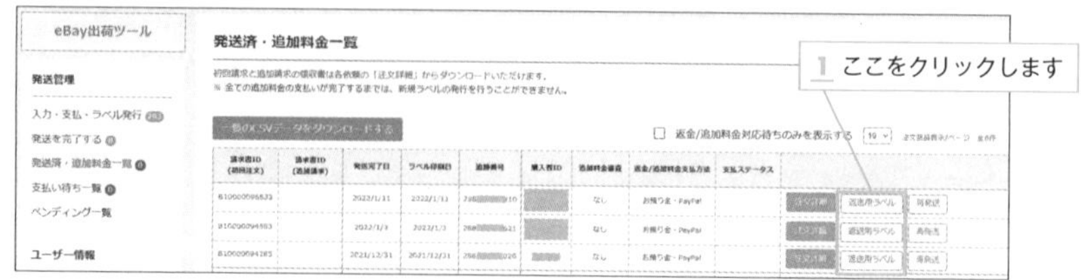

3 返送料金を確認し、サービスや追加オプションを選択の上、「返送ラベルを発行する」をクリックします。

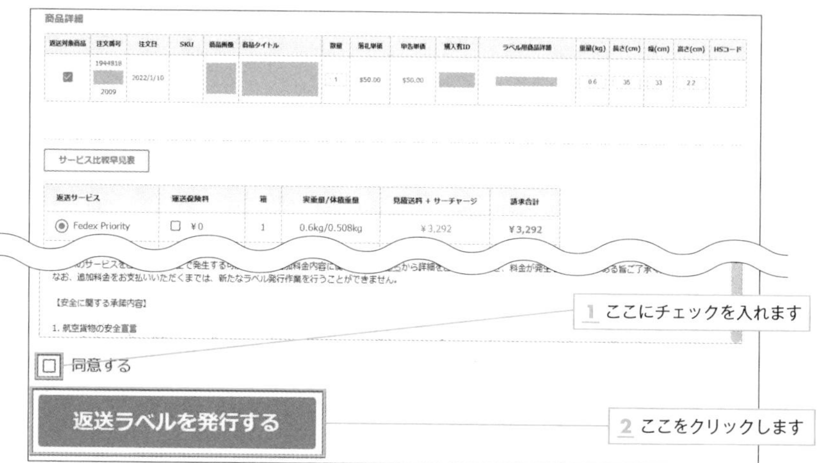

4 前述の「Provide a return label」(返送用ラベルの提供)のページにて、「Upload your own label」を選択し、「Next」をクリックします。

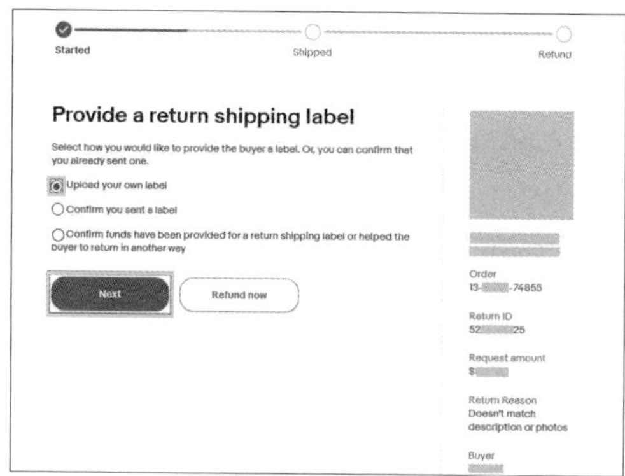

5

3で発行された返送ラベル(PDF)を、Return requestページの「Upload your own label」の箇所にアップロードします。

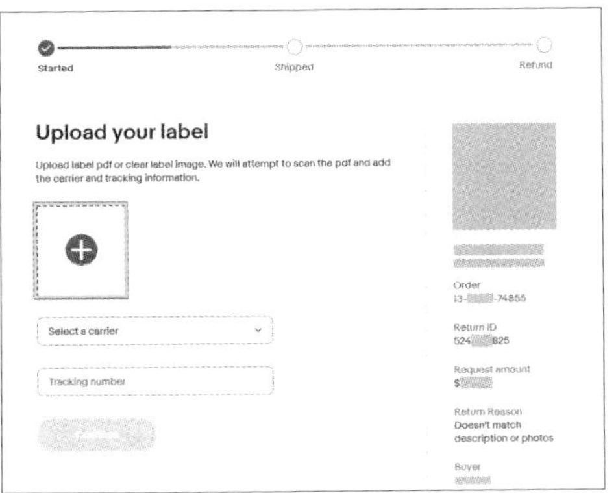

6

キャリア(配送業者)を選択します。ここではFedExを選択し、「Continue」をクリックします。

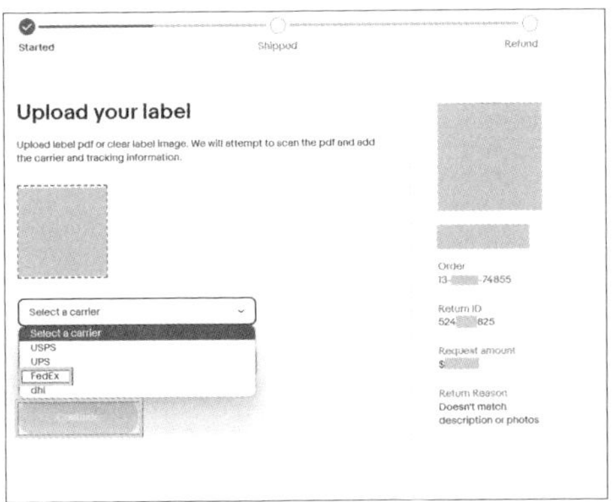

注意

もし、バイヤーさんが返送ラベルを使わなかった場合は、返送料等は請求されません。

COLUMN

バイヤーさんへ返送料を送金したにも係わらず、バイヤーさんが商品を返送してこない場合があります。Return requestから、バイヤーさんが何もアクションを起こさず、30日が経過すると、Return requestは自動的にクローズし、返品対応の必要はなくなります。送金した返送料の扱いについては、残念ながらeBayは関与しません。よって、バイヤーさんへ連絡し、返金してもらいます。返金がない場合は、PayPalより異議の申立を行います。

SECTION

6-8 保管期間満了で商品が返送されてきてしまった場合の対処方法

eBayの取引において、バイヤーさんへ発送した国際郵便の荷物が何らかの理由で返送されてきてしまう場合があります。理由は様々ですが、最も多い理由は「保管期間経過」です。その場合の対処方法について解説します。

なぜ、保管期間が経過してしまうのか？

海外の郵便事情は、日本のきめ細やかさとは異なり、非常に雑な場合があります。

例えば、

- 不在票の通知が疎かで、バイヤーさんが気づかなかった
- そもそも不在票の投函が一切なかった
- そもそも再配達の仕組みがなく、荷物を受け取るには、郵便局や集配センターのような場所に自ら出向かなければならない
- 国によっては、保管期間が1週間程度と短い
- マンションやアパートの管理人や、近所の家に預けてしまう

といった、日本では考えられないような事です。

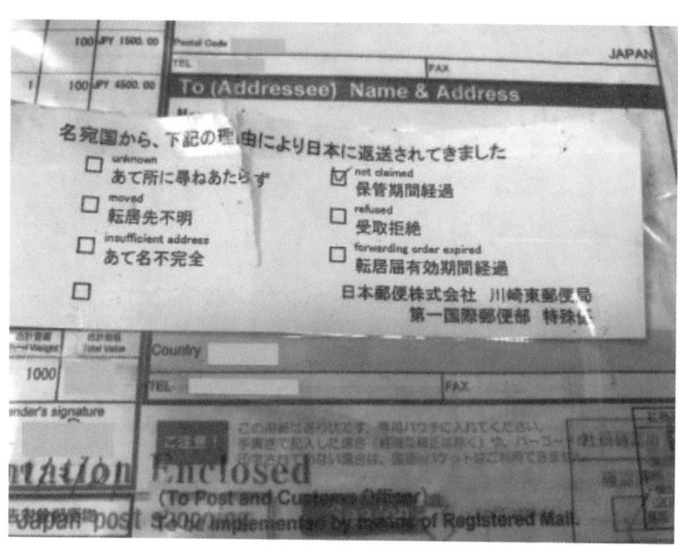

荷物が返送されてきてしまった場合の流れ

商品が日本に戻ってきてしまった場合は、以下の通り、手続きを進めます。

1 該当の取引ページの「Contact buyer」をクリックします。

2 メッセージフォームに、以下、例文を参考にメッセージを記入し、送信します。

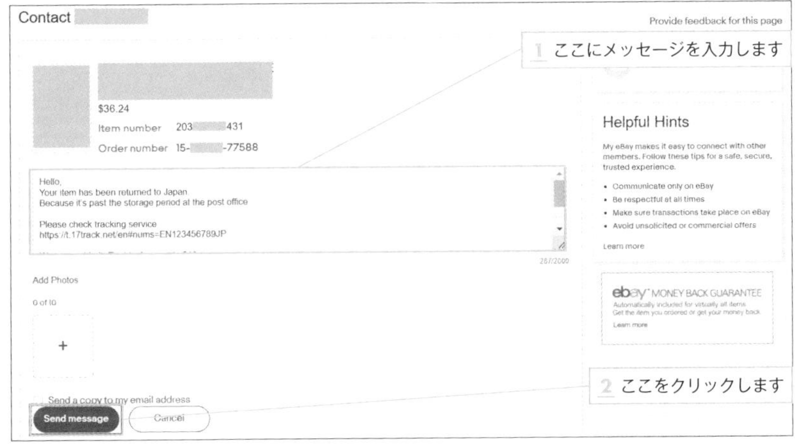

（例文）
Hello,
Your item has been returned to Japan.
Because it' s past the storage period at the post office.

Please check tracking service.
https://t.17track.net/en#nums=EN123456789JP

We can reship it, Reshipping cost is $10.
If you are OK, Please let us know.
We' ll send invoice via PayPal.
Best regards

（訳）
こんにちは。
郵便局での保管期間が超過したことで、
お送りした商品が日本に返送されてきました。

トラッキング情報をご確認ください。
（どのように返送されてきたのかを共有するため、
トラッキングサービスのURLを添付します。）

再送の費用は10ドルです。
ご確認の上、返信をお願い致します。
PayPalからInvoiceをお送り致します。

宜しくお願い致します。

3

バイヤーさんから返信が入ります。以下は、再発送を了承頂けた場合の例です。
（バイヤーさんからの返信例）
Post office not send me a note to take it.
This is a first time happened something like this.
OK please send me invoice.

（訳）
郵便局からは、お知らせ（不在票）がありませんでした。
こんなことは初めてです。
まあ、Invoiceを送ってください。

バイヤーさんによっては、
「再送料がかかるなら、キャンセルして欲しい」
「私に落ち度はないので、あなたが再送料を負担してください」
「再送料は折半でお願いできないか」
などの要望がある場合があります。
これは、あくまで、バイヤーさんとの話し合いになります。

4

バイヤーさんへの再送料の請求は、PayPalで行います。バイヤーさんへ連絡し、PayPalアドレスを教えてもらいます。
※原則、取引相手にPayPalなどのメールアドレスを尋ねることは、eBay外での直接取引への誘導とみなされ、ポリシー違反となります。しかしながら、既に取引が進んでおり、その問題解決のために直接請求が必要な場合は、例外として認められています。

5

PayPalにログインし、「請求」をクリックします。

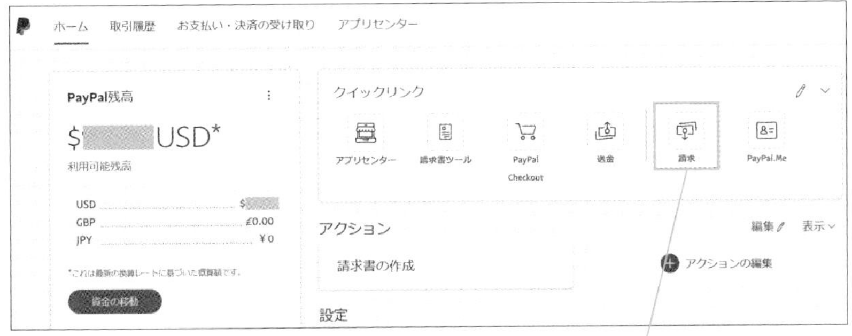

6

「誰にでも支払いを請求」の下に、バイヤーさんのPayPalアドレスを入力し、請求手続きを進めます。PayPalは、資金を受け取る側に手数料が発生します。よって、請求額は、実際の額の5%程度を上乗せして送金を行います。

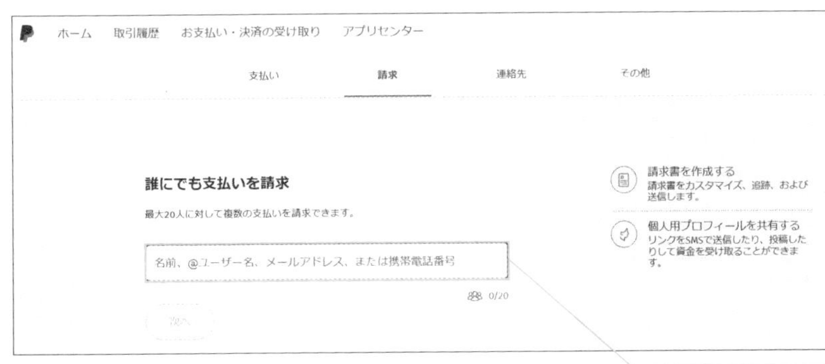

7

バイヤーさんがPayPalアカウントを持っていない場合は、eBayに「送料」を出品し、それを購入して頂きます。

①カテゴリーは、Everything Else > Every Other Thing(その他)を使います。
②画像は、送料であることが分かるような適当なものを準備します。
③タイトルは「Reshipping cost」「Reshipping Fee」などを使います。

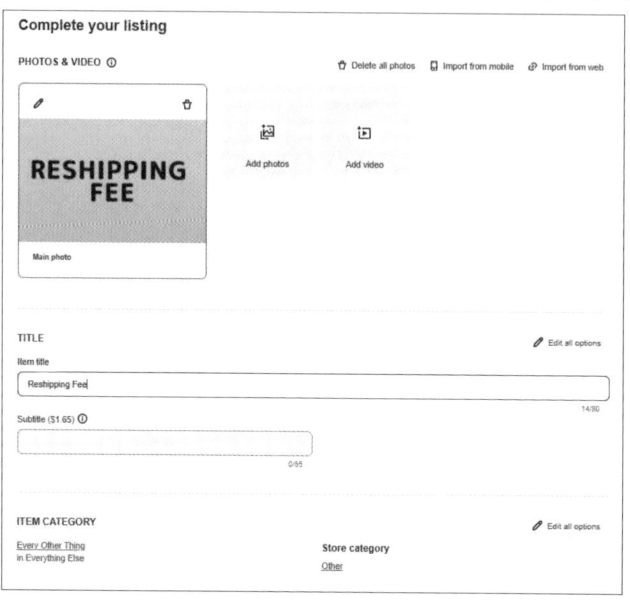

④再送料(販売金額)は、実際の送料に、eBayの手数料約17%分を上乗せして設定します。なお、Shipping PolicyはFree shippingのものを設定します。金額が入ったShipping Policyを設定してしまい、2重に送料を請求しないよう注意が必要です。

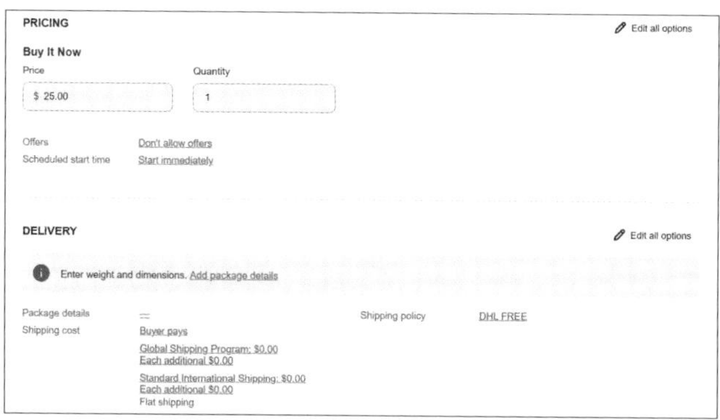

⑤出品が完了したら、バイヤーさんへその出品のURLをメッセージで送信し、購入してもらいます。

SECTION

6-9 迷惑なバイヤーをブロックするには？~Block Buyer / Bidder

eBayでは、迷惑なバイヤーさん、過去の取引で嫌な思いをし、今後のお取引はお断りしたいバイヤーさんをブロックする事が出来ます。日本のYahoo!オークションでいう「ブラックリスト」、メルカリでいう「ブロック」に当ります。

Block Buyer / Bidderの仕方

1 eBay画面左上の「Hi,名前」の箇所にカーソルを当てると表示される「Account settings」をクリックします。

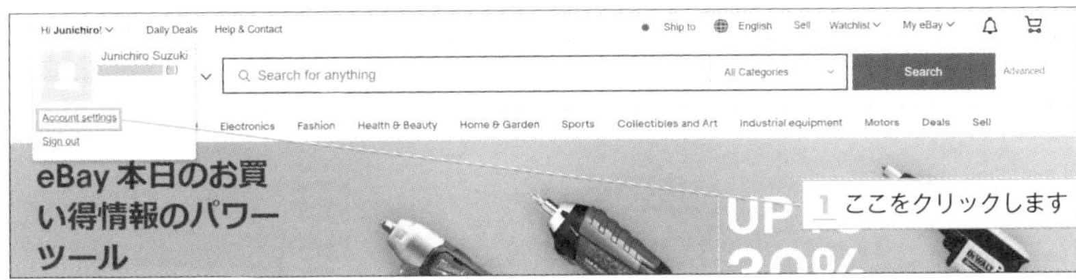

2 「Selling preference」をクリックします。

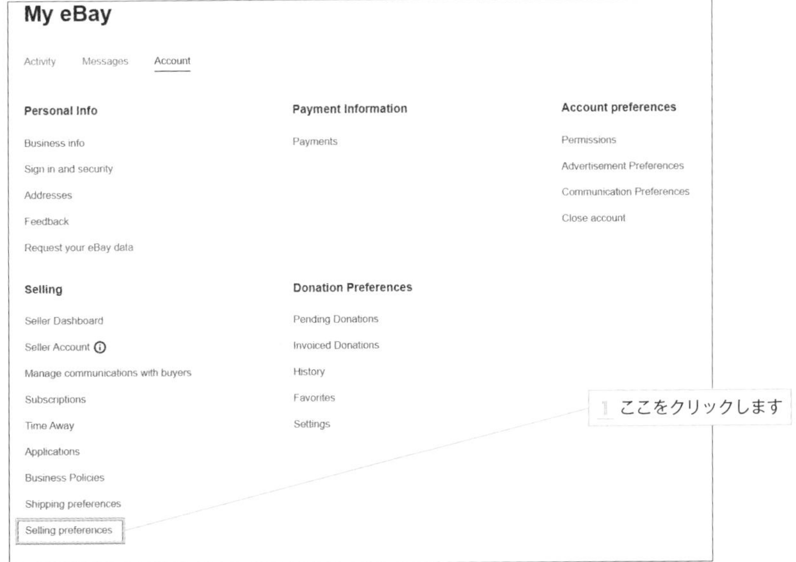

3

Selling preferenceのページを下にスクロールすると、「Managing who can buy from you」という項目がありますので、右の「Edit」をクリックします。

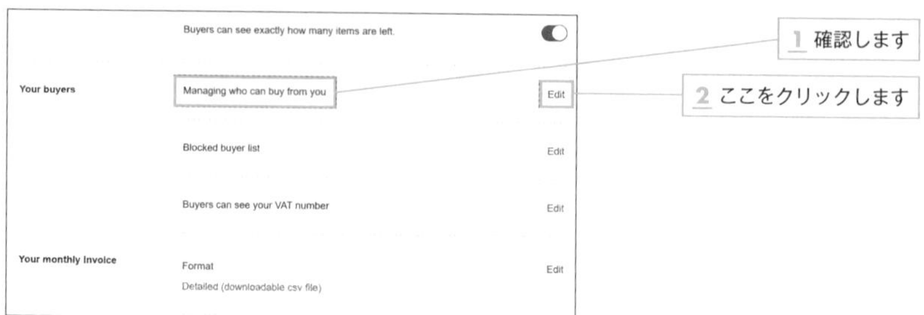

4

「Buyer Management」のページ内「Blocked Buyer List」の下、「Manage Blocked Buyer List」をクリックします。

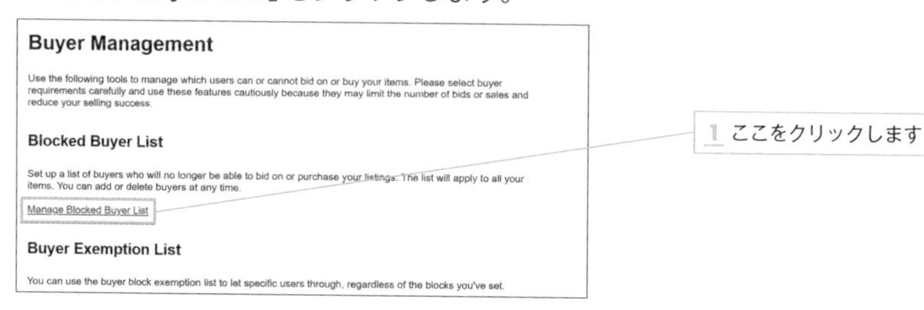

5

「Block Buyers from your listings」の空欄に、ブロックしたいeBayのユーザーIDを入力します。複数のユーザーをブロックするには、「,(カンマ)」でIDを区切ります。最大5000ユーザーをブロックすることが可能です。入力したら、「Submit」をクリックします。

Block buyers from your listings

If you don't wish to sell to certain eBay members, you can put them on your blocked list. Members on that list will be **unable to bid, buy or make an offer on any of your listings** until you remove them from the list. You can block up to 5,000 members.

- To block a member, enter the member's username and click Submit. Separate usernames with a comma.
- Please review the members that you have blocked from your listings at least once a year and decide if they still need to be blocked. If you don't need to block a member anymore, select and erase their username and click Submit to delete them from the list.
- You can restore a past blocked buyer list by clicking on Restore list. Remember, you can only restore blocked buyers lists from 3 months prior to today. Inform the members so they can resume bidding on your items.

Blocked buyer list

Enter each buyer's username or email address. Separate usernames or email addresses with a comma.

Submit　Cancel

1 ここにIDを入力します

2 ここをクリックします

6

ブロックしたいバイヤーさんのブロックが完了しました。

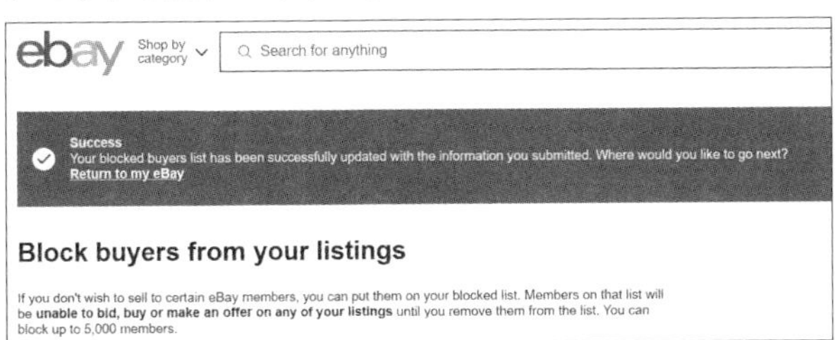

7

ブロックしたバイヤーさんからの各種問い合わせも受け付けたくない場合は、「Buyer Management」のページ下の方、「Don't allow blocked buyers to contact me」の左側のスライドボタンをオンにし、「Submit」をクリックします。

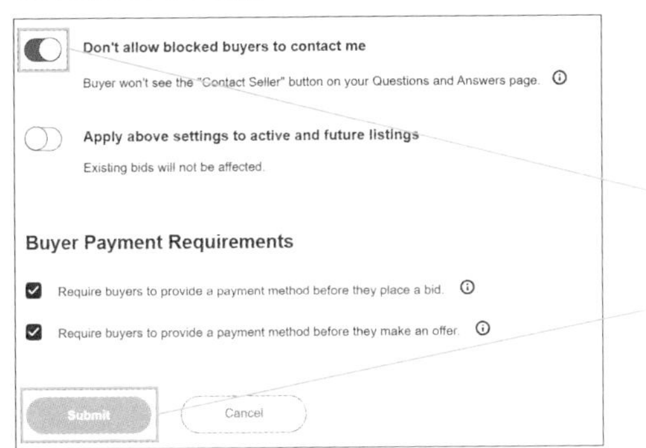

Don't allow blocked buyers to contact me
Buyer won't see the "Contact Seller" button on your Questions and Answers page.

(訳)
ブロックされたバイヤーからの連絡は許可しません。(そのバイヤーから見るQ＆Aページには［Contact seller］のボタンが表示されません。)

8

ブロックされたバイヤーさんが、あなたの商品に入札・購入をしようと試みた場合は、以下のような画面が表示されます。

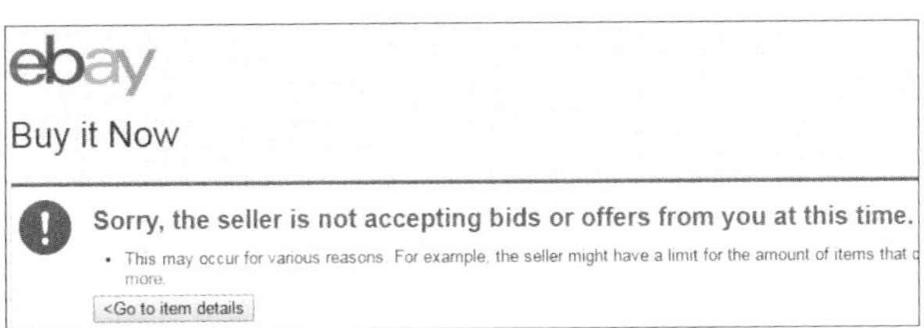

SECTION

6-10 悪質なバイヤーを通報するには/Report a buyer

万が一、問題のあるバイヤーと遭遇した場合、そのバイヤーをeBayへ通報することができます。

eBayでは、セラー側からバイヤーへのFeedback（評価）は、「Positive（良い）」しかつけることができません。「バイヤーの責任は代金を支払う事が全て」という考え方によるものです。

しかしながら、稀に、問題のあるバイヤーさんと遭遇する場合があります。「こちらの要求通りにしないと、Negative FeedbackやDSRをつけるぞ!!」と脅すような行為です。

例えば、

- 支払った関税分の返金を要求された
- 商品を受け取っているにも係わらず、受け取っていないと主張された
- 説明通りの商品を受け取っているにも係わらず、商品説明と異なると主張された

などといった事です。

このような場合でも、バイヤーさんに「Negative Feedback（悪い評価）」をつけることはできませんが、「Report a buyer」にて、そのバイヤーさんをポリシー違反として、eBayに通報することが出来ます。

1 Report a buyerの仕方

まず、My eBayメニューのSelling > Ordersの該当取引▼マークから「Report a buyer」を選択します。

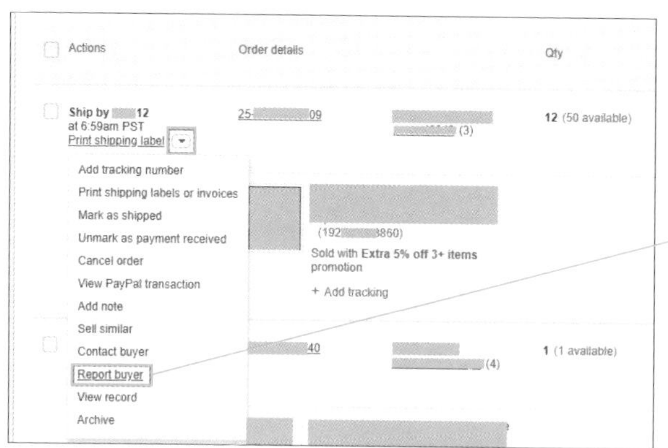

2

「Report a buyer」の画面で、バイヤーさんを通報する理由を選択します。該当がない場合は、近い理由を選択します。

Buyer demanded something that was not offered in my listing
(バイヤーが私の出品に掲載されていないものを要求した)
Buyer made a false claim
(バイヤーがウソの主張をした)
Buyer misused returns
(バイヤーが返品を悪用した
Buyer messaged me or retracted their bid with no intention of buying my item
(バイヤーが「アイテムを購入するつもりはない」とメッセージを受け取った、または入札を撤回した)

ここでは、例として、「新品を送ったにも係わらず、バイヤーさんが中古を受け取った、とクレームを受けた」とします。
よって、「Buyer made a false claim (バイヤーがウソの主張をした)」を選択します。

Report a buyer

If a buyer has violated ebay policies, let us know. Buyers who violate policy may be warned, blocked from future returns or blocked from future purchases.

You've selected 1 item.

User ID:

Item:

1 ここにチェックを入れます

Next, tell us what happened

- Buyer demanded something that was not offered in my listing
- Buyer made a false claim
- Buyer misused returns
- Buyer messaged me or retracted their bid with no intention of buying my item

Submit | Cancel

3

更に、選択肢が表示されますので、該当する項目にチェックを入れます。

Claimed the item was not as described when that wasn' t true
(商品が説明どおりではなかった、と真実と異なる主張をされた)
Claimed an item was not received when tracking shows it was delivered
(トラッキング上、商品は配送された、となっているが、商品を受け取ってい

ない、と主張された）

ここでは、Claimed the item was not as described when that wasn' t true
（商品が説明どおりではなかった、と真実と異なる主張をされた）
にチェックを入れます。
更に表示された書き込み欄に、具体的にどのような事が起こったのか、を記載します。

ここでは、
I definitely shipped the brand new item to the buyer.
However, the buyer claims to have received the used item.
（私は間違いなく新品商品をバイヤーへ発送しました。
しかしながら、バイヤーは中古商品を受け取った、とクレームをしてきました）
と入力します。「Submit」をクリックすれば、eBayへの通報は完了です。

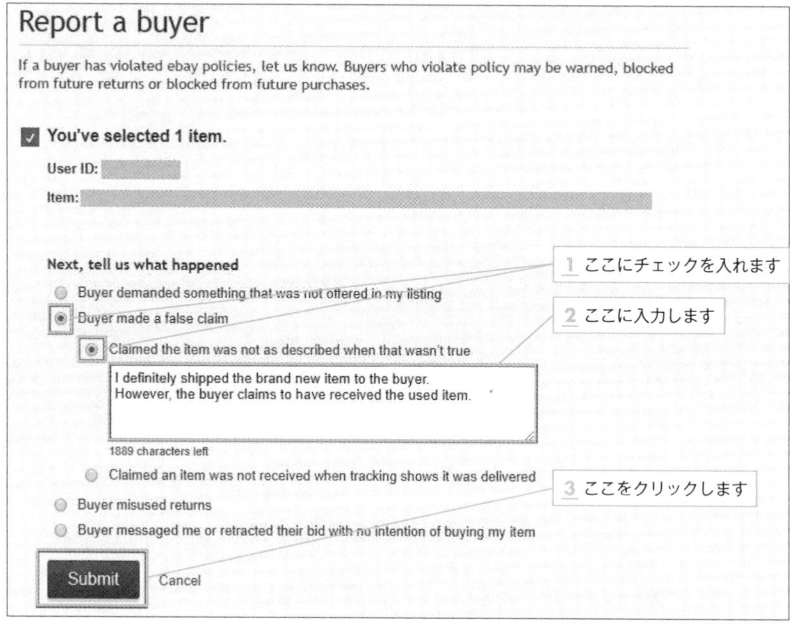

通報完了後、eBayから登録のメールアドレスに通報を受け取った旨のメールが届きます。

Thanks for telling us about your problem, JUNICHIRO.

ebay MONEY BACK GUARANTEE
Learn what's included

Thanks for telling us about your problem with an eBay buyer

Hi JUNICHIRO,

Thanks for letting us know about a problem you had with a buyer. Here's a summary of your report:

User ID:

Report a buyerに対するeBayからの回答はない

Report a buyerの手続き後、eBayからは具体的な回答や返答はありません。なぜなら、通報は、「相談」ではないからです。解決したい問題や、回答が必要な問い合わせであれば、eBayのカスタマーサービスから相談を行います。

セラーから通報された内容は、他のセラーの通報などを含めて、eBayに情報として蓄積されます。それらの情報を下に、eBay側で具体的な措置を検討すると思われます。しかしながら、これは、eBay側に守秘義務のある内部情報となります。よって、通報した結果、具体的にこうなりました、例えば、申告のあったアカウントは削除されました、というような報告は個別に連絡されることはありません。

Report a buyerあるいはeBayへの相談は、「記録を残す」という意味もあります。もし、問題がエスカレートした際、例えば、本当にNegative Feedbackをつけてきたりした場合には、Report a buyerまたは、カスタマーサービスとのメッセージのやり取りは、きちんとした証拠となります。不合理なNegative Feedbackについては、eBayは削除してくれる事があります。そして、そのバイヤーさんには、「eBayに通報した」旨と、合わせて、eBayのカスタマーサービスに相談している旨を連絡します。これは、大きな牽制になりますので、行っておくようにしましょう。

COLUMN

eBay輸出におけるトラブルを未然に防ぐ方法とは？

eBay輸出において、「説明通りの商品」を「期日までにバイヤーさんへ届ける」ことがセラーの責務です。もちろん、配送遅延などセラーがコントロールできないこともありますが。バイヤーさんのケアをしっかりと行なうことで、大きなトラブルは防ぐことができます。

しかしながら、セラー側によらないトラブルや詐欺被害が少なからず存在します。特に、評価がまだ少ないセラーは狙われる傾向にあります。これらを未然に防ぐために、どのような事例があるのかを知っておくと、いざという時に役立ちます。

1. 直接取引のお誘い

「eBayを介さずにPayPalで直接取引しませんか」とバイヤーから問い合わせが来ることがあります。eBayのメッセージ機能は、直接取引防止策として、関係すると思われる単語やメールアドレスを送信できない仕組みになっています。しかしながら、これを突破するため、隠語を使ったり、画像でメールアドレスを送ってきたりする場合があります。eBay外での取引は、ポリシー違反であり、アカウントがサスペンドになってしまうリスクもあります。しつこい場合は、前述6-9の方法でブロックしてします。

2. アンダーバリューの要求

2-6で解説しました通り、送り状の税関申告書で実際の取引金額より安く申告する行為（アンダーバリュー）は、違法行為です。バイヤーにとっては、支払う税金が安くなるため、このような要求をしてくる場合がありますが、丁重にお断りします。もし、アンダーバリューを受けた場合で、郵便事故が起こった場合、安く記入した申告金額までしか補償の対象となりません。また、消費税還付の手続きにおいても、正しい取引がなされていない、と見なされますので、セラーにとってはデメリットしかありません。

3. 一部返金の要求

説明通りの商品を発送したにも係わらず、バイヤーが「商品説明にない傷があった」など、ウソの理由で、一部返金を要求してくる場合があります。このような場合は、「Return requestをオープンしてください。返品の手続きを進めます」と連絡すると、音沙汰がなくなる事がほとんどです。このようなバイヤーは「ちょっと難癖をつけると簡単に一部返金してしまうセラーがいる」事につけ込んでおり、少しでも面倒になると要求をあきらめてしまいます。

4. 商品のすり替え

Return Requestにて返送された荷物の中身が空だったり、新品と中古をすり替えたり、別の商品や石などの適当なものを詰めて返送してくる詐欺の手口があります。高額品などの場合で、シリアル番号などの個体差がある場合は、それが分かる写真や、梱包途中の写真などを、発送前にバイヤーへ共有し、牽制しておくと、このようなすり替え詐欺は一定数防ぐことが出来ます。また、返送されてきた荷物を開封する際は、その様子を動画に収めておくと、万が一、問題があった場合に大きな証拠となります。

このようなアクシデントを危惧して「新規バイヤーはブロックできるのか」という質問をたまに頂きますが、そのような仕組みはeBayにはありません。思い出してほしいのが、「我々全員が評価ゼロ」からのスタートです。これはeBayに限らずですが、企業は、自身のマーケットを拡大するため、新規のユーザーさんを増やそうと日々、広告費をかけたり、より使いやすい環境づくりを目指しています。要は、我々セラーの売上拡大に対して、努力してくれている、という事です。ただ、評価の少ないバイヤーさんは、国際取引に慣れていない可能性が高いことで、「勘違い」によるトラブルが起こる可能性は確かにあります。よって、「勘違い」を最小限に防ぐためにも、商品ページは丁寧に作成する必要があるのです。サンキューメールにおいても、純粋なお礼の他、「発送方法」「到着予定」「到着が遅延しそうな要因」「税金関係」「到着予定を過ぎても商品が届かない場合の連絡方法」といった情報を、テンプレート化しておくとよいです。

どうしても困ったトラブルが起きた場合は、イーベイジャパンの販売サポートへ相談しましょう。これは、トラブルを公式に記録として残す、という意味合いもあります。また、eBayは積極的に問題解決を行おうとするセラーの姿勢を評価しますので、後々優位になる場合があります。

CHAPTER 07

eBayビジネスをさらに拡大させよう

SECTION

7-1 リサーチの仕方

販売をして、利益を得るための基本は、「安く仕入れて高く売る」です。ここでは、日本で安く仕入れて、海外に高く販売するために行う「リサーチ」について解説をします。

リサーチとは？

リサーチとは、商品の仕入れ先での相場と、販売先での相場の価格差を調べる作業です。最初は、なかなか見つからず、時間がかかりますが、eBay輸出における重要な基礎練習ですので、コツコツ進めていきましょう。

eBayの落札履歴は、90日分、日本のYahoo!オークションの落札履歴は、180日分を見ることができます。

1 eBayで売れている日本の商品を検索する

eBayの検索窓に、「Japan」 と入れ、検索します。

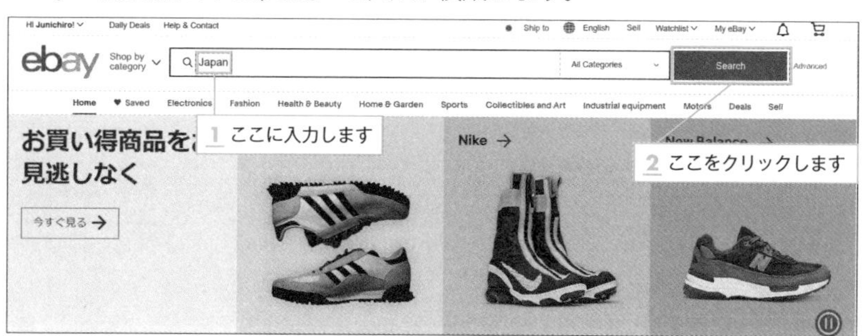

現在、eBayに出品されている「Japan」というキーワードが入った商品が表示されます。このページを下にスクロールします。

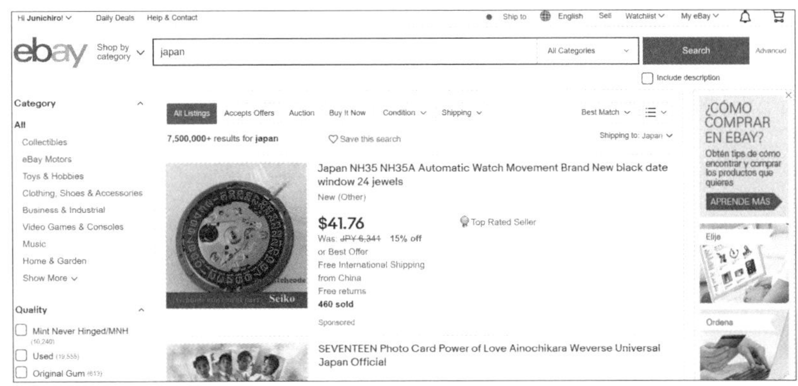

3

左下の「Sold item（落札商品）」をクリックします。

4

直近90日間でeBayにて販売された「Japan」というキーワードが入った商品が表示されます。130万件以上の取引がある事が分かります。

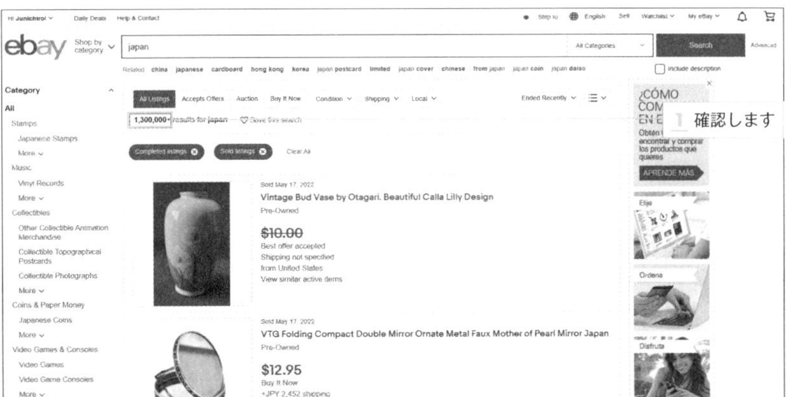

5

右上のShip toをクリックし、発送先を「日本」から「アメリカ」に変更し、リロードします。これによって、日本を発送除外国に設定しているセラーの販売履歴も見ることができます。

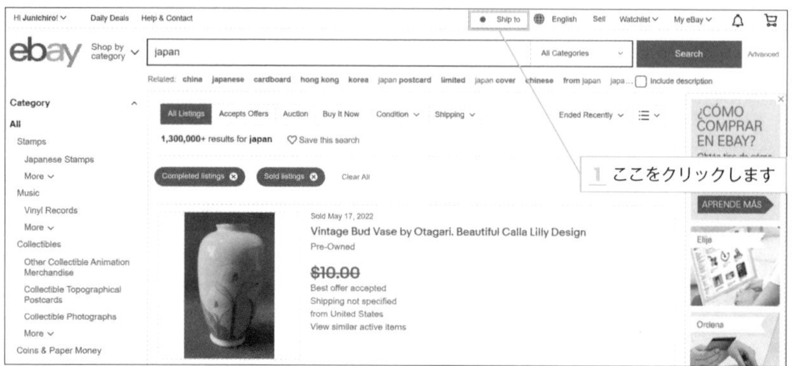

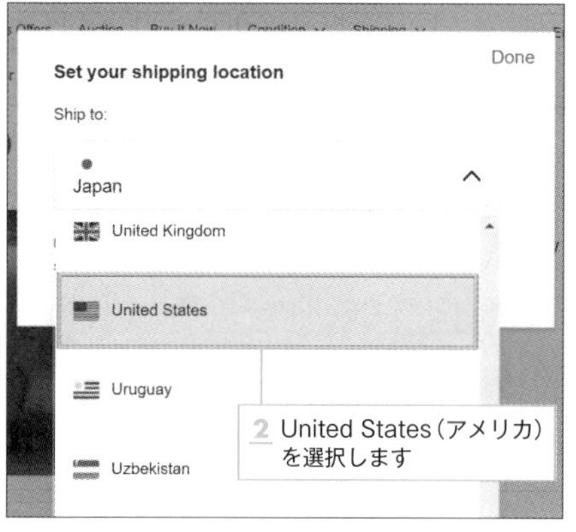

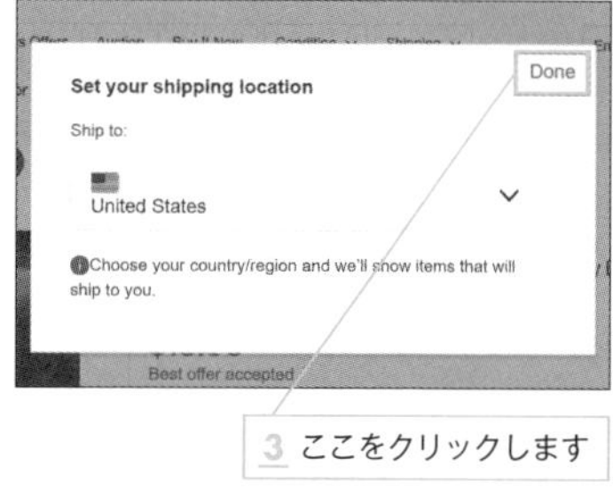

6

すると、「発送先：日本」の場合では、「130万件以上」であるのに対し、「発送先：アメリカ」に変更することで、「160万件以上」と、約30万件がプラスで表示されるようになりました。

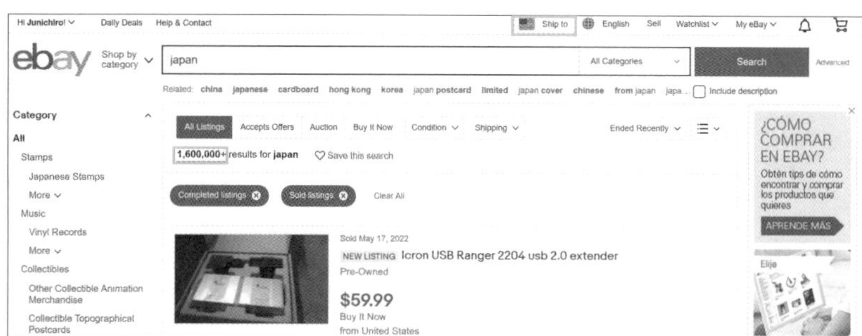

右上の「Sort」で、金額の高い順・低い順、最近終了した順などで並べ替えをすることができます。

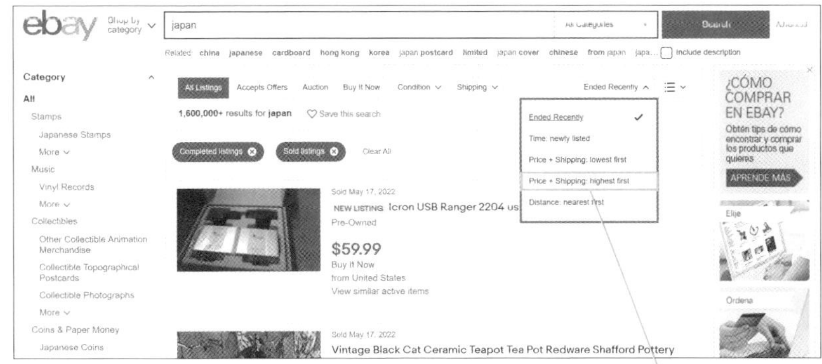

1 ここを選択します

8

左側のカテゴリーを絞り込みます。例えば、「日本の本や雑誌」を見たい場合は、「Book & Magazines」をクリックします。

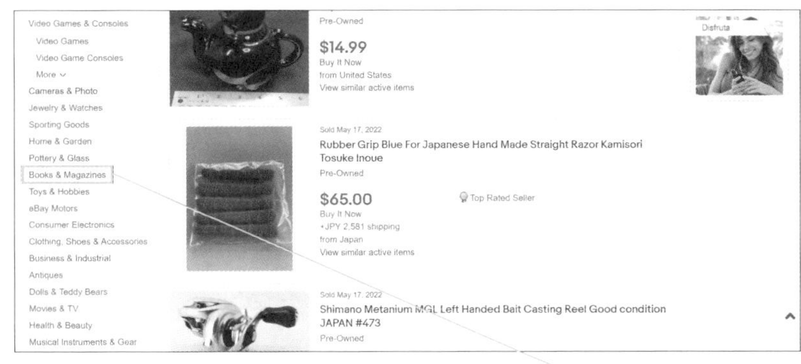

1 ここをクリックします

9

このように、eBayにおける日本の本の販売履歴が表示されます。例えば、一番下には、「ゴジラ vs ビオランテ コンプリーション」という本が139.73ドル+送料で販売されていました。これを日本のYahoo!オークションでは、いくら位で入手できるのかを調べます。

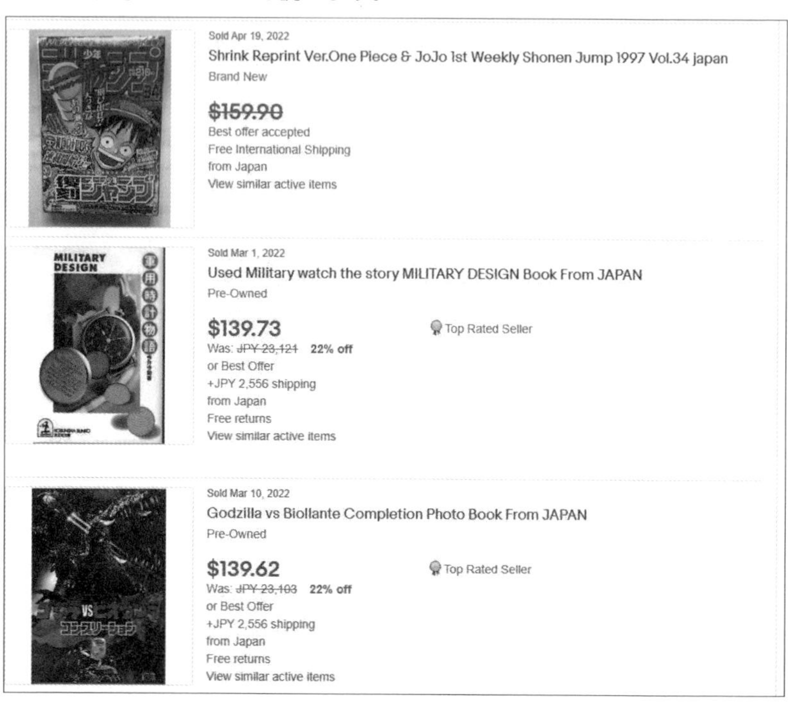

Yahoo!オークションでの相場の調べ方

1

Yahoo!オークションで、「ゴジラ ビオランテ コンプリーション」と検索します。

2

現在の出品が表示されます。(この事例では、出品中の商品はありませんでした。)その右上の「落札相場を調べる」をクリックします。

1 ここをクリックします

3

すると、Yahoo!オークションにおける過去180日分の販売履歴が表示されます。この商品は、送料を含めても、だいたい4,000円から6,000円程度が相場である事が分かりました。

① 利益予測の計算

eBayでは、139.62ドル+送料で販売されていました。国によって、送料は異なるため、ここでは、送料を含めて、日本円にして、17,000円で販売されたとします。

②

Yahoo!オークションでは、送料を含めて、5,000円で仕入れと予測します。

③

eBayの手数料を17%として、利益予測の計算をします。

eBayでの販売予想価格	:	17,000円
- eBay手数料	:	2,890円
- Yahoo!オークション仕入れ価格	:	5,000円
- 送料(EMS1kgアメリカ宛想定)	:	5,300円
予想利益	:	3,810円

④

最後に、需要と供給のバランスを調べます。具体的には、eBayで、この商品が90日間で何冊売れているか(需要)、そして、現在、何冊出品されているのか(供給)を確認します。いくら差額が見いだせた、としても、販売履歴が3冊で、現在の出品が30冊あったとしたら、明らかに供給過多ですので、売りにくい、という事になります。

3冊売れていて、現在の出品がゼロであれば、売れる確率は高いです。このように、需要と供給のバランスを見て、仕入れるか否かの判断をしていきます。

差額のあった商品は、リスト化しておく

リサーチをして、eBayとYahoo!オークションでの価格差は見つかったものの、この事例のように、現在、Yahoo!オークションに出品されていない場合があります。そのような場合は、差額のあった商品を、リストとして、記録をしておきます。今は出品されていなくても、今後、出品され、入手できる可能性があるからです。また、Yahoo!オークションの「検索条件保存」機能は、お目当ての商品が出品されたらメールで知らせてくれますので、大変便利です。

テラピークの活用

eBayでは前述のとおり、「Sold items」で、過去90日分の販売履歴を閲覧することが可能です。これらは、「すでに販売実績がある」商品です。まずは、Soldに上がっている商品を、素直にモデリングする（真似る）ことからスタートすると上達は早いです。

更に細かく販売情報を調べるには、「Terapeak（テラピーク）」を使います。これは、eBayが無料で提供しているリサーチツールです。

最大3年間のデータを、カテゴリー別、状態別、金額別、セラーの国、バイヤーの国など、かなり細かくリサーチができるのが特徴です。

テラピークは、Seller Hubのメニュー「Research」>「Terapeak product research」をクリックすると表示されます。

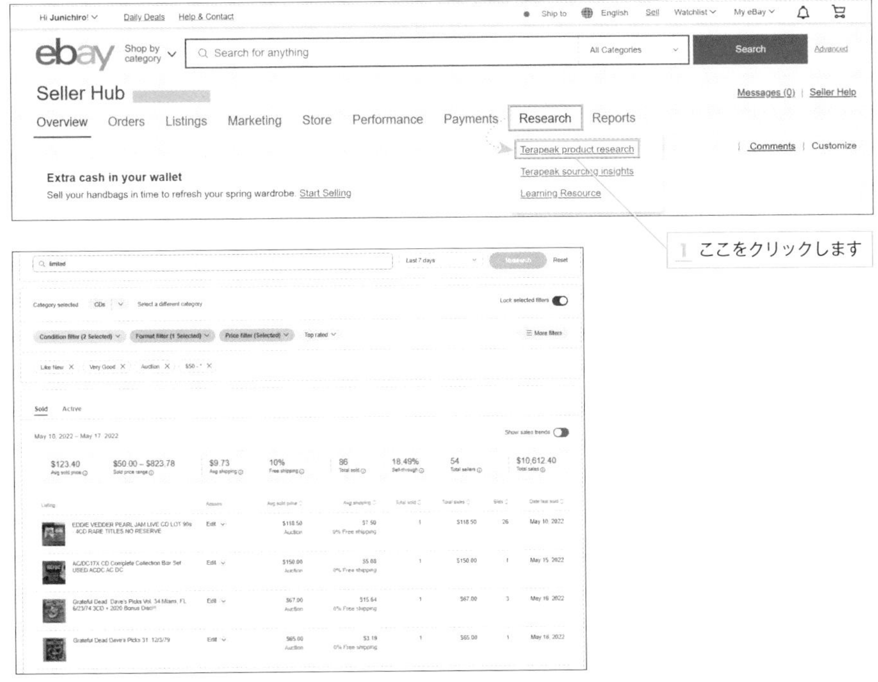

SECTION

7-2 eBayでリピーターさんを獲得するには

CHAPTER 0にて解説しましたとおり、eBayでの取引内容は、個に委ねられるため、ネットショップに近いオリジナル性を出すことが出来ます。その品揃えや顧客対応によっては、リピーターさんがつきやすいことも、eBayの大きな特徴です。

パレートの法則

流通業界で、よく話に出てくる「パレートの法則」をご紹介しておきます。

「ビジネスにおいて、売上の8割は全顧客の2割が生み出している。よって売上を伸ばすには顧客全員を対象としたサービスを行うよりも、2割の顧客に的を絞ったサービスを行う方が効率的である。」
という、イタリアの経済学者ヴィルフレド・パレートによる理論です。

eBayで新規のバイヤーさんを獲得することは、非常に大事です。
しかしながら、リピーターさんを獲得することで、定期的に一定数を購入頂くことができ、ビジネスを安定させていくことができます。

筆者も、全体のバイヤーさんの約2割がリピーターさんです。

リピーターさんの獲得方法

①1回1回の取引に対して、しっかりとお礼のメッセージを送る。

eBayでは、事前に様々な設定をすることにより、言葉を交わさなくても取引を成立させることが可能です。

しかしながら、積極的なコミュニケーションは

・バイヤーさんに安心感を与える
・バイヤーさんが商品の問い合わせやリクエストをしやすくなる
・万が一、到着遅延などがあっても、大きなクレームにはならない
等のメリットがあります。

(例)
Thank you for your purchase and fast payment!
The item will be shipped shortly.

It will take 10-14 days normally to arrive in the case of Registered Air Small Packet.
Sometimes Delay of delivery because it takes more time at customs and post office.
Over 3 weeks sometimes.
In particular, the shipment to South America often delay.

If you cannot receive your item within 4 weeks,
Please contact us first. Please do not open request.

Defect rate will be recorded to our account once you open request.

Also In case you want to return the item,
you receive the item not described or broken,
Please contact us first. Please do not open request.

We carry out the work out with responsibility.

We hope to see you again,
and if you look for any item, please feel free to contact us.

Thanks again!!
Best regards

(訳)
商品をお買い上げ頂き、またすぐにお支払いを頂き、どうも有難うございます。
商品は間もなく発送致します。

書留付き小形包装物航空便での発送で、通常10日から14日で到着致します。
たまに郵便局や税関にて時間がかかる場合があり、まれに3週間ほどかかる場合があります。特に、南アメリカへの発送はよく遅延します。

もし、4週間を過ぎても到着しない場合は、オープンリクエストせず、まず、当方までご連絡下さい。

オープンリクエストは、当方のアカウントにマイナス要素として記録されてしまうからです。

(この文面を入れる理由は、進捗状況や、バイヤーさんとの話し合いにより、オープンリクエストを回避できる場合があるからです。)

返品希望、商品が説明と異なる、商品破損の場合も、オープンリクエストせず、まず、当方までご連絡下さい。

責任をもって最後まで対応致します。

またお会い出来ることを楽しみにしております。
何かお探しの商品がありましたら、遠慮なくお声掛け下さい。

どうも有難うございます。

サンキューレターを入れる

　サンキューレターとは、お礼状の事です。eBayで商品を購入していただいたバイヤーさんへ感謝の気持ちを伝える目的で、商品に同梱します。

　サンキューレターは、お礼のメッセージと同様に、「バイヤーさんとの関係」が良好になります。せっかく、eBay上で出会ったのも何かのご縁。バイヤーさんとの関係が、たった1度だけで終わるのは、凄くもったいないです。たった1枚のメッセージを入れるだけで、バイヤーさんの心に響き、リピーターさんへと繋げる事ができるかもしれません。

　サンキューレターの作り方は、普通の紙、専用の用紙、折り紙などの材料から、全部手書き、印刷、一部印刷などの書き方まで、様々です。あなたのスタイルや作業可能時間に合わせて、作成してください。
筆者は、ラベルプリントソフトを使って、作成しています。

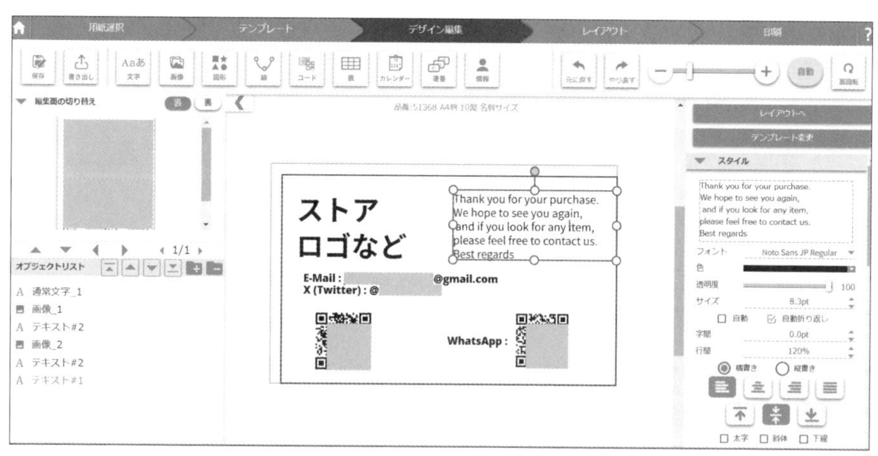

個別のメッセージがあれば、余白に手書きで入れます。例えば、リピーターさんであれば、「Thank you ALWAYS for everything!!」(いつも有難う!!)と入れると、気持ちが伝わります。また、日本語で「ありがとう」あるいは「Arigato」、あるいは、相手の国の言語で「有難う」の意味を書いてあげるのも良いです。

(例)
Thank you for your purchase.
We hope to see you again,
If you look for any item, please feel free to contact us.
Best regards

(訳)
ご購入いただき有難うございます。
またお会いしましょう。
もし、何かお探しのものがありましたら、
遠慮なくお声がけください。
敬具

eBayセラー初心者の場合は、Feedback/評価のお願いも入れておくと良いでしょう。

(例)
If you are satisfied with this transaction,
Please leave positive feedback for me.
I' d like to earn feedbacks as much as I can,
cause I' m still new eBayer.
Of course, I already left positive feedback for you.
Thank you for your cooperation.

(訳)
もし、この取引にご満足いただければ、
私にPositive feedbackを残してください。
私は、まだeBayビギナーなので、Feedbackを集めたいのです。
もちろん、既に、私はあなたにPositive feedbackを残しました。
ご協力頂き有難うございます。

リピーターさんかどうかを確認する

eBayで落札頂いた際にIDや名前を見て、もしリピーターさんと気がつけば、前述の例文の一番上を「Thank you for your purchase and fast payment AGAIN!!」とするだけで効果的です。

また、もし、過去2年以内のリピーターさんの場合、Ordersページ内、各取引のバイヤーさんのIDの右側に「Repeat Buyer」というマークが表示されます。

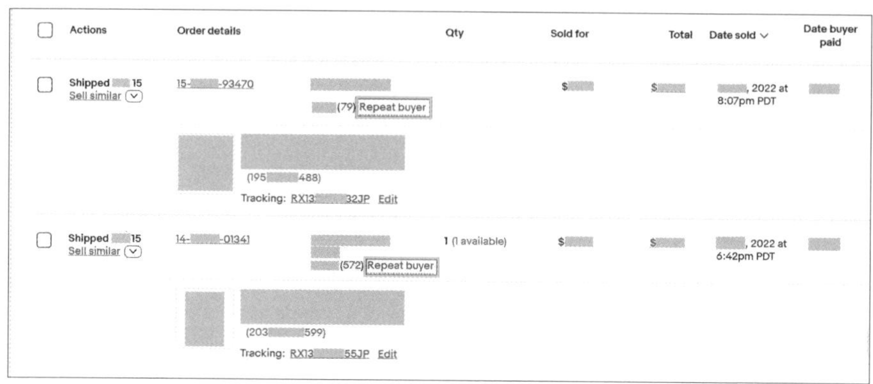

送り状を作成する際、外部ツールを使っていると、このマークを見逃す場合がありますので、注文の都度、確認しておくとよいです。

リピーターさんには、「また買ってくれて有難う」とか、「昨年の秋は○○を買ってくれましたね。その後、調子は如何ですか？」とセラー側が先に気付いて、お声がけしたいものです。

自身がバイヤーの立場だったら「覚えていてくれたんだ」と嬉しい気持ちになります。

御用聞き

沢山購入いただいた方、高額品を購入頂いた方、コミュニケーションをしっかりと行なった方には、次のように、「御用聞き」を積極的にしてみましょう。

「こんな商品が入荷したので、是非ページを見て下さい。」
「仕入先であなたが気に入りそうな商品を見つけたけど興味ありますか？」

ここでいう「仕入先」というのは、Yahoo!オークションやメルカリの事を指します。Yahoo!オークションやメルカリで、のリサーチの際、「あのアルゼンチンのバイヤーさんが欲しがるかもしれない!!」という商品が見つかる事があります。このような場合に、情報提供をして差し上げる、ということです。

もちろん、バイヤーさんから、返信がある場合とない場合があります。これは、バイヤーさんのタイミングによる事が多いですので、返事の有無で、いちいち一喜一憂せず、淡々行うと良いです。筆者の経験ですが、意外にも、返信がありそうなバイヤーさんから返信がなく、返信がなさそうなバイヤーさんから返信がきて、リピート購入に至る事は少なくないです。

リクエスト商品（客注品）の取扱い

バイヤーさんのリクエストに応じて、「取り置き」「取り寄せ」する商品を、客注品（きゃくちゅうひん）と呼びます。流通業界では、よく使われている言葉です。リピーターさんから、商品のリクエストがあり、取引金額が合意した場合は、以下のように手続きをします。

1 まずは、普通にその商品の出品を進めます。

2 タイトルの頭には、「Reserved Listing（予約済リスト）」と入れます。

ebay

TITLE

Edit all options

Item title

RESERVED LISTING ABC Band Japan Vinyl Record

44/80

Subtitle ($2.20)

0/55

1 ここに入力します

3 商品価格は、「あり得ない価格」を設定し、「Best Offer（価格交渉）」のオプションを設定します。「ありえない価格」を設定する理由は、他のバイヤーさんに購入されないためです。例えば、その商品の相場が40ドル程度であれば、300ドルと値付けしておけば、誰も買わない、という事です。

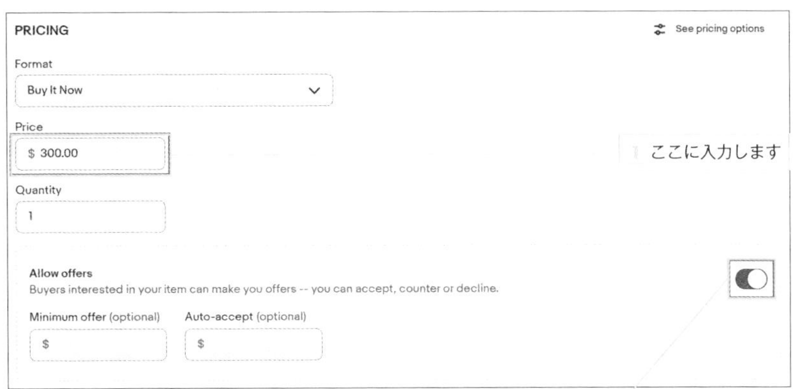

4

バイヤーさんには、eBayのメッセージに、商品ページのリンクを貼った上で、予め合意した金額でBest Offer（値下げ交渉）をして頂きます。

（例文）
Hello, バイヤーさんの名前

We' ve just listed the item for you.
https://www.ebay.com/itm/192xxxxxx151

Now price is $300 cause blocking other buyer.
Please make offer $40.00.
We' ll accept it and close the listing after your offer.

Best regards
あなたの名前

（訳）
こんにちは，バイヤーさんの名前

あなた専用に商品を出品しました。
https://www.ebay.com/itm/192xxxxxx151

他のバイヤーさんをブロックするため、
現在の価格は、300ドルとしています。
（事前に交渉済みの）40ドルにて、値下げ交渉して下さい。
あなたからのオファーを確認後、それを受け入れ、出品を終了します。

敬具

5

Best Offerが、事前に合意した金額であることを確認し、「Accept」をします。ここからは通常の取引となります。

「おまけ」と「サービス」は異なる

「おまけ」をつけたがる方が多いようですが、原則不要とお考え下さい。おまけは、サービスには繋がりません。

eBayセラーに求められるサービスの基本は、「親切かつ丁寧に、説明通りの商品を、迅速かつ安全にバイヤーへ届けること。」です。

そもそも、サービス（Service）の意味は、そもそも「誰かに尽くすこと」「奉仕」「貢献」「供給」「役に立つこと」です。

しかしながら、日本に限っては、「値引きやおまけ」に対しても、サービスという言葉が使われてしまっています。「サービス残業」「出血大サービス」「〇〇買ってくれたら、もっとサービスしますよ」「(値引きしてくれないなんて)サービスの悪い店だ」等です。

全世界の辞書で、「サービス=値引き」と出ているのは、日本だけなのです。

筆者は、バイヤーの立場で、Best Offerなど、値引きしてもらったセラーの事は残念ながら覚えていません。

しかしながら、「未着の商品を親身になって探してくれたこと」「自分のリクエストした商品を見つけてくれたこと」「eBayの操作がわからず、一緒にアシストしてくれたこと」は、5年10年経っても覚えているものです。

値引きやおまけは、本来の意味のサービスではありません。これらは、「販売促進」「プロモーション」にあたります。
値引きは「Discount」、おまけは「Extra」「Bonus」と表現します。

筆者も、時にはリピーターさんに対し、本当の意味のお礼として、いつも購入して頂いている商品の「関連商品」をプレゼントすることはあります。例えば、とあるアーティストのファンの方なら、余っていた雑誌の切り抜きとか、チラシです。

日本のセラーで、お茶、キットカットなどを、「買ってくれたおまけ」として、食品を同梱する方がいらっしゃいますが、筆者はおすすめしません。
筆者は、バイヤーの立場で、その経験がありますが、正直、見ず知らずの人から送られてきた食べ物を口にする事は、怖くて無理でした。「喜んでもらいたい」という気持ちは分かります。しかしながら、食品の輸出は、たとえ「おまけ」であっても、各国の許認可・申告を行って許可を得る必要がありますので、安易に取り扱うことは避けましょう。

SECTION

7-3 バラエティショップにするか、専門店にするか

eBay輸出のスタイルには、あらゆる商品を取扱うバラエティショップと、販売するジャンルを限定する専門店の2つがあります。各々メリット・デメリットがありますが、専門店の方が稼ぎやすいと言われています。その理由を解説します。

初心者に得意ジャンル、好きな分野をおすすめする理由

筆者は、初心者の方には、得意ジャンル、好きな分野の取り扱いをおすすめします。

その理由は「好きこそ物の上手なれ」です。

販売において最も大事なことは、「自分がお客さまだったら、何をして欲しいか」と、常にお客様の視点で考えて行動することです。

一見、難しく聞こえるかもしれませんが、実は、好きなものであれば、自然とお客様の立場に立ったサービスが出来るのです。

例えば、
「中古品なら、こんなメンテナンスが必要」
「こんな梱包なら安全」など、
自分だったら、こうしてほしい、が、ある程度、分かっているはずです。

筆者は、レコードをよく販売しますが、バイヤーさんから「レコードやジャケットが傷まないよう、頑丈な梱包でお願いします。」とメッセージを頂くことがあります。

筆者的には、「はい、おまかせ下さい!!」という感じです（笑）

また、商品の問い合わせや、リピートを受けやすくなります。信頼を積み上げる事で、少々高くても、購入してくれるものです。また、複数まとめての購入もされやすくなり、客単価も上がります。

自身がバイヤーさんの立場であれば、同じ商品を買うのなら、商品に対する知識や技術があり、関連商品の品揃えも豊富な専門店で買いたいと思うはずです。

更に、商品のリサーチについても、自然と、一生懸命、勉強したり、工夫したりしますので、リサーチスキルの上達も早いです。

そして、なんといっても、得意ジャンル、好きな分野は、絶対「楽しい」です。
楽しいと、続けられますし、少々の失敗や事件があっても、めげることはないのです。
楽しい事があると、人間の脳には「ドーパミン」という物質が発生します。
すると、もっと楽しくなり、意欲的になり、続けることが出来ます。

結果が出ると、もっと楽しくなり、続けるいい循環サイクルが生まれます。

逆に楽しくないと、ノルアドレナリンという物質が生まれます。やる気やモチベーションが下がり、回避という行動が生まれ、続けられなくなります。

「リサーチが大変」と感じていらっしゃる方は、是非、楽しくリサーチできるジャンルから始める事をお薦め致します。

趣味がなく、得意ジャンル、好きな分野がない方は？

まずは、バラエティショップをおすすめします。実は、最初に不用品を販売する理由は、「まずは、何でも扱ってみる」という事も目的としています。様々な商品を販売する中で、反応が良いもの、自分の適性にあったものを見つけることができます。
その反応が良かったものや、自分の適正にあったものには、自然と興味が湧きます。そんなジャンルや分野について、研究、深堀をしていくことをおすすめします。

複数のアカウントで、専門店とバラエティショップの両方を展開する

専門店化のデメリットとは、専門以外のジャンルの商品の販売がしにくくる事です。すると、ジャンルの新規開拓がしづらくなります。
eBayアカウントのPositive Feedbackが100を超え、安定化してきたら、2つ目のカウントを作ることで、取り扱う商品を分けることができます。

例えば、
「音楽や映画のエンタメ専門ショップ」と「バラエティショップ」
「昭和のおもちゃ専門店」と「バラエティショップ」
というような感じです。

eBayは、複数のアカウントを取得することができます。1つのペイオニアアカウントに、複数のeBayアカウントの接続が可能です。

その際、気をつけておきたい事が2点あります。

1つ目は、複数のeBayアカウントに、同じ出品をすることはポリシー違反となります。

2つ目は、何らかの理由で、1つのアカウントがサスペンドになった場合、2つ目以降のアカウントもサスペンドの対象になる場合があります。よって、「既存アカウントに何かあった場合の保険」として、別の新規アカウントを作成したとしても、意味はない、ということになります。

COLUMN

プロフィール、eBay IDを整えて、バイヤーさんに安心感を与えよう

Profile/プロフィールは、eBay IDをクリックした際に表示される「自己紹介」の画面です。設定は任意ですが、ここが空っぽのセラーを見た時、どう思いますか?なんとなく信頼感に乏しく、買う気が失せてしまうのではないでしょうか。逆に好印象な内容であれば、「このセラーなら安心して購入できそう」と思っていただけます。

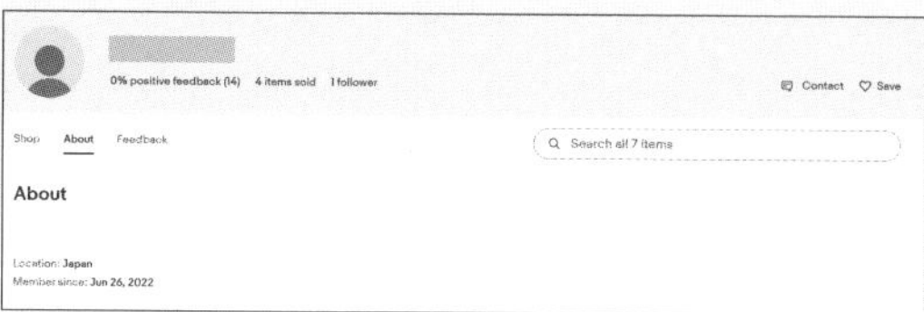

「写真/アイコン」や「背景写真/バナー」には、あなたのオリジナル画像やフリー素材を使います。バイヤーさんに安心感を与えたり、取扱商品がイメージできたりするようなものがおすすめです。たまにアイドルの写真やアニメのキャラクターを使っている人が見受けられますが、著作権違反ですので、ご注意ください。

「PR/自己紹介」では、お店のコンセプトやeBayに対する想いなどをアピールしましょう。

また、eBay IDも整えておきましょう。eBay IDは、新規登録の際に、登録の名前を元に自動的に発行されます。イメージとしては、山田太郎(Taro Yamada)さんだと、taroyamad_0とか、鈴木花子(Hanako Suzuki)さんだと、hanakosuz_0みたいな感じです。

これらのIDは、このまま使用できますが、名前の一部が使われていて、いやな方もいますし、見る人が見たら、初心者丸出し、という感じです。eBay IDは、バイヤーさんから見たら、お店の名前です。是非、取扱商品やジャンル、日本のセラーであることがイメージできるような名前に変更してはいかがでしょうか。変更は、画面左上「Hi, 名前」の箇所にカーソルを当て、表示された「Account settings」をクリック、Personal InfoのPersonal (またはBusiness) Infoをクリック、Usernameの右側のEditをクリックすると、変更画面が出てきます。

是非、プロフィールとeBay IDを整えて、ウェルカムな体制づくりを心がけましょう。

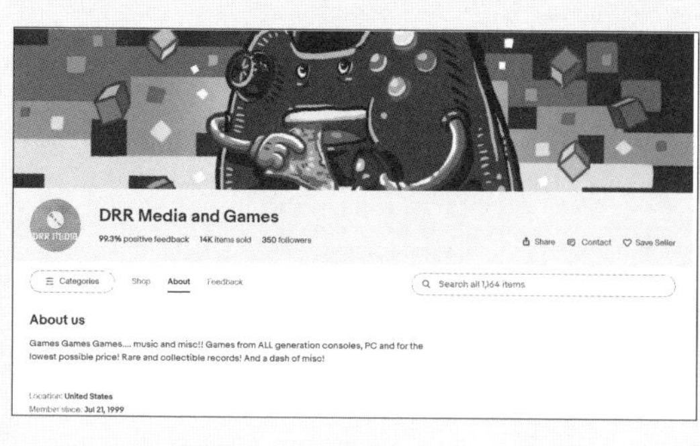

SECTION

7-4 ポイントバックの活用

商品を仕入れる際は、「ポイント」を意識しておくと良いです。「ポイントサイト」「ショッピングサイトのポイント」「クレジットカード」を活用することで利益率を上げる事ができます。

ポイントサイトとは？

ポイントサイトは、サイト内の広告経由で買い物をだけで、ポイントが貯まり、貯まったポイントを現金や電子マネーなどに交換できるサービスです。

買い物のみならず、アンケートに回答したり、広告をクリックしたりするだけでも、ポイントをもらえたりします。

代表的なサイトは、「ハピタス」です。https://hapitas.jp/

筆者は、セブンネット、タワーレコード、HMV、ビックカメラなどから仕入れを行う際、また、出張等の手配も、ハピタスのサイトを経由しています。

経由するだけですので、簡単です。ちょっとした意識さえしていれば、いつの間にか、結構なポイントが貯まっていきます。
ご自身が仕入れるネットショップに対応しているポイントサイトを確認しておきましょう。

ショッピングサイトのポイント

アマゾンやヨドバシカメラ、楽天などで購入すると付与されるものです。

例えば、アマゾンポイントは、アマゾンでの対象商品の注文時に付与され、貯まったポイントは、アマゾンでの購入時に、1ポイント＝1円として使うことが出来ます。

ポイント還元率は、商品によって様々ですが、アマゾンギフトカード、チャージ、オフィシャルのクレジットカードなどを使うことで、還元率は更にお得になります。

まとめ買いや、購入金額に応じたエントリー式のポイントアップキャンペーンなども随時行われています。

クレジットカードのポイント

クレジットカードを使うと付与されるものです。
筆者は、よく使うサイトが発行しているクレジットカードを使っています。

アマゾンであれば、アマゾンマスターカード、
楽天であれば、楽天カード、
Yahoo!オークションであれば、PayPayカード、

で決済を行います。
なぜなら、サイトが発行しているクレジットカードのポイント還元率が最も高いからです。

「ポイントサイト」「ショッピングサイトのポイント」「クレジットカード」を組み合わせることで、ポイントを３重取りすることも可能です。

SECTION

7-5 消費税還付について

国内取引では10%の消費税がかかります。しかし、輸出による取引の場合は、この消費税が免除されます。これを輸出免税といいます。eBay輸出では、諸手続きを行うことで、消費税還付を受けることができます。

消費税還付とは？

輸出免税は、消費税は日本国内で消費されるものに対しての課税ですが、日本以外で消費されるものに対しては、課税をしないという考えに基づくものです。

国内で商品を仕入れる場合、仕入先に消費税の10%を支払っています。

しかしながら、輸出先の海外からは、日本の消費税を徴収する事ができません。よって、消費税の還付手続きを行えば、仕入れ時の消費税が返還されます。

消費税の還付対象とは？

消費税の還付対象は、商品の仕入代金だけではありません。輸出事業のために支出した諸経費も含まれます。例えば、梱包用品や倉庫費用などです。

消費税還付を受ける事ができる対象

個人が消費税還付を受けるには、「個人事業主」かつ「消費税課税事業者」である必要があります。届出は税務署へ行います。

消費税還付を受けられる時期

消費税還付に関する手続きは、一般的に、確定申告の時期、2月〜3月と同じとお考え下さい。手続きに問題がなければ、4月頃、指定した口座に還付金が振り込まれます。

消費税還付の手続き方法

最も簡単な方法は、税理士さんと顧問契約をし、確定申告等を含めて、委託してしまうことです。一旦支払った消費税を国から還付してもらうのですから、手間がかかったり、税務署からのお尋ねもあったりするからです。

確定申告や消費税還付には、領収書や納品書、発送ラベル等の控えなどが必要ですので、管理をしておく必要があります。

SECTION

7-6 eBayストアの契約をしよう

eBayでの販売活動において、ある程度の出品数、売上になってきたら、eBayストアの契約を検討しましょう。

eBayストアのメリット

・プランに応じて、無料出品手数料枠が増える。
・プランに応じて、落札手数料（FVF：Final Value Fee）の割引が受けられる
・自店のロゴ等、eBayストアのデザインをカスタマイズ出来る
・売上向上のためのマーケティングツールが利用できる

eBayストアのプラン

	無料で始める	スターターストアプラン	ベーシックストアプラン	プレミアムストアプラン	アンカーストアプラン	エンタープライズストアプラン
月額ストア費用（年払い）	0 USD/月	4.95〜 USD/月	21.95〜 USD/月	59.95〜 USD/月	299.95〜 USD/月	2,999.95〜 USD/月
無料出品枠（Fixed Price）	250品	250品	1,000〜品	10,000〜品	25,000〜品	100,000〜品
出品手数料（無料出品枠超）	0.35 $/1品	0.30 $/1品	0.25 $/1品	0.10 $/1品	0.05 $/1品	0.05 $/1品
落札手数料（主なカテゴリ）	12.35%~15% + $0.3/取引		11.50%~14.55% + $0.3/取引			
海外決済手数料	0.4%~1.35% 先々月の総売上金額によりディスカウントあり					

※2023年10月現在

出典：イーベイ・ジャパン ホームページ
https://www.ebay.co.jp/start/business/business-fee/

eBayストアの契約時期

eBayストアの契約をすると、左ページ「eBayストアのプラン」の通り、出品無料枠や落札手数料の割引がある反面、固定費が発生します。よって、「ストア契約なし」と「ストア契約あり」のどちらがお得なのかを確認しておく必要があります。

ストア契約なしでの出品の場合、月250品までの無料出品枠があります。
ここでは例として、月に350品を出品し、「ストア契約なし」「ストア契約あり」の出品に係る手数料を計算してみます。

(ストア契約なしの場合)
無料出品枠:250品
超過出品:100品(1品あたり0.35ドル)※多くのカテゴリーの場合
出品手数料:0.35ドル×100品=35ドル

(ストア契約ありの場合〜ベーシック)
無料出品枠:1,000品
超過出品:0品
出品手数料:0ドル
ストア費用:21.95ドル(年間契約の場合)

よって、350品出品する場合は、ベーシックのストア契約のほうが約13ドルお得であることが分かります。
「ストア契約なし」「ストア契約あり」の出品手数料の分岐点は、ベーシックストア費用21.95ドル÷超過出品手数料1品0.35ドル≒63品、よって、313点以上出品する場合は、ベーシックのストア契約を検討すると良いです。

1 eBayストアの契約方法

eBay画面の左上「Hi,名前」の箇所にカーソルを当て、「Account settings」をクリックします。

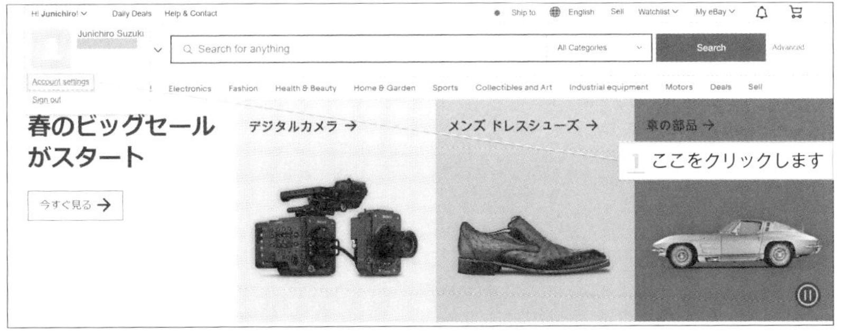

2

「Subscriptions」をクリックします。

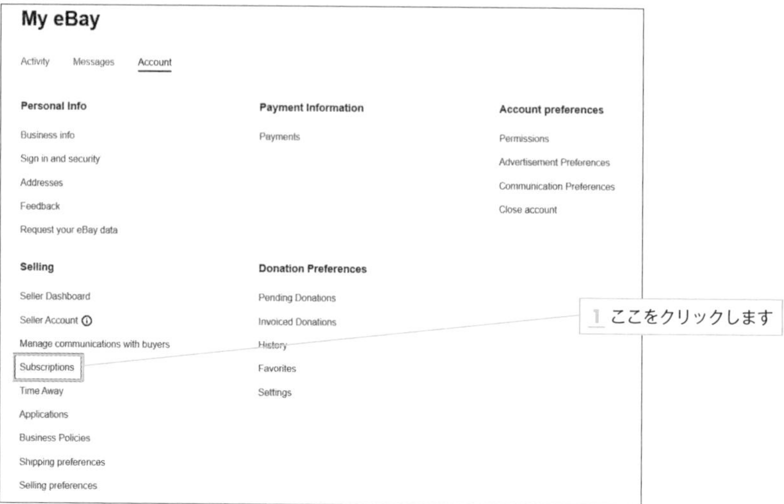

3

「Subscriptions Recommended」の「Review Store benefits」をクリックします。

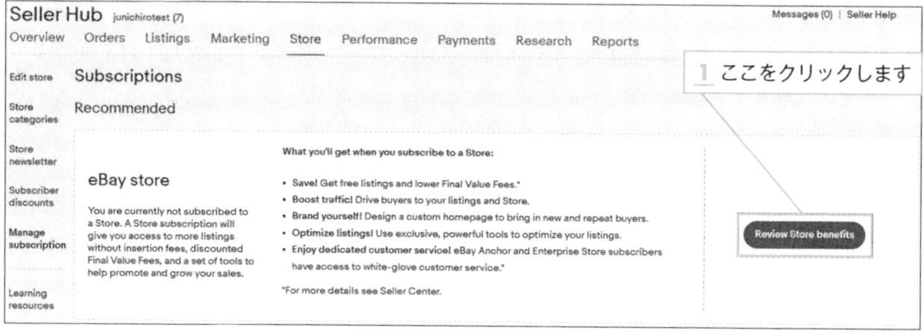

4

「Review Store plans」で、希望のストアを選択します。

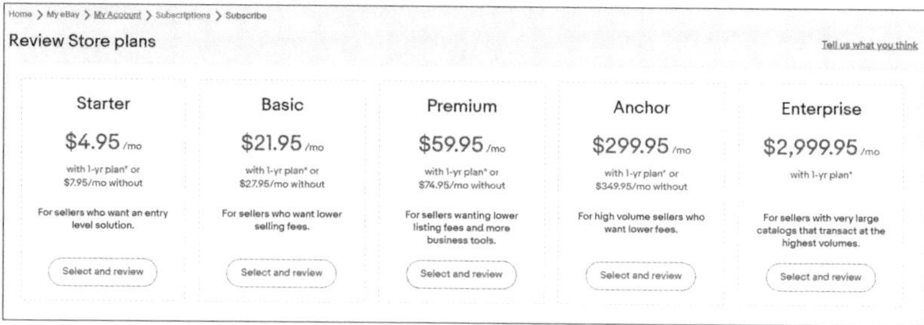

5

ここでは、例として「Basic」を選択します。Yearly subscription（年間契約）とMonthly subscription（月度契約）がありますので、選択します。

Home > My eBay > My Account > Subscriptions > Subscribe > Review and Submit

Subscribe to Basic Store: Review and Submit

Tell us what you think

Please review your order before you continue.

1 どちらか選択します

Order summary

Basic Store

$21.95 / month with yearly subscription

$27.95 / month with monthly subscription

Monthly total $21.95

The first charge for your new subscription includes fees from your subscription start date to the first day of your next billing cycle, plus the following month. This amount will be deducted from your funds. See Billing examples

6

Store Nameには、ご自身のお店の名前を入力します。お店のコンセプトや出品商品がイメージできるような名前をつけてみて下さい。後から変更することもできます。「Submit order」をクリックすると、ストア契約は完了です。

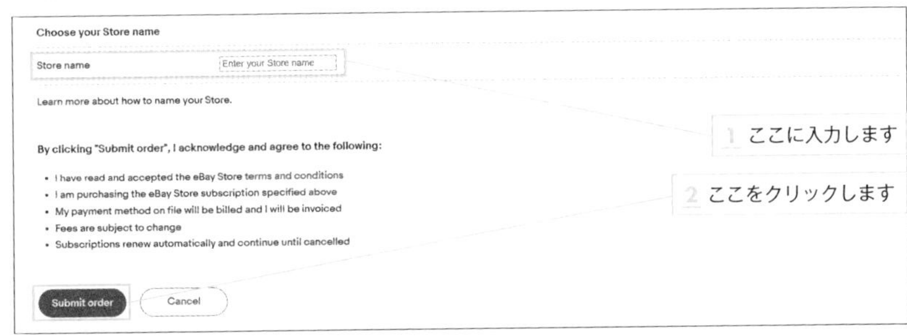
Choose your Store name
Store name
Enter your Store name
Learn more about how to name your Store.
1 ここに入力します
By clicking "Submit order", I acknowledge and agree to the following:
I have read and accepted the eBay Store terms and conditions
I am purchasing the eBay Store subscription specified above
My payment method on file will be billed and I will be invoiced
Fees are subject to change
Subscriptions renew automatically and continue until cancelled
2 ここをクリックします
Submit order
Cancel

column

eBayストアの初月費用は、日割り計算となります。よって、月初でも月末でも、好きなタイミングからのスタートで大丈夫です。ストアをアップグレードする場合も同様です。
但し、月度契約で、契約を終了する場合は、日割りではなく、その月末までの契約となりますので、ご注意下さい。
1年契約の場合でも、支払いは一括払いではなく、月度毎となります。しっかりeBayビジネスを継続していくのであれば、安価な年間契約はメリットがあります。
但し、途中でダウングレードする場合、または、中途解約する場合には違約金が発生しますので、注意が必要です。

SECTION

7-7 Top Rated Seller（トップ レイテッド セラー）を目指そう

eBayビジネスにおいて、更に売上や利益を上げ、安定させていくために、良い取引実績を積み上げ、「Top Rated Seller」を目指しましょう。

eBayのTop Rated Sellerとは、「一貫して卓越した顧客サービスを提供しているセラーの証として与えられる称号」の事です。要は、「安心して取引のできる優良セラーの証」とお考え下さい。よって、この称号がついているセラーの方が、信頼が高い分、よく売れ、同じ商品でも他より高く売れる可能性もあります。よって、eBayビジネスが更に楽しいものに繋がっていきます。

eBayにおけるSeller Levelとは？

eBayにおけるSeller Level（セラーレベル）は、以下の3つとなります。

・Below Standard（標準以下）
・Above standard（標準）
・Top Rated（優秀）

自身のセラーレベルは、My eBay > Selling > Seller Hub Performanceメニュー「Seller Level」より確認することができます。出品活動を開始した際のセラーレベルは、「Above standard」です。

セラーが解決できなかったケースや、セラー都合による取引のキャンセルが増加すると、「Below Standard」となってしまいます。検索順位が大幅に下がるなど、売上低下に繋がりますので、注意が必要です。

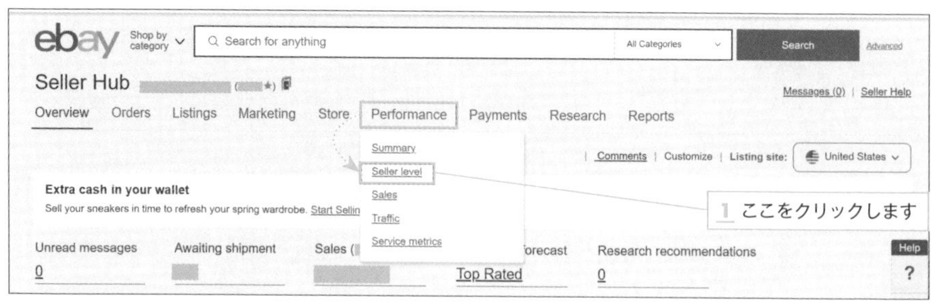

以下は「Top Rated Seller」の例です。

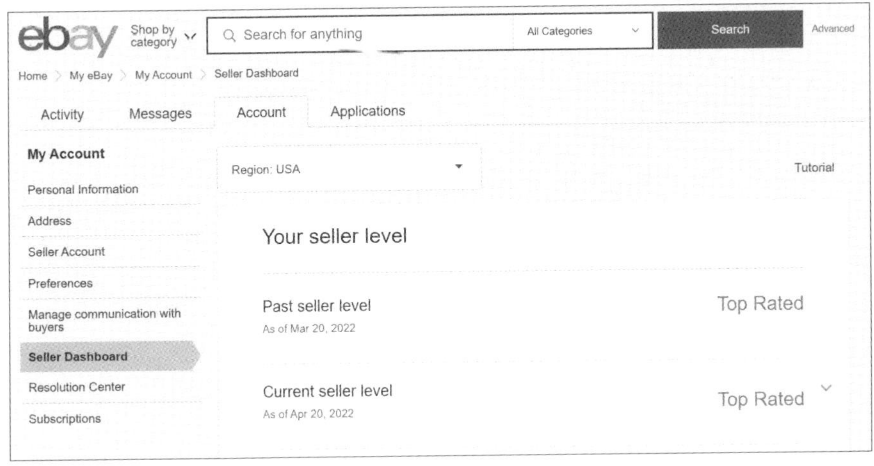

Top Rated Sellerの基準とは？（アメリカの場合）

- eBayの登録から、90日が経過していること
- 少なくとも、過去12か月間で、アメリカのバイヤーと、100取引以上、且つ$1000以上の取引をしていること
- eBayのポリシーを遵守していること
- Transaction defect rate（トランザクション ディフェクト レート）過去12か月間で0.5%以下、かつ3件以下（セラーが解決できなかったケース/セラー都合による取引のキャンセル）
- Cases closed without seller resolution（セラーが解決できなかったケース）過去12か月間で0.3%以下、かつ2件以下
- Late shipment rate（ハンドリングタイムが守れなかった出荷遅延）3%以下、かつ5回以下
- Tracking uploaded on time and validated（既にTop rated sellerで過去3ヶ月においてハンドリングタイムどおりに出荷が行われ、配送会社のスキャンが正常に読み込まれた取引）95%以上

Top Rated Plusとは？

Top Rated Sellerの更なる上に「Top Rated Plus」というものがあります。下記の条件を満たすことで、検索結果ページに「Top Rated Sellerマーク」が表示されます。

（Top Rated Plusの条件）
①Top Rated Sellerであること
②30日間（またはそれ以上）のReturn policy（返品ポリシー）を提供していること
③Same business day（同日）または1　business day（1営業日）のHandling time（入金から発送までの期間）を提供していること。

※②,③は出品商品の一部の提供でも資格の条件は満たします。
（Top Rated Plusの特典）
上記②,③の条件を満たした取引については、落札手数料（FVF: Final value fees）の10％が割引されます。

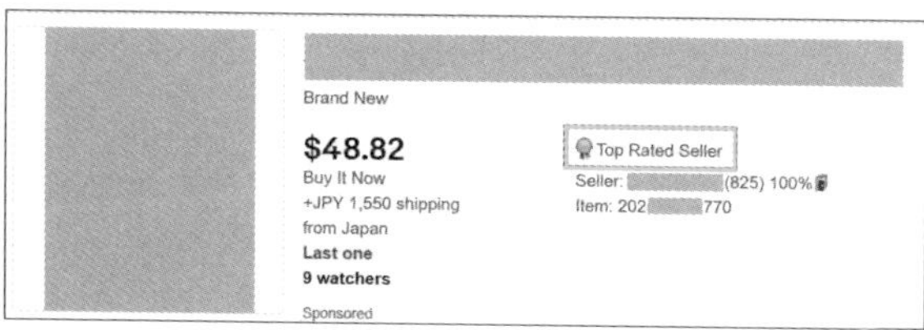

また、出品ページには「Top Rated Plus」の表示がなされます。

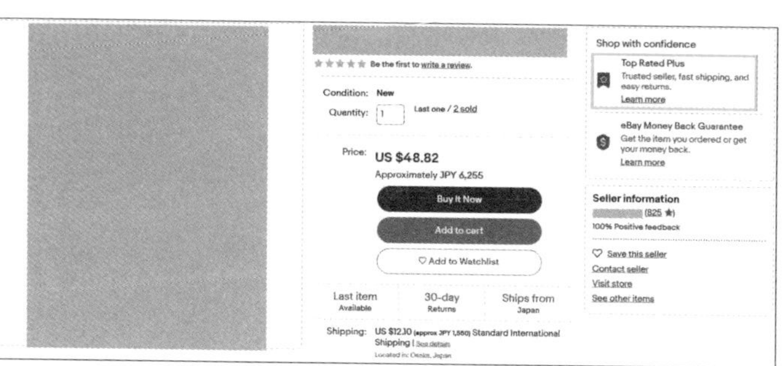

これによって、バイヤーさんに「安心できるセラー」として、探されやすく、また選ばれやすくなります。また、eBay内の検索エンジン「Best Match」により、検索の上位表示がされやすくなります。上位に表示されていた方が、バイヤーさんに商品を見てもらえる確率もあがりますので、購入していただける可能性も高くなります。

eBayにとっても、「安心できるセラー」に販売してもらった方が、バイヤーさんの満足につながりやすく、eBayのリピートさんに繫がる可能性が高い、と感じています。よって、「Top Rated Seller」を優遇するのは、至極当たり前のことです。

SECTION

7-8 「Improve your listings to help your items sell」というメールを受け取ったら

「Improve your listings～」は、eBayからセラーに対し、定期的に送信されるアドバイスメールです。指摘のあった価格のミスマッチや、商品情報の不足などを改善すれば、売上増が期待出来ます。

eBayでは、eBayセラーの売上増、ひいては、eBayの手数料収入増のために「Improve your listings to help your items sell」というメールが定期的に配信されます。これは、「より販売が促進されるよう、出品ページの内容を改善しましょう」という、eBayからの提案です。eBayの検索エンジン「Best Match」の特性に基づいた根拠あるものですので、積極的に受け入れていきましょう。なお、この改善提案は「強制」ではなく、「任意」ですので、ご安心下さい。

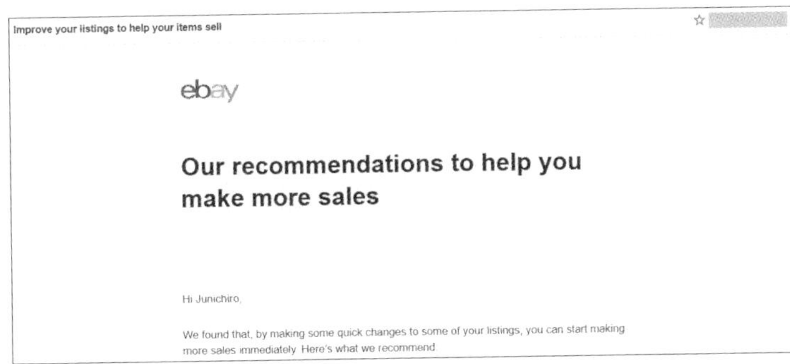

eBayが提案する具体的な改善内容

以下は、eBayが提案する具体的な改善提案の一例です。

・**価格**

値下げの提案です。多くは、同一商品の出品状況や販売履歴を元にした、適切な販売価格の提案がなされています。以下の場合は、「価格を少し下げれば、あなたの出品のうち、18商品は早く販売することができます」という内容です。

Adjust the price for some of your items →

18 of your listings could sell faster if you lowered the price a bit.

・**Top rated plusへのお誘い**

現在の出品を「Top rated plus」の条件に変更すれば、検索結果が上位になったり、落札手数料の割引が適用されますよ、という提案です。

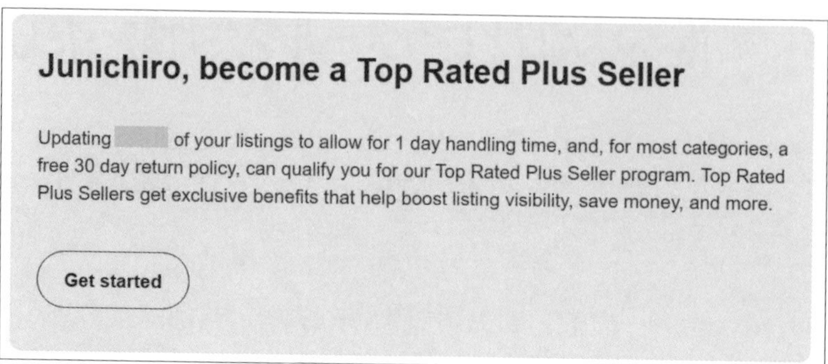

・**商品情報の不足**

Item Specificsの情報が少ない場合、もっと情報を増やすよう、アドバイスをしてくれます。

こちらは、Seller hubのOverviewの「Task」の箇所にも、「Add recommended item specifics」（推奨されたItem specificsを追加）という項目にも、対象の出品数が表示されています。（以下の事例では、57品）

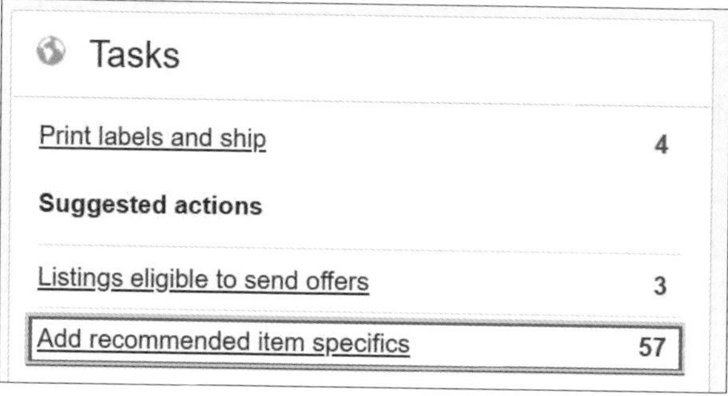

SECTION

7-9 eBayアプリ

eBayのアプリを、お手持ちのスマートフォンにインストールしておきましょう。外出先、旅行先などで、お買い物はもちろん、売上の管理やメールの返信などができ、大変便利です。

eBayアプリでできること

商品の検索、閲覧、入札、購入はもちろん、ウォッチリストへの追加、入金状況の確認、自身の出品している商品のオークションの残り時間やウォッチリストに登録された数などの詳細も確認できます。各種問い合わせに対するメッセージの返信は即座にできますので、バイヤーをお待たせしない対応が可能です。よって、一般的に操作、管理できることは、PCとほとんど同じことが出来ます。

eBayアプリから出品することも可能です。ただし、条件が2つあります。1つ目は、ビジネスポリシー(Return policy、Shipping policy、Payment policy)をPC上で作成しておく必要があります。eBayアプリでは、日本セラー向けのビジネスポリシーが作成できないためです。2つ目は、一度でもPC上からeBayに出品している事です。初回の出品は、ペイオニアとの接続などがあるからです。本書の手順通り、eBayの操作を進めてきた方は問題なく出品できます。ここでは、eBayアプリで出品をするためのiPhoneでの設定方法について記載します。

eBayアプリを開くと、日本語の表示になっています。購入だけならこのままでも便利ですが、出品の場合は、誤操作の原因を防ぐため、言語を「英語」に変更します。eBayアプリを一旦閉じ、iPhoneの設定をタップします。

1 ここをタップします

2

「設定」の画面を下にスクロールして表示される「eBay」をタップし、「言語」を「英語」にします。

3

再度、eBayアプリを開くと、言語が英語に変更されています。アプリ内の下部にある「My eBay」をタップし、「Settings」をタップします。

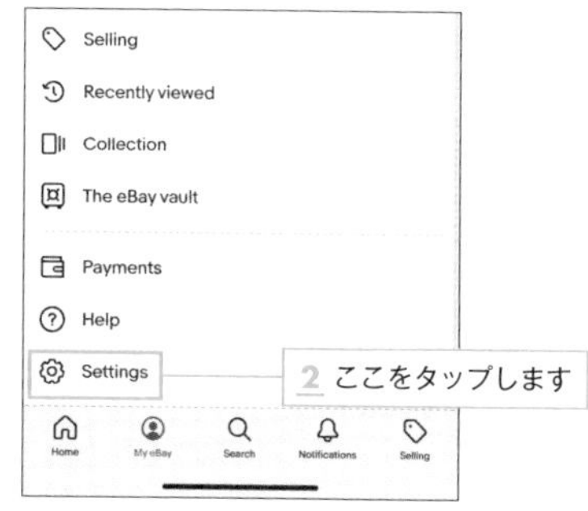

4

「General」内の「Country or Region」をタップします。「United States」と設定されていますが、「Japan」をタップして変更します。

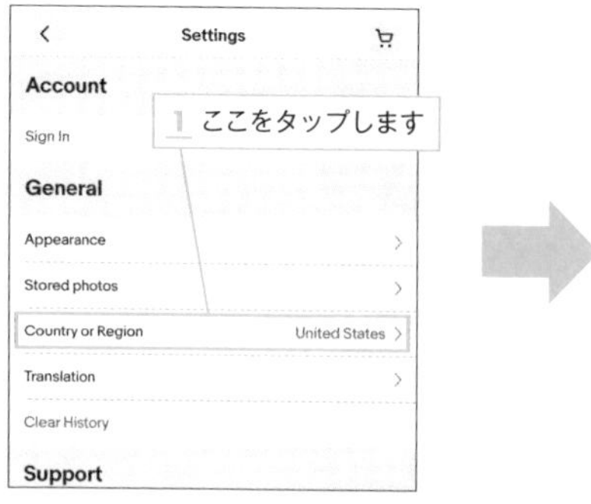

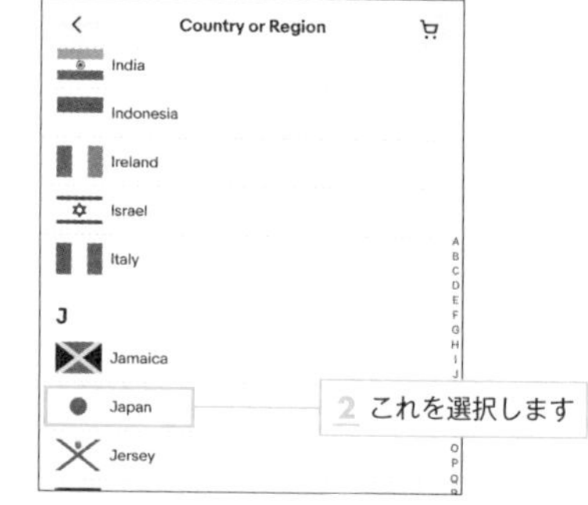

5

「General」内の「Country or Region」が「Japan」に設定されている事を確認したら、左上の「<」をタップして、ホーム画面に戻ります。

6

アプリ内の右下にある「Selling」をタップし、「Selling」画面の一番上「List an item」をタップし、出品を進めます。

eBayアプリで知らせてくれること

以下のような場合に、メッセージ画面とともに、「シャラララララ〜ン♪」というような音で知らせてくれます。

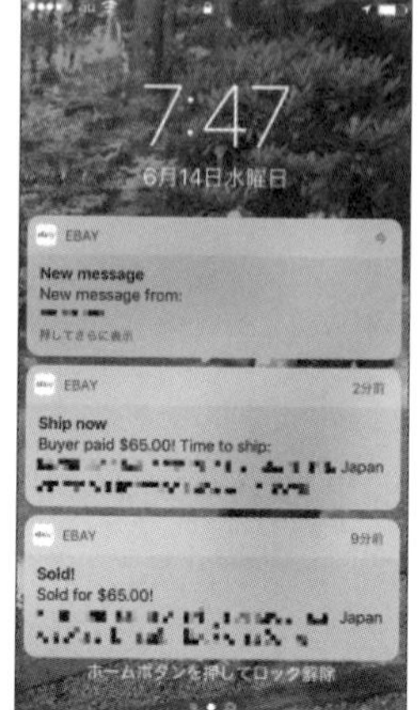

＜バイヤーの立場として＞
・セラーからのメッセージ
・オークションで競り勝った時
・Best offer（値下げ交渉）に対する回答が来た時
・ウォッチリストのリマインダー機能
・オークションの高値更新など

＜セラーの立場として＞
・バイヤーからのメッセージ
・オークション商品に入札が入った時
・Best offer（値下げ交渉）が入った時
・商品が購入、またはオークションが終了した時
・入金があった時など

eBayで商品が落札/購入されると、「シャリーン!!♪」という景気のいいレトロなレジの音で知らせてくれます。これはセラーとしては、非常にテンションが上ります（笑）

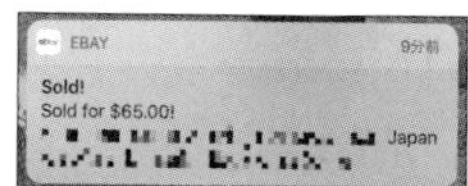

ペイオニアアプリ

eBayアプリと合わせて、ペイオニアアプリもインストールされておくことをお薦めします。

eBayから送金される売上金の管理や、ペイオニア残高を銀行へ送金する手続きなどを簡単に行うことが出来ます。また、ペイオニアに入金があった場合のお知らせが届きます。

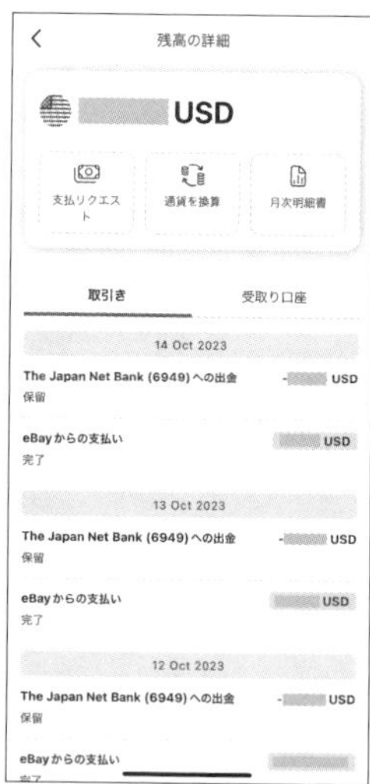

CHAPTER 08

eBay輸出の可能性

SECTION

8-1 価格差は「国」「希少価値」の違いから生まれる

越境ECは、その名の通り、国の違いを利用した通販です。国境を越えると、商品価値が大きく変わる可能性が高いです。その2つの要素について、解説します。

①国そのものの違い

国が異なると、様々な事が異なります。例えば、肌の色や体系、好みの色、食事、生活習慣や商習慣、或いは宗教など例を挙げればきりがありません。

例えば、日本は冬だとすると、夏物の洋服は倉庫にしまっておくしかありません。しかしながら、季節が真逆のオーストラリアではその夏物が売れます。
日本で在庫として残ってしまったLLサイズが、アメリカでは売れ筋に変わってしまいます。

例えば、「ファッションセンターしまむら」。3Lや4Lなど、大きなサイズが残っていて、バーゲン価格になっていることがよくあります。こういった商品は、アメリカで高く販売することができます。

②希少性の違い

日本では比較的簡単に手に入る商品が、海外から見ると、希少性が高く高値になる傾向があります。序章で解説しましたMade in Japanも、そのうちの一つです。

他には、日本のカルチャーがあります。
アニメ、おもちゃ、フィギュア、ゲーム、アイドル、ゲームセンターのUFOキャッチャーの景品や、コンビニ等で売られている一番くじ等の「情報に限っては」、インターネットやYouTubeなど通じて、日本以外でも入手する事ができます。

しかしながら、実際の「モノ」は手に入りにくいのが、まだまだ現状と言えます。

筆者自身の体験ですが、eBayでの出品をスタートした頃に、昔、UFOキャッチャーでとったフィギュアを販売したことがあります。
その際に、商品説明には「Japan Prize/日本の景品」と書きました。
すると、アメリカのバイヤーさんから「どこの景品？どうやったら参加できるのか？おれもその景品を勝ち取りたいんだ！」と大真面目に質問を受けたことがあります。

そこで、日本のUFOキャッチャーの事を、写真を添えて説明したら、ものすごく驚いていました。
「クレーンゲームは、自分の国にもあるけど、景品は全部子供だましだよ。日本ではこんなに立派な景品がもらえるなんてうらやましいよ。」と返事がありました。

漫画、アニメ、映画と空前のヒットを記録した「鬼滅の刃」。
ドイツのバイヤーさんから「鬼滅の刃の京都限定のグッズを探してくれ!!レアなのは分かっているので、高くても買う!!」と依頼を受けたことがあります。それは、京都の雷電、京都市交通局、東映の映画村とのコラボによるイベント限定のグッズでした。ドイツの方がそこまで知っているとは本当に驚きでした。

為替相場の変動は「現象」でしかない

副業の方を中心に、「円高だから輸入」「円安だから輸出」が流行る傾向があります。為替変動はコントロールができません。よって、お伝えしてきたように、国境を越えた商品価値の差を掴んだ上で、為替相場の変動を上手に味方につけた方が結果は出易いと思います。

日本製品、日本人セラーを待っている巨大マーケット「eBay」

最初の準備は、「eBayアカウント」「ペイオニアアカウント」「販売する商品」だけです。
既に、あなたが取引できるインフラやノウハウはしっかり整っています。

是非、あなたの夢をeBay輸出で叶えていきましょう！

SECTION

8-2 個人が世界に向けて商品を販売できる時代

CHAPTER 0でも解説しましたが、現在は「個人間取引」ができる時代です。その可能性について、越境ECという観点から共有してまいります。

越境ECのハードルは驚くほど下がっている

筆者にとっての「初の輸入」は、アメリカの雑誌「Rolling Stone」の定期購読でした。大学生だった1990年頃、当時の英会話の先生に「楽しみながら、ボキャブラリーを増やせる」と、勧められたのがきっかけでした。この雑誌は、アメリカで3ドル程度でしたが、日本の書店での洋書コーナーではなんと2,000円もしたのです。定期購読にすると、諸費用を入れても、1冊600円での入手が可能だったので、チャレンジしました。

まず、海外への送金は、まず、Money order（国際送金為替、国際郵便小切手）を作り、それを国際郵便で送る、という大変手間のかかる方法でした。

筆者の事例はあくまで趣味ですが、これがビジネスだったら、途方もない事です。少なくとも2000年代に入るまでは、海外の人が集まる大きな展示会に出展したり、現地に行って商談が必要だったりと、多くの時間と費用が必要だったからです。

現在では、ネットで数クリックするだけで、商品を仕入れることができ、eBayのようなプラットホームで、輸出販売することができるのです。不用品からの出品であれば、費用ゼロ円からスタートできます。在宅でできますので、移動に障害のある方でもできます。また、自宅にいながら、海外のリピーターさんを獲得することも可能なのです。越境ECは、副業で本業のスキマ時間にできるくらい、ハードルが下がったのです。

情報発信の時代

越境ECのハードルが下がった理由は、言うまでもなく、

・インターネット普及により、個人が情報発信をできるようになった
・物流の進化

の2つの要因によるものです。

「情報発信」とは、自分が持っている価値（＝情報）を他人に提供すること、です。

インターネット以前は、テレビ、ラジオ、新聞、雑誌、書籍、映画などのマスメディアだけが出来た事です。
インターネット以後は、ブログ、メルマガ、Facebook、X（旧Twitter）、インスタグラム、YouTubeといったツールを使い、誰もが、全世界へ向けて情報発信が出来るようになりました。

eBayも「個人が提供できる”商品”」が発信できるプラットホームであると言えます。

物流は、昔と違い、世界的にネットワークが大きく進化しています。もちろん商品内容や、梱包方法、発送方法にもよりますが、海外に商品を送って届かない、壊れて届いた、という事は滅多には起こりません。

日本国内の物流もとんでもない進化を遂げています。アマゾンのプライム会員になっていれば、ほとんどの商品は送料無料で、注文から早ければ当日、遅くても翌日には届いてしまう、というクオリティです。よって、eBayではグレーですが、在庫を持たない無在庫販売も可能になっています。

電車に乗ると、ほとんどの方は、スマホに夢中です。その90％以上は、SNS、YouTubeの閲覧、ゲームをしている、という「情報受信者」だそうです。
あなたが当たり前のように持っている情報は、他人にとっては、とんでもなく有益な情報かもしれません。インターネット以前は、仲間内でしか通用しなかった知識と技術が、インターネットを経由すれば、収入になるのです。少なくとも、筆者は、中学時代から趣味だった音楽の知識を、eBay輸出に活かすことができています。情報受信者だけでは本当にもったいない事です。あなたの知識と技術を使って、自ら、「物販」という情報を世界に発信ができるチャンスを活かそうではありませんか。

INDEX

英数字

ア行

カ行

サ行

タ・ナ行

ハ行

マ・ヤ・ラ行

■本書で使用しているパソコンについて

本書は、インターネットやメールを使うことができるパソコン・スマートフォン・タブレットを想定し手順解説をしています。
使用している画面やプログラムの内容は、各メーカーの仕様により一部異なる場合があります。各パソコン等の機材の固有の機能については、各機材付属の取扱説明書をご参考ください。

■本書の編集にあたり、下記のソフトウェアを使用しました

Windows 11で操作を紹介しております。そのため、他のバージョンでは同じ操作をしても画面イメージが異なる場合があります。また、お使いの機種（パソコン・タブレット・スマートフォン）によっては、一部の機能が使えない場合があります。

■注意

(1) 本書は著者が独自に調査した結果を出版したものです。
(2) 本書は内容について万全を期して作成いたしましたが、万一、ご不備な点や誤り、記載漏れなどお気付きの点がありましたら、出版元まで書面にてご連絡ください。
(3) 本書の内容に関して運用した結果の影響については、上記(2)項にかかわらず責任を負いかねます。あらかじめご了承ください。
(4) 本書の全部、または一部について、出版元から文書による許諾を得ずに複製することは禁じられています。
(5) 本書で掲載されているサンプル画面は、手順解説することを主目的としたものです。よって、サンプル画面の内容は、編集部で作成したものであり、全て架空のものでありフィクションです。よって、実在する団体および名称とはなんら関係がありません。
(6) 商標
Windows 11は米国Microsoft Corporationの米国およびその他の国における登録商標または商標です。
その他、CPU、ソフト名、サービス名は一般に各メーカーの商標または登録商標です。
なお、本文中では™および®マークは明記していません。
書籍の中では通称またはその他の名称で表記していることがあります。ご了承ください。

（その他の注意事項）

● eBayの画面の仕様は、「アカウントによって異なる場合」、また、「予告なく変更になる場合」がございますので、予めご了承ください。画面の仕様が異なっていても、入力する内容は、基本同じですので、焦らずお進み下さい
●画面（eBayの画面を含む）の言語は、必ず原文の「英語」としてください。Google chromeなどのブラウザの「自動翻訳機能」が働き、日本語表記になっている場合は、誤動作の原因となりますので、必ず自動翻訳の設定解除をして下さい
● eBayトップページの広告は、日本語で表示されている場合があります。これは日本のユーザー向けの「仕様」です。自動翻訳されているわけではございませんのでご安心下さい

■著者略歴

鈴木絢市郎（すずきじゅんいちろう）
スマイリー・ジャーニー代表
イーベイ トップセラー

1969年横浜生まれ。学生時代から大の音楽好き。当時のアルバイト代は、全て、レコードやライブに注ぎ込む。卒業後は、バッグ小売、ショッピングセンター運営管理と、流通業に従事。1999年、趣味として、ヤフオク!をスタート。2012年、個人事業主へ。2014年、国内取引のみならず、eBayに参入し、輸出販売を開始。現在まで、90ヵ国のお客さまと35,000件以上の取引実績を有する。そのノウハウを活かしたコミュニティ運営、ブログ、メルマガ、セミナー、コンサルなどの情報発信活動も行う。長年在籍した流通業界にて養った知識を活かし、ネット物販業界全体のCS（お客様満足）度を向上させることがミッション。モットーは、「お客さまの元気と笑顔を作ること」。著書に「はじめてのeBay輸出スタートガイド（第1版・第2版）」（秀和システム）、「図解入門業界研究　最新EC業界の動向とカラクリがよ～くわかる本」（秀和システム）、「終活も断捨離もメルカリ、ヤフオクで！」（WAVE出版）がある。

SNSアカウント
Twitter : https://twitter.com/junichirosuzuki
Facebookページ：https://www.facebook.com/SmileyJourney/

公式ブログ
スージーのeBay輸出ブログ：　https://smiley-journey.com/

公式メルマガ
STEP BY STEP eBay輸出：
https://smiley-journey.com/stm/landing_page.php?plan_id=24
登録はこちらから

公式YouTubeチャンネル
スージーのeBay輸出チャンネル：
https://www.youtube.com/@ebay1992

■デザイン＆DTP
金子　中

【画面変更保証についてのご案内】

本書は、手順操作に必要なeBayの画面変更があった場合は、初版発行日から180日の期間限定で1回の画面変更サポートをご提供いたします。画面変更があった場合は、特に告知等は行いませんので、弊社Webサイトから本書のサポートページでご確認をお願いいたします。
（弊社WebサイトURL：https://www.shuwasystem.co.jp/）

はじめてのebay（イーベイ）輸出（ゆしゅつ）スタートガイド 第（だい）3版（はん）

発行日　2023年12月 3日　第1版第1刷
　　　　2024年 9月18日　第1版第3刷

著　者　鈴木（すずき）　絢市郎（じゅんいちろう）

発行者　斉藤　和邦

発行所　株式会社　秀和システム
〒135-0016
東京都江東区東陽2-4-2　新宮ビル2F
Tel 03-6264-3105（販売）Fax 03-6264-3094

印刷所　三松堂印刷株式会社　Printed in Japan

ISBN978-4-7980-7143-5 C2034

定価はカバーに表示してあります。
乱丁本・落丁本はお取りかえいたします。
本書に関するご質問については、ご質問の内容と住所、氏名、電話番号を明記のうえ、当社編集部宛FAXまたは書面にてお送りください。お電話によるご質問は受け付けておりませんのであらかじめご了承ください。